Mirjam Schambeck

# Von Gott, Jesus, Religionen und so

Mirjam Schambeck

# Von Gott, Jesus, Religionen und so.

## Was Relilehrer:innen wissen müssen

HERDER

FREIBURG · BASEL · WIEN

www.herder.de
Umschlaggestaltung: Verlag Herder
Umschlagmotiv: Graffiti nach Michelangelos
„Die Erschaffung Adams“, Foto: Elisabeth Wöhrle sf
Satz: Barbara Herrmann, Freiburg
Herstellung: CPI Duckdienstleistungen GmbH,
Ferdinand-Jühlke-Straße 7,
99095 Erfurt
Printed in Germany
ISBN 978-3-451-39194-1

# Inhalt

**6. Kapitel:**
**Ist Weihnachten nicht einfach ein Familienfest? – Was bedeutet Inkarnation?**

**9. Kapitel:**
**»Katholisch? Kirche? Nee, geht mich nichts an!« – Kirchenfragen kritisch bedacht**



**10. Kapitel:**
**Sind nicht alle Religionen gleich? Warum streiten sie sich dann? – Zur Wahrheitsfrage im Religionsdialog**

Einleitung:

# Vom Pausenbrotwerfen und pädagogischen Theorien

## 1 »Hey!« – das erste Wort nach vier Jahren Studium

Es ist sein erster Tag als Lehrer. Voller Erwartungen und ausgestattet mit einer guten Ausbildung wartet Frank McCourt in »seiner« Klasse auf die Schüler:innen. Sie strömen herein: Sechzehnjährige, zusammengewürfelt aus den New Yorker Vierteln rund um die High School. Sie drängeln und schubsen und McCourt sitzt an seinem Pult, teilnahmslos fast. Ein neuer Lehrer? Okay, aber was soll's. Die Erwachsenen sind sowieso lauter falsche Fuffziger. Da beginnt es: Petey, der Junge vorn, fragt in den Pulk hinein: Will jemand mein Mortadella-Sandwich? Und schon beginnt die wilde Werferei. Von Petey mit voller Wucht auf Andy. Die Tüte mit dem Sandwich verfehlt Andy nur knapp und landet zwischen Lehrerpult und den Bänken der ersten Reihe, in der Andy sitzt. Da macht Frank McCourt seinen Mund auf und spricht das erste Wort seiner Lehrerlaufbahn. Vier Jahre Studium an der New York Universität und er wusste nichts Besseres zu sagen als »He(y)!«. Und nochmals »He(y)«. Fast erschrocken, dass es ein junger Lehrer wagt, die gerade beginnende Rauferei zu stoppen und nicht einfach auf den Rektor oder Konrektor auszuweichen, hält die Bande kurz inne. Was soll das? McCourt zögert gleichfalls. An der Uni hatte er viel über Pädagogik gelernt, über Bildungsethos und Erziehungstheorien. Aber niemand hatte ihm gesagt, wie man mit fliegenden Pausenbroten umzugehen hat. Und jetzt? Es war keine wirkliche Überlegung. Es war keine Entscheidung, die er nach gutem Abwägen getroffen hatte. Das Mortadella-Sandwich schaute etwas aus der braunen Tüte heraus und McCourt biss in es hinein, einmal, zweimal, bis er es vor den Augen der staunenden Klasse verschlungen hatte. Seine erste Amtshandlung als Lehrer – ein Sandwich aufessen.[1]

Was Frank McCourt in seinem Buch »Teacher Man« beschreibt, ist keine Abrechnung mit einem Pädagogikstudium oder ein Lamentieren über blutleere Theorie, die nichts für das

---

[1] Vgl. McCourt, Frank, Tag und Nacht und auch im Sommer, 19–29 in Auszügen.

konkrete Lehrer:innenhandeln austrägt. Es ist vielmehr, und Seite um Seite eine Liebeserklärung an die Schüler:innen, die McCourt über 30 Jahre hinweg an New Yorker Highschools unterrichtete und die so vielfältig waren wie das Leben selbst. Was konnte man also lernen und studieren, um gut vorbereitet zu sein für diese Aufgabe als Lehrer? So wie das Aufessen von Pausenbroten sicher nicht als Lösungsstrategie in Pädagogik-Lehrbüchern vorgeschlagen wurde, ist das Lehrer:innenhandeln insgesamt nicht genauestens planbar oder mittels exakter Rezepturen zu bestimmen. Um aber in der Unterrichtssituation die richtigen Entscheidungen zu treffen, braucht es mehr als nur eine gute Intuition. Je länger umso deutlicher schälte sich bei McCourt heraus – und vielleicht kennen Sie das in Ihrer Religionslehrer:innenbiographie auch –, dass das, was er tat, wie er sich entschied und was dann passierte, abhängig war von dem, was er im Kopf und im Herzen hatte. Je vielfältiger und ausgearbeiteter die Konzepte waren, die didaktischen Ideen und Methoden, die Verstehensweisen von Unterricht, desto eher gelang es McCourt, auf die Schüler:innen einzugehen, die vor ihm saßen und die genau jetzt diese Frage stellten, die nicht einfach zur Seite geschoben werden wollte.

## 2 Von Wunschkatalogen und warum sie nicht reichen

Das vorliegende Buch geht dieser wunderschönen, aber auch anstrengenden Aufgabe nach, zu ergründen, was die Profession von (Religions-)Lehrer:innen ausmacht. Es stimmt: Wohl nirgendwo sind die Wunschkataloge, wie jemand zu sein hat, so groß wie bei (Religions-)Lehrer:innen. Die einen sprechen vom Handwerk des Lehrberufs, andere von der Kunst des Unterrichtens, wieder andere erinnern an die Vorbildfunktion von Lehrkräften und bei Relilehrer:innen kommt oben drauf noch immer der Anspruch, Brückenbauer:innen für den Glauben oder auch Zeug:innen des Glaubens zu sein.

Mit solchen Erwartungen befrachtet, kann man eigentlich nur scheitern, weil immer jemand enttäuscht sein wird. Wie kommt man heraus aus den Wunschkatalogen, wie (Religions-)Lehrkräfte zu sein hätten?

Eines ist über die historischen Linien in der Religionslehrer:innenbildung[2] und in all diesen Debatten klar geworden, die seit mindestens 15 Jahren in der Religionspädagogik geführt und auch hitzig ausgetragen werden:[3] Egal, ob man den Beruf einer Religionslehrkraft eher vom strukturtheoretischen, rollentheoretischen[4] oder kompetenzorientierten Ansatz her versteht, ob man sich Gedanken macht, wie das Verhältnis von gelebter und gelehrter Religion das Unterrichtshandeln von Religionlehrer:innen prägt,[5] wie Studienmotivationen, Berufsbild und Professionalisierungsphasen von Religionslehrkräften eingeschätzt werden[6] und neuerdings auch, wie Religionslehrkräfte religionsdidaktische Konzeptionen und religionsunterrichtliche Organisationsformen beurteilen[7]: Ohne Rekurs auf die Bildungswissenschaften und die Überlegungen in anderen Fachdidaktiken kommen wir in der Religionsdidaktik nicht weiter, wenn es um das Studium, die Aus- und Fortbildung von Religionslehrkräften geht und v. a. um die Frage, was man wissen und können muss, um guten Religionsunterricht zu erteilen. Es

---

[2] Vgl. Simojoki, Henrik/Henningsen, Julia, Theologisch-religionspädagogische Professionalisierung in der Religionslehrerbildung, 7–14; Simojoki, Henrik/Schweitzer, Friedrich/Henningsen, Julia u. a., Professionalisierung des Religionslehrerberufs.

[3] Vgl. Rothgangel, Martin, ReligionslehrerInnen im Horizont empirischer Studien, 101–109; Englert, Rudolf, Der Religionslehrer – Zeuge des Glaubens oder Experte für Religion, 77–88; Schambeck, Mirjam, Wie hältst Du's mit der Empirie?, 88–96.

[4] Vgl. Lück, Christhard, Beruf Religionslehrer.

[5] Vgl. Feige, Andreas/Dressler, Bernhard/Lukatis, Wolfgang u. a., »Religion« bei ReligionslehrerInnen.

[6] Vgl. Englert, Rudolf/Porzelt, Burkard/Reese, Annegret u. a., Innenansichten des Referendariats.

[7] Vgl. Rothgangel, Martin/Lück, Christhard/Klutz, Philipp, Praxis Religionsunterricht; Pohl-Patalong, Uta/Woyke, Johannes/Boll, Stefanie u. a., Konfessioneller Religionsunterricht in religiöser Vielfalt I; Pohl-Patalong, Uta/Boll, Stefanie/Dittrich, Thorsten u. a., Konfessioneller Religionsunterricht in religiöser Vielfalt II.

reicht nicht, im Würde-, Könnte-, Sollens-Stil zu formulieren,[8] was eine gute Religionslehrkraft ausmacht. Wir brauchen empirisch verlässliche Marker, die bestimmen helfen, was entscheidend ist für ein (Religions-)Lehrer:innenhandeln, das Schüler:innen hilft, verständnisvolle Lernprozesse anzustrengen.[9]

Diesen empirisch begründeten Paradigmenwechsel hat letztlich die sog. COACTIV-Studie[10] ausgelöst. In ihr wurde ein generisches Strukturmodell vorgelegt, das *erstens* eine Konzeptualisierung der für den Lehrer:innenberuf nötigen Kompetenzen entwirft, *zweitens* das für den Lehrer:innenberuf spezifische Professionswissen konkretisiert und *drittens* evidenzbasierte Erkenntnisse in Bezug auf das Fachwissenschaftliche Wissen (= FW bzw. ck für content knowledge) und Fachdidaktische Wissen (= FDW bzw. pck für pedagogical content knowledge) von Mathematiklehrkräften vorlegt. Damit können *viertens* auch Indikatoren bestimmt werden, die für die Unterrichtsqualität und den Lernerfolg besonders aussagekräftig sind.

Der strukturtheoretische Ansatz, der in der Religionspädagogik bislang als Referenzmodell für die Konzeptualisierung der religionslehrerspezifischen Professionsmerkmale galt,[11] allerdings abstrakt blieb und kaum anwendbare Aspekte trans-

---

[8] Vgl. die vielen hermeneutisch erzeugten Anforderungsprofile an Religionslehrer:innen: Sekretariat der DBK (Hg.), Kirchliche Anforderungen an die Religionslehrerbildung, 20–22; Englert, Rudolf/Porzelt, Burkard/Reese, Annegret u. a., Innenansichten des Referendariats, 18–21.

[9] Eine frühe Ausnahme stellt die Habilitationsschrift von Stefan Heil dar, Strukturprinzipien religionspädagogischer Professionalität.

[10] Kunter, Mareike/Baumert, Jürgen/Blum, Werner u. a. (Hg.), Professionelle Kompetenz von Lehrkräften.

[11] Vgl. Heil, Stefan, Strukturprinzipien religionspädagogischer Professionalität; Riegger, Manfred/Heil, Stefan (Hg.), Habitusbildung durch professionelle Simulation; Combe, Arno/Helsper, Werner (Hg.), Pädagogische Professionalität; Dewe, Bernd, Zur Relevanz der Professionstheorie, 67–86; Helsper, Werner, Lehrerprofessionalität, 149–170; Oevermann, Ulrich, Theoretische Skizze einer revidierten Theorie, 70–183. Charakteristisch für den strukturtheoretischen Ansatz ist die Betonung der Widersprüchlichkeit, Unplanbarkeit von Unterricht und des Beziehungsverhältnisses von Klient:in, Professionsvertreter:in und Sache bzw. Problem.

portierte, konnte damit durch ein kompetenzorientiertes und die zentralen Bedingungen des Lehrer:innenhandelns konkretisierendes Modell nicht nur ergänzt, sondern weitgehend abgelöst werden. Der dritte für die Religionslehrer:innen-Professionsforschung wichtige, sog. berufsbiographische Ansatz ist zwar nach wie vor für die Einschätzung gelingenden Religionslehrer:innenhandelns von Belang,[12] rangiert seitdem allerdings eher im Hintergrund.

Diese wenigen Striche machen deutlich, dass es zwar gar nicht so leicht ist, genauer auszusagen, was eine gute Religionslehrkraft auszeichnet. Es ist aber auch nicht unmöglich.

## 3 Ein Buch in zehn Kapiteln

Und genau dieser Aufgabe stellt sich das vorliegende Buch. Auf der Basis der COACTIV-Studie und ihres Modells der professionellen (Handlungs-)Kompetenz von Lehrkräften wird das sog. Professionswissen von Religionslehrkräften näher bestimmt. Schritt für Schritt geht es darum, was das Religionslehrer:innen-Wissen und -Können für die Planung von Unterricht bedeutet, und wie ausgewählte theologische Inhalte vor diesem Hintergrund im Religionsunterricht thematisiert werden können. Das geschieht in insgesamt zehn Kapiteln:

In einem ersten Kapitel wird der kompetenztheoretische Ansatz, wie ihn die COACTIV-Studie in der Bildungsforschung prominent gemacht hat, dargestellt und für die Bedarfe des Religionslehrer:innenhandelns weiterentwickelt. Damit passiert Zweierlei: Zum einen wird das sog. kompetenztheoretische Modell unter den verschiedenen professionstheoretischen Ansätzen aus der Lehrer:innenforschung ausgewählt, um die spezifischen Ansprüche an den Beruf der Religionslehrer:in genauer in den Blick zu nehmen. Zum anderen wird deutlich gemacht, dass es dazu nicht reicht, die Kompetenzmodellierungen der COACTIV-Studie lediglich zu referieren. Sie müssen für die charakteristi-

---

[12] Vgl. Lück, Christhard, Beruf Religionslehrer.

schen Anforderungen des Religionslehrer:innenberufs adaptiert und weiterentwickelt werden. Diese Überlegungen erlauben dann *erstens*, genauer auszusagen, was Religionslehrkräfte wissen und können müssen, um gut zu unterrichten. Und sie ermöglichen *zweitens*, näher zu bestimmen, was Religionslehrkräfte im Studium, im Referendariat und während ihrer Berufspraxis lernen müssen, um die entsprechende Unterrichtsprofessionalität zu erlangen.

Wie aber funktioniert religionsbezogenes Lernen und was müssen Religionslehrkräfte dazu im Blick haben? Dieser Frage geht das zweite Kapitel nach und leuchtet tiefer hinein in das Handeln im Religionsunterricht und wie es gelingt, Korrelationsprozesse in Gang zu setzen. Übersetzt in religionspädagogische Terminologie geht es darum, sog. Korrelationschiffren zu identifizieren, also Themen, Erfahrungen, (pop-)kulturelle Artefakte etc. auszumachen, die sowohl in die Lebenswelt der Schüler:innen als auch in die Glaubensgehalte hineinreichen. Sie bieten die Möglichkeit, die an die Korrelationschiffren angehängten Lebenserfahrungen genauso wie die angehängten theologischen Deutungen miteinander zu verhandeln.

Das alles findet nicht im luftleeren Raum statt. Religionslehrer:innen sprechen nicht in irgendeine Welt hinein oder zu einer anonymen Masse von Schüler:innen, sondern handeln konkret im Hier und Heute. Das heißt auch, dass Religion, Religiosität und Gottrede in ihrer Kontextualität ernst genommen werden müssen. Diesen Liminalitäten stellt sich das dritte Kapitel. Damit ist es auch so etwas wie ein Scharnierkapitel. Die in den ersten beiden Kapiteln entwickelten Professionstheorien für Religionslehrer:innen werden eingebettet in die Großwetterlage von Religion. Und zugleich wird deutlich, dass diese Religions- und Religionslosigkeits-Atmosphäre die Entfaltung der theologischen Themen bestimmt, wie sie in den Kapiteln vier bis zehn behandelt werden.

## 4 Brisanzen

Wie kam es nun dazu, das Professionswissen von Religionslehrkräften an systematisch-theologischen Themen zu konkretisieren und genau die Themen auszuwählen, die in Kapitel vier bis zehn behandelt werden? Zum einen erzählte mir eine befreundete Religionslehrerin, dass sie zu Beginn eines Schuljahrs immer wieder ihre Schüler:innen fragt, was sie besonders interessiert, worüber sie gerne etwas lernen würden und was sie neugierig macht. Erstaunlicherweise glich die Liste der von den Schüler:innen identifizierten Themen den klassischen, in der Theologie als repräsentativ erachteten Themen wie Gott und Theodizee, Weihnachten und Jesus, Kirche und was es bedeutet, dass es so viele Religionen gibt.

Zum anderen wurden im vorliegenden Buch systematisch-theologische Fragestellungen aus mindestens zwei Gründen ausgewählt. Erstens habe ich mich mit biblischen Texten schon andernorts ausgiebig beschäftigt.[13] Zweitens ist dies vielfältigen Erfahrungen geschuldet, von denen mir Studierende oder ehemalige Studierende erzählten, die dann als Religionslehrer:innen vor der Herausforderung standen, das tolle Examenswissen im Religionsunterricht so zur Sprache zu bringen, dass es die Schüler:innen anging und diese es verstanden. Der Titel des Buchs »Von Gott, Jesus, Religionen und so …« trifft genau in diese gaps hinein. Klar geht es im Religionsunterricht um Gott, Jesus, Religionen und Dinge, die damit zusammenhängen. Und zugleich steht religionsunterrichtliches Handeln vor der Herausforderung, wie theologisch komplexes Wissen adressatenbezogen situiert, ausgesagt, ja überhaupt gefragt sein kann.

Der Aufbau der Kapitel vier bis zehn ist deshalb immer derselbe. Es werden Anforderungssituationen skizziert, die die Brisanzen der Themen alltags-, unterrichts- oder theologiepraktisch verdeutlichen. Darauf folgen Ausführungen zu Schüler:innenkognitionen und -erfahrungen zum jeweiligen Thema entsprechend der religionsdidaktischen Wissensfacette.

---

[13] Vgl. Schambeck, Mirjam, Biblische Facetten.

Schließlich wird versucht, das ausgewählte Thema theologisch so zu konturieren, dass das relevante Darstellungs- und Erklärungswissen (DAuEW) vor diesem Hintergrund deutlicher wird. Hier ist etwas weiter auszuholen. Das Darstellungs- und Erklärungswissen und wie es im Unterricht zum Tragen kommt, stellt einen, wenn nicht *den* entscheidenden Faktor im Unterrichtshandeln dar, von dem abhängt, ob Schüler:innen gut oder nicht so gut lernen können. Das erste Kapitel wird dem genauer nachgehen. Schon hier soll aber festgehalten werden, dass das DAuEW, weil in hohem Maß abhängig von den Schüler:innenkonzepten und -erfahrungen, der Unterrichtssituation und dem theologischen Fachwissen, nicht eins zu eins referiert werden kann. Dazu müsste klar sein, mit welcher Lerngruppe, in welchem Kontext und in welcher Unterrichtssituation die Themen zur Sprache kommen. Dieses Buch setzt eine Ebene drüber an: Die ausgewählten theologischen Themen sollen so skizziert werden, dass das DAuEW nicht in der Gefahr steht, unterkomplex zu werden oder an den Schüler:innen vorbeizugehen. Es geht also hier um das für das DAuEW relevante akademische Forschungswissen in Bezug auf die Schulcurricula des Religionsunterrichts (Fachwissenschaftliches Wissen). Damit müssen Religionslehrkräfte nicht mehr mühsam zusammensuchen, was ein Thema theologisch hergibt, sondern können von diesen Skizzen aus überlegen, wie sie die unterschiedlichen Aspekte eines Themas – auf die Schüler:innen und die Unterrichtssituation hin und von diesen her – einspielen.

Weil die didaktischen Inszenierungen als dritte religionsdidaktische Wissensfacette zwar in hohem Maß abhängig sind von der jeweiligen Unterrichts-, Schüler:innen- und Themensituation, aber ebenso lernentscheidend, werden sie ähnlich wie das DAuEW nicht konkret durchgespielt. Die Kapitel schließen aber zumindest mit Ideen zu Lernwegen. Das können interessante Materialien sein, die zum Thema passen, Methoden oder auch Fragen, die zum Weiterdenken einladen.

Dass diese Studie nach nun vielen Jahren des Nachdenkens, Vergewisserns und Schreibens vorliegt, habe ich vielen zu verdanken, von denen ich zumindest die wichtigsten nennen möchte: An erster Stelle danke ich meiner Sekretärin Angelika Meichelbeck, die, wie nun schon so oft, unermüdlich besorgt war, das Masterlayout zu erstellen und als erklärte Verfechterin layouttechnischer Finessen erheblich zur Präzision des Manuskripts beigetragen hat. Ebenso bedanken möchte ich mich bei Elisabeth Fock, Assistentin an meinem Lehrstuhl, die zusammen mit den studentischen Hilfskräften Julia Klär, Marie-Therese Girerd, Mirjam Lehmköster und Luisa Bauer beim Korrekturlesen geholfen und so manchen inhaltlichen Tipp beigesteuert haben. Dass das Buch im Verlag Herder erscheint, freut mich sehr. Die nun schon wiederholte und immer erfreulich einfache und freundliche Zusammenarbeit mit Herrn Clemens Carl als Lektor hat das zügige Erscheinen maßgeblich befördert. Dafür danke ich Herrn Carl herzlich.

Bücher zu schreiben, ist auch ein einsames Geschäft. Die Stunden am Schreibtisch sind Passion, zugegeben, aber durchaus im doppelten Wortsinn. Dass ich es jeden Tag wieder neu wagen konnte, mich zurückzuziehen, um das Gedachte zu formulieren und in eine Gestalt zu bringen, habe ich in großem Maße meinen Mitschwestern zu verdanken, mit denen ich in unserer Communität der Franziskanerinnen sf zusammenlebe. Besonders danken möchte ich Elisabeth Wöhrle sf, die mir immer ermutigend zur Seite stand und steht.

Es ist in der Tat nicht leicht, Theologie lebenssatt auszusagen und als Denkraum und Denkanlass ins Spiel zu bringen. Theologie braucht das Leben, um echte Gottesaussage und Nachdenken über Gott und Welt zu sein. Religionslehrkräfte müssen dazu viel wissen, aber nicht Unmögliches schaffen. Wie dies gelingen kann, wie Religionslehrer:innen Schüler:innen anstiften können, die Theologie als Denkraum und Angebot für die tiefsten Fragen von uns Menschen kennenzulernen, das will das folgende Buch aufzeigen. Weil es aus den wiederholten Anfragen »meiner« Studentinnen und Studenten entstand, widme ich es Ihnen.

Freiburg i. Br., 4. Oktober 2021

1. Kapitel:

# Wie man rausbekommt, was Religionslehrkräfte wissen müssen – Erkenntnisse aus den Bildungswissenschaften auf Relilehrer:innen adaptiert

Dass (Religions-)Lehrkraft zu werden, eine erlernbare Profession ist, ist ein recht junger Gedanke verglichen mit dem Fakt, dass es immer schon Lehrer:innen gab.[1] Das spiegelt sich auch in den unterschiedlichen Leitbildern für den Lehrberuf wider. Im folgenden Kapitel geht es daher darum, den in der Literatur und damit in den Köpfen antreffbaren Vorstellungen nachzugehen, was eine Lehrkraft ausmacht, und vor diesem Hintergrund das generische Strukturmodell professioneller Lehrer:innenkompetenz nach der COACTIV-Studie zu entfalten. Erst wenn es, wie gesagt, möglich ist, (Religions-)Lehrer:innenhandeln auch jenseits von Wunschkatalogen auszuweisen, wird es nachvollziehbarer, was (Religions-)Lehrer:innen wissen und können müssen, um gut zu unterrichten.

Ein wichtiges Vorzeichen soll bei aller Hochschätzung der Professionalisierungstheorien für den (Religions-)Lehrer:innenberuf hier formuliert und insofern als Regulativ für die folgenden Überlegungen ausgewiesen werden. Professionalität und damit Erlernbarkeit von Kompetenzen stehen nicht im Gegenüber zur Vorstellung, dass es im Lehrberuf um Bildung geht – die frei ist, eigenaktiv, selbstständig, mit dem Ziel, mündig und verantwortungsbewusst zu handeln. Ich würde sogar sagen, dass Bildung der Horizont ist, in dem sich die Professionstheorien zu (Religions-)Lehrberufen verorten. Bildung als Zielhorizont der Professionalisierung von (Religions-)Lehrer:innen zu verstehen, verspricht, den kritischen Impuls des Bildungsgedankens beizubehalten, ob das Erlernte, Gewusste und Gekonnte wirklich reicht, um den heutigen und morgigen Anforderungen des (Religions-)Lehrer:innenberufs gerecht zu werden. Ohne diesen Impuls und die nie aufzugebende Freiheit des Bildungsgedankens steht jede Theorie in der Gefahr, Ideologie zu werden.

[1] Vgl. Tenorth, Heinz-Elmar, Professionalität im Lehrerberuf, 580–597; Grümme, Bernhard, Praxeologie, 13f.

# 1 Kunst, Nachahmung oder erlernbare Profession? – Von unterschiedlichen Leitbildern für den Lehrberuf

Eine der wohl wirksamsten Vorstellungen vom Lehrer:innenberuf allgemein und speziell von Religionslehrkräften lässt sich am besten mit den Worten beschreiben: »Man kann's, oder man kann's nicht«. Lehrer:in zu sein, ist demzufolge etwas Angeborenes – so wie die Kunst oder der Intelligenzquotient. D. h. unverfügbar, nicht erlernbar, sondern ein Geschick, das nur bestimmten Menschen zukommt, und auf eine bestimmte Weise etwas Geniales ausdrückt, einen Kuss der Muse eben.[2]

Auch die Rede von »geborenen Erzieher:innen bzw. geborenen Pädagog:innen« gehört hierher. Dieser Vorstellung nah, aber anders akzentuiert versteht eine andere Forschungstradition den Lehrberuf als eine Frage der persönlichen, berufsunspezifischen Eignungen, wie sie beispielsweise in der sog. »Bright-Person-Hypothese« einen Niederschlag gefunden hat.[3] Damit ist gemeint, dass v. a. diejenigen gute Lehrkräfte sind, die als charismatische Persönlichkeiten auftreten und ein besonderes Verhältnis zu ihren Schüler:innen aufbauen können.

Wieder eine andere Forschungstradition sieht den Lehrberuf zwar als erlernbare Profession, aber als eine, die im Verhältnis Meister:innen/Gesell:innen bzw. Expert:innen/Noviz:innen[4] zu denken ist, etwa so: Der Auszubildende (Lehrer-Neuling) lernt sein Handwerk (das Unterrichten), indem er in der Werkstatt des Meisters (dem Unterricht des älteren Kollegen) arbeitet und sich die Techniken, Strategien und Inhalte des Unterrichtens von ihm abschaut. So manche Praktika des Hochschulstudiums sind noch von diesem Ge-

---

[2] Vgl. die Rede von »teaching as art and craft«: Lieberman, Ann/Miller, Lynne, Teachers. Their world and their work.

[3] Vgl. Kennedy, Mary M./Ahn, Soyeon/Choi, Jinyoung, The value added by teacher education, 1249–1273.

[4] Vgl. Herzog, Werner/Makarova, Elena, Anforderungen an und Leitbilder für den Lehrerberuf, 70.

danken geprägt, wenn Hospitationen lediglich als »Dabei-Sitzen-im-Unterricht« ohne vorausgehende oder nachfolgende Reflexionsphasen ablaufen.

Viertens schließlich gilt Lehrer:insein als Profession,[5] die auf erlernbarem Wissen und Können beruht. Seit der sog. COACTIV-Studie (Cognitive Activation in Classroom) ist die Debatte um die Ausrichtung und das Verständnis des Lehrer:innenhandelns maßgeblich in Richtung Profession und damit Qualifikationshypothese entschieden worden. Zugleich – und die Durchsetzungskraft des COACTIV-Modells hängt gerade auch damit zusammen – integriert dieser Ansatz vorhandene Leitbilder und versöhnt sie miteinander:[6] Lehrer:insein geht nämlich nicht auf im Wissen und Können und in Überzeugungen – also in Expertise[7]. Das Gewinnbringende der sog. COACTIV-Studie liegt vielmehr darin, dass hier nicht nur definierbare Wissensbestände aufgezählt werden, sondern das Lehrer:innenhandeln in seinen vielen Facetten erfasst wird. COACTIV weist z. B. auch darauf hin, dass die professionelle Kompetenz von Lehrkräften Überzeugungen beinhaltet und reflektiert sowie Fähigkeiten voraussetzt, die als Selbstregulationsvermögen zwar auch für darüber hinausgehende Lebensbereiche wichtig sind, für die Qualität der Berufsausübung jedoch einen entscheidenden Faktor darstellen.

Vor diesem Hintergrund interessieren im Folgenden insbesondere die individuellen, grundsätzlich erlern- und vermittelbaren Fähigkeiten, die beschreibbar sind und damit auch in Bildungsprozessen erworben werden können. Die Verfasser:innen der COACTIV-Studie sprechen deshalb von »professioneller (Handlungs-)Kompetenz«, die den Lehrberuf ausmacht, und

---

[5] Vgl. Terhart, Ewald, Lehrer, 460.

[6] Vgl. Kunter, Mareike/Kleickmann, Thilo/Klausmann, Uta u. a., Die Entwicklung professioneller Kompetenz, 58; z. B. die Expertise-Forschung oder die psychologischen Forschungstraditionen; vgl. dazu: Baumert, Jürgen/Kunter, Mareike, Das Kompetenzmodell von COACTIV, 45–47.

[7] Vgl. Baumert, Jürgen/Kunter, Mareike, Das Kompetenzmodell von COACTIV, 45.

legen ein mehrdimensionales Konzept vor, diese professionelle Kompetenz zu beschreiben.[8]

## 2 Religionslehrer:in: Eine erlernbare Profession

Auch wenn die COACTIV-Studie nicht das einzige kompetenz- bzw. professionsorientierte Modell ist, die Voraussetzungen für den Lehrberuf zu erfassen (vgl. auch die Hattie-Studie), so stellt es mittlerweile nicht nur im deutschsprachigen Raum so etwas wie den Mainstream dar. Dieser sowie die oben angeführten Gründe waren ausschlaggebend, das mehrdimensionale Modell professioneller Kompetenz der COACTIV-Studie als Maßstab für die Bestimmung professioneller Kompetenz von Religionslehrkräften zu verwenden. Religionslehrkraft zu sein und zu werden, wird vor diesem Hintergrund verstehbar als zu erlernendes professionelles Wissen und Können, als Auseinandersetzung mit grundlegenden Motiven, (Glaubens-)Überzeugungen und der Fähigkeit, die eigenen Ressourcen sinnvoll einzusetzen.

Damit sind entscheidende Weichenstellungen für die Modellierung der Religionslehrer:innenprofession gesetzt: Gute Religionslehrkraft zu sein bzw. zu werden, ist gemäß dieser Forschungstradition nicht damit identisch, eine gute Theologin oder ein guter Theologe zu sein oder eine:ein intensiv Glaubende/r. Auch wenn die professionelle Kompetenz von Religionslehrkräften mit theologischer Expertise zu tun hat und mit dem Ringen um den eigenen Glauben, so geht sie nicht darin auf. Was Religionslehrkräfte wissen und können müssen, um guten Unterricht zu gestalten, ist deshalb eine Frage, die nicht einseitig von der Theologie oder der Bildungsforschung oder der Fachdidaktik oder den Glaubensgemeinschaften beantwortet werden kann, sondern im interdisziplinären Austausch zu verhandeln ist.

---

[8] Vgl. Schambeck, Mirjam, Was Relilehrer/-innen können müssen, 129–145.

## 3 Kerngeschäft des Lehrberufs: Unterrichten

Auch wenn das COACTIV-Modell[9] für den Religionslehrer:innenberuf nicht 1:1 übernommen werden kann, sondern auf dessen spezifische Herausforderungen zu adaptieren und weiterzuentwickeln ist, so sind mit der Entscheidung für das COACTIV-Modell als Professionstheorie auch mehrere andere Entscheidungen getroffen worden. Eine davon ist, das Unterrichten als Kerngeschäft des Lehrberufs anzuerkennen.[10]

Das ist keineswegs selbstverständlich. Führt man sich Lehrer:innenuntersuchungen vor Augen, die nach den wichtigsten Aufgaben fragen, die Religionslehrkräfte in ihrem schulischen Alltag leisten sollen, dann rangiert an oberster Stelle das Verständnis, »Pädagog:in« zu sein. Das Bedeutsamste für die befragten Religionslehrer:innen ist also, erzieherisch tätig zu sein, für die Kinder und Jugendlichen als Ansprechpartner:in in wichtigen Lebensfragen zur Verfügung zu stehen,[11] und wenn von inhaltlichen Schwerpunkten die Rede ist, »Wertevermittlung« zu leisten.

Unterrichten rangiert im Selbstverständnis von Religionslehrkräften also keineswegs an erster Stelle. Die Frage stellt sich, ob das so hinzunehmen ist, oder ob es sich lohnt, im Studium, Referendariat und in Fortbildungen dafür zu werben, das Unterrichtsgeschehen wieder deutlicher in den Mittelpunkt des Lehrer:innenhandelns zu rücken. Der Beschluss der Kultusministerkonferenz, in dem Standards für die Lehrer:innenbildung in den Bildungswissenschaften formuliert wurden,[12] befördert zumindest diese Schwerpunktsetzung. Dort werden

---

[9] Vgl. Baumert, Jürgen/Kunter, Mareike, Das Kompetenzmodell von COACTIV, 32.

[10] Vgl. ebd., 29f.

[11] Vgl. Englert, Rudolf, Der Religionslehrer, 83.85; Rothgangel, Martin/Lück, Christhard/Klutz, Philipp, Praxis Religionsunterricht. 254f; s. die Bilanzierungen in: Rothgangel, Martin, ReligionslehrerInnen im Horizont jüngerer empirischer Studien, 101–109.

[12] Vgl. Ständige Konferenz der Kultusminister der Länder in der Bundesrepublik Deutschland, Standards für die Lehrerbildung, 1–14.

insgesamt vier Kompetenzbereiche ausgewiesen, die die drei Phasen der Lehrer:innenbildung bestimmen sollen: 1. Unterrichten, insofern die Lehrer:innen Fachleute für das Lehren und Lernen sind; 2. Erziehen, insofern Lehrer:innen ihre Erziehungsaufgabe ausüben; 3. Beurteilen/Diagnostizieren, insofern Lehrer:innen sach- und adressatenorientiert beraten und ihre Beurteilungsaufgabe gerecht und verantwortungsbewusst ausüben; 4. Innovieren, insofern Lehrer:innen ihre Kompetenzen ständig weiterentwickeln.[13]

Die Multiperspektivität der Kompetenzanforderungen an den Lehrer:innenberuf einerseits und die Bedeutung, die dem Unterrichten zukommt, andererseits sind damit wichtige Marker, um deutlicher zu erfassen, was (Religions-)Lehrkräfte wissen und können müssen, um effektiv zu unterrichten.

Insofern das Unterrichten-Können als Kernkompetenz des (Religions-)Lehrer:innenberufs gesehen wird,[14] interessiert sich das vorliegende Lehrbuch besonders für die Bestimmung des sog. Professionswissens (verstanden als Wissen und Können) von Religionslehrkräften in den Spuren der COACTIV-Studie.

Dazu soll das COACTIV-Modell zumindest in seinen Grundzügen dargestellt werden, um es sogleich auf die Professionskompetenz von Religionslehrkräften zu adaptieren bzw. weiterzuentwickeln.

## 4 Das generische Strukturmodell professioneller Kompetenz der COACTIV-Studie

Das Kompetenzmodell der COACTIV-Studie versteht sich als generisches Modell. D. h., dass es ein Modell ist, das zwar für einen bestimmten Inhaltsbereich, hier die Mathematik, erzeugt wurde, aber auch auf andere Inhaltsbereiche anwendbar ist.

---

[13] Vgl. ebd., 7–14.

[14] Vgl. dazu auch Helmke, Andreas, Unterrichtsqualität und Lehrerprofessionalität, 16f.

Näherhin ist das COACTIV-Kompetenzmodell ein aus der Literatur gewonnenes heuristisches Instrumentarium, um die individuellen Voraussetzungen zu beschreiben, die für ein erfolgreiches Lehrer:innenhandeln bedeutsam sind, und diese dann an der Empirie zu überprüfen.[15] Da, wie schon gesagt, das Unterrichten als Hauptaufgabe des Lehrberufs angesehen wird, stehen Überlegungen im Mittelpunkt, was Lehrer:innen wissen und können müssen, um Lehr-Lern-Situationen im Unterricht so zu gestalten, dass Schüler:innen die schulischen Lernziele möglichst gut erreichen.[16]

### 4.1 Mehrdimensionales Kompetenzmodell

Aufbauend auf den Ordnungssystemen von Lee S. Shulman[17] und Rainer Bromme[18] sowie kombiniert mit den Überlegungen zum Kompetenz-Verständnis insbesondere von Franz E. Weinert[19] entwickelt die COACTIV-Studie ein mehrdimensionales Kompetenzmodell, um die doppelte Unsicherheit des Lehrer:innenhandelns asymptotisch zu fassen: Doppelt unsicher deshalb, weil sowohl der Unterricht nur begrenzt planbar als auch der Lernerfolg ein höchst subjekt-, also schüler:innenabhängiger Prozess ist. Als mehrdimensional versteht sich das COACTIV-Modell, weil es nicht nur kognitive Merkmale berücksichtigt wie z. B. das Wissen im Bereich des sog. Professionswissens, sondern auch Aspekte im Rahmen der »beliefs« umfasst, also der Überzeugungen/Werthaltungen/Ziele. Drittens schließlich reflektiert das Modell auf die motivationalen Orientierungen im Sinne von: Was bewegt Lehrer:innen?, und viertens werden

---

15 Vgl. Baumert, Jürgen/Kunter, Mareike, Das Kompetenzmodell von COACTIV, 30.

16 Vgl. ebd., 30.

17 Vgl. Shulman, Lee S., Those Who Understand: Knowledge Growth in Teaching, 4–14.

18 Vgl. Bromme, Rainer, Kompetenzen, Funktionen und unterrichtliches Handeln des Lehrers, 177–212.

19 Vgl. Weinert, Franz E., Concept of competence, 45–65.

Kompetenzen im Bereich der Selbstregulation einbezogen, die als Fähigkeiten verstanden werden, die eigenen Ressourcen einzusetzen, aber nicht überzustrapazieren.

### 4.1.1 Die drei »Ebenen« des Kompetenzmodells

Die Fähigkeiten und Fertigkeiten, die als maßgeblich für das Lehrer:innenhandeln erachtet werden, lokalisiert das COACTIV-Modell auf drei unterschiedlichen Ebenen:

1. Ebene: *Aspekte* professioneller Kompetenz: Hier werden die oben erwähnten vier Bereiche aufgeführt, die in ihrem Zusammenspiel professionelles Lehrer:innenhandeln abbilden: 1. Überzeugungen/Werthaltungen/Ziele (= beliefs); 2. Motivationale Orientierungen; 3. Selbstregulation und 4. Professionswissen.
2. Ebene: *Kompetenzbereiche*: Die COACTIV-Studie hat in Bezug auf das Professionswissen eine Operationalisierung vorgelegt, die das Professionswissen zu differenzieren hilft in: Fachwissen, Fachdidaktisches Wissen, Pädagogisch-Psychologisches Wissen, Organisations- und Beratungswissen, wobei die beiden letzteren nicht empirisch untersucht wurden.
3. Ebene: *Kompetenzfacetten*: Auf dieser Ebene wird nochmals genauer erfasst, was unter Fachwissen, Fachdidaktischem Wissen und Pädagogisch-Psychologischem Wissen zu verstehen ist.

### 4.1.2 Zur Bedeutung des Professionswissens

Wiederum bedingt durch die zentrale Stellung, die dem Unterrichten im Professionshandeln von Lehrer:innen zukommt, arbeitet das COACTIV-Modell besonders heraus, was unter dem sog. Professionswissen zu verstehen ist. Wie in der Grafik (Abb. 1) illustriert, identifiziert das COACTIV-Modell folgende strukturbildende Kompetenzbereiche, mit denen das Professionswissen von (Religions-)Lehrkräften beschrieben werden kann:

- das Fachwissenschaftliche Wissen (= FW oder content knowledge = ck),

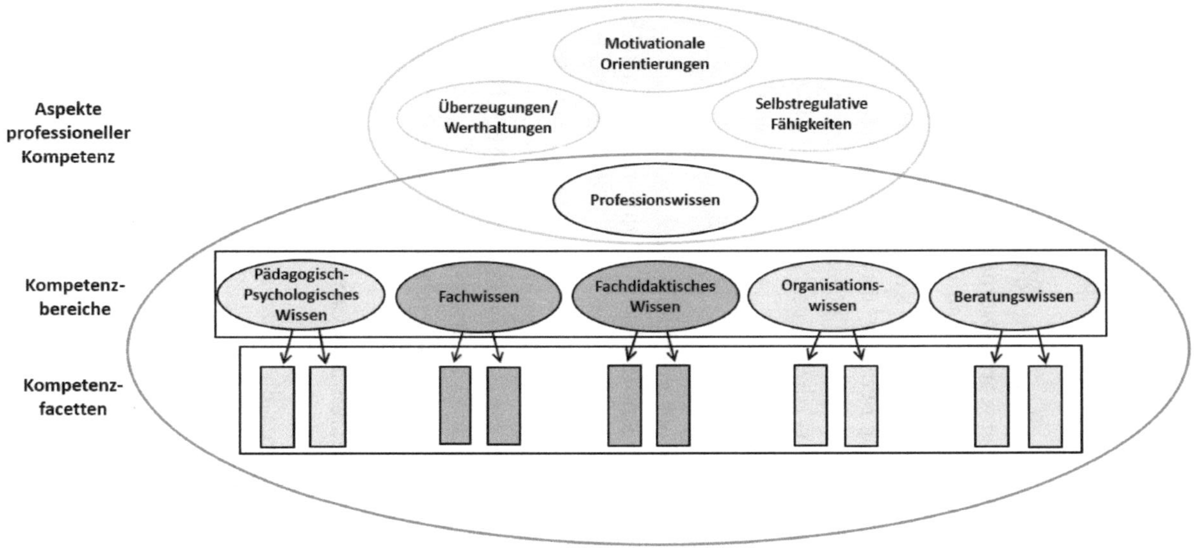


Abb. 1: Das Kompetenzmodell von COACTIV mit Spezifikationen für das Professionswissen.
Quelle: Vgl. Baumert, Jürgen/Kunter, Mareike, Das Kompetenzmodell von COACTIV, 32.

- das Fachdidaktische Wissen (= FDW oder pedagogical content knowledge = pck),
- das Pädagogisch-Psychologische Wissen (= PW oder general pedagogical psychological knowledge = ppk),
- das Organisationswissen,
- das Beratungswissen.

Diese gilt es deutlicher darzulegen, und zwar zunächst im Duktus, den das COACTIV-Modell vorgibt und dann adaptiert und weiterentwickelt für die spezifischen Anforderungen an das Religionslehrer:innenhandeln.

## 4.2 Was sich unter Professionswissen verstehen lässt – eine Beschreibung der Kompetenzbereiche

### 4.2.1 Was das COACTIV-Modell unter fachwissenschaftlichem Wissen versteht

Das COACTIV-Modell unterscheidet vier Formen – entsprechend der auf Mathematiklehrkräfte hin konzipierten Studie – des (mathematischen) Fachwissens: nämlich das akademische Forschungswissen, die sog. Schulmathematik, damit ist ein tieferes Verständnis der mathematischen Hintergründe der in der Schule unterrichteten Inhalte gemeint, die Beherrschung des Schulstoffs entsprechend dem Niveau beim Verlassen der Schule und viertens das mathematische Alltagswissen von Erwachsenen, das auch nach Schulabgang noch zugänglich ist.[20] Referenz für die Bestimmung des Fachwissenschaftlichen Wissens bei Lehrkräften war für COACTIV die zweite Größe, nämlich die sog. Schulmathematik (= school related knowledge), die die tieferen Zusammenhänge kennt, in denen die einzelnen mathematischen Unterrichtsinhalte stehen.

---

[20] Vgl. ebd., 37; Krauss, Stefan/Blum, Werner/Brunner, Martin u. a., Konzeptualisierung und Testkonstruktion, 142; Baumert, Jürgen/Kunter, Mareike, Das mathematikspezifische Wissen von Lehrkräften, 169.

Damit ist eine doppelte Bestimmung – und zwar aus literaturbasierten, nicht empirischen (!) Gründen – von Fachwissen vorgenommen worden: Zum einen wird das Fachwissen identifiziert mit einer Wissenslandschaft, die nicht unmittelbar in Unterrichtsthemen aufgeht, sondern diese erzeugt. Lehrkräfte müssen begründungs- und argumentationsfähig sein, warum bestimmte »facts« so und nicht anders sind.[21] Auf die Theologie als fachwissenschaftliche Bezugsdisziplin von Religionslehrkräften hin gelesen, heißt dies z. B. bei Fragen um die Christologie, klar zu haben, dass es nicht reicht, die hard facts des Lebens Jesu zu kennen, um auszusagen, wer Jesus Christus für die Christ:innen ist.

Zum anderen interessiert das Fachwissenschaftliche Wissen laut COACTIV nur insofern, als es die Curricula prägt. Das akademische Forschungswissen steht also nicht im Vordergrund. Damit stellt sich aber die Frage, ob sich das FW hier zu sehr in eine einseitige Abhängigkeit von den Schulcurricula begibt. Wenn man sich vor Augen führt, wie lange es dauert, bis z. B. semiotische oder rezeptionsästhetische Verfahren in der wissenschaftlichen Exegese im schulischen Bibelunterricht ankommen, wird die Schwierigkeit dieser Verhältnisbestimmung deutlich. Das wird unterstrichen durch Erfahrungen in der Lehrplanarbeit. Wer dort schon einmal engagiert war, weiß, wie Lehrplaninhalte auch zufällig bestimmt werden. Mit der einseitigen Abhängigkeit, die durch die Bestimmung des FW als Schulmathematik vorgenommen wird, verzichtet man auf die kritische Instanz, die umgekehrt auch das akademische Forschungswissen gegenüber der Schulmathematik bzw. Schulreligion darstellt. Diese Lücke soll im Folgenden bei der Bestimmung des für Religionslehrer:innen theologisch relevanten FW thematisiert werden.

---

21 Shulman, Lee S., Those Who Understand, 9, differenziert zwischen substantive structure einer Wissensdisziplin und syntactic structure. Bei Letzterem geht es darum, Zusammenhänge eines Fachs begründen zu können und argumentationsfähig zu sein, warum etwas so ist, wie es ist, wie z. B. dass ein Stein im Wasser bewegt werden kann, während dies an Land unmöglich ist.

### 4.2.2 Was das COACTIV-Modell unter fachdidaktischem Wissen versteht

Neben dem FW spielt laut dem COACTIV-Modell das FDW eine entscheidende Rolle für die Unterrichtsqualität und macht damit einen wichtigen Kompetenzbereich des Lehrberufs aus. Fachdidaktisches Wissen wird als Wissensdomäne eigenen Rechts verstanden. Es umfasst das Wissen, das Schüler:innen den Fachgegenstand, bei COACTIV eben die Mathematik, zugänglich macht.[22]

Ausgehend von den Studien Lee S. Shulmans wird das Fachdidaktische Wissen zunächst in zwei Fähigkeiten differenziert: Zum einen umschreibt es die Fähigkeit, Wissensinhalte erklären und darstellen zu können (knowledge of instructional strategies nach Pam L. Grossmann = Instruktionsaspekt). In einer anderen Terminologie ist damit das Darstellungs- und Erklärungswissen gemeint bzw. das »Wissen über ›Erklären & Repräsentieren‹«[23]. Das bedeutet z. B., bei der Erklärung der creatio ex nihilo erklären zu können, dass damit eine Anrede gegen die Vorstellung eines Zwischengeschöpfes (Demiurgen) gemeint war, der aus einer Weltmasse die Schöpfung macht und sich damit unterwirft. Dem creatio-ex-nihilo-Gedanken ging es also nicht darum, das Wie der Schöpfung zu klären. Er wollte im Gegensatz zum Demiurgen-Konzept klarstellen, dass die Schöpfung durch den völlig freien und ungeschuldeten Schöpfungsakt Gottes frei und freiheitlich zu denken ist und eben nicht in eine knechtende Abhängigkeit verfällt. Beim Darstellungs- und Erklärungswissen müsste diese Intention klar werden.

Zum anderen umfasst das Fachdidaktische Wissen das Wissen über Vor- und Fehlkonzepte, die Schüler:innen über einen bestimmten fachlichen Inhalt haben oder haben könnten

---

[22] Vgl. Baumert, Jürgen/Kunter, Mareike, Das mathematikspezifische Wissen von Lehrkräften, 169.

[23] Krauss, Stefan/Lindl, Alfred/Schilcher, Anita u. a., Das Forschungsprojekt FALKO, 10.

(knowledge of students' understanding nach Pam L. Grossman, Schüler:innenaspekt).[24]

Insofern in der Mathematik die richtige Aufgabenstellung eine besondere Rolle spielt, ergänzt das COACTIV-Modell die beiden Kompetenzfacetten des Fachdidaktischen Wissens um das Wissen um das multiple Lösungspotenzial von Aufgaben.

Ob diese Operationalisierung auch für die Bestimmung des spezifisch religionsdidaktischen Wissens gilt, oder gegebenenfalls zu erweitern ist, bleibt an dieser Stelle noch zu klären.

### 4.2.3 Was das COACTIV-Modell unter pädagogisch-psychologischem Wissen versteht

Das generelle pädagogisch-psychologische Wissen umfasst – wie allein der Name schon sagt – Wissen aus unterschiedlichen Wissenschaftsdisziplinen, nämlich der Allgemeinen Didaktik und der Lehr-Lern-Psychologie.[25] Es beinhaltet nicht nur deklaratives Wissen im Sinne des »knowing that«, sondern auch prozedurales, verstanden als »knowing what«. D. h., dass das PW impliziert, sowohl Lehrstrategien zu kennen, die eine effiziente Klassenführung ermöglichen (beispielsweise eine hohe Beteiligung der Schüler:innen am Lerngeschehen), als auch zu wissen, wie diese eingesetzt werden können. Insgesamt kann damit das PW als Wissen definiert werden, das Lehr-Lern-Situationen ermöglicht und optimiert.[26]

Das PW, das für ein erfolgreiches Unterrichtshandeln in unterschiedlichen Fächern ausschlaggebend ist, operationalisiert die COACTIV-Studie mittels zweier Bereiche, die jeweils weiter differenziert werden: Der eine Bereich fokussiert Prozesse im Klassenzimmer (classroom processes) und lässt sich wiederum unterteilen in das Wissen um eine effektive Klassenführung

---

[24] Vgl. Shulman, Lee S., Those Who Understand, 9f.

[25] Vgl. Voss, Thamar/Kunter, Mareike, Pädagogisch-psychologisches Wissen von Lehrkräften, 194.

[26] Vgl. Voss, Thamar, Teachers' General Pedagogical/Psychological Knowledge, 5.

(classroom management), um Unterrichtsmethoden (teaching methods) und deren zieladäquate Orchestrierung sowie das Wissen über die Prüfung und Bewertung von Schüler:innenleistungen (classroom assessment).[27]

Der zweite Bereich reflektiert auf das Wissen, die Heterogenität der Schüler:innen in die Lehr-Lern-Prozesse einzubeziehen (students' heterogeneity), und wurde zunächst konzeptualisiert als Wissen darüber, wie Schüler:innen lernen (learning processes), sowie als Wissen über individuelle Unterschiede und Besonderheiten der Schüler:innen einer Lerngruppe und welche Auswirkungen diese an die Unterrichtsgestaltung stellen (individual caracteristics).[28] Da sich in den Pilotierungen die Unterscheidung von »Wissen über Lernprozesse« und »Wissen über individuelle Besonderheiten« empirisch nicht aufrechterhalten ließ, wurden beide Facetten ineinandergelesen im »Wissen über Schüler«[29] bzw. »Wissen über Schülerheterogenität«[30]. Die Konzeptualisierung von PW erfolgt zusammenfassend also mittels vier Subkategorien: Klassenführung, Unterrichtsmethoden, Leistungsbeurteilung sowie Schülerheterogenität[31] (vgl. Abb. 2).

Wissenswert ist in diesem Zusammenhang, dass für das PW keine Tests bei der COACTIV-Hauptstudie (durchgeführt in den Jahren 2003/2004) entwickelt wurden – anders als beim FW und FDW. Das PW wurde in der Hauptstudie lediglich über Selbstberichte von Lehrkräften erhoben. Erst in der Nachfolgestudie COACTIV-Referendariat[32], die in den Jahren 2007

---

27 Vgl. Voss, Thamar/Kunter, Mareike, Pädagogisch-psychologisches Wissen von Lehrkräften, 195.

28 Vgl. Voss, Thamar/Kunter, Mareike/Seiz, Johanna u. a., Die Bedeutung des pädagogisch-psychologischen Wissens, 188; Voss, Thamar, Teachers' General Pedagogical/Psychological Knowledge, 5; Voss, Thamar/Kunter, Mareike, Pädagogisch-psychologisches Wissen von Lehrkräften, 195.

29 Vgl. Voss, Thamar/Kunter, Mareike, Pädagogisch-psychologisches Wissen von Lehrkräften, 205.

30 Vgl. Voss, Thamar/Kunter, Mareike/Seiz, Johanna u. a., Die Bedeutung des pädagogisch-psychologischen Wissens, 188.

31 Vgl. ebd.

32 Vgl. Löwen, Katrin/Baumert, Jürgen/Kunter, Mareike u. a., Methodische Grundlagen des Forschungsprogramms, 81.

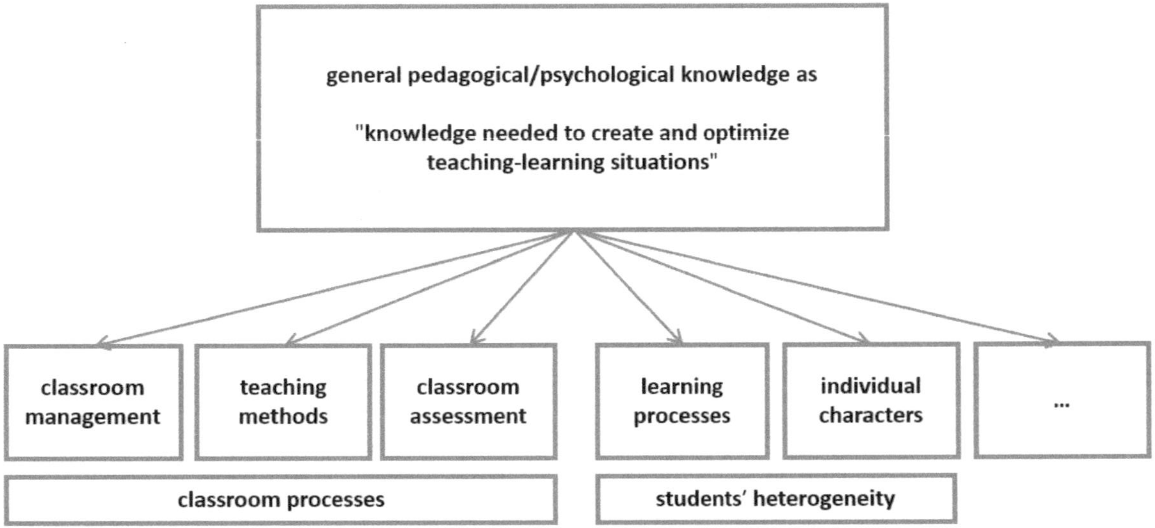


Abb. 2: Teachers' General Pedagogical/Psychological Knowledge
Quelle: Voss, Thamar, Teachers' General Pedagogical/Psychological Knowledge, 5.

bis 2009 lief, wurde diese Lücke geschlossen und ein eigenes Verfahren entwickelt, um das PW zu erfassen und zu messen. Die dort validierten Operationalisierungen des PW sollen im Folgenden zumindest kurz beschrieben werden.

### Effektive Klassenführung

Mit dem »Wissen über effektive Klassenführung« ist ein Wissen gemeint, das erlaubt, die zur Verfügung stehende Zeit so effektiv wie möglich für verständnisvolle Lernprozesse und soziale Aushandlungsprozesse zu nutzen und möglichst wenig Zeit für disziplinarische Maßnahmen zu verlieren. In der Tradition Jacob S. Kounins wird Klassenführung damit nicht darauf begrenzt, auf das Fehlverhalten von Schüler:innen zu reagieren. Es wurde vielmehr als »proaktive Steuerungsleistung von Lehrkräften«[33] verstanden. Kounin konnte nämlich zeigen, dass sich gute Klassenmanager:innen von schlechten nicht bezüglich der Strategien unterscheiden, mit denen sie auf Fehlverhalten reagierten, sondern in Bezug auf deren Einsatz. Gute Klassenmanager:innen setzten Strategien präventiv ein und nicht erst reaktiv. Der Aspekt des withinness, also als Lehrkraft möglichst alle im Klassenzimmer ablaufenden Prozesse im Blick zu haben, ist dafür eine Voraussetzung.

Ferner kennzeichnet ein gutes classroom management die Fähigkeit, Unterrichtsprozesse gleichzeitig zu berücksichtigen (overlapping), Störungsmomente frühzeitig zu erkennen und nebenbei auf sie reagieren zu können, thematisch entschlossen zu sein, und so Reibungslosigkeit (smoothness) und Schwung (momentum) im Unterrichtsprozess zu erzielen, sowie eine Gruppenmobilisierung zu ermöglichen, also möglichst viele Schüler:innen ins Lerngeschehen einzubeziehen. Um dies zu erreichen, ist es hilfreich, dass Lehrkräfte ihre Verhaltenserwartungen transparent machen und für das soziale Handeln im Unterricht klare Regeln gelten.[34]

---

[33] Voss, Thamar/Kunter, Mareike, Pädagogisch-psychologisches Wissen von Lehrkräften, 195.

[34] Vgl. ebd., 195f.

### Wissen über Unterrichtsmethoden

Diese Wissensfacette stammt aus der Allgemeinen Didaktik und meint das Wissen über unterrichtsmethodische Ansätze.[35] Da die Heterogenität in der Schüler:innenschaft es erfordert, möglichst passungsfähig darauf zu reagieren – und da auch Unterrichtsthemen vielgestaltig und deshalb vielgestaltig zu präsentieren sind –, braucht es aufseiten der Lehrkräfte ein Wissen um Methodenvielfalt genauso wie um die Passungsfähigkeit der Methoden zu den Schüler:innen und den Unterrichtszielen. COACTIV rechnete diese Facette zum PW, gestand aber zu, dass gerade das Wissen über Unterrichtsmethoden und deren passgenaue Orchestrierung bei der Unterrichtsplanung in hohem Maße mit dem FDW zusammenhängen.[36] Faktisch operationalisiert das COACTIV-Modell die Facette »Unterrichtsmethoden« als Wissen um didaktische Großtheorien und Inszenierungsmuster, wie z. B. das Wissen um direkte Instruktion, entdeckendes Lernen, Projektarbeit, Stationenlernen, kooperatives Lernen[37] oder den Einsatz von Gruppenarbeit etc.[38] Der Unterschied zum FDW besteht also darin, dass hier nicht das (fach-)spezifische Wissen gemeint ist, passgenaue Inszenierungsstrategien auszuwählen, um den Schüler:innenkognitionen sowie der Komplexität des Unterrichtsthemas entsprechend eine kognitive Aktivierung im Unterricht zu erreichen, sondern ein allgemeindidaktisches Wissen. Dieses bezieht sich auf das Methodenrepertoir und welche Vor- oder auch Nachteile bestimmte Methoden für bestimmte Schüler:innengruppen haben.

### Wissen über Leistungsbeurteilung

Leistung zu beurteilen, ist ein wichtiger Faktor von Unterricht und erfüllt unterschiedliche Funktionen. Zum einen gibt die

---

[35] Vgl. ebd., 196.
[36] Vgl. ebd., 210.
[37] Vgl. ebd., 203.
[38] Vgl. ebd., 204.

Leistungsbeurteilung Auskunft darüber, welche Unterrichtsziele Schüler:innen erreicht haben, welches Verständnis oder eben auch nicht bei ihnen nun vorliegt und auf welchem Lernstand sie sich bewegen. Zum anderen fungieren Noten als Zuteilungsmarker beispielsweise für bestimmte Schularten oder sind so etwas wie Orientierungen für das weitere Vorgehen im Unterricht. Auch in Bezug auf die Durchführung von Leistungsbeurteilungen haben sich unterschiedliche Weisen durchgesetzt: summative, am Ende einer Unterrichtssequenz beispielsweise, oder formative, die Lehrkräften on-the-fly ermöglichen, Unterrichtsprozesse auf die Bedarfe und Lernstände der Schüler:innen zu justieren.[39] Zusammenfassend lässt sich festhalten, dass damit ein Wissen gemeint ist, das einen möglichst multikriterialen Leistungsbegriff voraussetzt (Unterscheidung von sozialer, individueller, kriterialer, d. h. am Lernstoff orientierter Bezugsnorm), um Schüler:innenleistungen einzuschätzen (Diagnostik) und auszuwerten (Evaluation).

### Wissen über individuelle Lernprozesse

Damit ist das Wissen gemeint, wie Lernen funktioniert, wie sich Schüler:innen in ihren Lernprozessen unterscheiden, so dass Wissensaneignungen unterstützt, befördert und optimiert werden können. Mit anderen Worten ist damit das Wissen über die Psychologie des Lernens gemeint, das Lehrkräften erlaubt, Lehr-Lern-Prozesse entsprechend dem kognitionspsychologischen Entwicklungsstand der Schüler:innen anzupassen.

### Wissen über individuelle Besonderheiten von Schüler:innen

Fokussiert die Wissensfacette »Wissen über individuelle Lernprozesse« auf den einzelnen Lernenden, rückt die Wissensfacette »Wissen über individuelle Besonderheiten von Schüler:innen« in den Blick, dass Lernprozesse im Unterricht in einer heterogenen Gruppe von Schüler:innen stattfinden. Das

[39] Vgl. ebd., 197.

heißt, dass das Lehr-Lern-Geschehen so situiert sein muss, dass es sowohl für die individuellen Lernvoraussetzungen des Einzelnen passt, als auch die gleichzeitige Vielheit der Lernstile berücksichtigt, die in einer Lerngruppe präsent sind. Dazu braucht es das Wissen der Lehrkraft über die besonderen Begabungen, aber auch Schwierigkeiten der Schüler:innen im Unterricht, um Unterricht differenzieren und damit passungsfähiger machen zu können.

Wie oben schon erwähnt wurde, ließen sich diese beiden letztgenannten Wissensfacetten empirisch nicht voneinander unterscheiden, so dass deren spezifische Akzentuierungen nun in der einen Wissensfacette »Wissen über Schüler:innenheterogenität« zusammengefasst sind.

## Fazit und Weiterentwicklungen für Religionslehrer:innen

Insgesamt wird damit deutlich, dass die Wissensfacetten des PW generischen Charakter haben. D. h., dass sie fachunabhängig, oder positiv formuliert, für alle Fächer gelten. Damit kann empirisch validiert der in der Lehrer:innenbildung nach wie vor bedeutsamen These widersprochen werden, dass das Wissen im Fach letztlich den Ausschlag für das Können von Lehrkräften gibt.[40] Es gibt Wissensbestandteile, die darüber hinausgehen – und das PW gehört dazu – und fachübergreifend sind. Wie Schüler:innen z. B. motiviert werden können, konkretisiert sich zwar fachspezifisch, das Wissen über Motivationsstile aber ist ein Wissen, das als pädagogisch-psychologisches Wissen generischen Charakter hat.

Zugleich ist festzuhalten, dass fachspezifisches Wissen die fachunabhängigen Wissensfacetten befördert und insofern sehr wohl ein Zusammenhang zwischen generischen und spezifischen Anteilen besteht.[41] Eine effektive Klassenführung gelingt z. B. nicht nur über Strategien, Unterrichtsstörungen vorwegzunehmen, sondern auch, Unterrichtsdramaturgien so zu ge-

---

[40] Vgl. ebd., 210.
[41] Vgl. ebd.

stalten, dass sie fachlich so dicht und anregend sind, dass Schüler:innen voll bei der Sache sind (Aspekt des smoothness und momentum).

Das ist eine Erkenntnis, die auch für den Religionsunterricht von Bedeutung ist. Bei den wenigen empirischen Einsichten in den Religionsunterricht, die derzeit zur Verfügung stehen, fiel nämlich auf, dass der stringente Unterrichtsaufbau, der die methodischen Schritte zielgerichtet setzt und verhindert, dass sich Diskussionen verzetteln, eher selten anzutreffen ist bzw. selbst bei erfahrenen Religionslehrkräften nicht unbedingt als erstrebenswert erachtet wird.[42] Angeregt durch die Ergebnisse von COACTIV könnte die Bildung von Religionslehrkräften insofern noch stärker darauf setzen, zielgerichteten Unterricht und die genaue Justierung von Unterrichtsdramaturgien als Indikator von Unterrichtsqualität und Lernerfolg bewusst zu machen.

Zu diskutieren bleibt nach wie vor aufgrund des signifikanten Zusammenspiels von FW/FDW mit dem PW, ob die Wissensfacette »Unterrichtsmethoden« noch stärker zum FDW zu zählen ist, als dies in der Konzeptualisierung von COACTIV(-R) bislang geschah. Auch wenn das Wissen um die didaktischen Großtheorien nach wie vor Gegenstand pädagogischen bzw. allgemeindidaktischen Wissens bleibt, ist dieses Wissen doch »leer«, wenn ihm – ein Diktum Kants variierend – die Anschauung fehlt. Mit anderen Worten sind didaktische Großtheorien konkret fachdidaktisch zu füllen, um einerseits zu zeigen, was sie sind und wie sie funktionieren, und andererseits abzuschätzen, welchen Beitrag sie zum Lernerfolg haben. Dies gilt für den Mathematikunterricht genauso wie für den Religionsunterricht.

Zusätzlich zum Wissen über die Psychologie des Lernens und gegenwärtig insbesondere über kognitionspsychologische Ansätze und Entwicklungstheorien müssen Religionslehrkräfte auch die religiöse Entwicklung ihrer Schüler:innen einschätzen

---

[42] Vgl. die Auseinandersetzung von Rudolf Englert mit Andreas Prokopf; vgl. Englert, Rudolf/Hennecke, Elisabeth/Kämmerling, Markus, Innenansichten des Religionsunterrichts, 143–147 (hier positiv formuliert); ebd., 170–177.

können. D. h., dass lernpsychologische Aspekte mit Wissensfacetten über religiöse (Nicht-)Entwicklungen und religiöse (Nicht-)Sozialisation zu verschränken sind. Unterricht mit Lernenden, die viel Vorwissen zum Themenbereich Religion mitbringen und im Reflexionsprozess ihrer Religiosität schon weit gekommen sind, sieht anders aus als mit Schüler:innen, die über kein theologisches Vorwissen verfügen (lernpsychologischer Aspekt) und ihre eigene Position zum Phänomen Religion bislang nicht oder kaum bedacht haben.

Insgesamt bleibt festzuhalten, dass für die Professionalisierung von (Religions-)Lehrkräften ein elaboriertes PW einen wichtigen Indikator darstellt, um Unterricht qualitätsvoll zu gestalten, so dass Schüler:innen möglichst effektiv lernen können. Zugleich konnte COACTIV zeigen, dass PW in hohem Maß mit dem FW und dem FDW korreliert.[43] D. h., dass Lehrkräfte, die über ein ausgeprägtes PW verfügen, auch ein hohes FW und FDW besitzen – denn nur so können sie z. B. Leistungsbeurteilungen angemessen vornehmen oder die Heterogenität der Schüler:innenschaft so einschätzen, dass die Lernprozesse gewinnbringend angelegt werden.

#### 4.2.4 Was das COACTIV-Modell unter Beratungs- und Organisationswissen versteht

Das Beratungs- und Organisationswissen wurde von der COACTIV-Studie einerseits als generisches, d. h. fachübergreifendes Wissen konzeptualisiert, andererseits aber nur sehr allgemein erfasst und nicht wie die anderen Kompetenzbereiche operationalisiert und empirisch überprüft. Man ging von der theoretischen Annahme aus, dass bei Beratungsanlässen erstens fachunabhängiges Wissen gebraucht wird (z. B. Schullaufbahnberatung), zweitens multiprofessionelle Personen gefragt sind (z. B. bei Lern- oder Verhaltensschwierigkeiten) und drittens aufgrund der thematischen und sozialen Komplexität von Bera-

---

[43] Vgl. Voss, Thamar/Kunter, Mareike, Pädagogisch-psychologisches Wissen von Lehrkräften, 207.

tungssituationen unterschiedlichste Perspektiven nötig sind, wenn z. B. das Erleben und Verhalten von Personen aus mehreren Blickwinkeln thematisiert wird.[44]

Ähnlich verhält es sich mit dem Organisationswissen. Darunter wird das Wissen verstanden über die Funktionslogik und Fähigkeit des Bildungssystems allgemein und der speziellen Bildungsinstitution im Besonderen. Auch hier konnten theoretisch zwar signifikante Wissensfacetten herausdestilliert werden; aufgrund deren eigener Komplexität und der Notwendigkeit, diese Facetten institutionenbezogen zu testen (für Gymnasien anders als für Grundschulen), wurde auf die Erarbeitung und Durchführung von Tests verzichtet und auf Nachfolgestudien verschoben. So steht als theoretische Modellierung des Organisationswissens im Raum:

1. das Wissen über das Bildungssystem und seine Rahmenbedingungen;
2. das Wissen über Steuerung, Governance und Transparenzsicherung;
3. das Wissen über Schulorganisation, -ökologie, -verfassung sowie die Rechtsstellung von Schüler:innen, Eltern und Lehrkräften und die Aufgaben der Schulleitung;
4. das Wissen über Schulqualität und Schuleffektivität und
5. das Wissen über Schultheorien.[45]

## Fazit und Weiterentwicklungen für Religionslehrer:innen

Insgesamt konnten damit Kompetenzbereiche identifiziert werden, die für das Professionswissen relevant sind und die in den genannten Kompetenzbereichen von FW, FDW und PW nicht einfach aufgehen, auch wenn es v. a. mit dem PW bedeutsame Nähen gibt. Das war auch der Grund, warum COACTIV das PW und das Beratungs- und Organisationswissen insgesamt un-

---

[44] Vgl. Baumert, Jürgen/Kunter, Mareike, Das Kompetenzmodell von COACTIV, 40.
[45] Vgl. ebd.

ter dem Konzept des bildungswissenschaftlichen Wissens verhandelt. Aufgrund der fehlenden empirischen Validierung des Beratungs- und Organisationswissens wird jedoch im Folgenden nicht näher auf sie eingegangen.

Für Religionslehrkräfte ist wichtig, dass sie als Teil der Schulfamilie am allgemeinen Auftrag teilhaben, Schule so weiterzuentwickeln, dass die Schüler:innen möglichst gut lernen und sich als Persönlichkeiten möglichst gut entwickeln, also bilden können.

Zum anderen bleibt festzuhalten, dass Religionslehrkräfte aufgrund ihres Fachs Religion, das auf die unentscheidbaren Fragen des Lebens in einer sehr spezifischen Weise abhebt, nochmals einen eigenen Auftrag haben gerade bei Fragen, die das Beratungs- und Organisationswissen angehen. V. a. in Krisenzeiten und Krisensituationen, wenn Schüler:innen Selbstmord begehen, durch Unfall ums Leben kommen, Mobbing im Kollegium und in Schulklassen geschieht, sind Religionslehrkräfte oft die ersten Ansprechpartner:innen. Dazu braucht es spezifische Weiterbildungen und Unterstützungsmaßnahmen. Initiativen im Bereich von Schulseelsorge sind eine konkrete Ausformung dieses Aufgabenbündels, Notfallseelsorger:innenprogramme andere, die hier zumindest genannt, wenn auch nicht weiter ausgeführt werden können.

### 4.3 Zur besonderen Bedeutung des fachwissenschaftlichen und fachdidaktischen Wissens beim Professionswissen

Schon diese skizzenhaften Beschreibungen der unterschiedlichen Kompetenzbereiche, in denen das COACTIV-Modell das Professionswissen von Lehrkräften konkretisiert, werfen die Fragen auf,

1. ob alle Kompetenzbereiche gleich bedeutsam sind in Bezug auf den Lernerfolg von Schüler:innen, oder ob es hier unterschiedliche Signifikanzen gibt,
2. was sich über das Zusammenspiel von Kompetenzbereichen für den Unterrichtserfolg sagen lässt und

3. welche Konsequenzen sich daraus für die (Religions-)Lehrer:innenbildung ableiten lassen.

Auch hier haben die Studien um COACTIV entscheidende Ergebnisse gezeitigt, die im Folgenden erläutert werden sollen.

### 4.3.1 Fachwissenschaftliches und fachdidaktisches Wissen als Nukleus des Professionswissens

Zumindest nach der graphischen Darstellung scheint es beim COACTIV-Modell so zu sein, dass auf der Ebene der Kompetenzbereiche bzw. Wissensdimensionen jeder domänenspezifische Wissenstyp gleichwertig ist. Selbst von pädagogisch-psychologischer Seite her wird in den letzten Jahren jedoch ein besonderes Augenmerk auf die fachspezifischen Aspekte (also fachwissenschaftliches und fachdidaktisches Wissen) gelegt und der Kompetenz, Schüler:innen im Unterricht kognitiv zu aktivieren und entsprechende Lernlandschaften zu kreieren, eine besondere Effizienz für gutes Unterrichten zuerkannt. Das heißt nicht nur, dass das FW und FDW so etwas wie den Nukleus des Professionswissens ausmachen. Weil die kognitive Aktivierung als eine Kompetenzfacette des FDW einen besonders robusten Prädiktor für Unterrichtsqualität darstellt, kann das FDW – freilich in engem Zusammenhang mit dem FW – als entscheidende Wissensgröße für die Lehrer:innenkompetenz angesehen werden. Darauf wird gleich noch näher eingegangen.

### 4.3.2 Bezogenheit und Unterschiedenheit von fachdidaktischem und fachwissenschaftlichem Wissen

So eng fachdidaktisches Wissen und fachwissenschaftliches Wissen beieinanderliegen, so geht das COACTIV-Modell in der Tradition von Shulman davon aus, dass FDW und FW zwei unterschiedliche Wissensbereiche je eigenen Rechts darstellen. COACTIV grenzt sich damit ab von der Michigan Arbeitsgruppe um Deborah Ball, die für das fachdidaktische und das fachwissenschaftliche Wissen nur *einen* Wissenskomplex, nämlich »mathematical knowledge of teaching« annimmt.[46]

Auch wenn diese Streitfrage noch nicht endgültig entschieden ist und es durchaus auch empirisch validierte Begründungen gibt, beide Kompetenzbereiche zusammenzuziehen,[47] konnte COACTIV die Unterscheidung von fachdidaktischem und fachwissenschaftlichem Wissen plausibilisieren und empirisch nachweisen.[48] Zugleich wurde deutlich, dass im Bereich der Gymnasiallehrkräfte diese Unterscheidung eher weniger relevant ist als bei nichtgymnasialen. Die Autor:innen der COACTIV-Studie interpretierten diesen Befund im Zuge der Expertisetheorie: Je spezialisierter Expert:innen sind, umso stärker müssen die unterschiedlichen Wissensarten miteinander vernetzt sein.[49] Mit anderen Worten müssen Lehrkräfte dort, wo Wissen hochkomplex ist, auch in ihren Darstellungs- und Vermittlungsformen über hochkomplexe Fähigkeiten verfügen, um so beide Wissensformen möglichst gut miteinander zu verschränken. Oder nochmals anders gesagt: Wenn Lehrkräfte über ein besonders elaboriertes FW verfügen, dann erlaubt ihnen dies, kognitiv flexibel zu sein, und dadurch Anforderungssituationen, die sich aus dem Unterricht ergeben, schneller zu erfassen und themenadäquater zu bearbeiten.

### 4.3.3 Fachwissenschaftliches und fachdidaktisches Wissen als entscheidende Größen für Unterrichtsqualität

Die Frage stellt sich nun, welchen Einfluss fachwissenschaftliches und/oder fachdidaktisches Wissen auf die Unterrichtsqua-

---

[46] Vgl. Krauss, Stefan/Blum, Werner/Brunner, Martin u. a., Konzeptualisierung und Testkonstruktion zum fachbezogenen Professionswissen von Mathematiklehrkräften, 147.

[47] Vgl. Lindmeier, Anke, Modeling and measuring knowledge and competencies of teachers.

[48] Vgl. Baumert, Jürgen/Kunter, Mareike, Das mathematikspezifische Wissen von Lehrkräften, 184–186.

[49] Vgl. Krauss, Stefan/Blum, Werner/Brunner, Martin u. a., Konzeptualisierung und Testkonstruktion, 148f.

lität haben. Dazu ist es zunächst erforderlich, nochmals genauer festzuhalten, welche Faktoren für Unterrichtsqualität entscheidend sind.

Hier sind drei zentrale Prämissen von Bedeutung:

1. Die Zielsetzung des Unterrichts,
2. Die Form der systematischen Beschreibung von Unterricht mittels Sicht- und Tiefenstrukturen und
3. Die Identifikation von Faktoren, die prädiktiv sind für Unterrichtserfolg.

### Zur Zielsetzung des Unterrichts

Wie oben schon immer wieder anklang, geht die COACTIV-Studie von einem konstruktivistischen Lernverständnis aus und versteht Unterricht deshalb in der sog. Angebots-Nutzungs-Struktur.[50] Schulisches Lernen meint demnach einen aktiven, kumulativen und sozialen Prozess. D. h., dass ein »verständnisvolles Lernen« angezielt wird, insofern Schüler:innen ausgehend von ihrem Vorwissen und eigenaktiv das Kennengelernte rekonstruieren, dadurch bestehende Begriffsnetze erweitern, differenzieren und so neues Wissen generieren. Damit wird klar, dass sich Unterricht und Wissensaufbau nicht darin erschöpfen, Faktenwissen zu erwerben, sondern Konzepte und Schemata kontinuierlich zu vernetzen und weiterzuentwickeln. Lernen wird so gesehen zum ständigen Prozess.

Legt man dieses Lernverständnis zugrunde, dann kommt Unterricht die Aufgabe zu, Lehr-Lern-Situationen so zu gestalten, dass solche verständnisvollen Lernprozesse möglich werden.[51] Mit anderen Worten müssen Lehrkräfte fähig sein, Unterrichtsprozesse zu initiieren und zu steuern, die es Schüler:innen ermöglichen, vorhandene Wissensbestände und semantische Netzwerke mit neuen abzugleichen und weiterzuent-

---

[50] Vgl. Kunter, Mareike/Voss, Thamar, Das Modell der Unterrichtsqualität in COACTIV, 86.
[51] Vgl. ebd., 87.

wickeln. Damit dies gelingt, braucht es Lehrkräfte, die in der Lage sind, Unterricht eine entsprechende Struktur zu geben und in mehrfacher Hinsicht passungsfähig zu machen: in Bezug auf die Schüler:innen, die kontextuellen Gegebenheiten, zu denen auch die Besonderheiten der Klassenkonstellationen zählen, das Thema und die Methoden.

## Zur Beschreibung von Unterricht in Sicht- und Tiefenstrukturen

Zur Beschreibung von Unterricht hat sich in der Forschungstradition etabliert, zwei Weisen der Strukturierung zu unterscheiden: die Sicht- und die Tiefenstrukturen.

Unter Sichtstrukturen sind übergeordnete Organisationsmerkmale von Unterricht gemeint, wie z. B. Rahmenbedingungen (z. B. Organisationsformen von Unterricht als Klassenunterricht oder Förder-/Differenzierungsunterricht), Muster der Unterrichtsinszenierung im Sinne methodischer Großformen (z. B. Instruktion, entdeckendes Lernen) oder methodische Unterrichtselemente im Sinne von Sozialformen (Lehrer-Schüler-Gespräch, Einzelarbeit, Partnerarbeit, Gruppenarbeit). Im Gegensatz zu den schnell identifizierbaren Sichtstrukturen sind die Tiefenstrukturen von Unterricht schwerer auszumachen. Sie beziehen sich auf den direkten Lehr-Lern-Prozess und damit auf die Auseinandersetzung der Lernenden mit dem Lernstoff, auf die Interaktion der Lernenden mit der Lehrkraft sowie der Lernenden untereinander.[52]

Auch wenn die beiden Strukturen nicht immer trennscharf voneinander unterschieden werden können, half diese Klassifikation, die Effektivität von Unterricht zu bestimmen und Faktoren zu identifizieren, die besonders wirksam sind für den Lernerfolg von Schüler:innen. In Unterrichtsforschungsstudien fiel nämlich auf, dass die Verwendung der gleichen Sichtstrukturen von Unterricht (Instruktion, Gruppenarbeit) in unterschiedlichen Settings durchaus unterschiedliche Ergebnisse von Lernerfolg zeitigte. Dies ließ nach den tieferen Ursachen fragen. Dabei zeigte sich, dass den Tiefenstrukturen von Unterricht

[52] Vgl ebd.; Voss, Thamar, Unterrichtsforschung, 32–34.

eine größere Erklärungsmacht zukommt, Lernzuwächse aufseiten der Schüler:innen zu erklären, als den Sichtstrukturen.[53] Auch wenn die Gestaltung von Unterricht nach wie vor den Rahmen setzt, in dem Lernangebote getätigt werden, sind für den Unterrichtserfolg v. a. die Tiefenstrukturen von Unterricht ausschlaggebend, also inwiefern die Lehr-Lern-Angebote genutzt und angeeignet werden. Diese Faktoren, die die Nutzung von Lernangeboten beschreiben, firmieren deshalb als »Basisdimensionen der Unterrichtsqualität«[54] bzw. als »Dimensionen der Unterrichtsqualität«.

### Basisdimensionen von Unterrichtsqualität

Aufbauend auf unterschiedlichen Forschungstraditionen wird Unterrichtsqualität in der COACTIV-Studie mittels dreier Instruktionsdimensionen bestimmt: nämlich 1. dem Vorhandensein kognitiv herausfordernder und gut strukturierter Lerngelegenheiten (kognitive Aktivierung), 2. der Lernunterstützung durch sorgfältige Überwachung des Lernprozesses, individuelle Rückmeldung und adaptives Unterrichten (konstruktive Unterstützung) und 3. einem effektiven Klassen- und Zeitmanagement (Klassenführung).[55]

Diese drei Basisdimensionen von Unterrichtsqualität können wiederum drei unterschiedlichen Kompetenzbereichen zugeordnet werden: Das Potenzial kognitiver Aktivierung, das in einem Unterrichtsgeschehen vorhanden ist, hat entscheidenden Einfluss auf die Leistungsentwicklung von Schüler:innen. Die konstruktive Unterstützung hat Einfluss auf die motivational-emotionale Entwicklung, also dass sich Schüler:innen angespornt fühlen im Unterricht, ermutigt und damit auch lernbereit sind. Und die Klas-

[53] Vgl. Kunter, Mareike/Voss, Thamar, Das Modell der Unterrichtsqualität in COACTIV, 87.
[54] Klieme, Eckhard, Unterrichtsqualität, 393–408.
[55] Vgl. Kunter, Mareike/Voss, Thamar, Das Modell der Unterrichtsqualität in COACTIV, 87–90; Baumert, Jürgen/Kunter, Mareike, Das mathematikspezifische Wissen von Lehrkräften, 170f.

senführung hat sowohl einen Ausschlag auf die kognitive als auch motivational-emotionale Entwicklung von Schüler:innen. Mit anderen Worten ist damit ein Unterricht besonders qualitätsvoll oder eben ein guter Unterricht, der für die Schüler:innen etwas zu lernen gibt, indem bzw. weil er Schüler:innen in ihrem Lernverhalten und -prozess unterstützt, auf sie eingeht, Lernangebote auf ihre Voraussetzungen abstimmt und die Klassenkonstellationen berücksichtigt sowie Unterrichtsprozesse strukturiert, so dass viel effektive Lernzeit bleibt. Graphisch lassen sich diese Korrelationen wie in Abb. 3 dargestellt veranschaulichen.

Interessant ist dabei, dass die konstruktive Unterstützung des Lernprozesses, die als fachspezifische und nicht nur sozialpädagogische Förderung skaliert war,[56] zunächst wider Erwarten keinen signifikanten Einfluss zu erkennen gab.[57] Erst im Zuge der vollständigen Überprüfung des Mediationsmodells konnte sie als signifikanter Faktor für Unterrichtserfolg identifiziert werden.[58] Das Mediationsmodell COACTIV lässt sich deshalb wie in Abb. 4 dargestellt illustrieren.

Da die Dimensionierung »Kognitive Aktivierung« sowie »Konstruktive Unterstützung« charakteristisch sind für das fachdidaktische Wissen, wird deutlich, dass das fachdidaktische Wissen einen noch unmittelbareren Einfluss auf die Unterrichtsqualität nimmt als das fachwissenschaftliche Wissen – auch wenn das fachdidaktische Wissen ohne substanzielles fachwissenschaftliches Wissen undenkbar ist. Jürgen Baumert und Mareike Kunter formulieren deshalb: »Domänenspezifisches Professionswissen scheint also eine zentrale Bedeutung für den Leistungsfortschritt von Schülerinnen und Schüler [sic!] zu haben. Der Zusammenhang zwischen fachdidaktischem Wissen und Mathematikleistung ist linear.«[59]

---

[56] Vgl. Baumert, Jürgen/Kunter, Mareike, Das mathematikspezifische Wissen von Lehrkräften, 182.

[57] Vgl. ebd., 181.

[58] Vgl. ebd., 182.

[59] Vgl. ebd., 181.

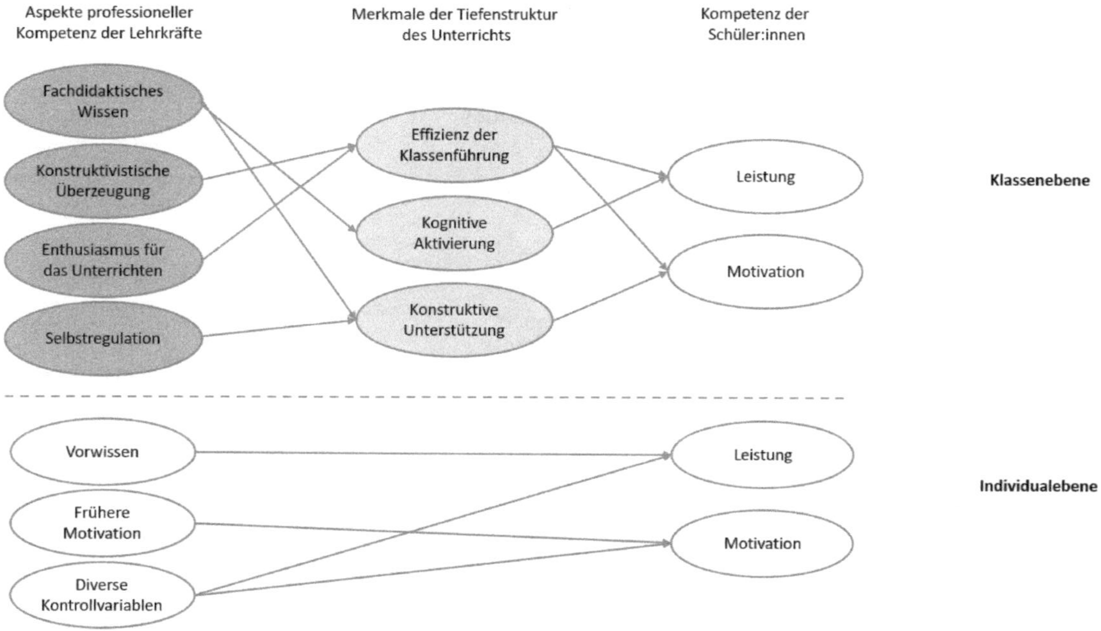


Abb. 3: Signifikante Zusammenhänge zwischen Professionswissen, Tiefenstrukturen und Schüler:innenkompetenzen
Quelle: Vgl. Voss, Thamar, Unterrichtsforschung, 45.

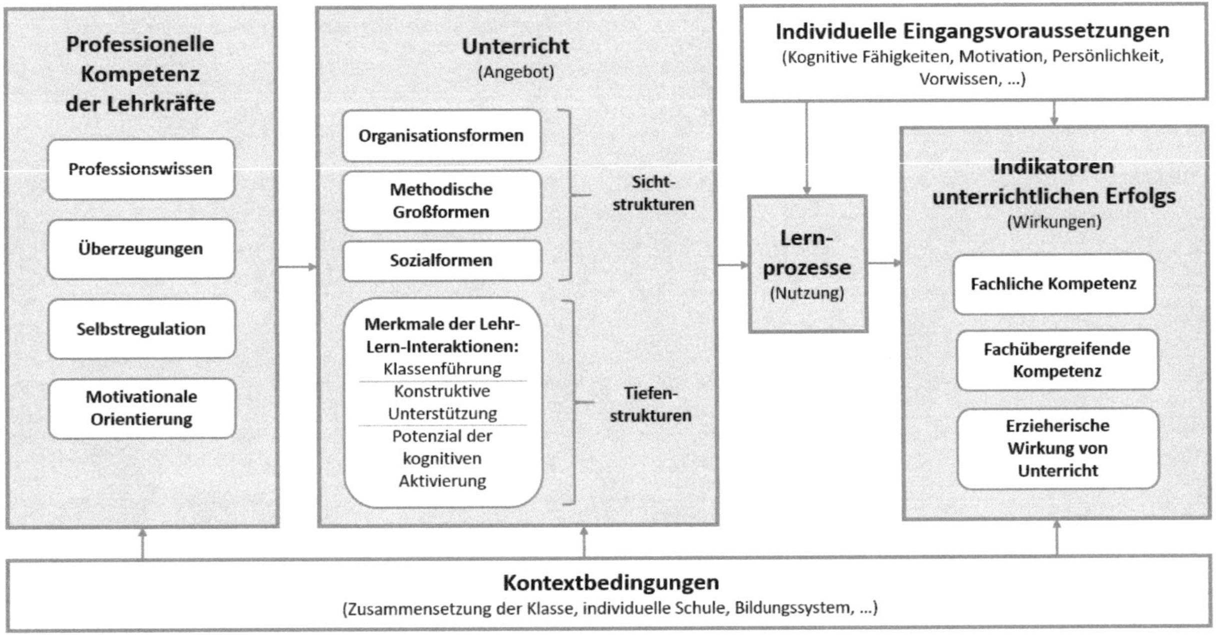


Abb. 4: Modell Professionswissen – Tiefenstrukturen von Unterricht – Indikatoren unterrichtlichen Erfolgs
Quelle: Voss, Thamar, Unterrichtsforschung, 33.

Erst das fachdidaktische Wissen ermöglicht – so die Schlussfolgerung aus COACTIV –, Unterricht so zu gestalten, dass Schüler:innen kognitiv aktiviert werden.[60] Es ist der Kompetenzbereich mit der größten Effektstärke auf den Lernerfolg von Schüler:innen.[61] Bei schwächeren Schüler:innen ist der Effekt fachdidaktischer Kompetenz von Lehrkräften sogar noch größer.[62] Will man also gerade für schwächere Schüler:innen die Bildungschancen erhöhen, braucht es (finanzielle, gesellschaftspolitische) Anreize, um die besonders professionellen Lehrkräfte bei leistungsschwächeren Schüler:innen einzusetzen.

Zugleich heißt dies nicht, dass fachwissenschaftliches Wissen für die Professionskompetenz unwichtig ist. Es ist vielmehr verstehbar als Rahmen und Raum, der die fachdidaktischen Variationsmöglichkeiten eröffnet bzw. begrenzt. Insofern gilt auch, dass Lücken im Fachwissen durch fachdidaktisches Wissen nicht aufgehoben werden können.[63]

Insgesamt stellt sich also einmal mehr die Frage, wie der Erwerb von Professionswissen profiliert und Lehramtsstudierende sowie bereits tätige Lehrer:innen darin unterstützt werden können, ihr Lehrer:innenhandeln auszubilden und zu optimieren. Dazu ist es wichtig, nochmals genauer zu differenzieren und klarzumachen, dass Lehrer:innenprofessionalität zwar Dispositionen und situationsspezifische Kompetenzen umfasst, sich aber eben auch und gerade an der Performanz erweist;[64] sprich was Lehrkräfte im Unterricht – und zwar bei der Unterrichtsvorbereitung, -durchführung und -nachbereitung – können. Der folgende Abschnitt geht auf diese gesteigerte Komplexität ein.

---

60 Vgl. ebd., 182f.

61 Vgl. ebd., 183–185.

62 Vgl. ebd., 184.

63 Vgl. ebd., 185.

64 Vgl. Krauss, Stefan/Lindl, Alfred/Schilcher, Anita u. a., Das Forschungsprojekt FALKO, 36f.

## 4.4 Was es über die Kompetenzbereiche noch zu wissen gibt, oder: gesteigerte Komplexität

Konnte COACTIV einerseits beschreiben, was unter dem Professionswissen von Lehrkräften zu verstehen ist, wurde im Laufe der Untersuchung klar, dass damit das Lehrer:innenhandeln nicht vollständig erfasst ist. Es zeigte sich, dass das Professionswissen durch unterschiedliche Wissenstypen und -repräsentationen bestimmt wird und das Wissen-Können-Problem eine besondere Rolle bei der Professionalisierung von Lehrkräften spielt. Die folgenden Ausführungen gehen auf diese Aspekte gesondert ein, um den Facettenreichtum professioneller Kompetenz von Lehrkräften zu vertiefen.

### 4.4.1 Professionswissen ist mehr als deklaratives Wissen – von den unterschiedlichen Wissenstypen

Die Leistung des COACTIV-Modells besteht nicht nur darin, strukturbildende Kompetenzbereiche des Professionswissens identifiziert und operationalisiert zu haben (FW, FDW, PW, Organisations- und Beratungswissen), sondern auch auf deren unterschiedlichen Typos hinzuweisen. D. h., dass COACTIV zwischen Formen des sog. deklarativen Wissens, des prozeduralen und strategischen Wissens unterscheidet.[65]

Damit wird deutlich, dass das Professionswissen von Lehrer:innen nicht nur ein enzyklopädisch/semantisches/konzeptuelles Wissen meint (knowing that), sondern auch das Wissen um Abläufe umfasst (prozedurales Wissen im Sinne des knowing how). Dieses prozedurale Wissen erlaubt Lehrkräften, Handlungssituationen schnell zu erfassen, einzuordnen und entsprechende Strategien zu entwickeln, darauf situationsangemessen zu reagieren (strategisches Wissen im Sinne des knowing how).[66] Auch wenn alle diese Wissenstypen dem theo-

---

[65] Vgl. Baumert, Jürgen/Kunter, Mareike, Das Kompetenzmodell von COACTIV, 33.

[66] Vgl. ebd., 35.

retisch-formalen Wissen zuzuordnen sind, sind das prozedurale und strategische Wissen stark auf praktisches Handeln bezogen und wichtige Faktoren, ein »knowledge in action« im Sinne eines praktisch orientierten Wissens zu entwickeln, das den Handelnden erlaubt, eine Situation intuitiv richtig zu beurteilen und entsprechend zu handeln.[67]

Die Professionalität von Lehrkräften erweist sich also beispielsweise nicht nur darin, »Auferstehungskonzepte« zu kennen und theologisch präzise auszusagen (deklaratives Wissen), sondern zu wissen, wie der Lerninhalt adressatenbezogen, also abgestimmt auf die Lernvoraussetzungen der Schüler:innen, in einem konkreten Lernsetting dargestellt und erklärt werden kann (prozedurales und strategisches Wissen) und wie das dann auch faktisch im konkreten Unterrichtsprozess erfolgt.

Sind diese Wissenstypen und -unterscheidungen allesamt noch im Bereich der Dispositionen und Kompetenzen verankert, steigern sich die Herausforderungen an die Lehrer:innenprofession, insofern es nicht ausreicht, um Auferstehungskonzepte und deren situationsbezogene Thematisierung zu *wissen*. Es kommt darauf an, das Wissen in Können zu übersetzen, also Kompetenz in Performanz.

### 4.4.2 Professionswissen ist mehr als theoretisch-formales Wissen, oder: Warum das Wissen-Können-Problem entscheidend ist

Mit dieser Problemanzeige, die kurz als Wissen-Können-Problem bzw. knwoledge-skill-problem benannt wird, ist eine der wichtigen Forschungslücken in der gegenwärtigen Debatte um die Professionstheorien, auch von COACTIV, markiert. So sehr die Konzeptualisierung des Professionswissens überzeugt und so hilfreich die empirische Validation ist, so bleibt bislang unklar, wie (angehende) Lehrkräfte darin unterstützt werden können, vom Wissen zum Können zu gelangen. Es ist, wie gesagt, ein Unterschied, über Auferstehungskonzepte Bescheid zu wissen, diese theologisch präzise aussagen zu können, über ein

67 Vgl. ebd.

variantenreiches Methodenreservoir zu verfügen und im Blick zu haben, mit welchen Schüler:innenkognitionen, welchem Vorwissen und welchen Erfahrungen zu rechnen ist, um dann in der konkreten Unterrichtssituation situativ richtig zu handeln. Was ist zu tun und welches Lehrer:innenhandeln ist zielführend, wenn im Unterricht die Frage aufkommt: »Aber wie ist'n das, wenn man sagt, Menschen erstehen wieder auf, oder wie das heißt – ähm – also, ich hab jetzt meine Oma nicht mehr getroffen, seitdem die tot ist. Wie soll das jetzt … Weil das heißt doch immer, Jesus ist mir da begegnet und da. Aber ich lauf' jetzt meiner Oma nicht täglich über den Weg.«[68]

Jüngste eigene Forschungen konnten hier zumindest schon zeigen, was theoretisch der Fall sein muss, damit die Übersetzung von Wissen in Können gelingt. Dies hat mit zwei Setzungen zu tun: zum einen der Zielsetzung von Unterricht, verständnisvolle Lernprozesse zu erreichen, und zum anderen und schlussfolgernd daraus, der Konzeptualisierung des Darstellungs- und Erklärungswissens.

Gilt in den Spuren von COACTIV als Ziel von Unterricht, verständnisvolle Lernprozesse zu ermöglichen, dann heißt das, Unterrichtsinhalte so zu thematisieren, dass Schüler:innen an Vorwissen anknüpfen und Wissensbestände auf dieser Grundlage weiterentwickeln können. Lernen geschieht also vornehmlich an und durch Inhalte, eigenaktiv und konstruktivistisch. Daraus folgt die zweite Setzung: Wenn Lernen als Aneignung angebotener Unterrichtsinhalte verstanden wird, dem FDW eine besondere Wirksamkeit für den Lernerfolg zukommt, ist im Religionsunterricht – aber nicht nur dort – die fachdidaktische Wissensfacette Darstellungs- und Erklärungswissen von besonderer Relevanz.

Insgesamt bleibt damit festzuhalten, dass für die Professionalisierung von (Religions-)Lehrkräften nicht nur entscheidend ist, über welches FW sie verfügen oder auch welches FDW und PW sie sich angeeignet haben. Genauso ausschlaggebend für die

---

68 Schambeck, Mirjam, »Wir kennen das aus Zombifilmen oder so«, 76.

Unterrichtsqualität ist, inwiefern es (Religions-)Lehrkräften gelingt, ihr Wissen im Unterricht als Können einzubringen.

### 4.4.3 Warum erst die Verzahnung von Theorie und Praxis Studien- und Praktikumsphasen effektiv macht

Gerade diese Fähigkeiten, theoretisch-semantisches Wissen situationsbezogen abrufen, einbetten und auf seine Effektivität für den Unterrichtsverlauf ausloten zu können, sind Kompetenzen, die den engen Theorie-Praxis-Bezug des Professionshandelns von Lehrkräften widerspiegeln. Insofern können sie auch nicht nur theoretisch erworben werden. Sie sind vielmehr auf konkrete Erprobungen in action angewiesen. Damit wird deutlich, dass die Bildung von Lehrkräften nicht nur als Aneignung von (fachdidaktischen, fachwissenschaftlichen, pädagogisch-psychologischen etc.) Konzepten zu modellieren ist. Die Professionalisierung von Lehrkräften braucht vielmehr auch die Einübung, Erprobung und Reflexion von Theorie-Praxis-Situationen.[69]

Mit anderen Worten müssen in der Lehrer:innenbildung Praxisphasen implantiert sein, in denen es möglich ist, zuvor erworbenes theoretisch-semantisches Wissen situationsbezogen einfließen zu lassen und zugleich darauf zu reflektieren, was hier gelang und was nicht. Das heißt, dass Praxisphasen nur dann sinnvoll sind, wenn im Studienverlauf schon Konzepte erworben werden konnten, die dann in actu erprobt und reflektiert werden. Angereichert mit diesem »praktischen Wissen« können dann weitere Theorie-Phasen durchlaufen und auf das Praxiswissen zurückbezogen werden. Praxisphasen unmittelbar nach der Schulzeit und noch vor dem Studium sind deshalb ebenso ineffektiv wie Praxisphasen ganz am Ende des Studiums, in denen es jeweils nicht möglich ist, einen effektiven Theorie-Praxis-Konnex herzustellen.

[69] Vgl. Caruso, Carina, Das Praxissemester von angehenden Lehrkräften, 319f.

## 5 Adaptionen des COACTIV-Modells auf die Profession von Religionslehrkräften

So sehr es COACTIV gelang, eine überzeugende Konzeptualisierung des spezifischen Lehrer:innenhandelns anzubieten und empirisch zu validieren, gibt es erst anfängliche Studien, die fachunabhängigen Konzepte auf die spezifischen, fachabhängigen Herausforderungen im Religionslehrer:innenhandeln anzupassen.

Diese beziehen sich einerseits auf mögliche Konzeptualisierungen des FW und FDW,[70] andererseits auf die Erstellung von Tests zum fachbezogenen Professionswissen von Religionslehrkräften – und zwar konzentriert auf das FW und FDW. Insbesondere für Letzteres ist die Studie, die von Michael Fricke verantwortet wurde und als FALKO-R firmiert, relevant geworden. Deren Ergebnisse sollen im Folgenden in Ausschnitten vorgestellt werden, um darauf aufbauend eine Konzeptualisierung des FDW und FW von Religionslehrkräften vorzuschlagen.

### 5.1 Warum FW und FDW auch im Religionslehrer:innenhandeln zu unterscheiden sind

Wie bei der COACTIV-Studie schon referiert wurde, war es lange strittig und ist es noch, ob FW und FDW streng voneinander unterschieden werden können, und was theoretisch-konzeptuell wie auch empirisch validiert zum FW und FDW zählt. In der Tradition von Lee S. Shulman und Rainer Bromme differenzierte die COACTIV-Studie FW und FDW.[71] In der Tat ist es bei komplexen Vorgängen wie dem Unterrichten zumindest intuitiv kaum auszumachen, inwiefern eine Entscheidung im Un-

[70] Vgl. Wüstner, Eva-Maria/Riegel, Ulrich, Theologisches und religionsdidaktisches Wissen von Religionslehrpersonen, 95–110; dies., The structure of teacher knowledge, 102–116 (im Grunde die engl. Übersetzung des ersten Art.).

[71] Vgl. Baumert, Jürgen/Kunter, Mareike, Das mathematikspezifische Wissen von Lehrkräften, 184–186.

terrichtshandeln vom Blick auf die Schüler:innen und deren Reaktionen motiviert ist und/oder aus sachlogisch fachwissenschaftlichen Gründen resultiert. Auch wenn Schüler:innen z. B. schon merken lassen, dass ihnen das Konzept der Auferstehung (zu) viel abverlangt, hätte es auch eine Logik, die unterschiedlichen Aspekte des Konzepts in Gänze anzuführen und dann erst auf Nachfragen einzugehen, als den Gedankengang bei der Hälfte abzubrechen.

Auch das COACTIV-Modell hat diese Schwierigkeit gesehen, als deutlich wurde, dass im Bereich der Gymnasiallehrkräfte die Unterscheidung von FW und FDW eher weniger relevant war als bei nichtgymnasialen.[72] Die Autor:innen der COACTIV-Studie zogen aber andere Schlüsse daraus, als beispielsweise Anke Lindmeier dies in ihren Studien (wiederum für Mathematiklehrkräfte) tat. Lindmeier vermerkt, dass in der Praxis des Unterrichtens FW und FDW so stark miteinander korrelieren, dass sie die scharfe konzeptuelle Trennung zwischen beiden Wissensbereichen aufgrund deren engen Verwiesenheit aufgibt bzw. neu modelliert und zusammenfasst als »basic knowledge«.[73] COACTIV dagegen interpretierte diesen Befund, wie oben schon deutlich wurde, im Zuge der Expertisetheorie. Wo Wissen eben hochkomplex ist – wie z. B. im gymnasialen Unterricht –, müssen Lehrer:innen auch in ihren Darstellungs- und Vermittlungsformen über hoch komplexe Fähigkeiten verfügen, um so beide Wissensformen möglichst gut miteinander zu verschränken.

Insgesamt ist dazu festzuhalten, dass es für beide Entscheidungen stichhaltige Argumente gibt, die zumindest soweit übereinstimmen, als sowohl die Trennung als auch das Ineinslesen von FW und FDW auf der Erkenntnis beruht, dass beide Wis-

---

72 Vgl. Krauss, Stefan/Blum, Werner/Brunner, Martin u. a., Konzeptualisierung und Testkonstruktion, 148f.

73 Vgl. Lindmeier, Anke, Modeling and measuring knowledge and competencies of teachers; dies./Heinze, Aiso/Dreher, Anika u. a., Akademisches versus schulbezogenes Fachwissen, 329–349.

sensbereiche eng aufeinander bezogen sind. Wie aber sieht es beim Religionslehrer:innenhandeln aus?

Hier konnte FALKO-R erste empirisch validierte Erkenntnisse präsentieren: Die Testung von 159 Lehramtsstudierenden und Lehrer:innen zeigte, dass FW und FDW zwei eigenständige Dimensionen sind. Die Modellierung von COACTIV wurde damit bestätigt. Mittels eines Chi-Quadrat-Differenztests wurde ferner die Bezogenheit (Korrelation) von FDW und FW untersucht. Dieser ergab, dass FDW und FW zwar keine disjunkten, aber doch klar voneinander trennbare Wissensbereiche sind.[74] Mit anderen Worten kann das FDW nicht ohne FW erklärt werden, wie umgekehrt für das Professionswissen nicht nur das FW, sondern auch das FDW ausschlaggebend ist.

Damit kann also auch für die Professionalisierung von Religionslehrkräften Folgendes festgehalten werden:

1. Es ist wichtig, dass Religionslehrkräfte über ein passungsfähiges FDW verfügen. Was darunter näherhin zu verstehen ist, und ob die Modellierung von COACTIV strikt übernommen werden kann, bleibt noch zu klären.
2. Religionslehrkräfte müssen ebenso über ein passungsfähiges FW verfügen. Ob es angemessen ist, das FW wie für Mathematiklehrkräfte als »tieferes Verständnis der Schulmathematik« zu bestimmen, bleibt noch zu verhandeln.
3. Insofern ein Unterschied zwischen Wissen und Können besteht, kommt es auch bei Religionslehrkräften darauf an, inwieweit sie fähig sind, ihr angeeignetes FW und FDW im Unterricht abzurufen bzw. so darüber zu verfügen, dass sie im Unterricht flexibel und situationsangemessen *handeln* können.

Für die Forschung und auch die vorliegende Studie ergibt sich die Aufgabe, das Professionswissen als besonders prädiktiven Faktor für Unterrichtsqualität und Lernerfolg nun auch auf die spezifischen Herausforderungen des Religionslehrer:innenhandelns zu adaptieren. Da bislang weder für das FW, das FDW noch das PW überzeugende Konzeptualisierungen geschweige

[74] Vgl. Fricke, Michael, FALKO-R, 317.

denn empirische Validierungen vorliegen, soll zumindest versucht werden, auf dem Hintergrund jüngster eigener Studien, ein theoretisches Konstrukt für das FDW und FW vorzulegen.

## 5.2 Kompetenzbereich fachdidaktisches Wissen als religionsbezogenes Korrelationswissen

Ausgehend von den Konzeptualisierungen des FDW, das COACTIV in den Spuren von Lee S. Shulman und Rainer Bromme erweitert hat, legen sich folgende Überlegungen für die theoretisch-konzeptuelle Modellierung des FDW von Religionslehrkräften nahe.

### 5.2.1 Zu den Wissensfacetten des religionsdidaktischen Wissens

Auch für das FDW bei Religionslehrkräften ergibt sich eine mehrgestaltige Modellierung in unterschiedliche Wissensfacetten: die Schüler:innenkognitionen und deren religionsdidaktische Erweiterung, das Darstellen und Erklären und deren religionsdidaktische Adaption, die Neuformulierung der Wissensfacette »Potenzial von Aufgaben«.

#### Zur fachdidaktischen Wissensfacette »Schüler:innenkognition«

Wie aus den bisherigen Ausführungen deutlich und in der religionsdidaktischen Forschung schon seit Langem formuliert wurde, ist der Erfolg von Lernprozessen in hohem Maß abhängig von der Passungsfähigkeit mit den Schüler:innenkognitionen. In der religionspädagogischen Forschung wird dies u. a. unter dem Stichwort »Subjektorientierung« verhandelt. Es gehört zum Proprium religiöser Lern- und Bildungsprozesse, theologische Themen so für Schüler:innen zu erschließen, dass diese sowohl kognitive Konfigurationen anstellen (kognitive Korrelationsprozesse) als auch die kennengelernten theologischen Deutepotenziale auf ihre eigenen Weltdeutungen existentiell befragen können (existentielle Korrelationsprozesse).[75] Damit kommt eine erste religionsdidaktische Erweiterung der Wissensfacette »Schüler:innenkognitionen« ins Spiel. Aufgrund des Lerngegenstands Religion, der als Diskurssystem *und* Lebensüberzeugung verfasst ist, sind für religiöses Lernen nicht nur kognitive Transformationen von Wissen typisch, sondern auch, diese auf ihre Lebensrelevanz hin befragen zu können. Damit reicht es nicht, (Fehl-)Konzepte von Schüler:innen in Bezug auf das Unterrichtsthema zu kennen. Religionslehrkräfte müssen auch um die religiösen (Nicht-)Erfahrungen der Schüler:innen wissen. Die religionsdidaktische Wissensfacette ist deshalb als Wissen um Schüler:innenkognitionen *und -erfahrungen* zu modellieren.

### Zur fachdidaktischen Wissensfacette »Darstellen und Erklären«

Führt man sich vor Augen, dass das Ziel von Unterricht ist, verständnisvolle Lernprozesse zu ermöglichen,[76] d. h. also, Schüler:innen zu eigenständigen, konstruktivistischen Aneignungen von Lerngegenständen zu befähigen, dann kommt der Wissensfacette »Darstellen und Erklären« bei Lernprozessen generell eine besondere Rolle zu und genauso fachspezifisch beim religiösen Lernen. Hier geht es darum, religiöse Traditionen in ihrer Vielgestaltigkeit darstellen, theologisch präzise aussagen und adressatenbezogen und der Unterrichtsdramaturgie entsprechend bearbeiten zu können. Schon Lee S. Shulman hatte in seiner Konzeptualisierung des FDW darauf hingewiesen, dass bei den meisten Lehrgegenständen die Weisen von besonderer Bedeutung sind, einen Lerngegenstand darzustellen und zu erklären (the ways of representing and formulating the subject), um Lerngegenstände verstehbar zu machen (that make it comprehensible to others).[77] Darunter verstand er: »the most useful forms of representing, … most powerful analogies, illus-

[75] Vgl. Schambeck, Mirjam, Was Relilehrer/-innen können müssen, 139f.
[76] Vgl. dazu die Ausführungen zum Wissen-Können-Problem in diesem Lehrbuch.
[77] Vgl. Shulman, Lee S., Those Who Understand, 9f.

trations, examples, explanations, and demonstrations«[78]. Dieser Bedeutsamkeit, die dem Darstellen und Erklären beim FDW zukommt, ist in jüngster Zeit die Forscher:innengruppe im Projekt »FALKE« nachgegangen, die versucht, »die didaktische Qualität unterrichtlichen Erklärens theoretisch und empirisch«[79] zu untersuchen.

Eigene Studien zum Wissen-Können-Problem ließen ebenso erkennen, dass der Wissensfacette des Darstellungs- und Erklärungswissens ein besonderes Gewicht beim FDW zukommt. Wie oben schon angedeutet wurde, legt sich der Eindruck nahe, dass die Wissensfacetten des FDW nicht – wie COACTIV dies modelliert und in der graphischen Darstellung veranschaulicht – ohne Abhängigkeiten untereinander sind. Der Vorschlag, der in dieser Studie vorgenommen wird, geht vielmehr dahin,

1. die unterschiedlichen Wissensfacetten in Korrelation zueinander zu denken und
2. über das Darstellungs- und Erklärungswissen auch die Verbindung zum FW darzustellen.[80]

Was ist damit gemeint und warum legt sich diese Aussage religionsdidaktisch nahe?

Die Bedeutung, die dem Darstellen und Erklären im Unterricht zukommt, hängt in hohem Maß vom – in der Bildungsforschung inzwischen konsensual – formulierten Unterrichtsziel ab, nämlich, verständnisvolle Lernprozesse zu erzielen, also Lerngegenstände so zu präsentieren und zu erklären, dass sie Schüler:innen verständlich werden und diese aktiv bestehende Wissensstrukturen verändern, erweitern, vernetzen, umstrukturieren oder neu bilden können.[81] Dieses Ziel wiederum impli-

---

78 Ebd.

79 Schilcher, Anita/Krauss, Stefan/Rincke, Karsten u. a., Ausblick – Aus FALKO wird FALKE, 445.

80 Vgl. dazu auch COACTIV: Baumert, Jürgen/Kunter, Mareike, Das mathematikspezifische Wissen von Lehrkräften, 167.

81 Vgl. in Auswahl: Cobb, Paul, Where is the mind?, 13–20; Gerstenmaier, Jochen/Mandl, Heinz, Wissenserwerb unter konstruktivistischer Perspektive, 867–888.

ziert, dass die *Verbindung von Schüler:innen, Lerngegenstand, konkreter Unterrichtssituation passungsfähig sein muss.* Mit anderen Worten: Ob Schüler:innen korrelieren können, also eine kognitive oder auch existentielle Aktivierung des Lerngegenstands für sich erkennen und durcharbeiten, hängt davon ab, inwieweit beim Darstellungswissen die Subjektorientierung genauso berücksichtigt wird wie das Thema theologisch komplex genug aufzuarbeiten.

Dass Lerngegenstände verstehbar sind, hängt in hohem Maß von den Lernvoraussetzungen der Lernenden ab. Bei Schüler:innen der Oberstufe können beispielsweise Auferstehungskonzepte anders präsentiert werden als bei Grundschüler:innen. Dies wiederum bedeutet, dass die Passungsfähigkeit des »Darstellens und Erklärens« nur in Bezug auf die Schüler:innenkognitionen und -erfahrungen beurteilt werden kann bzw. dort sein Maß findet.

Zugleich hängt die Verstehbarkeit eines Lehrgegenstands auch davon ab, inwieweit der Komplexität des theologischen Themas Rechnung getragen wird; und zwar ohne unterkomplex zu werden oder zu kompliziert dargestellt zu werden und damit in der Gefahr zu stehen zu diffundieren. Mit anderen Worten ist über die religionsdidaktische Wissensfacette Darstellungs- und Erklärungswissen auch ein Konnex zum FW gegeben.

Dass Lerngegenstände verstehbar werden, hängt zudem – wie Lernforschungen seit Jacob S. Kounin gezeigt haben – signifikant von der Strukturiertheit der Lernprozesse und dem Fehlen von Reibungsverlusten (smoothness) sowie der Dynamik (momentum) der Präsentation ab.[82] Das heißt, dass es darauf ankommt, Themen systematisch und zusammenhängend zu entwickeln (Strukturiertheit), fachlich präzise darzustellen und auf die Unterrichtsdramaturgie der Lernprozesse zu achten (momentum). Insofern bezieht sich das Darstellungs- und Erklärungswissen als fachdidaktische Wissensfacette auch auf die

82 Vgl. Voss, Thamar/Kunter, Mareike, Pädagogisch-psychologisches Wissen von Lehrkräften, 195f; Kounin, Jacob S., Discipline and group management in classroom.

gewählten didaktischen Inszenierungen und die Unterrichtsdramaturgie.

Es ist ein Unterschied, das Thema Auferstehung über Bilder, Narrationen oder mittels theologischer Konzepte zu erschließen. Welcher Lernweg passend für den Einstieg, die Vertiefung, die kognitive und existentielle Ausdeutung ist, entscheidet sich sowohl von fachwissenschaftlichen, adressatenbezogenen als auch der Unterrichtsdramaturgie entsprechenden Gründen. Damit werden die teaching methods, die bei COACTIV dem PW zugerechnet wurden, im Sinne konkreter fachspezifischer Lernwegentscheidungen aber dem FDW zugehören,[83] als wichtige und vom Darstellungs- und Erklärungswissen abhängige Wissensfacette etabliert.

Zusammenfassend lässt sich damit festhalten, dass die fachdidaktische Wissensfacette »Darstellen und Erklären« in einer vierfachen Bezogenheit situiert ist und illustriert am Thema Auferstehungskonzepte folgendermaßen erfasst werden kann: Als situiertes Wissen

1. in Bezug auf die theologische Komplexität (Bezug zu FW). Damit ist gemeint, dass beim Darstellen und Erklären und der didaktischen Reduktion das theologische Thema nicht unterkomplex werden darf. Das ist z. B. der Fall, wenn beim Thema Auferstehung die Vorstellung einer »unsterblichen Seele« zum physikalischen im Sinne von einem dinglich fassbaren Garanten mutiert, so dass der Tod dann doch nicht den Schlusspunkt markiert.
2. in Bezug auf die Konzepte und religiösen (Nicht-)Erfahrungen von Schüler:innen, und zwar auch auf typische Fehlvorstellungen und -schwierigkeiten. Beim Thema Auferstehung könnte dies z. B. der Fall sein, wenn das Theologoumenon von der Leiblichkeit der Auferstehung verwechselt wird mit der Wiederherstellung des toten Körpers.

---

[83] Vgl. Voss, Thamar/Kunter, Mareike, Pädagogisch-psychologisches Wissen von Lehrkräften, 203f.

3. in Bezug auf die didaktische Inszenierung und die Unterrichtsdramaturgie (Bezug zu PW). Damit ist gemeint, passungsfähige Lernwege für das gewählte Thema zu finden wie auch der Unterrichtsdramaturgie entsprechend zu entscheiden, ob die gewichtige Schüler:innenfrage, wie das so ist mit der verstorbenen Oma, sofort zu verhandeln ist, oder aus didaktischen Gründen als wichtig markiert, aber an einer anderen Stelle im Unterricht thematisiert wird.
4. Und schließlich muss deutlich werden, dass die unterschiedlichen Wissensfacetten nicht einfach versäult nebeneinanderstehen, sondern in Wechselbeziehung, also in Korrelation zueinander zu bringen sind (vgl. Abb. 5).

### Zur fachdidaktischen Wissensfacette »Potenzial von Aufgaben«

Im theoretisch-konzeptuellen Kompetenzmodell der COACTIV-Studie, die aus mathematikspezifischen Lehr-Lern-Prozessen entwickelt wurde, kommt dem »Potenzial von Aufgaben« eine so wichtige Bedeutung zu, dass es als eigene fachdidaktische Wissensfacette konzeptualisiert wurde.[84] Und in der Tat entscheiden sich verständnisvolle Lernprozesse im Mathematikunterricht signifikant an der Aufgabenauswahl und der Aufgabenimplementation.[85] So legte es sich aus theoretischen (und nicht empirisch validierten!) Gründen nahe – wie COACTIV konzediert –, die Aufgaben im Mathematikunterricht als effektive Indikatoren für das Potenzial des Unterrichts zur kognitiven Aktivierung zu begreifen.[86]

Im Religionsunterricht sind aber nicht Aufgaben die Gelegenheitsstrukturen schlechthin für verständnisvolle Lernprozesse und auch nicht die »Träger der kognitiven Aktivitäten

---

[84] Vgl. Baumert, Jürgen/Kunter, Mareike, Das Kompetenzmodell von COACTIV, 32.37.u. a.

[85] Vgl. Neubrand, Michael/Jordan, Alexander/Krauss, Stefan u. a., Aufgaben im COACTIV-Projekt, 117.

[86] Vgl. ebd.

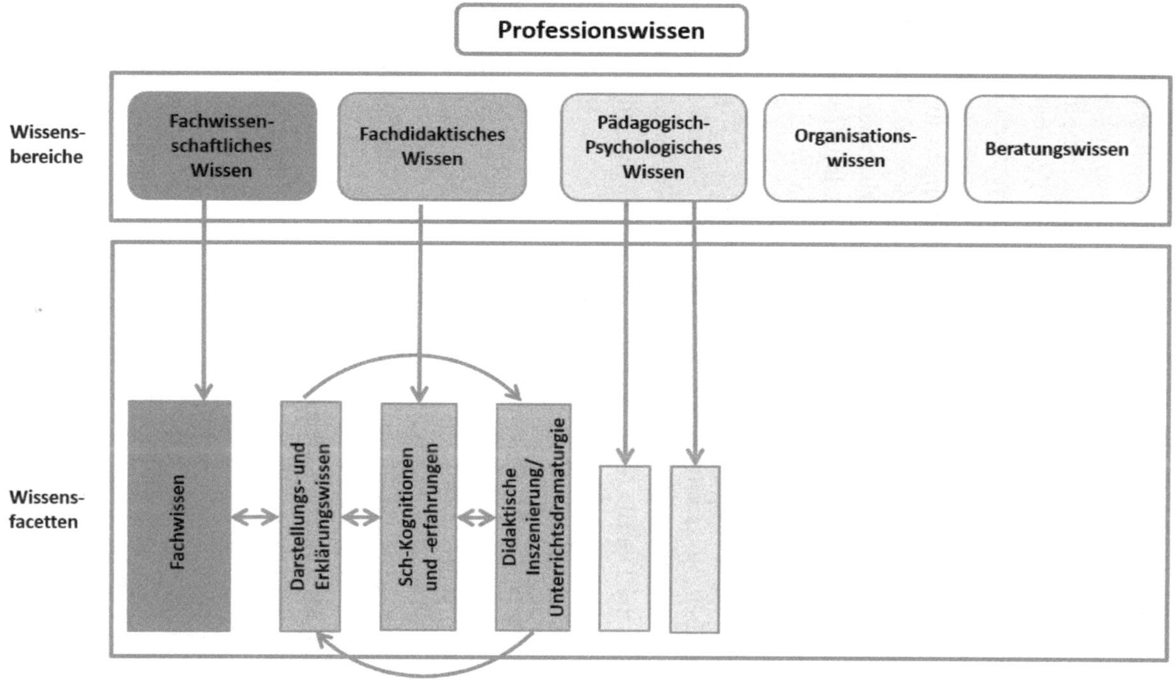


Abb. 5: Konzeptualisierung des Darstellungs- und Erklärungswissens

der Schüler«[87], sondern wie Lerngegenstände insgesamt erschlossen werden. Mit anderen Worten ist die Wissensfacette »Potenzial von Aufgaben« weiter zu modellieren als lediglich mittels der Konstruktion beispielsweise von (Rechen-)Aufgaben, auch wenn diese bereits sachlogische, also mathematikbezogene, und pädagogisch-didaktische Aspekte (Aufgabenimplementation) umfassen.[88] Zumindest ergibt sich diese Erweiterung aus der in der COACTIV-Studie vorgenommenen Umschreibung der Kompetenzfacette »Aufgaben« und den entsprechenden Vorgängerstudien.[89] Mit »Aufgaben« ist nämlich nicht nur das didaktische Potenzial der Aufgaben gemeint, sondern auch, welche kognitiven Aktivierungen mit den Aufgaben verbunden sind, wie Aufgaben didaktisch zu sequenzieren und Stoffe langfristig curricular anzuordnen sind[90] (Sequenzplanungen, Jahresplanungen). Für das religionsdidaktische Wissen heißt dies, dass Religionslehrkräfte über das Wissen verfügen müssen, Lernformate so auszuwählen, dass kognitive und existentielle Korrelationsprozesse eröffnet werden und Schüler:innen die Möglichkeit haben, theologische Deutungen zu kennen, zu verstehen und auf ihre Lebensrelevanz hin beurteilen zu können.[91]

Mit anderen Worten ergibt sich, dass die Wissensfacette »Potenzial von Aufgaben« religionsdidaktisch adäquater modelliert werden kann als Wissen um didaktische Inszenierungen und entsprechende Unterrichtsdramaturgien.

### 5.2.2 Zusammenfassende Modellierung des religionsdidaktischen Wissens

Auf dem Hintergrund dieser Überlegungen modelliert sich das religionsdidaktische Wissen nicht völlig neu gegenüber CO-

---

[87] Ebd., 116.

[88] Vgl. ebd., 115f.

[89] Vgl. Baumert, Jürgen/Kunter, Mareike, Das mathematikspezifische Wissen von Lehrkräften, 169.

[90] Vgl. Baumert, Jürgen/Kunter, Mareike, Das Kompetenzmodell von COACTIV, 37.

[91] Vgl. Schambeck, Mirjam, Vom Containerbegriff »Korrelation« zum Planungsinstrument für Unterricht, 84f.

ACTIV, sondern als fachspezifische Weiterentwicklung des generischen Strukturmodells von COACTIV.

D. h. konkret, dass es nicht nur darum geht, beim Darstellen und Erklären Bezug zu nehmen auf die theologische Komplexität, dann auf die Schüler:innenkognitionen und -erfahrungen und schließlich auf die didaktische Inszenierung und Unterrichtsdramaturgie. Diese Bezogenheiten sind vielmehr konstitutiv und bedingen sich wechselseitig.

In der religionsdidaktischen Forschung wurden diese wechselseitigen Bezugnahmen sowie die Zielsetzung religiösen Lernens unter dem Terminus des »Korrelieren Könnens« bzw. dem Wissen und der Fähigkeit erfasst, Korrelationsprozesse zu initiieren, zu begleiten und zu evaluieren.[92] Diese Forschungstradition erlaubt, das religionsdidaktische Wissen insgesamt im Sinne des pedagogical content knowledge (pck) als »religionsbezogenenes Korrelationswissen« zu verstehen. Damit ist das Wissen gemeint, Lerngegenstände so thematisieren zu können, dass Schüler:innen zu kognitiven und existentiellen Korrelationsprozessen angeregt werden.

Für die Konzeptualisierung religionsdidaktischen Wissens als religionsbezogenes Korrelationswissen ergibt sich damit insgesamt die Bestimmung als:

- Darstellungs- und Erklärungswissen: knowledge of instructional strategies (Repräsentations- und Erklärungswissen);
- Wissen um Schüler:innenkognitionen und -erfahrungen: knowledge of students' understanding and experiences (Wissen über (Fehl-)Konzepte von Schüler:innen und (religiöse) (Nicht-)Erfahrungen von Schüler:innen zum Unterrichtsthema)
- Wissen um fachbezogene, also domänenspezifische didaktische Inszenierungen und passungsfähige Unterrichtsdramaturgie (knowledge of domain-specific teaching methods and momentum)

[92] Vgl. Schambeck, Mirjam, Korrelationskonturen, 40–66; ebd., 67–89.

- Wissen, kognitive und existentielle Korrelationsprozesse eröffnen, begleiten und evaluieren zu können (knowledge of opening, accompanying and evaluating cognitive and existential correlations between subject and student).

Nun ist Theologie anders als Mathematik nicht nur ein Diskurssystem, das lediglich durch logischen Fortschritt weiterentwickelt wird. Theologie bleibt als Diskurssystem hohl, wenn es nicht auch für Menschen lebensrelevant wird und das heißt Lebensüberzeugungen prägt. Damit aber wird das fachdidaktische Wissen nicht nur zum Wissen, Inhalte für die Schüler:innen zu erschließen, sondern auch die umgekehrte Richtung zu beschreiten und Schüler:innenkonzepte für die Theologie fruchtbar zu machen.

Wissenschaftstheoretisch wird die Fachdidaktik so in der Theologie zu einer der Disziplinen, die die religiösen Artikulationen der Menschen in das theologische Diskurssystem einbringt und dorthin zurückkoppelt, so dass theologische Aussagen mittels der religiösen Artikulationen und Konzepte der Schüler:innen affirmiert, weiterentwickelt oder auch korrigiert werden. Auch dieses Vermögen macht dann in einem weiteren Verständnis, das über den Schulkontext hinausgeht, fachdidaktische Expertise aus (knowledge of reformulating theology by learners' conceptions).

## 5.3 Theologisches Fachwissen

Als nächstes stellt sich die Frage, ob für Religionslehrkräfte die für den Mathematikunterricht entwickelte Konzeptualisierung des FW als »tieferes Verständnis der Schulmathematik« bzw. dann »tieferes Verständnis der Schulreligion« zutrifft. Wie oben schon erläutert wurde, modellierte COACTIV das FW als Kompetenzbereich, der seine Grundlagen zwar in der akademischen Referenzdisziplin der Mathematik findet, aber anerkennt, dass Schulfächer Wissenskorpora »eigener Struktur und Dignität«[93] sind.

[93] Baumert, Jürgen/Kunter, Mareike, Das mathematikspezifische Wissen von Lehrkräften, 169.

Das FW wird damit zu einer Wissensdomäne eigenen Rechts, das durch die Curricula geprägt und durch die Unterrichtspraxis weitergeschrieben wird – und ist eben nicht nur die akademische Forschungsdisziplin oder die Beherrschung der Schulmathematik bei Abgang von der Schule oder das mathematische Alltagswissen von Erwachsenen[94] – so könnte man ergänzen. COACTIV konzediert aber auch, dass diese Entscheidung, das FW als »tieferes Verständnis der Schulmathematik« auszuweisen, theoretisch-formaler Natur ist und literaturbasiert gewonnen wurde.[95]

Insofern stellt sich die Frage, wie das FW für Religionslehrkräfte zu modellieren ist. Reicht es, vorhandene Schulcurricula, die beim Religionsunterricht nicht in so logisch zwingender Stringenz wie beim Mathematikunterricht vorliegen, zum Maßstab schlechthin zu machen, nach dem sich das FW von Religionslehrkräften zu richten hat? Wird damit die kritische Instanz, die das akademische Forschungswissen gegenüber den Schulcurricula und den in ihnen transportiertem FW besitzt, nicht vorschnell aufgegeben? Andererseits: Wie kann die eigene Wissensstruktur abgebildet werden, die Schulfächer gegenüber akademischen Forschungsdisziplinen darstellen? Und ist es nicht tatsächlich so, dass im Mathematikunterricht die Begründungsfiguren zu kennen (= vertieftes Verständnis der Schulmathematik), eine profunde Quelle ist, um Aufgaben richtig auszuwählen, anzuordnen, den Schüler:innenkognitionen entsprechend zu bearbeiten?

Gilt das aber genauso für den Religionsunterricht? Genügt es z. B., die theologischen Begründungen für die Satisfaktionstheorie von Anselm von Canterbury zu kennen, um das, was Erlösung und der Glaube an Jesus als Christus meinen, theologisch präzise zu erschließen? Oder braucht es nicht mehr, nämlich ein Wissen darum, dass die Satisfaktionstheorie nur zu erschließen,

---

[94] Vgl. Krauss, Stefan/Baumert, Jürgen/Blum, Werner, Secondary mathematics Teachers' pedagogical content knowledge and content knowledge, 873–892.

[95] Vgl. Baumert, Jürgen/Kunter, Mareike, Das mathematikspezifische Wissen von Lehrkräften, 169.

ohne es zugleich auch als historisches und heute existentiell kaum mehr zugängliches Modell zu markieren, gerade dazu führt, das Verständnis von Erlösung zu verstellen statt zu erhellen? Ist damit aber nicht die akademische Forschungsdisziplin der Theologie viel deutlicher gefragt als dies im Mathematikunterricht der Fall ist? Tut die für theologierelevantes Wissen typische Nukleus-Struktur, verstanden als eine »schon im Kern vorhandene Komplexität«,[96] nicht ein Weiteres dazu, das für das Unterrichtshandeln relevante FW deutlicher von seinem Gesamtzusammenhang her zu konturieren und damit enger mit dem akademischen Forschungswissen zu verknüpfen?

All dies spricht für eine Konzeptualisierung des FW von Religionslehrkräften im Sinne des akademischen Forschungswissens, wie dies auch in früheren eigenen Studien ausgeführt wurde.[97] Zugleich bleibt aber auch richtig, dass Schulfächer Wissenssysteme und Wissensdomänen eigenen Rechts darstellen.[98] Um Erlösung/Soteriologie im Unterricht bearbeiten zu können, braucht es kein FW, das alle Verästelungen aller philosophisch-theologischen Ansätze kennt und auf deren Denk- und Begründungsfiguren hin bestimmen kann.

Im Folgenden wird deshalb vorgeschlagen, dieses theoretisch-praktische Dilemma zu lösen, indem das FW von Religionslehrkräften als »Akademisches Forschungswissen« bestimmt wird, jedoch in Bezogenheit auf die Currciula im Religionsunterricht. Damit wird einerseits der engen Verwiesenheit des FW im Religionsunterricht auf die akademische Forschungsdisziplin der Theologie Rechnung getragen und der ideologiekritische Stachel des Forschungswissens gegenüber den Schulcurricula eingeholt. Andererseits wird anerkannt, dass sich das im Religionsunterricht relevante FW in erster Linie auf die Unterrichtsthemen zu beziehen hat, wie sie durch die Schulcurricula vorgegeben sind.

---

[96] Vgl. Schambeck, Mirjam, Das Kreuz zwischen theologischer Lehre, 18.

[97] Vgl. Schambeck, Mirjam, Was Relilehrer/-innen können müssen, 141–143.

[98] Vgl. Baumert, Jürgen/Kunter, Mareike, Das mathematikspezifische Wissen von Lehrkräften, 169.

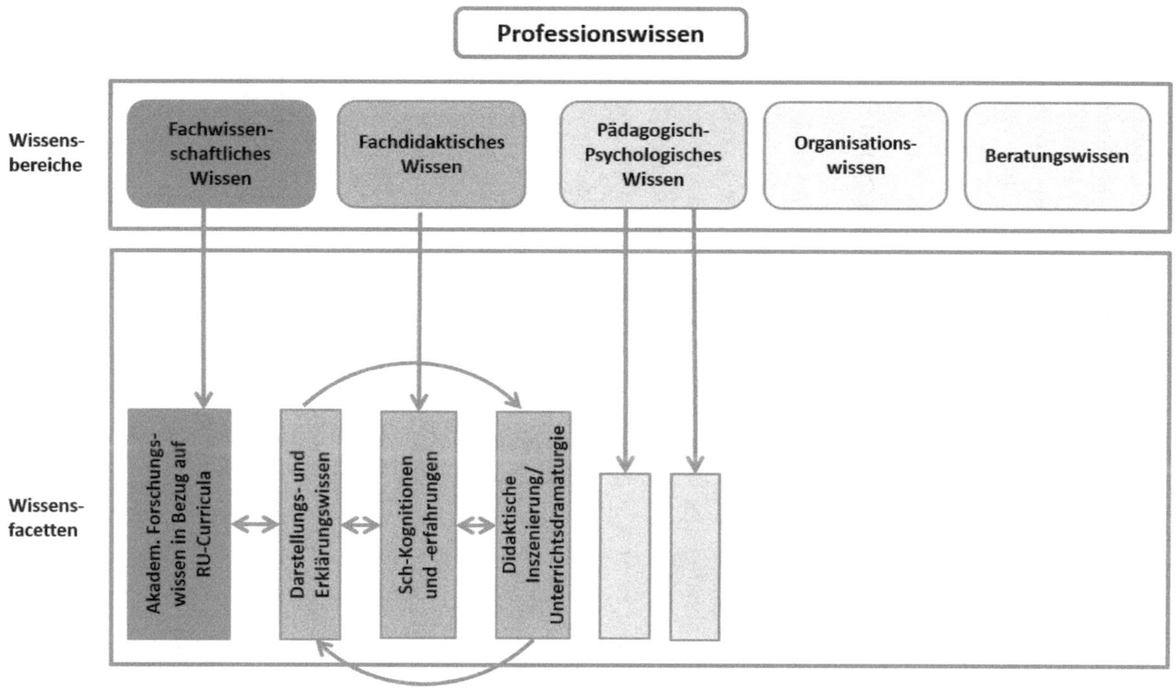


Abb. 6: Fachwissenschaftliches Wissen von Religionslehrkräften

Damit brauchen Religionslehrkräfte nicht über die Fülle des akademischen Forschungswissens zu verfügen. Sie müssen aber über die für die Schulcurricula relevanten theologischen Diskurse (und nicht nur die Begründungsfiguren, sondern auch den Gesamtzusammenhang der Argumentationen) im Sinne eines state of the art Bescheid wissen.

Graphisch lässt sich die Modellierung des für das Religionslehrer:innenhandeln relevanten FW damit wie bei Abb. 6 dargestellt illustrieren.

## 5.4 Zum Wissen-Können-Problem bei Religionslehrkräften

So entscheidend es auch für Religionslehrkräfte ist, nicht nur über ein profiliertes Professionswissen, und hier insbesondere über FW und FDW zu verfügen, sondern es im Unterricht auch situationsbezogen abrufen und einsetzen zu können, so unbearbeitet ist diese Erkenntnis aber bislang in der religionspädagogischen Literatur. Es ist zwar schon länger klar, dass Theorie-Praxis-Konnexe in allen Phasen der Lehramtsausbildung wichtig sind. Wie aber Religionslehrkräfte tatsächlich darin unterstützt werden können, Wissen in Können zu überführen, bleibt offen bzw. der Intuition überlassen. Insofern bleibt hier nichts anderes als das Desiderat zu benennen und zukünftige Forschungen zum Wissen-Können-Problem bei Religionslehrkräften voranzutreiben.[99]

Dabei spielt auch eine Rolle, dass quer durch die unterschiedlichen Forschungstraditionen in den Bildungswissenschaften und die Religionsdidaktik hindurch klar ist, dass dem Können von (Religions-)Lehrkräften für den Unterrichtserfolg im Sinne eines Lernerfolgs von Schüler:innen unersetzbare Bedeutung zukommt.[100] Insofern soll auch im Sinne einer ersten Zusammenfassung dieses grundlegenden Kapitels der Blick auf

---

[99] Vgl. anfanghaft: Caruso, Carina, Das Praxissemester von angehenden Lehrkräften.

[100] Vgl. bespielhaft die Ergebnisse der sog. Hattie-Studie und deren Rezeption in der Religionspädagogik.

Einflussfaktoren von Unterrichtsqualität im Religionsunterricht gerichtet werden.

# 6 Einflussfaktoren auf Unterrichtsqualität im Religionsunterricht

Anders als für den Mathematikunterricht, naturwissenschaftliche Fächer oder auch den Sportunterricht, um einige Beispiele zu nennen, liegen für den Religionsunterricht bislang kaum bzw. keine empirisch validierten Ergebnisse vor, die Aufschluss über direkte Effizienzfaktoren auf Unterrichtsqualität geben.[101]

## 6.1 Warum die Basisdimensionen guten Unterrichts auch für den Religionsunterricht sinnvolle Instrumente sind

Obwohl der Religionsunterricht also noch kaum oder nur in bestimmten Hinsichten[102] auf Merkmale von Unterrichtsqualität untersucht wurde, muss die Frage nach prädiktiven Faktoren für Unterrichtsqualität nicht unbeantwortet bleiben. Das liegt daran, dass sich die Ergebnisse von COACTIV und des Mainstreams der Bildungsforschung fachübergreifend verstehen, wenngleich fachspezifische Besonderheiten nicht gänzlich ausgeblendet werden.[103] Insofern den dort identifizierten Merkmalen von Unterrichtsqualität also ein generischer Charakter

[101] Einen paradigmatischen Auftakt haben hier die vielen Studien von Friedrich Schweitzer gemacht, die themenspezifisch Indikatoren für Unterrichtserfolg untersuchen: Vgl. z. B. Schweitzer, Friedrich/Bräuer, Magda/Boschki, Reinhold (Hg.), Interreligiöses Lernen durch Perspektivenübernahme; Schweitzer, Friedrich/Bucher, Ibtissame (Hg.), Judentum und Islam im Religionsunterricht.

[102] Vgl. die Studie von Englert, Rudolf/Hennecke, Elisabeth/Kämmerling, Markus, Innenansichten des Religionsunterrichts, die den Religionsunterricht auf seine korrelative Signatur hin untersucht.

[103] Vgl. Lindmeier, Anke/Neumann, Knut, Unterrichtsqualität in der Mathematik und den Naturwissenschaften, 51.

zuerkannt wird, rücken die sog. Basisdimensionen »Klassenführung«, »konstruktive Unterstützung« sowie »Potenzial zur kognitiven Aktivierung« auch in das Blickfeld, wenn es um den Religionsunterricht und die Suche nach Effektivitätsmerkmalen von Unterrichtsqualität geht.

Dass Lehrkräfte in der Lage sind, eine effiziente Klassenführung zu erreichen, Schüler:innen im Unterricht kognitiv zu aktivieren und bei ihren Lernprozessen konstruktiv zu unterstützen, hängt – wie oben gezeigt wurde – entscheidend vom FW und FDW der Lehrkräfte ab.

Insgesamt lässt sich damit auch für den Religionsunterricht festhalten, dass seine Qualität und damit der Lernerfolg von Schüler:innen vom FW und FDW der Religionslehrkräfte bedingt sind; denn diese sind wichtige Prädiktoren, ob und inwiefern es Religionslehrkräften gelingt, effektive Lernzeit zu gewährleisten, die Schüler:innen bei der Bearbeitung der Lerngegenstände zu unterstützen, Fehlkonzepte zu vermeiden und sie zu aktiven Konstruktionsprozessen anzuleiten, so dass sie sich eine eigene und (reflexiv) verantwortete Position zum kennengelernten Lerngegenstand erarbeiten können.

Neben diesen direkten Einflussfaktoren auf Unterrichtsqualität konnten mittels FALKO-R auch mittelbare identifiziert werden, nämlich über die Schulform, in der Lehrkräfte ausgebildet wurden bzw. unterrichten und den Berufsstatus.

## 6.2 Schulform und Berufsstatus als Einflussfaktoren

Eine andere Frage von FALKO-R war, inwieweit sich der Expertisefaktor, im Sinne der Unterrichtserfahrung, bei den Leistungen im Bereich des FW und FDW bemerkbar macht. Dazu wurden Lehrkräfte und Student:innen getestet sowie Referendar:innen. Weil Letztere jedoch nur eine sehr kleine Gruppe bildeten, bei der Testung außerdem nicht zwischen erstem und zweitem Referendariatsjahr unterschieden wurde, konnten die daraus gewonnenen Ergebnisse nicht als valide gelten und werden hier deshalb nicht weiter kommentiert.

Interessant sind aber die Resultate für die Lehrkräfte und Student:innen. In beiden Kompetenzbereichen erreichten die Lehrkräfte als Gesamtgruppe im Durchschnitt mehr Punkte als die Gesamtgruppe der Student:innen.[104] Somit hat sich zum einen die Grundannahme von FALKO bestätigt, dass Lehrer:innen im Test besser abschneiden als Student:innen. Zum anderen konnte gezeigt werden, dass die Unterrichtspraxis Expertise im FW und FDW befördert.

Dabei blieb FALKO-R jedoch nicht stehen. Die Studie fragte weiter, ob sich Unterschiede in der Lehramtsausbildung – gymnasialer und nichtgymnasialer Studiengänge – auf die Leistungen beim FW und FDW auswirken. Hierzu liegt ein dreifaches Ergebnis vor, das die Expertise als Einflussfaktor nochmals differenziert:

1. Beim FW waren die schulformbedingten Unterschiede weit größer als die statusbedingten. D. h., dass Student:innen und Lehrer:innen von gymnasialen Studiengängen bzw. Schulformen bezüglich des FW besser abschnitten als Student:innen und Lehrkräfte nichtgymnasialer Studiengänge bzw. Schulformen.[105] Dies ließ sich sogar in zweifacher Hinsicht noch genauer spezifizieren: 1. Überraschenderweise unterschieden sich Gymnasial-Student:innen nicht signifikant von Gymnasiallehrer:innen in Bezug auf das FW. Und 2. Student:innen von gymnasialen Studiengängen erzielten beim FW sogar ein höheres Leistungsniveau als Lehrkräfte nichtgymnasialer Schulformen.[106] Damit konnte die Ausgangshypothese von FALKO, dass Lehrkräfte im Test generell besser abschneiden als Student:innen differenziert werden, insofern nämlich in dieser kleinen Testgruppe (N = 23 gy-Student:innen) die Schulform einen größeren Einfluss auf das FW und FDW nahm als der Berufsstatus.

[104] Vgl. Fricke, Michael, FALKO-R, 317–319.
[105] Vgl. ebd., 319.
[106] Vgl. ebd., 436.

2. In Bezug auf das FDW fiel der Befund komplexer aus: Nichtgymnasiale Student:innen lagen signifikant unter dem Wissen von nichtgymnasialen Lehrkräften in Bezug auf das FDW, und auch unter dem Wissen ihrer gymnasialen Kommiliton:innen.[107] Die nichtgymnasialen Lehrkräfte erreichten dagegen fast dasselbe Leistungsniveau wie Gymnasiallehrer:innen.[108] Anders verhält es sich bei der gymnasialen Testgruppe. Dort lagen die Gymnasialstudent:innen für das FDW sogar etwas, wenn auch nicht signifikant über den Testergebnissen der gymnasialen Lehrkräfte.[109]
3. Sowohl die gymnasialen Student:innen als auch die Gymnasiallehrer:innen waren besser als ihre nichtgymnasialen Pendants, und zwar sowohl in Bezug auf das FDW als auch das FW.[110]

Graphisch lässt sich dies wie auf der gegenüberliegenden Seite dargestellt notieren (vgl. Abb. 7).

Insgesamt stellt sich vor diesem Hintergrund einmal mehr die Frage, worauf beim Studium, der Aus- und Fortbildung von Religionslehrkräften besonders Wert zu legen ist, und was Religonslehrer:innen lernen sollen, um es dann beim Unterrichten zu können. Eines kann allein schon durch die Ergebnisse von FALKO-R festgehalten werden: Es ist nicht vermittelbar, warum das nichtgymnasiale Studium von Lehramtsstudierenden weniger Studiensemester umfasst als von gymnasialen, und warum in ihm weniger FW- und FDW-Studienanteile vorgehalten werden als in gymnasialen Studiengängen. Diese Erkenntnis wiegt doppelt, wenn man sich das Ergebnis von COACTIV vor Augen führt, dass das FW und FDW von Lehrkräften besonders einflussreich für die Unterrichtsqualität und damit den Lernerfolg von Schüler:innen ist und gerade lernschwächere Schüler:innen vom Professionswissen der Lehrkräfte noch abhängiger sind als lernstarke.

107 Vgl. ebd.
108 Vgl. ebd., 319.
109 Vgl. ebd., 320.
110 Vgl. ebd., 321f.

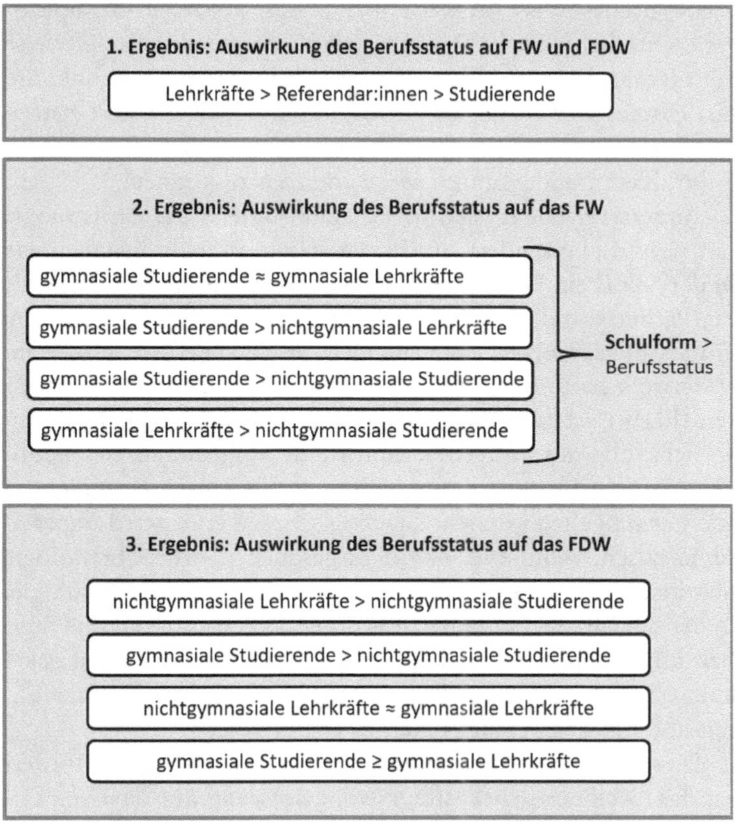


Abb. 7: Einfluss von Expertise und Schulform auf Leistungen beim FW und FDW

## 6.3 Warum Religionslehrkräfte ein spezialisiertes Expert:innenwissen in Theologie und Religionsdidaktik brauchen

Für die Professionalisierung von Religionslehrkräften wird dieses Plädoyer, die FW-Studienanteile von nichtgymnasialen Studiengängen und die FDW bei gymnasialen Studiengängen zu erhöhen, noch von anderer Seite aus befördert, nämlich der charakteristischen Wissensstruktur theologischen Wissens. Für theologisches Wissen ist die sogenannte »Nukleus-Komplexität« entscheidend.[111] Das ist ein Unterschied beispielsweise zum Rechnenlernen. Wer Mathematik in der Grundschule unterrichtet, muss nicht die beweisführende Mathematik betreiben können, um die tieferen Verstehensweisen von Addieren, Subtrahieren und Multiplizieren erklären zu können.

Anders verhält es sich im Religionsunterricht. Christologie mit Grundschulkindern zu thematisieren, braucht genauso wie in der Sek II ein Bewusstsein, dass christologische Aussagen nie am Paradoxon des göttlichen Erlösers und menschgewordenen Gottessohnes vorbei zu verhandeln sind. Die Christologie im Unterricht zu präsentieren und schüler:innenbezogen zu erklären (FDW), ist mit jüngeren Kindern vielleicht sogar noch anspruchsvoller als mit Schüler:innen, die aufgrund ihrer kognitiven Entwicklungsstrukturen mit denkerischer Komplexität leichter umgehen können. Theologisches Wissen wird unpräzise, ja falsch, wenn z. B. – wie oft geschehen – die Christologie auseinandergerissen wird in eine narrativ gehaltene Jesulogie, in der die Geschichten über Jesus, sein Leben, Wirken und Sterben im Vordergrund stehen, um dann erst in der späten Sek I damit zu beginnen, das Paradoxon der Christologie einzuführen und mit den Schüler:innen zu ergründen.[112]

Diese Nukleus-Komplexität theologischen Wissens erfordert es, dass Religionslehrkräfte sowohl in Bezug auf das fachwissenschaftliche als auch fachdidaktische Wissen höchst spezialisiert sein müssen. Nur wer über eine entsprechende »Breite, Tiefe und Flexibilität«[113] des (theologischen) Verständnisses verfügt, dem stehen auch entsprechende variantenreiche fachdidaktische Repräsentations- und Erklärungsmuster zur Verfügung. Und genauso sehr gilt, dass nur diejenigen Lehrkräfte, die Schüler:innenkognitionen und -erfahrungen kennen und Lernwege so wählen können, dass sie den Schüler:innen und

[111] Vgl. Schambeck, Mirjam, Das Kreuz zwischen theologischer Lehre, 18.
[112] Vgl. Schambeck, Mirjam, Christus, mein Herr?, 179–192.
[113] Baumert, Jürgen/Kunter, Mareike, Das mathematikspezifische Wissen von Lehrkräften, 166.

dem Inhalt gerecht werden, produktive Unterrichtsdiskurse in Gang setzen können.[114]

Für das Lehramt Grundschule mit dem Fach Religionslehre ergibt sich daraus die Forderung, die fachwissenschaftlichen Studienanteile zu erhöhen, für das Lehramt Gymnasium diejenige nach der Steigerung der fachdidaktischen Anteile.[115]

Da ein Ergebnis von COACTIV war, dass die Art und Weise der Professionalisierung über das spätere Niveau des Professionswissens entscheidet,[116] und Ergebnisse von FALKO-R in Bezug auf Religionslehrkräfte dies nochmals untermauerten,[117] muss sich die Organisation des Lehramtsstudiums für Religionslehrkräfte dementsprechend neu ausrichten. Dies gilt auch deshalb, weil eine Reihe von Studien zeigte, dass der Lernerfolg von Schüler:innen in hohem Maß vom Professionswissen der Lehrkräfte abhängt.[118] Also: Je besser Lehrkräfte im Sinne des fachwissenschaftlichen und fachdidaktischen Wissens ausgebildet sind, umso wahrscheinlicher erteilen sie guten Unterricht, und umso eher werden Schüler:innen erfolgreich lernen.

---

[114] Ebd., 167.

[115] Vgl. dazu auch die Ergebnisse der COACTIV-Studie, dass bei gleichem Fachwissen von gymnasialen und nichtgymnasialen Lehrkräften die nichtgymnasialen einen leichten Vorsprung beim fachdidaktischen Wissen haben: Krauss, Stefan/Blum, Werner/Brunner, Martin u. a., Konzeptualisierung und Testkonstruktion, 152. Und auch, dass für die Professionalität von Lehrkräften insbesondere die Wissensfacette Erklären und Repräsentieren ausschlaggebend ist, insofern hier das Wissen über Schüler:innenkognitionen und Wissen über Inhalte kombiniert wird; vgl. ebd., 156f.

[116] Vgl. ebd., 152f.

[117] Vgl. Fricke, Michael, FALKO-R, 319–323.

[118] Vgl. Baumert, Jürgen/Kunter, Mareike, Das mathematikspezifische Wissen von Lehrkräften, 181.

## 7 Konsequenzen für die Organisation der Religionslehrer:innenbildung

Auch wenn mit diesen Ausführungen noch keine ausreichenden Grundlagen gelegt wurden, um die Organisation der Religionslehrer:innenbildung durchzugestalten, wurden vier wichtige Desiderate erkennbar, die sich in der ersten und zweiten Phase der Lehrer:innenbildung widerspiegeln müssen:

1. Aufgrund des engen Zusammenhangs der unterschiedlichen für das Professionswissen von (Religions-)Lehrkräften maßgeblichen Wissensdomänen FW und FDW und der Tatsache, dass diese Wissensdomänen nicht nur im Bereich des deklarativen Wissenstyps, sondern auch des prozeduralen und strategischen Wissens abgebildet werden, ist für die Lehrer:innenprofession die enge Verzahnung von Theorie-und-Praxis-Wissen deutlich zu machen. Das bedeutet, dass die Praxisphasen im Studium und im Referendariat so zu organisieren sind, dass angehende Lehrkräfte die Möglichkeit haben, ihre semantischen Wissensbestände in der Unterrichtsaktion abzurufen und zugleich das neue Wissen, das sich aus dem Lehrer:innenhandeln in action ergibt, auf die semantischen Wissenskonzepte zurückzuspiegeln. Praxisphasen sind deshalb in den Studienverlauf richtig einzubetten – nicht ohne vorausgehende, begleitende und nachfolgende Theoriephasen. Außerdem sind entsprechende Instrumente und Wissenstransferformen zu finden, die diese Theorie-Praxis-Verzahnung als Lerngeschehen deutlich machen: z. B. Arbeit an Unterrichtsmitschnitten, kollegiale Beratungen, Rollenspiele über critical incidents im Unterrichtsgeschehen etc.
2. Wegen der besonderen Komplexitätsstruktur von Theologie (nicht linear, sondern Nukleus-Komplexität), ist der unterschiedliche Proporz von fachwissenschaftlichen und fachdidaktischen Studienanteilen in den unterschiedlichen Lehramtsstudiengängen kritisch anzufragen. Für Religionslehrkräfte ist – gestützt durch die Ergebnisse der COACTIV-

Studie – einzufordern, dass für alle Lehramtsstudiengänge die fachwissenschaftlichen und fachdidaktischen Studienanteile auf so hohem Niveau sind, dass sie als hochspezialisierte »Theolog:innen und Religionsdidaktiker:innen« ausgebildet werden.

3. Insofern deutlich wurde, dass das Professionswissen entscheidenden Einfluss auf die professionelle Kompetenz von Lehrkräften hat, die wiederum die Unterrichtsqualität beeinflusst, welche für den Lernerfolg der Schüler:innen ausschlaggebend ist, stellt sich die Frage, warum sich in vielen Bundesländern die Studienzeiten für die Lehramtsstudiengänge nach wie vor in ihrer Dauer unterscheiden. Warum funktioniert zudem die Verteilung von fachwissenschaftlichen und fachdidaktischen Studienanteilen noch immer so, dass die Fachwissenschaften bei gymnasialen Studiengängen die Fachdidaktik übertrumpfen und im Grundschullehramt umgekehrt die Fachdidaktik die Fachwissenschaften? Diese Zuordnung irritiert noch mehr, als nicht nur in der CO-ACTIV-Studie empirisch validiert wurde, dass das fachdidaktische Wissen von Lehrkräften die größte Effektstärke auf die Lernleistung der Schüler:innen hat.
4. Wenn hoch professionelle Lehrkräfte in den Klassen umso wichtiger sind, in denen leistungsschwächere Schüler:innen lernen,[119] bleibt zudem im Zuge der höchst notwendigen Bildungsgerechtigkeit zu überlegen, wie Anreize geschaffen werden können, die besten Lehrer:innen in den schwierigsten Klassen einzusetzen.

Wie wäre es, alle Lehrkräfte unabhängig von der Schulart, in der sie unterrichten, auf gleich hohem Niveau zu bezahlen und denen einen Sonder-Bonus zuzuerkennen, die sich bei leistungsschwachen Schüler:innen engagieren? Wie wäre es, alle Religionslehrkräfte unabhängig von der studierten Schulart gleich hoch zu bezahlen und diejenigen nochmals finanziell zu honorieren, die mit besonders religiös pluralisierten Lerngruppen arbeiten?

[119] Vgl. ebd., 184.

Die Vorschläge sind noch im Konjunktiv formuliert. Zieht man die Schlüsse, die sich aus den großen empirischen Unterrichtsforschungsstudien der letzten Jahrzehnte ergeben haben, dann müssten diese Appelle schon längst Realität geworden sein.

## 8 Professionalität im Religionsunterricht einlösen

Auf dem Hintergrund der Überlegungen und Ergebnisse, was Lehrer:innen und dann auch Religionslehrkräfte wissen müssen, um guten Unterricht im Sinne verständnisvollen Lernens zu erteilen, ergibt sich als nächstes die Frage, wie dann die Mikrostruktur religiösen Lernens und damit die Lern- und Bildungsprozesse im Religionsunterricht zu denken und ins Spiel zu bringen sind.

Mit anderen Worten stellt sich die Frage, wie die religionsbezogene Korrelationskompetenz als Proprium der Religionslehrer:innenprofessionalität konkret eingelöst werden kann. Oder nochmals anders gesagt, wie kognitive und existentielle Korrelationsprozesse nun faktisch initiiert werden können.

In der Religionsdidaktik hat sich dazu der Vorschlag entwickelt, Schüler:innen über Korrelationschiffren die Auseinandersetzung mit theologischen Themen zu ermöglichen. Die Korrelationschiffren sind so etwas wie die religionsdidaktische Konkretisierung, an der sich das Ineinander von FW und FDW bei Religionslehrkräften beweist, um mit Schüler:innen in einen produktiven Dialog mit den angebotenen religiösen Wissensbeständen und theologischen Deutefolien zu treten.

2. Kapitel:

# Religionsdidaktische Konturierungen praktisch: von Korrelationschiffren

Eine der religionsdidaktischen Gretchenfragen lautet, wie es gelingt, die theoretisch postulierte wechselseitige Verknüpfung der religionsdidaktischen Wissensfacetten auch faktisch-praktisch einzulösen. Mit anderen Worten: Wie wird es möglich, die wechselseitige, kritisch-produktive Beziehung zwischen Darstellungs- und Erklärungswissen, den Schüler:innenkognitionen und -erfahrungen sowie den didaktischen Inszenierungen einerseits und der Verknüpfung mit dem FW andererseits im Unterricht in Gang zu setzen.

Der Vorschlag dieser Studie lautet, dies über sog. Korrelationschiffren zu tun.

## 1 Das Korrelationsdenken als religionsdidaktische Bekannte

Das Korrelationsdenken und v. a. die Korrelationsdidaktik sind in der Religionsdidaktik alte Bekannte. Korrelation kann nach wie vor als religionsdidaktische Fundamentalkategorie verstanden werden.[1] Ausgehend von den systematisch-theologischen Überlegungen Paul Tillichs, Edward Schillebeeckx', Karl Rahners u. a., wie Gott und Mensch, das Sich-Zeigen-Gottes (Offenbarung) und die Reaktion des Menschen darauf denkbar sind, fand das Korrelationsdenken sehr schnell Eingang in die Religionsdidaktik. Es schien die brennende Frage zu lösen, wie auch im Unterricht die Beziehung zwischen den Lernenden und dem Lerngegenstand nicht nur begründet, sondern auch eingelöst werden kann.

Je länger umso deutlicher zeigte sich zwar, dass mit dem Korrelationsdenken nachscholastisch orientierte Vorstellungen religiösen Lernens überwunden wurden und religiöses Lernen mehr war als das ungeliebte Katechismus- bzw. Auswendiglernen theologischer Sätze. Die angestrebte In-Dialog-Setzung von Lernenden und Deutefolien, wie sie der christliche Glaube und andere religiöse Traditionen bieten, funktionierte praktisch

[1] Vgl. Schambeck, Mirjam, Korrelation als religionsdidaktische Fundamentalkategorie, 221–231.

aber trotzdem nicht. Der christliche Glaube und seine Deuteangebote waren zu weit von der Lebenswelt der Schüler:innen entfernt und so fremd, dass eine Korrelation zumindest von den Schüler:innen her nicht in Gang gesetzt, sondern höchstens künstlich oder von der Religionslehrkraft initiiert wurde.[2]

All das führte zur Frage, ob die Korrelationsdidaktik vielleicht doch kein so guter religionsdidaktischer Weg sei, um religiöse Lern- und Bildungsprozesse zu ermöglichen, oder ob sie noch deutlicher auf die Unterrichtssituation hin und die veränderten Kontexte weitergeschrieben werden müsste. Letzterem schlossen sich viele Kolleg:innen an (Andreas Prokopf, Hans-Georg Ziebertz, Bernhard Grümme, Ulrich Kropač u. a.).

Damit wurde ebenso die Frage laut, was Religionslehrer:innen dann tun müssen, um passungsfähigere Korrelationsangebote im Unterricht machen zu können. Oder in der Sprache von COACTIV formuliert: Was müssen Religionslehrer:innen wissen und tun, um die religionsdidaktischen Wissensfacetten so miteinander zu verknüpfen, dass sie Lernangebote machen können, die Schüler:innen verständnisvolle Lernprozesse ermöglichen.

Diese Studie zieht dazu die Korrelationsdidaktik heran und macht den Vorschlag, über »Korrelationschiffren« die ausgemachte Schwierigkeit, dass die Glaubensdeutungen und religiösen Traditionen insgesamt zu weit von der Lebenswelt der Schüler:innen entfernt sind, zu bearbeiten.

Die Korrelationschiffren sind dabei Mittelungen (nicht Mitteilungen!) zwischen der Lebenswelt der Lernenden und dem Lerngegenstand – der im Fall des Religionsunterrichts die unterschiedlichen Deutefolien aus dem christlichen Glauben heraus thematisiert und auch andere religiöse Deutungen ins Spiel bringt.

Dieser Vorschlag ist nicht nur theologisch und religionsdidaktisch fundiert, sondern wurde ebenso durch Michel Foucaults sprachphilosophisch begründeten Korrelationsraum inspiriert und weiter ausgearbeitet; denn so sehr das Thema

[2] Vgl. ausführlich ebd., 226–228.

Korrelation theologisch und religionsdidaktisch bekannt ist, so fraglich blieb, wie Korrelationsprozesse »gefüllt« bzw. praktisch werden können.

## 2 Der Foucault'sche Korrelationsraum

Michel Foucaults Konzept des sog. »Korrelationsraums« entstand im Zuge seiner Vorschläge, nicht nur von Realität und Utopien zu sprechen, sondern auch von Anders-Orten, also von Heterotopien.[3] Diese seit 1967 entwickelten Raumüberlegungen übertrug Foucault auch auf das Verhältnis von Sprache und Verstehen. Er fragt, wie es möglich ist, dass Aussagen, die das klassisch logische Argumentieren sprengen, die also keine Referenten (= sachlich, faktischer Bezugspunkt sprachlicher Zeichen, also z. B. nicht nur der Begriff, sondern die Linde vor meinem Zimmer) und damit keine Verifikationsmöglichkeit haben, dennoch eine Aussagekraft haben können. Um dies zu verdeutlichen, wählt Foucault das folgende Beispiel: »Das goldene Gebirge liegt in Kalifornien.«[4] Da niemand je ein goldenes Gebirge in Kalifornien gesehen hat, es also keinen Referenten dafür gibt, kann diese Aussage nicht verifiziert werden – ja könnte sogar leicht als Lüge gelten. Anders, wenn diese Aussage in einem Roman oder einem anderen fiktiven Text vorkommt. Dann wird die Aussage zu einem höchst produktiven Ort und man kann sich alle möglichen Varianten vorstellen, wie eine Geschichte weitergeht, die mit dieser Aussage beginnt.

Diese Beobachtung nimmt Foucault zum Anlass, die Beziehung von Aussage und Referenten deutlicher ins Visier zu nehmen. Er argumentiert, dass Aussagen von sich aus produktiv werden und einen Korrelationsraum entwerfen können, in dem dann ein Referent hergestellt wird. Diese Referenten sind etwas Neues. Der Korrelationsraum ist eine Verbindung zwi-

---

3 Vgl. Ruoff, Michael (Hg.), Foucault-Lexikon, 174f.

4 Foucault, Michel, Archäologie des Wissens, 130.

schen Aussage und Referenten und ermöglicht zugleich, dass der Referent entsteht.

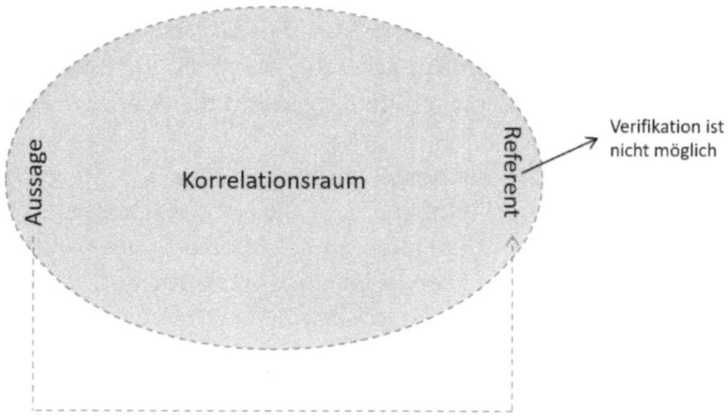


Abb. 8: Korrelationsraum nach Michel Foucault

Und genau diese Analyse ist auch ertragreich, wenn man versucht, Korrelation praktisch zu füllen bzw. eine Verbindung zwischen Darstellungs- und Erklärungswissen zu denken, das in einem engen Bezug zum FW steht, zu Schüler:innenkognitionen und -erfahrungen bzw. noch grundlegender zu verstehen, wie eine Verbindung zwischen Gott und den Menschen vorstellbar ist.

## 3 Theologische Grundierung des Korrelationsraums

Der Foucault'sche Korrelationsraum ist also in mehrfacher Hinsicht von Ertrag: Theologisch interessiert die Möglichkeit, dass eine Aussage, wie z. B. »Gott existiert«, von sich aus keinen Referenten in dem Sinn hat, dass man mit den Mitteln der Vernunft oder mittels Messungen logisch oder empirisch zwingend nachweisen kann, dass diese Aussage stimmt.

Zugleich kann man aber auch nicht logisch zwingend sagen, dass sie nicht stimmt. D. h. mit anderen Worten, dass die Aussage »Gott existiert« einen Korrelationsraum auftut, in dem ein Referent entworfen wird, wie z. B. Gott. Die Aussage »Ich habe in meinem Leben Erfahrungen gemacht, die mich glauben lassen, dass Gott existiert« ist dann in diesem Korrelationsraum wahr. Dies gilt auch umkehrt. Also die Aussage »Ich habe in meinem Leben Erfahrungen gemacht, die mich glauben lassen, dass Gott existiert« erzeugt als Referenten die Aussage: »Gott existiert«.

Nun ist es in der Theologie gerade in Bezug auf die grundlegenden Aussagen so (Gottesfrage, Jesus ist der Christus u. a.), dass sie allesamt nicht in einem unmittelbaren Sinne verifiziert werden können, wohl aber in einem Korrelationsraum durchaus wahre Aussagen zeitigen können.

Freilich kann man die Denkfigur des Korrelationsraums als sprachphilosophischen Taschenspielertrick abtun, die Rede von der Existenz Gottes als vernünftige Aussage zu stilisieren. Sie birgt aber auch die Möglichkeit, vernunftverantwortet von der Existenz Gottes zu sprechen bzw. allgemein theologische Aussagen zu formulieren, und kann zumindest nicht sofort in Abrede gestellt werden.

Genau diesem Anliegen haben sich auch die vielen theologischen Entwürfe verschrieben, die sich der anthropologischen Wende verpflichtet wissen: Paul Tillich, Karl Rahner, Edward Schillebeeckx, um nur einige zu nennen. Allen war es wichtig zu verdeutlichen, dass zwischen der Zusage Gottes und seinem Sich-Zeigen, also der Offenbarung, unserer Lebenswelt und unseren Verstehensbedingungen ein Raum aufgetan wurde, in dem wir wissen und erkennen, glauben und erfahren dürfen, dass Gott uns Menschen meint. Diese Zuwendung Gottes zu uns geschah nicht aus einer Notwendigkeit heraus, sondern weil es Gott aus Liebe so wollte.

Neben der theologischen Auslotung ist religionsdidaktisch darüber hinaus von Interesse, dass der Foucault'sche Korrelationsraum hilft, Korrelation anschaulicher zu machen bzw. praktisch konkreter. Was ist damit gemeint?

Der Korrelationsraum zwischen dem Sich-Zeigen Gottes und unserer Lebenswelt, zwischen dem, wie sich Gott zeigt, und den Orten und Zeiten, in denen wir seine Spuren finden, ist ein höchst vielfältiger: Da gibt es die Glaubenstradition genauso wie (pop-)kulturelle Zeugnisse, an denen etwas ablesbar wird von Gott. Da gibt es Kunst und Musik, die diesen Korrelationsraum eröffnen und verdeutlichen, dass wir Menschen über das Vorfindliche hinausreichen. Da gibt es die Frage nach Sinn und Glück, die zwar horizontal beantwortet, aber sicher nicht beruhigt werden kann.

In der Theologie und später dann auch in der Religionsdidaktik wurde dieser aufgetane Korrelationsraum als kritisch-produktive Wechselbeziehung zwischen christlicher Tradition und den Subjekten und ihrer Lebenswelt gelesen. D. h., dass der Korrelationsraum nicht ein für alle Mal fest umrissen ist, wenn auch eröffnet, sondern sich dynamisch weiterentwickelt und von den Eintragungen der Subjekte genauso geprägt und verändert wird wie von den theologischen Fortschreibungen und dem je sich neuen Zeigen Gottes in der Welt. Zudem wurde je länger umso deutlicher bewusst, dass auch andere religiöse Traditionen in diesen Korrelationsraum hineinreichen und nicht nur christlich-theologische Deutungen von Interesse sind, um die Frage nach Gott bzw. dem Ultimaten und der Welt zu klären.

Genau dies ist der Punkt, nach Konkretionen zu fragen, um diesem Korrelationsraum auf die Spur zu kommen und die Beziehung zwischen Gott und Mensch, dem Raum, den die Offenbarung auftut und dem Raum, den die Lebenswelt eröffnet, näher zu kommen.

## 4 Korrelationschiffren in der Religionsdidaktik

Ausgehend von diesem Denkhorizont, wie er durch die theologische und religionsdidaktische Denkfigur Korrelation und den Foucault'schen Korrelationsraum entworfen wurde, sind Korrelationschiffren so etwas wie Mittelungen zwischen der Welt des christlichen Glaubens (die selbst wieder durchwoben ist von weiteren religiösen Welten) und den Subjekten und ihrer Lebenswelt.

Die Korrelationschiffren können sowohl der »Welt« des Glaubens in seiner vielfältigen Form (Praxis, Theologie, Gebet etc.) als auch der Lebenswelt entstammen. Sie können sowohl kognitiver Art sein – also so etwas wie Konzepte. Sie können aber auch existentieller Art sein, also z. B. Erfahrungen von Scheitern markieren, wie wir es aus unseren Biographien kennen und z. B. auch in der Geschichte Jesu wiederfinden.

Die Korrelationschiffren können direkt ins Spiel gebracht werden – z. B., wenn sich bestimmte (Schüler:innen-)Fragen ergeben: »Ist man nach dem Tod ein Geist, oder hat man dann wieder den alten Körper?«. Sie können aber auch selbst wieder vermittelt sein, indem beispielsweise (pop-)kulturelle Medien wie das Lied von Kurt Elling bearbeitet werden, um die dahinterstehenden Erfahrungen von Verlorensein, Ankommen wollen, Sehnsucht nach Heimat ins Spiel zu bringen.

Als solches sind die Korrelationschiffren überaus vielfältig, auch wenn sie nicht willkürlich sind. Wie gesagt, müssen sie in beide Welten hinein etwas austragen können, um Denk- und Handlungsräume sowohl in die Welt des christlichen Glaubens als auch der Subjekte und deren Lebenswelten hinein aufzutun.

Sind Korrelationschiffren identifiziert, wird es möglich, die religionsdidaktischen Wissensfacetten aus ihrer Versäulung herauszuholen und deren Verschränkung untereinander und zum FW so ins Spiel zu bringen, dass produktive Lernanlässe entstehen. Wie dies konkret aussehen kann, wird in den Kapiteln vier bis zehn zu veranschaulichen versucht. So wurde das Kreuz Jesu über die Erfahrung des Scheiterns ausgedeutet, die Kirchenfrage mit dem Autonomiebedarf konfrontiert, der Religionsplural über die Wahrheitsfrage ausgeleuchtet, um nur einige zu nennen.

Auch wenn die Arbeit mit den Korrelationschiffren nicht der einzige Weg ist, die Bezogenheit der religionsdidaktischen Wissensfacetten in Gang zu bringen und dann auch im Unterrichtsprozess zu veranschaulichen, so sind sie doch ein sehr konkreter und wegen ihrer Vielfalt höchst anregender Weg.

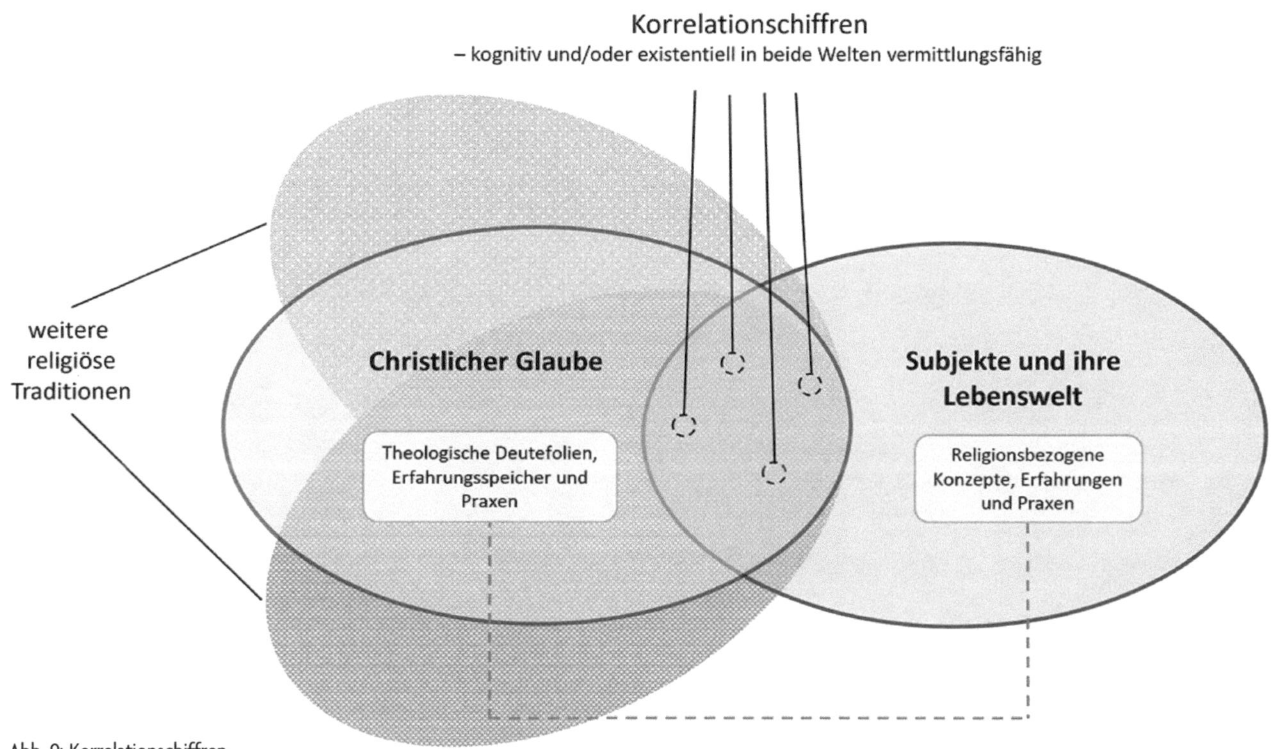


Abb. 9: Korrelationschiffren

3. Kapitel:

# Liminalitäten von Religion, Religiosität und Gottrede: Herausforderungen für die Professionalität von Religionslehrer:innen

So wie unser alltägliches Leben spielen sich auch religionsbezogene Themen nicht im luftleeren Raum ab. Sie sind vielmehr eingezeichnet in die unterschiedlichen Rahmungen, die unsere säkular gestimmten Gesellschaften ausmachen. In Bezug auf schulisches Lernen spielt noch dazu der besondere Kosmos der Schule eine Rolle. Insofern gelten die folgenden Charakterisierungen einer heutigen Gottrede nicht nur für die Thematisierung der Gottesfrage, sondern konturieren so etwas wie eine Großwetterlage, in der religionsbezogene Fragestellungen situiert und eben auch zu verhandeln sind.

Diese Liminalitäten, die bewusst mit der Foucault'schen Terminologie überschrieben sind, markieren dabei Grenzräume und Schwellensituationen, in denen die Gottesfrage gestellt wird. Sie sind im Sinne von Grenzzonen so etwas wie Horizonte, in denen sich das Handeln von Religionslehrer:innen, von Religionsunterricht und von Schüler:innen bewegt. Sie vor Augen zu haben und sich ihrer immer wieder zu vergewissern, hilft, die Orientierung nicht zu verlieren bzw. je neu zu gewinnen und sie den Notwendigkeiten entsprechend anzupassen.

## 1 Gottrede – zwischen Zerrbildern, Fundamentalisierungen und religiöser Sehnsucht

Religion, Religiosität, Glauben und Gottesfrage sind in der fortgeschrittenen Moderne zu einem zwiespältigen Phänomen geworden. Die Gottesfrage, wie sie der jüdisch-christliche Glaube stellt, kommt im Leben sowohl der Einzelnen als auch der Gesellschaft Westeuropas kaum noch ausdrücklich vor. Andererseits drängt Religion gerade mächtig in die Öffentlichkeit zurück, und zwar eher über ihre Zerrbilder denn ihre integrierende und orientierende Kraft. In Deutschland werden die Stimmen lauter, mit den Privilegien der Kirchen endlich aufzuräumen – die Kirchensteuer abzuschaffen wie auch den Religionsunterricht, der weithin als Privileg der Kirchen gedeutet wird – und Religion ganz aus der Öffentlichkeit in das Private zu verlagern. Dem kann man nicht so schnell etwas entgegensetzen.

Wir beobachten nicht nur für den Islam, sondern auch für das Judentum und insbesondere das Christentum eine zunehmende Tendenz von radikalen Gruppierungen und Fundamentalisierungen. Recht harmlos daherkommende christliche Bewegungen wie das Gebetshaus in Augsburg oder die v. a. in Salzburg und Passau angesiedelte Loretto-Gemeinschaft ziehen mit ihren Events, gekonnten Dramaturgien und einer Ästhetik, die Jugendliche anspricht, viele, v. a. junge Menschen an und scheinen damit zumindest vordergründig für die Erneuerung des Christentums zu stehen. Bei genauerer religionswissenschaftlicher und theologischer Analyse zeigt sich jedoch, wie dieser Vintage-Katholizismus (Anne Koch) über seinen Guru-Kult ein verengtes und einengendes Gottes- und Kirchenverständnis transportiert, das Menschen sektenähnlich bindet und unterdrückt.

All dies macht Religion für (junge) Menschen aber nicht gleich obsolet. Obwohl beispielsweise Jugendliche kaum explizit auf die Gottesfrage Bezug nehmen, um sich zu den grundlegenden Fragen des Woher und Wohin zu verhalten, ja obwohl die »pragmatische Generation« auch mit diesen Fragen pragmatisch umgeht, zeigen ihre eigenen Deutungs- und Verhaltensmuster eine Durchlässigkeit auf eine Tiefendimension, die der christlichen Gottesfrage nicht fremd ist. Eine der jüngsten Jugendstudien hält fest, dass von dreiviertel der befragten Jugendlichen das Gebet zumindest manchmal, oftmals auch regelmäßig praktiziert wird und selbstverständlich zu ihrem Leben gehört.[1] Vielfach sind es Krisen, die zu beten geben und nach jemanden fragen lassen, der größer ist als sie selbst. Aber auch sich zu freuen und für Geglücktes und Schönes zu danken, sind laut BW-Studie Anlass für junge Menschen zu beten.

---

1 Vgl. Schweitzer, Friedrich/Wissner, Golde/Bohner, Annette u. a., Jugend, Glaube, Religion, 21f.

## 2 Schwindende Bindekraft der christlichen Kirchen – demographisch und als gesellschaftlich wirksame Stimmen

Die Bindekraft christlicher Kirchen geht immer mehr zurück: Das drückt sich sowohl in Zahlen aus als auch über die abnehmende Prägekraft christlicher Gottrede und der christlichen Kirchen. Die sog. Freiburger Studie aus dem Frühjahr 2019 prognostiziert, dass sich bis 2060 die Mitgliederzahl der EKD halbieren wird. Insgesamt werden die Christ:innen nicht mehr als 50 % am Bevölkerungsanteil ausmachen.[2] Dies zeigt sich auch an den Taufzahlen[3] und lässt darüber Schlussfolgerungen für die zukünftige Erteilung des Religionsunterrichts und den Bedarf an Religionslehrkräften zu.

Das Verschwinden christlicher Gottrede und der christlichen Kirchen ist aber nicht nur demographisch begründet. Erfahrungen aus den Missbrauchsfällen, die Diskriminierung von Frauen, denen nach wie vor der Zugang zu (Weihe-)Ämtern in der katholischen Kirche verweigert wird, die autoritär patriarchale Machtausübung in den Kirchen lassen an ihrer Glaubwürdigkeit zweifeln. Den Kirchen wird kaum oder auch gar nicht mehr zugetraut, etwas zu sagen, das die Menschen oder die Gesellschaft nach vorne bringt. Sie haben ihre Kraft als moralische Instanz weithin eingebüßt.

Eine Ausnahme gibt es momentan: Wo sich die Kirchen dafür einsetzen, dass das Humane in der Gesellschaft nicht verloren geht, dass die Menschlichkeit nicht im Mittelmeer ertrinkt und an den Grenzzäunen Europas niedergerungen wird, dort wird ihnen auch zugestanden, ideologiekritischer Stachel zu sein, wie z. B. bei den Flüchtlingsfragen, in der Seenotrettung, beim Klimawandel. Fragt man Jugendliche, dann finden sie zwar nicht gut, was die Kirche sagt, sehr wohl aber, was sie tut.[4]

---

[2] Vgl. EKD, Mitgliederentwicklung von 2017 bis 2060.

[3] Vgl. Sekretariat der DBK (Hg.), Katholische Kirche in Deutschland, 67–73.

[4] Vgl. Nowack, Rebecca, Umgang mit Kritik an der Institution Kirche, 264.

## 3 Auseinanderdriften von Religion, Religiosität und Gottesfrage

Die Bedeutungsverluste der christlichen Gottrede und der Kirchen sind zugleich nicht sofort als Auflösung von Religiositätsstilen oder von Spiritualität zu lesen. Sich den letzten und großen Fragen des Lebens zu stellen, nach dem Tiefengrund von Wirklichkeit zu tasten, koppelt sich vielmehr ab von den etablierten Religionen – außer bislang bei den Muslim:innen. Der boomende Markt von Yogastudios, die anhaltende Welle von Wellness-Being-Praktiken und die Verkaufszahlen von Lebensberatungsliteratur unterstreichen dies. »Religion« oder besser gesagt »Religiosität« und noch treffender formuliert »Spiritualität« verorten sich v. a. kulturell und nicht christlich und schon gar nicht kirchlich. Das hat entscheidende Konsequenzen für die Thematisierung von Religion im Religionsunterricht.

## 4 Gottesfrage inmitten einer säkularen Gesellschaft

Eine eigene Herausforderung für die Rede von Gott und andere religionsbezogene Themen ergibt sich angesichts des sog. stabilen Drittels der Bekenntnislosen, das zunehmend wächst. Spielte Konfessionslosigkeit in den 1950er-Jahren in der westdeutschen Bevölkerung noch keine Rolle,[5] veränderte sich dieses Bild innerhalb von 70 Jahren erheblich: Anfang 2020 sah die Verteilung so aus: 27,7 % der bundesdeutschen Bevölkerung gehörten der römisch-katholischen und 25,5 % der evangelischen Kirche an. 5,1 % waren Muslim:innen, 3,9 % rechneten sich zu sonstigen Religionen. Der Anteil der Konfessions- bzw. Religionslosen betrug 37,8 %.[6] Schaut man auf die Gruppe der Jugendlichen zwischen 15 und 25 Jahren sind 22 % konfessionslos.[7] D. h., dass in

---

[5] Vgl. Großbölting, Thomas, Der verlorene Himmel, 97.

[6] Vgl. Fowid (Hg.), https://fowid.de/meldung/religionszugehoerigkeiten-2020.

[7] Vgl. Shell Deutschland Holding (Hg.), Jugend 2019, 151f.

der Sek I davon auszugehen ist, dass jede:r vierte Schüler:in konfessionslos ist. Dieser Trend wird in den nächsten Jahren noch zunehmen. Dass dies massive Auswirkungen auf den Religionsunterricht haben wird, auf seine Organisationsform, die benötigte Anzahl und auch Ausbildung von Religionslehrkräften, versteht sich von selbst. Hier ist in der nahen Zukunft Enormes in der Religionspädagogik zu leisten, wenn der Religionsunterricht nicht nur von äußeren Faktizitäten entschieden werden soll.

Die religionsdemographische Verschiebung in Richtung Konfessionslosigkeit wird von einer weiteren, m. E. noch grundlegenderen Veränderung begleitet. Der Referenzrahmen westeuropäischer und nordatlantischer Gesellschaft ist nicht mehr, wie in der Vormoderne, religiös bestimmt, sondern säkular. Das heißt, dass Deutungen ihre Plausibilität und Bedeutsamkeit nunmehr angesichts eines szientistischen Weltverstehens erweisen müssen. Damit aber stehen religiöse Deutungen auf dem Prüfstand, ja werden gerade von konfessionslosen Jugendlichen als rational defizitär eingeschätzt.[8]

Die differenzierte Sicht auf Säkularität, die Charles Taylor in seinem Fundamentalwerk »A secular age«[9] vorschlägt, hilft, die Konsequenzen auf die Gottrede genauer einzuschätzen:[10] Taylor unterscheidet Säkularisierung zum einen als funktionale Differenzierung und als Rückzug von Religion aus dem öffentlichen Raum (Deutung 1). Zum anderen drückt Säkularisierung s. E. den schwindenden Einfluss subjektiver religiöser Überzeugungen, der Religionspraxis und auch der Kirchenbindung aus (Deutung 2). Und drittens schließlich zeigt Säkularisierung nach Taylor auf, dass sich die Bedingungen des Glaubens geändert haben, insofern der Glaube nicht mehr ein ausschließlicher Weltzugang ist, sondern eine unter vielen gesellschaftlich mög-

---

[8] Vgl. Schwillus, Harald, Religion in konfessionslosem Umfeld unterrichten, 78; Kropač, Ulrich, Religiöse Bildung im Horizont zunehmender Konfessionslosigkeit, 276f.

[9] Taylor, Charles, A Secular Age, Harvard 2007 [dt. Erstveröffentlichung 2009].

[10] Vgl. Willems, Joachim, Ökumenische Religionsdidaktik in säkular gestimmten Gesellschaften, 85–87.

lichen Optionen darstellt (Deutung 3).[11] Damit wird deutlich, dass die Perspektive »etsi deus daretur«, mit der der Gottesglaube arbeitet, mindestens optional geworden ist und nicht mehr als Bezugsrahmen (öffentlicher) Debatten vorausgesetzt werden kann. Auch alltagspragmatisch ist die Gottesperspektive keine »selbstverständliche« mehr, sondern eine, die z. B. durch Religionslehrkräfte eigens eingeführt, als solche markiert und diskursiviert werden muss. Dies gilt umso mehr, je mehr sich die Majoritätsverhältnisse in Richtung Konfessions- und Religionslosigkeit verschieben.

## 5 Gottesfrage inmitten der Religionenvielfalt

Vom jüdisch-christlichen Gott heute zu sprechen, heißt ferner, die Gottesfrage inmitten eines Kontextes zu stellen, in dem die Religionenvielfalt alltäglich und selbstverständlich geworden ist. Der Religionsplural ist in Europa in der Fläche angekommen und alltagspraktisch erlebbar.

### 5.1 Religionszugehörigkeiten in Deutschland und an deutschen Schulen

Wie oben schon deutlich wurde, machen die Christ:innen zwar noch über 50 % der Bevölkerung in Deutschland aus. Ihr Anteil aber geht immer weiter zurück, während die Zugehörigkeiten zu anderen Religionsgemeinschaften wachsen. Schon diese Trendanzeigen verdeutlichen, dass religiöse Bildung in den Schulen nicht mehr anders denn als interreligiöse Bildung zu modellieren und die Gottrede angesichts anderer Religionen zu formulieren ist. Dieses Bild spiegelt sich auch in den Schulen: Spätestens 2030 ist davon auszugehen, dass die Mehrheit der Grundschüler:innen keiner der beiden Großkirchen mehr angehört. Selbst wenn es auch zukünftig regionale Unterschiede ge-

[11] Vgl. Taylor, Charles, Ein säkulares Zeitalter, 13–15.

ben wird, müssen religiöse Bildungsangebote – sowohl inhaltlich als auch organisatorisch – auf die wachsende Zahl der sog. Konfessionslosen und der religionsverschiedenen Schüler:innen reagieren. Ein Religionsunterricht, der den Klassenverband um religionshomogener Lerngruppen willen aufgibt, wird kaum noch den Herausforderungen schulischer Bildung gerecht werden können.[12]

## 5.2 Anteil von migrantisch gelesenen Schüler:innen

Zeigten 2013 von einer Schüler:innenschaft (allgemeinbildende und berufliche Schulen) von insgesamt 11.301.000[13] 3.321.000 Schüler:innen einen Migrationshintergrund im engeren Sinne[14] – also 29,39 % und damit ein knappes Drittel –, verzeichnet das Statistische Bundesamt für 2015 einen Anstieg auf 31,20 %,[15] 2017 auf 33,99 % und zum Schuljahr 2019/20 nochmals auf 37,49 %[16] (vgl. Abb. 10). Sieht man genauer hin, hängt dieses markante Wachstum des prozentualen Anteils nicht nur mit der steigenden Kopfzahl von migrantisch gelesenen Schüler:innen

---

[12] Vgl. dazu das Plädoyer für einen positionell-religionspluralen RU im Klassenverband: Schambeck, Mirjam, Plädoyer für einen positionell-religionspluralen Religionsunterricht im Klassenverband, 33–44.

[13] Die Zahlen basieren auf mehrmals aktualisierten Daten des Statistischen Bundesamtes aus der Publikation *Bevölkerung und Erwerbstätigkeit. Bevölkerung mit Migrationshintergrund.* Zugrunde liegen den Berechnungen die Daten des Mikrozensus 2013; Statistisches Bundesamt (Destatis) (Hg.), Bevölkerung und Erwerbstätigkeit. Bevölkerung mit Migrationshintergrund. Ergebnisse des Mikrozensus 2013, 46.

[14] Migrationshintergrund im engeren Sinne meint Deutsche mit/ohne eigener Migrationserfahrung sowie Ausländer:innen mit/ohne eigener Migrationserfahrung: Bundesinstitut für Bevölkerungsforschung (Hg.), Bevölkerung mit Migrationshintergrund.

[15] Die Zahlen beruhen auf der jüngsten Veröffentlichung des Statistischen Bundesamtes, die sich auf die Daten des Mikrozensus 2015 beziehen: Statistisches Bundesamt (Destatis) (Hg.), Bevölkerung und Erwerbstätigkeit. Bevölkerung mit Migrationshintergrund. Ergebnisse des Mikrozensus 2015.

[16] Dieses Ergebnis von rund 37 % deckt sich mit der Darstellung des Mediendienstes Integration.

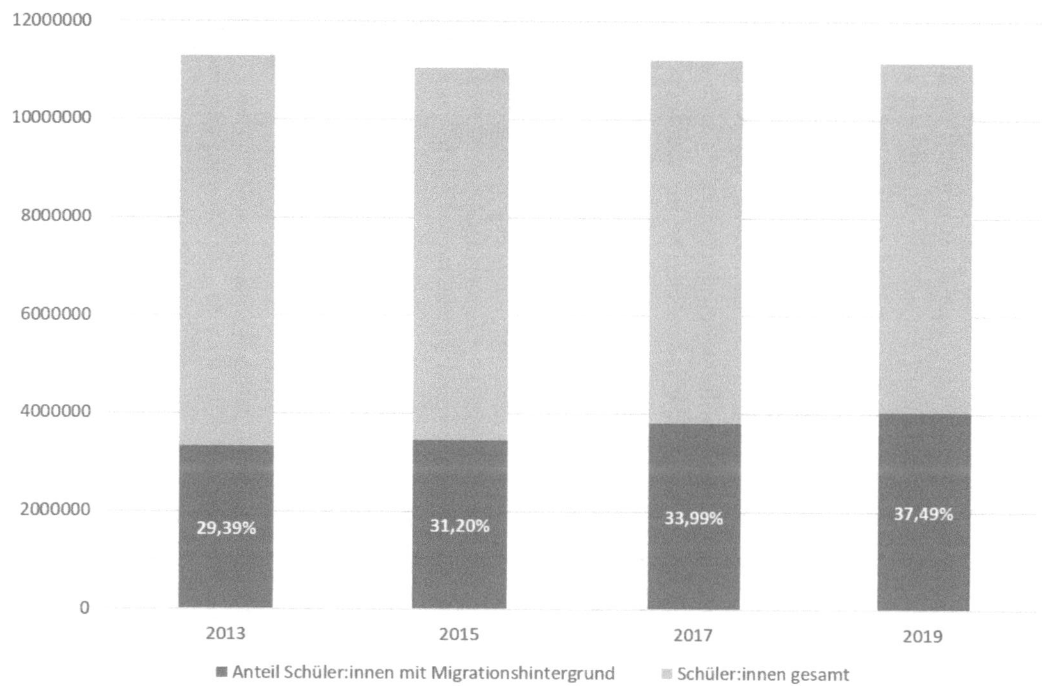


Abb. 10: Anteil von migrantisch gelesenen Schüler:innen

zusammen, sondern – gegenüber 2013 – auch mit einer sinkenden Gesamtzahl der deutschen Schülerschaft.[17]

Ein Blick auf die Herkunftsländer der Elterngeneration bzw. der Schüler:innenpopulation erlaubt die Schlussfolgerung, dass 2013 nur der geringere Anteil Christ:innen war und die meisten dem Islam angehörten.[18] Das war auch 2019 noch so: Die meisten migrantisch gelesenen Schüler:innen sind Muslim:innen. Allerdings hat sich aufgrund der Kriegssituation in Syrien[19] und der immer schlechter werdenden Lage in Äthiopien, im Südsudan und anderen afrikanischen Ländern die Anzahl der orthodoxen Christ:innen enorm gesteigert und stellt mit 6,5 % der Geflüchteten eine nicht verschwindende Größe dar.[20]

Die Gottesfrage zu thematisieren, bedeutet von daher, sie angesichts des Konfessions- und Religionsplurals zu stellen. Das kann heute nur heißen, nach Gemeinsamkeiten der Religionen und bei den christlichen Konfessionen Ausschau zu halten, das Korrektiv wahrzunehmen, das jede Religion für die andere ist, und nach Wegen zu suchen, wie die Suche nach Gott durch den gegenseitigen Dialog intensiviert werden kann.

---

[17] Die jüngsten Zahlen sind errechnet auf der Datengrundlage des Statistischen Bundesamtes (Destatis) (Hg.), Bevölkerung und Erwerbstätigkeit. Bevölkerung mit Migrationshintergrund. Ergebnisse des Mikrozensus 2017, 44.

[18] Vgl. dies., Bevölkerung und Erwerbstätigkeit. Bevölkerung mit Migrationshintergrund. Ergebnisse des Mikrozensus 2013, 62: 2.267.000 der 5- bis 20-Jährigen kommen aus Ländern Europas, davon allein 727.000 aus der Türkei, also knapp 32 %.

[19] So verfünffachte sich die Zahl der Migrant:innen aus Syrien im Zeitraum zwischen 2013 und 2015 bspw. nahezu – genauer von 35.000 auf 172.000 Menschen. Bis 2017 stieg sie auf 706.000; dies., Bevölkerung und Erwerbstätigkeit. Bevölkerung mit Migrationshintergrund. Ergebnisse des Mikrozensus 2015, 66; dies., Bevölkerung und Erwerbstätigkeit. Bevölkerung mit Migrationshintergrund. Ergebnisse des Mikrozensus 2017, 65.

[20] Einen aktuellen, auf mehreren Statistiken beruhenden Überblick bietet die Bertelsmann-Stiftung auf ihrem Factsheet »Einwanderungsland Deutschland«, Bertelsmann-Stiftung (Hg.), Einwanderungsland Deutschland, 1; vgl. ergänzend Fowid (Hg.), Datenblatt Religionszugehörigkeiten bei Asylbewerbern Deutschland 2015.

## 6 Entleerte Sprache – eine binnentheologische Problemanzeige

Die Gottrede ist heute nicht nur im religionspädagogischen Kontext fraglich geworden. Selbst bei Gesprächen unter Profis und Interessierten passiert manchmal Ähnliches wie im Film. Um eine der herausforderndsten Schwierigkeiten heutiger Gottrede zu illustrieren, mag folgender Ausschnitt aus dem Film »Per Anhalter durch die Galaxis«[21] hilfreich sein: Die Menschen stellen sich – nach wie vor – die Frage nach dem Sinn. Entsprechend ihren Alltagspraktiken beauftragen sie einen Computer »deep thought«, also den besten, die Antwort auf die Frage nach dem Sinn zu finden. Als dieser, bzw. besser gesagt, diese, denn es ist ein weiblicher Computer, zu bedenken gibt, dass die Antwort vermutlich irritieren wird, bleiben die Fragenden dennoch bei ihrer Anfrage und kommen auf Geheiß von »deep thought« 7,5 Mio. Jahre später wieder, um vor jubelnder Menge die Antwort zu hören. Diese lautet – und der Film baut einige filmtechnische Effekte ein, um das Hören der Antwort als Höhepunkt zu inszenieren – 42. Was ist hier passiert und warum empfinden wir das Ganze komisch?

Zum einen erfahren wir noch ganz interessiert, dass die Frage nach dem Sinn des Lebens nicht nur eine Frage von uns, man könnte auch sagen, von unserer vorgestrigen Generation ist. Die Frage nach dem Sinn des Lebens scheint auch Menschen der Zukunft nicht kalt zu lassen. Eigenartig ist nun, und spätestens hier beschleicht uns nicht nur ein neugieriges, sondern ein skeptisches Gefühl, dass die Frage nach dem Sinn des Lebens nicht im Disput ventiliert, nicht mit anderen Menschen besprochen, ausgelotet, erlitten wird, sondern dass die Menschen der Zukunft sie wie eine Rechenaufgabe dem Computer anvertrauen.

Als dann die Antwort kommt, bei der man als Zuschauer:in still für sich die Erwartung hegt, dass sie auch alle eigene Fragen und Tasten nach Antworten revolutionieren wird, steht man wie

---

[21] Douglas, Adams/Garth, Jennings, Per Anhalter durch die Galaxis.

vor einer Wand: Die Antwort auf die Frage nach dem Sinn des Lebens ist 42. Wer hätte das gedacht, und was ist hier passiert?

42 ist eine unverständliche Antwort. An den Gesichtern der Zukunftsmenschen ist abzulesen, dass sie auch zu deren Erwartungen und Hoffnungen nicht passt. Sie entstammt einem Kategoriensystem, in dem die Frage nach dem Sinn des Lebens bei den Zuhörer:innen eben gerade nicht verortet ist. 42 scheint zwar die »richtige Antwort« zu sein, syntaktisch exakt eben. Sie ist aber intersubjektiv nicht nachprüfbar, bleibt eigenartig leer und irrelevant und lockt nicht einmal, näher verstanden zu werden.

Manchmal passiert Ähnliches mit dem Thema »Gott« in theologischen Gesprächen, in Glaubensgesprächen oder auch im Religionsunterricht: Wir sprechen theologisch richtig, aber die Antworten verfangen nicht und der Eindruck verstärkt sich mehr und mehr, dass selbst die Fragen obsolet werden. Wir reden von Gott in einer Sprache, die nicht mehr angeht, die sich in leer gewordenen Formeln ergießt und es kaum noch wagt, den inneren Impuls, der in bestimmten Sprachspielen aufgefangen werden sollte, für heute auszusagen. Anders gelingt es Dichter:innen und Künstler:innen, die nicht müde werden, die Grenzsituationen unseres Lebens in den Blick zu nehmen und sie offen zu halten für etwas, jemanden – zumindest für die Frage.

Das Plädoyer, die Gottesfrage wieder zur lebenssatten Rede zu machen, fand auch in der Aufforderung Karl Rahners nach einer »neuen Mystagogie«[22] einen bedeutsamen Impuls. Rahner warb dafür, die Gottrede weder auf eine überholte Formelsprache zu reduzieren, noch Glauben auf ein Für-Wahr-Halten von Glaubensaussagen zu begrenzen. Die »neue Mystagogie« stand für eine Auseinandersetzung mit Gott, die die Uneinholbarkeit des Einzelnen in seiner Beziehung zu Gott als Fundament noch vor jeder doktrinären Ausgestaltung der Gottrede anerkennt.

Man könnte meinen, dass der Gott-Fragen-Katalog von Gottfried Bachl so etwas wie die Übersetzung dieses Anliegens Karl Rahners ist. Bachl fragt dort z. B. in Frage 38 von 48: »Welche

---

[22] Vgl. Rahner, Karl, Die grundlegenden Imperative, 269–271.

Note geben Sie Gott für seine Schöpfung in der Skala von 1 bis 5?« Oder in Frage 1: »Warum duzen Sie Gott?«, Frage 4: »Möchten Sie Gott ins Gesicht schauen?«, Frage 13: »Gibt es ein Wort, das Sie besonders gern für Gott verwenden?«, Frage 14: »Warum braucht Gott so viel Aufmerksamkeit, wo er doch allmächtig, allwissend und im Besitz des Ganzen ist?«, Frage 23: »Was haben Sie sich schon alles erbetet?«, Frage 45: »Könnte sich der allmächtige Gott selbst abschaffen?«[23]

Ob kritisch gegen fromme Machtvorstellungen formuliert (Frage 23), naiv daherkommend und doch alle theologischen Konzepte zutiefst erschütternd wie in Frage 1, 14, 38 oder 45; immer geht es Bachl wie Rahner darum, Gott zuerst und zuvorderst als Du des Menschen zu zeichnen und ihn als unseren tiefsten Grund zu verstehen, der alles dransetzt, uns Gutes zu wollen. Das ist das Erste und das Letzte von Theologie und alle Ausformulierungen, ob in Dogmen, Katechismen oder Kirchenregelungen, kommen – wenn überhaupt – erst danach.

Diese Akzentuierung von Theologie, die Gottesbeziehung vor die dogmatische, liturgische und rechtliche Ausgestaltung der Gottrede zu setzen, ist nach wie vor nicht unstrittig und von bestimmten Kreisen auch nicht gewollt. Sie ist so etwas wie ein Stachel, die Frage wachzuhalten, von welchem Gott wir überhaupt reden und von wem wir zu reden hätten, würden wir vom lebendigen Gott sprechen wollen.

## 7 Von welchem Gott reden wir? – Prozesstheologische Fortschreibungen und Weiterentwicklungen des Theismus

Auch die aktuellen prozesstheologischen Fortschreibungen und Weiterentwicklungen des Theismus haben verdeutlicht, dass es fraglich ist, ob die heutige Gottrede noch angemessen erfolgt. Insbesondere stellt sich die Frage, ob die Bedeutung der Inkarnation genügend ernst genommen wird, dass nämlich unser Gott das Werden kennt, sich die Geschichte – unsere Geschich-

[23] Bachl, Gottfried, Gott bewegt, 27f.

te – zu eigen gemacht hat und damit niemals als a-pathischer Gott zu glauben ist.

Auch die Weiterentwicklungen des Theismus, die mit der Verwechslung von Gott und einem identifizierbaren Objekt im Sinne eines Einzelwesens Schluss machen, sind sowohl in der akademischen Theologie als auch in Lehrmaterialien noch nicht angekommen. Damit aber werden wichtige Gespräche z. B. mit naturwissenschaftlich geprägten Menschen erschwert oder gar verunmöglicht. Prozesstheologische Fortschreibungen könnten hier helfen, die nicht nur von Jugendlichen wahrgenommene Konkurrenz von Urknalltheorie und Schöpfungsaussagen konstruktiver zu bearbeiten.[24] Das bezieht sich ebenso auf evolutionstheoretische Erkenntnisse vs. Schöpfungsglauben. Fragen, ob es außerterrestrisches bewusstes Leben gibt, und wie man dann noch von der Einzigkeit und Universalität des Christusereignisses reden kann, könnten dann ebenso diskutiert werden.[25] Die bisher übliche Denkfigur, Naturwissenschaft und Glaube als komplementäre Wirklichkeitszugänge zu verstehen (was aber das Problem aufwarf, wie dann ein Dialog zwischen beiden zu führen ist und welche Brücken es zwischen beiden braucht, um die jeweiligen Erkenntnisse füreinander fruchtbar zu machen) und sich in die Verlegenheit zu retten, »dann macht eben jeder seines«, müsste dann nicht mehr der einzige Weg sein, mit diesen Anfragen umzugehen.

Indem z. B. die Unendlichkeit des Universums nicht mehr als Gegensatz zu Gott verstanden werden muss, weil Gott als Prinzip und Grund der Schöpfung denkbar wird, könnten Schwierigkeiten, die mit dem klassischen Theismus kaum bewältigt wurden, ausgemerzt werden. Gott ist dann nicht mehr bloßes Gegenüber der Welt, in der dann auch Naturwissenschaft und Gottesglaube konkurrieren. Als unbedingter Grund, der die Welt in ihrer Doppelstruktur als Physisches und Mentales aus kreativer Freiheit setzt, wäre die naturwissenschaftliche Erkun-

---

[24] Vgl. Höger, Christian, »Lehrkraft, gib uns passende Inhalte zur rechten Zeit!«, 171–190.

[25] Vgl. Kreiner, Armin, Jesus, Ufos, Aliens.

dung keine theologische Kränkung mehr, sondern Ort, Gott besser zu verstehen. Hier gilt es noch viel aufzuholen, das hier nur angedeutet und als bedenkenswerter Aspekt identifiziert werden kann.[26]

## 8 Erste Konsequenzen für die Gottrede heute und die Thematisierung der Gottesfrage im Besonderen

Diese wenigen Aspekte, die den Kontext umreißen sollten, in dem heute von Gott zu reden ist, machen deutlich, dass die Gottrede bestimmten Notwendigkeiten Rechnung tragen muss, wenn sie einerseits ihrem Thema gerecht werden will, also vom Gott Jesu glaubwürdig zu sprechen, und andererseits ihrem Anspruch nachkommen soll, nämlich Gott für die Menschen auszusagen.

Als eine Konsequenz ergibt sich für die Gottrede, die Relevanz der Gottesfrage für die Existenz und Lebensdeutung der Menschen wieder stärker in den Vordergrund zu rücken. Religionen interessieren, insofern sie etwas für das eigene Leben austragen. Auch wenn Religionen, und der christliche Gottesgedanke mit ihnen, nicht in dem aufgehen, was Menschen daraus machen, so wohnt dem christlichen Gottesverständnis schon von sich aus die Bewegung auf den Menschen und die Welt inne. Gott ist Mensch geworden um der Menschen willen. Er hat sich gezeigt, um sich von uns Menschen »gebrauchen zu lassen«. Dieses Sich-Verschenken Gottes widerzuspiegeln, zeigt sich von daher als Grundprinzip der Rede über Gott.

Die Verschränkung der christlichen Gottesfrage mit dem religiösen Bedürfnis der Menschen bedeutet ferner, dass sich Theologie, Verkündigung und religiöse Bildung darum bemühen müssen, die christliche Tradition in die heutige Denkwelt zu übersetzen. Diese »Übersetzungsprozesse« sind nicht zu verwechseln mit einem kontextlosen Transportieren christlicher

[26] Vgl. ausführlicher dazu: Schambeck, Mirjam, Die Frage der Fragen, 102–110.

Botschaft. Die Theologie, die Verkündigung und die Religionslehrkräfte müssen vielmehr als »Dolmetscher:innen« fungieren zwischen christlichem Glauben und den Lebensdeutungen der Menschen. Es geht darum, dass die Lebensdeutungen den christlichen Glauben transformieren und umgekehrt auch der christliche Glaube zum Anstoß wird, die eigenen Lebensdeutungen zu weiten, zu stärken oder auch zu korrigieren.[27] Näherhin heißt das, dass es auch fast ein Jahrhundert nach dem Aufkommen des Korrelationsgedankens (mit Paul Tillich in den 1930ern) noch immer aussteht, eine Korrelative Theologie zu formulieren.

Als weitere Konsequenz für die Gottesrede schält sich heraus, die Privatisierung von Religion in ihren Vorteilen und Schwierigkeiten zu bedenken. Dort, wo Religion Barrieren aufrichtet und zur Abqualifizierung von Menschen beiträgt, kann es ein Segen sein, Religion im Privaten zu verorten.[28] Wo dies aber dauerhaft auf Kosten der öffentlichen Plausibilisierung von Religion geschieht, drohen andere Mechanismen in dieses Vakuum einzudringen, mit nicht selten totalitären und den Menschen beschädigenden Machtansprüchen. Gerade angesichts der anstehenden Beschäftigung mit dem Islam, also der Religion des größten Anteils der Geflüchteten und Migrant:innen, ist es wichtig, Religion in der Öffentlichkeit zu verhandeln. Menschen in Deutschland müssen mehr über den Islam wissen, wenn sie nicht in ihren oftmals abqualifizierenden Vorurteilen stecken bleiben wollen. Dazu kommt, dass für viele Geflüchtete allein schon aufgrund ihrer Fluchtgeschichten Religion zum wichtigen Identitätsmarker geworden ist. Wenn wir diese Menschen integrieren und uns selbst verändern wollen, dann kann dies nicht nur über den Spracherwerb erfolgen. Auch eine Be-

[27] Vgl. Schambeck, Mirjam, Was das Theologisieren mit Kindern über das Geschäft der (Praktischen) Theologie und das Verständnis des Religionsunterrichts verrät, 265–283.

[28] Bei einer Forschungsreise in Indien, wo Religionen immer wieder für politische Zwecke vereinnahmt werden, traf ich öfter auf diese Argumentation.

schäftigung mit Religion, und zwar eine vernunftgemäße, muss damit einhergehen.

Eine andere Gefahr der Privatisierung von Religion und der Gottesfrage liegt darin, dass Religion aufgrund des fehlenden intersubjektiven Austauschs in die Sprachlosigkeit versinkt und damit diffus und bedeutungslos wird.

Die Gottrede muss sich deshalb der Aufgabe stellen, Menschen sprachfähig zu machen und die Spuren des christlichen Gottesglaubens auch lesen zu lernen. Die Unausweichlichkeit der existentiellen Themen, die sich heute nicht anders stellt als früher, auch wenn Menschen heute anders mit ihr umgehen, fordert dazu heraus, das Deutepotenzial des christlichen Glaubens so einzubringen und anzubieten, dass es von Menschen überhaupt als Möglichkeit, das eigene Leben von daher zu beleuchten, wahrgenommen wird. Damit ist nicht gemeint, dauernd das Wort »Gott« im Mund zu führen. Wie gut es tut und wie hilfreich es ist, mit Menschen zu leben, die das Evangelium ernst nehmen, lässt auf andere und oft auch tiefer gehende Weise ahnen, dass da etwas ist, das über das eigene Leben hinausreicht und hält und trägt und zum Frieden bringt.

Die Deutefolie des christlichen Glaubens präsent zu halten, kann auch bedeuten, die mediale und virtuelle Welt, Kunst, Film und Musik auf ihr Transzendierungspotenzial hin zu befragen. Der christliche Gottesglaube wird hier zur Möglichkeit, diese Spuren der Transzendenz aufzugreifen und zu deuten. Er kann aber auch Folie sein, die christlichen Motive, die beispielsweise in der Werbung verarbeitet werden, aufzudecken und zu fragen, was sie bedeuten.

Insgesamt stellt sich damit für die Gottrede die Aufgabe, deren Weite und Tiefe auszusagen, eine »Sprache« zu pflegen, die die Unaussagbarkeit Gottes (Negative Theologie) genauso wie seine Aussagbarkeit (Affirmative Theologie) zur Geltung bringt.

Wie aber kann die Gottesfrage so im Religionsunterricht zur Geltung kommen, dass sie auch verfängt? Und was müssen Religionslehrkräfte dann wissen?

Wie über die COACTIV-Studie deutlich wurde, geht es beim Professionswissen von Religionslehrkräften entscheidend darum, über das nötige FW und FDW zu verfügen. Insofern die religionsdidaktischen Wissensfacetten nicht nur versäult nebeneinander, sondern in Beziehung zueinander zu denken sind, kamen die Korrelationschiffren als Möglichkeiten in den Blick, das Darstellungs- und Erklärungswissen passungsfähig in Bezug auf die Schüler: innenkognitionen, -erfahrungen und didaktischen Inszenierungen einerseits wie auf das FW andererseits ins Spiel zu bringen.

Damit ist es nicht nur nötig zu wissen, was theologisch repräsentativ ist, sondern auch einen Einblick zu haben, welche Themen Schüler:innen umtreiben und was sie in Bezug auf die großen Fragen beschäftigt.

## 9 Themen, die Schüler:innen umtreiben – Theologische Brisanzen

Es ist zwar keine repräsentative Erhebung. Aber die regelmäßige schriftliche Befragung ihrer Schüler:innen zu Beginn des Schuljahres oder auch einer Lernsequenz, die mir eine befreundete Religionslehrerin zur Verfügung stellte, kann wie eine Sehhilfe fungieren, wenn es um die Frage geht, welche Themen Schüler:innen umtreiben.

Das Spektrum reicht von konkreten Fragen zum öffentlichen äußeren Erscheinungsbild der Kirchen, über andere Religionen und Kulturen, religiöse Minderheiten/Sekten in Deutschland oder Jugendkulturen bis zu speziellen Fragen zu Jesus Christus (Ist der wirklich am 24.12. geboren? Was ist historisch an Jesus? Glaubt er immer an das Gute? u. a.). Fragen, wie es sein kann, dass Gott die Menschen so leiden lässt, und die anderen großen Fragen – Wer ich bin, sein soll und sein mag?, Wer mir hilft und ob Gott das tut?, Was die Religionslehrerin glaubt, wenn sie da von Gott spricht? – kommen ebenso vor.

Was auf den ersten Blick erstaunt, dass Schüler:innen auch an spezifischen theologischen Themen interessiert sind und eine überraschend große Übereinstimmung ausgemacht werden kann zwischen dem, was sie beschäftigt, und dem, was die Theologie als wichtig klassifiziert.

Das zeigt mindestens zweierlei für den Religionsunterricht. Wenn er sich um theologische Themen bemüht, dann geht er nicht automatisch an den Schüler:innen und was sie umtreibt vorbei. Man könnte sogar angesichts dieser – wie gesagt nicht repräsentativen Befragung – argumentieren, dass er dann sogar den Nerv der Schüler:innenfragen trifft.

Eröffnet der Religionsunterricht Jugendlichen einen Denkraum, um über die großen Fragen nachzudenken, und können Jugendliche kritisch nachfragen, Argumenten auf den Grund gehen, Denkfiguren prüfen, dann ist das, wie die BW-Studie I und II gezeigt haben, ein entscheidender Faktor, um Jugendliche zu begleiten, ihre eigene Position in Bezug auf Religionsfragen zu gewinnen.

Die folgenden Kapitel vier bis zehn verstehen sich deshalb als Angebote, grundlegende und zugleich brisante theologische Themen so vorzustellen, dass das für ein professionelles Religionslehrer:innenhandeln entscheidende religionsdidaktische Wissen in seinen wichtigsten Konturen vorgestellt wird.

4. Kapitel:

# Wie kommt man eigentlich auf Gott und was steckt hinter Religion? – Die Frage nach der (Nicht-)Erkennbarkeit Gottes

Anders als die Kapitel sechs bis zehn, die sich jeweils einem Thema widmen, gehören die nächsten beiden Kapitel zusammen. Beide drehen sich um die Gottesfrage im Speziellen und gehen die Gottesfrage von zwei unterschiedlichen thematischen Perspektiven an. Dieses Kapitel stellt die fundamentale Frage in den Mittelpunkt, ob wir Gott überhaupt erkennen können und wenn ja, wie. Das nächste rückt einen Themenkomplex ins Zentrum, der gerade heute vielen Menschen zum Anstoß wird: Wie kann man von der Allmacht Gottes sprechen, ohne zugleich ein zynisches Gottesbild zu vertreten angesichts des unsäglichen Leids, das Menschen überall auf dieser Welt zugemutet wird.

Auch wenn die Frage nach der Erkennbarkeit Gottes zu den ersten und letzten Fragen der Theologie gehört und der theologischen Expertise damit das Äußerste abverlangt, ist sie so grundlegend, dass sie jedes Kind zu stellen vermag. Deshalb geht dieses Kapitel den Gotteseinstellungen von Kindern nach und situiert die Frage nach der Erkennbarkeit Gottes in diesem Kontext. Die Frage nach der Allmacht Gottes wird – wie auch alle späteren Kapitel – von den Einstellungen Jugendlicher aus perspektiviert.

Was aber müssen Religionslehrkräfte wissen, um mit Schüler:innenfragen, gesellschaftlichen Herausforderungen angesichts der Gottesfrage und individuellen (Un-)Bedeutsamkeiten umzugehen und religiöses Lernen zu ermöglichen? Und wie müssen sie dieses Wissen verstehbar machen, so dass es nicht in eine blutleere Formelsprache eingekapselt wie eine fremde Welt daherkommt?

In den Spuren der COACTIV-Studie heißt dies, über Darstellungs- und Erklärungswissen zur Gottesfrage zu verfügen, das

1. die theologische Komplexität der Gottesfrage zu erkennen gibt,
2. die Schüler:innenkognitionen und deren (Nicht-)Erfahrungen darauf zu beziehen versteht und umgekehrt,
3. und zwar, indem durch entsprechende didaktische Inszenierungen und Unterrichtsdramaturgien kognitive und existentielle Korrelationsprozesse in Gang kommen.

Da das DAuEW ein in mehrerer Hinsicht passungsfähiges Wissen ist, kann es nur konkret formuliert werden. Das heißt, dass es nur angemessen in Bezug auf konkrete Lerngruppen und Unterrichtssituationen formuliert werden kann. Weil dies hier nicht möglich ist, sollen dort, wo es um den Bezug zum theologischen Fachwissen geht, zumindest dessen grundlegende Linien skizziert werden. Weil die Gottesfrage die fundamentale Frage der Theologie und des Religionsunterrichts ist und allen anderen theologischen Themen innewohnt, ja ihnen vorausgeht, entscheidet sich an ihr vieles, das auch für andere theologische Fragestellungen gilt: Wie gehen Denken und Bedeutsamkeit für das eigene Leben zusammen? Ist die Gottesfrage in unserer Zeit nicht belanglos, leer und Relikt aus alten Tagen? Die Blenden zum Einstieg sollen dies nochmals unterstreichen.

## 1 Drei Blenden zum Einstieg

### 1.1 Wenn Schüler:innen fragen – Passt die Gottesfrage in unser Nützlichkeitsdenken?

»Gott ist doch nur erfunden, oder? Vielleicht nicht mal schlecht erfunden, aber eine Fiktion eben!«, »Gott ist philosophisch und praktisch irrelevant – nicht beweisbar, nicht alltagswirksam, oder können Sie mir Beweise für Gott liefern?«, »Ich brauche Gott nicht und wüsste auch nicht wofür.«, »Ich habe zwar keine eigenen Erfahrungen mit Gott gemacht, aber ich bewundere Menschen, die von sich sagen können, dass sie spüren, dass Gott da ist.«, »Ich bete schon, immer wieder sogar! Wie das zu meinem sonstigen Leben passt? Keine Ahnung!«.

Solche oder ähnliche Aussagen kommen im Unterricht immer wieder vor. Es ist zwar klar, dass mit Reli auch die Gottesfrage ansteht, aber sie ist nicht einfach ein Unterrichtsgegenstand wie andere. Mit Gott steht mehr auf dem Spiel. Die Gottesfrage wirft die Frage nach den Transzendenzen und Immanenzen unseres Lebens auf, was gelten soll und warum, was hilft und was auch nicht. Damit werden Fragen laut, die nicht so recht in den Referenzrahmen unserer säkular gestimmten Gesellschaft passen. Wo wir messen, zählen, Dinge greifbar machen, wirkt die Gottesfrage fehl am Platz, weil sie über empirische Messbarkeiten und quantifizierbare Daten hinausreicht. Nicht nur Schüler:innen reagieren dann so, dass sie Reli nicht dieselbe Rationalität zubilligen wie Mathe oder Biologie. Auch wenn es zu Schule, Bildung und auch zur Theologie gehört, Dinge zu verstehen und ihre Bedeutsamkeiten (Relevanzen) zu klären, müssen religionsbezogene Fragen insgesamt und die Gottesfrage im Besonderen mit der Schwierigkeit zurechtkommen, ihre Plausibilität und Relevanz im szientistischen Paradigma zu zeigen. Das ist zwar nicht nur eine Grenze für die Gottesfrage und die Theologie mit ihr, sondern für die Geisteswissenschaften insgesamt, aber eine, die gerade im Religionsunterricht alltagswirksam ist.

## 1.2 Die Gottesfrage ist eher im Frage- als im Antwortmodus zu haben

Dazu kommt, dass die Gottesfrage eher im Frage-, denn im Antwort- oder Glaubensmodus zu haben ist und Schüler:innen tiefe und sie umtreibende Fragen eher beiläufig und implizit als deutlich und explizit äußern. Hier sind Religionslehrkräfte in mehrfacher Hinsicht gefragt: Zum einen brauchen sie die Fähigkeit, Schüler:innenfragen zu dechiffrieren, also die theologischen Fragen aufzudecken, die in ihnen mitschwingen. Zum anderen braucht es theologische und fachdidaktische Expertise, die Anliegen der Schüler:innen und die theologischen Aussagen, die dahinter stehen, aufeinander zu beziehen. In der Religionsdidaktik heißt dies, kognitive Korrelationsprozesse zu initiieren und existentielle Korrelationsprozesse zu ermöglichen. Und drittens braucht es immer wieder die reflexive Distanz und die freisetzende Gelassenheit, Unterricht nicht mit Glaubenseinübung zu verwechseln und den Religionsunterricht als theologischen Denkraum für die Schüler:innen zu entwerfen. Der Religionsunterricht ist Lernort, wie Theologie die großen Fragen des Lebens wachhält und wie Schüler:innen die theologischen

Deuteangebote auf ihre Stichhaltigkeit und Lebensrelevanz prüfen können. Nicht mehr, aber auch nicht weniger.

### 1.3 Die Gottesfrage hat sich nicht erledigt

Nun ist die Gottesfrage keine beliebige – gesellschaftlich nicht, biographisch nicht, theologisch und religionsdidaktisch nicht. Selbst wenn der Zugriff auf Religion in einer säkular gestimmten Gesellschaft wie der unsrigen optional ist, also eine Möglichkeit unter vielen darstellt, und postmodern höchst individualisiert und pluralisiert ausfällt, hat sich die Gottesfrage nach wie vor nicht erledigt. Man hat sogar den Eindruck, dass die Gottesfrage seit den 2000er Jahren über den Religionsplural und v. a. die vielen Zerrbilder des Religiösen wieder in die Öffentlichkeit drängt. Religionslehrkräfte müssen also eine Expertise aufweisen, mit der durchaus brisanten Gottesfrage umzugehen und Schüler:innen befähigen, sich eine eigene, verantwortete Position zu erarbeiten.

Weil das Verhandeln der Gottesfrage im Religionsunterricht immer auch die Frage nach den persönlichen Färbungen und Einschätzungen aufwirft und die sog. beliefs (Überzeugungen, Werthaltungen)[1] – im Sinne von COACTIV ein signifikanter Kompetenzbereich – gerade für den Religionsunterricht eine besondere Rolle spielen, beginnt der folgende Gang mit der Einladung, sich dem eigenen, persönlichen Zugang zur Gottesfrage zu stellen.

## 2 Vom brauchbaren Gott – Persönliche Zugänge zur Gottesfrage

Theolog:innen und Religionslehrer:innen führen – professionsbedingt – immer wieder das Wort Gott im Mund. Im Sprechen über Gott klingt an, wer Gott für die Sprecher:innen ist und

[1] Vgl. Baumert, Jürgen/Kunter, Mareike, Das Kompetenzmodell von COACTIV, 32.

wer auch nicht, wie sie sich ihn vorstellen und wie auch nicht. Die beliefs sind nicht nur für sich genommen ein wichtiger Kompetenzbereich der Lehrer:innenprofession. Sie wirken sich auch auf die übrigen Aspekte professioneller Kompetenz und damit eben auch auf das Professionswissen aus. Insofern ist es wichtig, sich der persönlichen Überzeugungen zu einem Thema bewusst zu werden, um reflektiert mit ihnen umzugehen.

Vielleicht mögen Sie sich für die folgenden Fragen ein paar Minuten Zeit nehmen und sie in ein paar schriftlichen Notizen beantworten.[2] Versuchen Sie sich zu erinnern:

- Wie haben Sie sich Gott vorgestellt, als Sie noch klein waren, etwa in der Grundschule?
- Wer hat Ihnen damals von Gott erzählt? – Wie hat das auf Sie gewirkt?
- Gibt es ein Bild oder eine Erzählung, die Ihre Vorstellung von Gott beeinflusst hat?
- Welche Atmosphäre atmet die Gottesvorstellung Ihrer Kindheit (hell – dunkel; drohend – befreiend; fremd – vertraut; abstoßend – liebenswert; Mixturen davon ...)?
- Hat sich Ihre Gottesvorstellung seit Ihrer Kindheit in wesentlichen Punkten verändert?
- Falls ja: Durch welche Einsichten oder Erlebnisse wurden diese Veränderungen ausgelöst?
- In welche Richtung hat sich Ihre Gottesvorstellung verschoben?
- Welche der folgenden Umschreibungen kommt dem Bild am nächsten, das Sie sich heute von Gott machen: Beschützer, Tyrann, Sonne, Hoffnung, Aufseher, Grund des Lebens, Richter, Liebe, Helfer, Garant der Ordnung, Feuer, Tröster, Freund, Gewissen, Licht, Gefährte ...?
- Falls keine dieser Bezeichnungen von Gott Ihrer Vorstellung entspricht: Welche Begriffe fallen Ihnen ein, wenn Sie an das Wort »Gott« denken?
- Gab es eine Einsicht aus diesen Fragen, die für Sie wichtig oder überraschend war? Inwiefern?

---

[2] In Anlehnung an Niehl, Franz W./Thömmes, Arthur, 212 Methoden für den Religionsunterricht, 86f.

Diese persönliche Auseinandersetzung mit der Gottesfrage ist wichtig. Fragen, die die Theologie bearbeitet, sind letztlich nichts anderes als Lebensfragen, die mit Gott in Verbindung gebracht werden. Damit ist auch eine entscheidende Aufgabe an Theologie und Religionsunterricht formuliert. Sie taugen dann etwas, wenn sie Gott brauchbar machen, wenn sie also zeigen, was Gott für das Leben bedeuten kann und was auch nicht. Mit anderen Worten, ist es das Eine, über Gott nachzudenken und um komplexe theologische Gedankengänge zu wissen; solange aber nicht zumindest erahnbar wird, dass Gott im Leben wohnt und sich in die Alltäglichkeiten der Menschen eingeschrieben hat, bleibt die Gottrede leer. D. h. nicht, dass Religionsunterricht nur für glaubende Schüler:innen sinnvoll ist oder Glauben voraussetzt. Er steht aber vor der Aufgabe, die doppelte Dimension von Religion und damit ihre Eigenlogik – Diskurssystem und Lebensüberzeugung zu sein – unter den Bedingungen von Schule und in bildender Absicht für Schüler:innen zugänglich zu machen. Die sich auftuenden Straßengräben – Glaubensvollzug im Religionsunterricht oder Abstinenz von jeglicher existentieller Bedeutsamkeit – zu vermeiden, gehört zur Grundaufgabe des Religionsunterrichts.

Die individuell-biographischen Vergewisserungen, wie man es als Religionslehrer:in mit Gott hält, gehen mit den systemischen Fragen einher, wie im Religionsunterricht verantwortet von Gott geredet werden kann.

## 3 Der entleerte Gott – Auf der Suche nach einer lebenssatten Gottrede

Die Gottrede ist heute nicht nur im religionspädagogischen Kontext fraglich geworden. Sogar bei Gesprächen unter Profis und Interessierten stellt sich der Eindruck ein, dass selbst für das Leben erschütternde Fragen nur eingeübte, letztlich aber blutleere Formeln zur Verfügung stehen. Die Gottrede verfängt nicht. Sie wirkt wie entleert und in einem Kategoriensystem formuliert, das aus der Zeit gefallen ist. Wir sprechen zwar theologisch exakt, aber die Antworten gehen an den Menschen vorbei und der Eindruck verstärkt sich, dass selbst die Fragen obsolet geworden sind. Es ist kaum noch der innere Impuls erkennbar, für den theologische Sprachspiele entwickelt wurden, nämlich eine lebendige und aufrichtende Botschaft für die Menschen anzubieten. Wie anders gelingt es hier Dichter:innen und Künstler:innen, die die Grenzsituationen unseres Lebens in den Blick nehmen und sie offen halten für etwas, für jemanden – zumindest für die Frage. Das hat nicht nur mit Sprache zu tun. Das betrifft auch die ästhetischen Gepflogenheiten, die Themenauswahl, die digitalen Werkzeuge, die gebraucht werden oder nicht, die weithin deklaratorischen Sprechakte und das Fehlen narrativer, performativer und leibbezogener Ausdrucksformen. So schnell hingeschrieben diese Problemanzeige ist, so schwer ist ihr beizukommen.

Ein erster Schritt in Richtung einer lebenssatten Gottrede und eines qualitätsvollen Unterrichts geht deshalb darauf, die fachdidaktische Wissensfacette der Schüler:innenkognitionen und deren (Nicht-)Erfahrungen zu klären. Insofern sich das Darstellungs- und Erklärungswissen von den Lernenden, der theologischen Komplexität des Themas und der didaktischen Inszenierung im Unterricht her situiert, kommt dieser fachdidaktischen Wissensfacette ein besonderes Augenmerk zu. Von den Schüler:innen und dem, was sie umtreibt oder eben nicht, ergibt sich mindestens genauso sehr wie aus der Verortung eines Themas im theologischen Gesamtzusammenhang, was im Religionsunterricht zu behandeln ist. Und es wird auch deutlich, an welche Schüler:inneneinstellungen angeknüpft werden muss, wenn die Gottesfrage im Denkraum des Religionsunterrichts entfaltet wird.

## 4 »Gott kann man sich nicht vorstellen. Da kann ich genauso gut den Schnee malen« – Empirische Untersuchungen zu Gotteseinstellungen (beliefs) von Kindern

Bewegt Kinder und Jugendliche die Gottesfrage überhaupt? Und wenn ja: Wie stellen sie sich Gott vor? Mit diesen Fragestellungen setzten die ersten empirischen Arbeiten zur Erkundung der Gotteseinstellungen von Schüler:innen an. Eine der ältesten empirischen Studien über Gotteskonzepte von Kindern ist diejenige von Ronald Goldman: »Religious Thinking from Childhood to Adolescence.« Sie stammt aus dem Jahr 1964. Einen wahren Boom in der Religionspädagogik erlebte dieses Thema aber erst ab den 1990er Jahren. Mittlerweile gibt es eine Vielzahl von Arbeiten, die sich mit unterschiedlichem Design und inhaltlich vielgestaltiger Akzentuierung daran machten, Gotteseinstellungen von Kindern und Jugendlichen zu ergründen. Eine Systematisierung ist insofern schwierig. Der folgende Gang durch die Empirie setzt deshalb chronologisch an und hebt lediglich paradigmatische Markierungen des bisher zurückgelegten Forschungsweges hervor. Er bedient sich folgender Kategorien bzw. Unterscheidungen, die durch ihre Differenzierung zugleich zeigen, dass sich der Fokus der Forschungen je länger umso mehr geweitet hat: von Studien zur Überprüfung von Stufentheorien hin zu Erhebungen religiöser Artikulationen der Subjekte, vom Interesse an kognitiven Repräsentationen bzw. inhaltlichen Füllungen von Gotteskonzepten hin zur Frage nach den vielgestaltigen Aspekten der Gottesfrage, also den kognitiven sowie affektiven und praxisbezogenen Dimensionierungen. Als Analyseinstrumente kommen deshalb in den Blick:

1. Die Frage nach der Existenz Gottes, die als Frage nach der *Gottesexistenz* bzw. dem *Gottesglauben* firmiert.
2. Die Frage nach der inhaltlichen Ausgestaltung der Gottesvorstellung, die unter der Terminologie *Gotteskonzepte/ Gotteskonstrukte* behandelt wird.
3. Die Frage nach der affektiven, emotionalen, volitionalen Bedeutung von Gott im Lebensstil, also die lebenspraktische Aktualisierung der Gotteseinstellung, die entsprechend der psychologischen Begrifflichkeit als *Gottessignifikanz* tituliert wird.[3]

[3] In Variation zu Stögbauer, Eva Maria, Die Frage nach Gott und dem Leid bei Jugendlichen wahrnehmen, 21.

Die Frage nach Gotteseinstellungen (beliefs) umfasst alle diese Einzelaspekte.

## 4.1 Reto Lucius Fetz: Weltbild als Spiegel des Gottesbildes, 1985

Als Professor für Philosophie versuchte Reto Lucius Fetz, Aufschluss über die religiösen Überlegungen von Kindern zu gewinnen, indem er deren Himmelsverständnis klärte: Ist der Himmel ein geographischer Ort? Wo ist der Himmel? Wie gestalten die Kinder den Himmel aus? Dazu veranlasste er Kinder, den »Himmel« zu zeichnen, und führte Interviews. Mittels Analyse der Zeichnungen und der Interviews konnte er insgesamt drei Entwicklungsstadien der Himmelssymbolik bei Kindern ausmachen und damit Näheres über die Gotteskonzepte von Kindern herausfinden.[4]

### Erste Stufe: Archaisches Weltbild

Das archaische Weltbild ist nach Fetz v. a. bei jüngeren Kindern (5–8 Jahren) anzutreffen. Erde und auch der Kosmos werden als begrenzt vorgestellt. Ebenso charakteristisch ist die Polarität von oben und unten. Gott wird als einer gedacht, der auf dem Himmel steht. Die vertikale Achse dominiert.

### Zweite Stufe: Hybrides Weltbild

Mit hybridem Weltbild ist ein vermengtes Weltbild gemeint. Es ist v. a. in der mittleren Kindheit anzutreffen (8–10 Jahre). Elemente des archaischen Weltbildes begegnen gleichzeitig mit naturwissenschaftlichen Wissenselementen. Kinder in diesem Stadium sprechen lieber von Gott im Weltall, statt von Gott im Himmel. Gott ist nicht mehr nur oben, weil er ja auch die Bewohner:innen der unteren Erdhälfte sieht. Oft sind es tech-

[4] Vgl. Fetz, Reto L., Die Himmelssymbolik in Menschheitsgeschichte und individueller Entwicklung, 111–150; ders., Die Entwicklung der Himmelssymbolik. Ein Beispiel genetischer Semiologie, 206–215.

nische Instrumente wie z. B. ein Fernrohr, das die Verbindung von oben und unten, von Gott und Menschen, auf der Erde ermöglicht und den Abstand zwischen beiden überbrückt.

### Dritte Stufe: Ausdifferenziertes Weltbild

Wenn überhaupt, dann wird es nach Fetz erst in der Adoleszenz möglich, ein differenziertes Weltbild auszuformulieren. Nun ist es möglich, religiöse und naturwissenschaftliche Vorstellungen zu differenzieren und die Tragweite und Grenzen der jeweiligen Aussagen zu erkennen.

So sehr die Typisierung der Bilder und Interviews in drei Stufen/Stadien in den Daten begründet ist und durch viele Beispiele ausgewiesen wird, so bleibt aus heutiger Sicht die darübergelagerte Absicht zu kritisieren. Letztlich konzentrierten sich nämlich die Arbeiten von Fetz und der auf ihn bezogenen Studien[5] darauf, Stufentheorien nachzuweisen bzw. zu klären, wie Kinder aufgrund ihrer Gotteseinstellungen bestimmten Stufen zugeordnet werden können.

Das änderte sich paradigmatisch durch ein Forschungsprojekt mit dem Namen »Was Kinder glauben«, das seitdem die Forschungen zu Gotteseinstellungen von Kindern prägt.

## 4.2 Wechsel des Forschungsparadigmas – »Was Kinder glauben«, 1997

Mit der Studie »Was Kinder glauben«[6] setzten Ursula Arnold, Helmut Hanisch und Gottfried Orth sowohl eine neue Forschungslogik als auch eine neue Forschungsmethode ein. Für sie ging es nicht mehr um die Überprüfung von Stufentheorien. Sie

---

[5] Vgl. die Arbeiten von: Fetz, Reto L./Reich, K. Helmut/Valentin, Peter, Weltbildentwicklung und Schöpfungsverständnis; Tamminen, Kalevi, Religiöse Entwicklung in Kindheit und Jugend; Leyh, Günter, Mit der Jugend von Gott sprechen; Bucher, Anton A., Alter Gott zu neuen Kindern? Neuer Gott von alten Kindern?, 79–100.

[6] Arnold, Ursula/Hanisch, Helmut/Orth, Gottfried, Was Kinder glauben. 24 Gespräche über Gott und die Welt.

wollten vielmehr aus den Daten selbst Kategorien gewinnen, um die Gotteseinstellungen von Kindern zu beschreiben. Arnold, Hanisch und Orth wählten dazu 56 Kinder von 5. Gymnasialklassen in den Städten Aachen, Leipzig und Mödling in Österreich aus, führten Einzelinterviews und ließen die Proband:innen anschließend zu ihren Gotteseinstellungen malen. Der Leitfaden ihres Interviews streifte folgende Themen: Gottesbild, Gotteserfahrung, Gottesverständnis, Erfahrungen mit dem Religionsunterricht u. a., bezog also verschiedene Aspekte der Gottesfrage mit ein, die auch über eine Fallerzählung zur Frage nach Gottes Handeln in der Welt eingeholt wurden.[7]

Ein Beispiel aus dieser Reihe ist Corinna[8], die ihr Bild weiß lässt und notiert:

»Ich habe kein Bild von der Gestalt Gottes, denn es reicht mir zu wissen, dass es ihn gibt.« I.: »Kannst du mir sagen, warum du Gott nicht zeichnen kannst?« C.: »Das ist mir irgendwie zu hoch. Ich meine, also es gibt ja auch ein Gebot, man soll nicht ... also keine Gestalt Gottes sich da machen, also kein Bild Gottes. Und außerdem, wie ich da hingeschrieben habe, reicht mir das zu wissen, dass es ihn gibt.«

Als erwachsene Leserin staunt man über diese biblisch fundierte und theologisch reflektierte Selbstbeschränkung, die zugleich Ausdruck einer tiefen Gottesahnung ist.[9] Auch wenn dies ein außergewöhnliches Beispiel ist, resümierten die Forscher:innen, dass sie die Gespräche mit den Kindern »auf einen ›Reichtum religiöser Sprachfähigkeit und theologischer Reflexionskompetenz von Kindern‹«[10] treffen ließen.

---

[7] Vgl. ebd. In der Fallerzählung »Geschichte von Beppo« wird erzählt, wie ein Junge aus einer armen Familie einen Brief an Gott schreibt mit der Bitte um Babysachen für sein neues Geschwisterchen. Er bindet ihn an einen roten Luftballon, der in den Himmel steigt. Nach Tagen bangen Wartens kommt schließlich ein Paket mit Babysachen an, das keinen Absender trägt. Dazu sollten sich die Kinder äußern.

[8] Ebd., 274f.

[9] Vgl. Fricke, Michael, Von Gott reden im Religionsunterricht, 29.

[10] Arnold, Ursula/Hanisch, Helmut/Orth, Gottfried, Was Kinder glauben, 9; zitiert nach Fricke, Michael, Von Gott reden im Religionsunterricht, 29.

Angefangen mit der Studie »Was Kinder glauben« steht nun nicht mehr die Frage im Vordergrund, auf welcher Stufe der religiösen, kognitiven und moralischen Entwicklung sich Kinder befinden. Kinder werden vielmehr je länger umso mehr als Subjekte ihrer religiösen Äußerungen entdeckt. Der Weg zur Kindertheologie nimmt damit Konturen an.

## 4.3 Stephanie Klein: Zur Würde und Differenziertheit kindlicher Gottesvorstellungen, 2000

Einen weiteren Meilenstein zur Entwicklung der Kindertheologie setzte Stephanie Klein. Sie war nicht nur eine der ersten Forscher:innen, die sich darauf konzentrierte, Gotteseinstellungen speziell von Mädchen zu erforschen und hier im Grunde Gotteskonzepte von Mädchen.[11] Sie wählte dazu auch als Erste das Design einer Längsschnittstudie mit zwei Erhebungszeiträumen. Damit ging sie auf die Kritik ein, dass sich die Daten bislang lediglich auf Momentaufnahmen bezogen und insofern höchst zufällig waren.

Klein wählte wiederum die Methode der Mal-Interviews. Die Mädchen malten in getrennten Räumen ein erstes Auftragsbild, wie sie sich Gott vorstellen. Danach zeigten sie es einander und erzählten dazu ihre Gedanken. Klein räumt ein, dass die Ergebnisse recht spärlich ausfielen, weil die Kinder kaum mehr als einen Satz zu ihren Bildern sagten. Zu Hause malten einige jedoch selbständig weitere Bilder. In einer zweiten Phase erfolgte zunächst ein Gespräch über Glaubensfragen und Gotteskonzepte. Dabei wurden den Kindern die alten Bilder, die ein Jahr zuvor entstanden waren, vorgelegt. Die Mädchen sprachen über sie. Dann erfolgte ein gemeinsames Malen in der Gruppe mit anschließendem Kommentieren der Bilder.[12] Bettina beispielsweise weigerte sich beim Malen des ersten Bildes und sag-

[11] Vgl. Klein, Stephanie, Gottesbilder von Mädchen als Zugang zu ihrer religiösen Vorstellungswelt, 106–108.

[12] Vgl. ebd.

te: »Gott kann man sich nicht vorstellen, Gott ist alles. Da kann ich genauso den Schnee malen«.[13] Dennoch malte sie danach am längsten von allen. Das erste Bild zeigt eine Gestalt mit Bart und Stock, daneben stehen die Worte »Liebe«, »Hoffnung«, »Gott liebt Frieden«.[14]

Nicht nur Bettina, sondern, wie wir aus weiteren kindertheologischen Studien wissen, auch andere Kinder beschäftigt die Frage nach der Immanenz und Transzendenz Gottes. Auf welche Weise ist Gott da? Wie kann ich ihn fassen und Kontakt zu ihm aufnehmen? Klassifizierten frühe kindertheologische Studien den Gottesausdruck von Kindern als anthropomorph und wenig transzendenzbewusst,[15] wurde diese Einschätzung schon bald korrigiert. Es wurde deutlich, dass Kinder zwar auf anthropomorphe Darstellungen zurückgreifen, um Gott auszusagen, sehr wohl aber um die Unfassbarkeit und Nichtdarstellbarkeit Gottes wissen. Die Frage nach Gott in der Welt, wie Menschen mit Gott in Kontakt kommen, wie unsere Sprache, unsere Bilder und unser Weltausdruck insgesamt Gott erreichen und wie sie dies auch nicht schaffen, mit anderen Worten, wie Affirmative und Negative Theologie aufeinander zu beziehen sind und wie Gotteserkenntnis und Gottesbeziehung möglich werden, treibt Kinder um. Religionslehrkräfte, die Kinder bei diesen Themen begleiten wollen, müssen also selbst über ein Darstellungs- und Erklärungswissen verfügen, das ausgehend von den Schüler:inneneinstellungen die theologische Komplexität dieser Fragestellung wiederzugeben vermag, und zwar mittels didaktischer Inszenierungen, die für die entsprechende Lerngruppe passend sind.

Wie theologieproduktiv allein Bettina in diesem unaufwändigen Malprozess ist, beweist ihr Bild, das sie ein Jahr später anfertigt. Es zeigt zwei Gestalten, die je eine Weltkugel halten.

---

[13] Ebd., 110.

[14] Ebd., 109.

[15] Vgl. Hanisch, Helmut, Die zeichnerische Entwicklung des Gottesbildes, 97.202.229.

Abb. 11: Bettinas Bild
Quelle: Vgl. Klein, Stephanie, Gottesbilder, 114.

Die Erde ist bei der einen Figur grün, bei der anderen schwarz. Die Frau sagt: »ich werde siegen« und der Mann: »Nein ich werde die Welt zerstorren (!)«, kleiner geschrieben. Es wird deutlich, dass hier zwei Gestalten und zwei Prinzipien miteinander ringen. Bettina kommentiert:

«Gott hat die Erde ganz schön geschaffen ... Und die hat die Erde so grün, mit den ganzen Wiesen und so ...« Dagegen der Mann: »... hier hat eben dieser eine Mann, der da eben das Böse schafft, eine Militärhose an ... Alles was da grün war, ist da eben schwarz, weil da sind eben die Atombomben und so draufgefallen. Der stellt sich eben vor, dass er die Erde tragen würde ...«[16]

Ein Mädchen aus der Gruppe identifiziert die beiden Gestalten als Mann und Frau. Bettina aber verneint das mit dem Hinweis, dass Jesus auch Gewänder trug bzw. die Menschen früher lange Haare hatten. Im Gespräch mit den anderen Mädchen gibt Bettina ihre theologische Erklärung zum Bild ab: »Gott schafft das Liebe und

---

16 Klein, Stephanie, Gottesbilder von Mädchen als Zugang zu ihrer religiösen Vorstellungswelt, 115.

ein anderer, der so ähnlich ist wie Gott, schafft das Böse. Gott würde nie das Böse machen, denn er hat ja die Erde erschaffen. Irgendwo in der Mitte der Erde geht eine Grenze durch, das eine Reich gehört Gott und das andere einem anderen, und das Böse zerstört irgendetwas und Liebe macht dann mehr, z. B. Bäume.«

Vom Wissen über die Unaussprechbarkeit Gottes bis hin zur Frage, ob Gott auch das Böse erschaffen hat bzw. ob das Böse gleich mächtig ist wie er, reichten allein Bettinas theologische Angänge zur Gottesfrage.[17] Geht es um religiöse Lern- und Bildungsprozesse, dann stellt sich Religionslehrkräften die Aufgabe, die in den Kinderäußerungen aufgeworfenen theologischen Fragen aufzugreifen, sie durch das entsprechende Darstellungs- und Erklärungswissen weiter zu treiben und den Kindern damit zu ermöglichen, ihre eigenen Reflexionen angereichert durch die theologischen Deutungen weiter zu entwickeln.

## 4.4 Anna-Katharina Szagun: Dem Sprachlosen Sprache verleihen, 2006–2017

Einen weiteren Paradigmenwechsel in den kindertheologischen Forschungen vollzog die inzwischen emeritierte Rostocker evangelische Religionspädagogin Anna-Katharina Szagun. Sie war nicht nur an Gotteskonzepten von Kindern interessiert, sondern fragte auch nach deren Gottesbeziehung im Sinne der affektiven und praktischen Bedeutung von Gott im Leben der Kinder. In einem mehrheitlich konfessionslosen Kontext, wie Rostock und die neuen Bundesländer ihn darstellen,[18] untersuchte Szagun, was Kinder als Lern- bzw. Verstehensvoraussetzungen mitbringen, wer oder was Gott für sie (nicht) ist und wie sich ihr Gotteskonzept im Laufe der Zeit verändert. Sie wollte damit auch ergründen, ob die Theorien zur Entwicklung des religiösen Urteils von Fritz Oser

[17] Vgl. Hanisch, Helmut, Die zeichnerische Entwicklung des Gottesbildes, 115.

[18] Die Untersuchungen wurden v. a. in Mecklenburg-Vorpommern durchgeführt.

und Paul Gmünder und zur religiösen Entwicklung von James Fowler, die in der Religionspädagogik leitend waren und sind, auch in Kontexten gelten, in denen schon über Generationen hinweg nicht mehr von Gott geredet wird. Mit anderen Worten warf sie mit ihren Studien die Frage auf, inwieweit religiöse Entwicklung von den Sozialisationskontexten abhängig und damit nicht einfach universal gültig ist, wie von den Vertreter:innen der Stufenmodelle angenommen.

Szagun organisierte ihre Studie als Langzeitstudie mit Samples an verschiedenen Schulen. Die Studie bezog insgesamt 50–60 Kinder im Alter von 6 bis 17 Jahren mit ein, und zwar über vier Jahre hinweg. Das Besondere an der Erhebung war, dass die Studie v. a. visuelle Gestaltungen nutzte: Die Kinder sollten also nicht nur malen, wer Gott für sie (heute) ist, sondern dies in Collagen versinnbildlichen. Damit konnte dreidimensional gearbeitet werden und Positionen konnten während des sich anschließenden Interviews verändert werden. Ebenso sollten die Kinder ihre »Lebenswelt« zeichnen bzw. modellieren und wurden dazu einzeln interviewt, um gemeinsam mit der Interviewerin zu entschlüsseln, was die Kinder in den Collagen gefertigt hatten.

Szagun gelang es mit ihrer Langzeitstudie nicht nur, den Universalitätsanspruch der religiösen Entwicklungstheorien begründet anzuzweifeln, sondern den Facettenreichtum in den Äußerungen der Kinder aufzuzeigen, die Prozesshaftigkeit der Gotteseinstellungen zu dokumentieren und damit die Bedeutung religiöser Inputs nachzuweisen, insofern die Kinder theologische Gehalte, die mit ihnen besprochen wurden, in ihre eigenen Collagen, Interviews und Zeichnungen einarbeiteten. Szagun erreichte damit, dass nicht nur Gotteskonzepte von Schüler:innen zu interessieren haben, sondern auch die beiden Dimensionierungen »Gottesexistenz« und »Gottessignifikanz« in religiösen Lern- und Bildungsprozessen von Belang sind.

Seitdem sind, dem kindertheologischen Paradigma verpflichtet, eine nicht mehr zu überblickende Anzahl an Studien erschienen, die sich vielfältigsten Einzelaspekten der Gottesfrage widmen und einen wichtigen Beitrag dazu leisten, die fachdidaktische Wissensfacette der Gotteskonzepte und -erfahrungen von Kindern zu erkunden.[19]

Ebenso wenig, wie die religionsdidaktische Wissensfacette Schüler:innenkonzepte und -erfahrungen in Bezug auf die Gottesfrage umfassend dargestellt werden kann, ist es auch nicht möglich, das Darstellungs- und Erklärungswissen zur Gottesfrage in Gänze zu erläutern. Das liegt zum einen an der Situiertheit bzw. Abhängigkeit von der konkreten Lernsituation. Zum anderen ist es aber auch dadurch begründet, dass die Gottesfrage das Grundlegende und Universale in der Theologie ist und damit eine Vielzahl von Einzelthemen angeht. Wie oben schon erläutert, soll deshalb zumindest die fundamentale Frage theologisch skizziert werden, ob und wie man Gott erkennen und zu ihm in Kontakt treten kann, wie Transzendenz und Immanenz zueinander vermittelbar sind, damit Religionslehrer:innen dann auf die spezifische Lernsituation ihrer Schüler:innen das entsprechende DAuEW entwickeln können.

## 5 Die Frage nach dem Letzten und Wichtigen, nach Gott und der Welt – Theologische Skizzen zur (Nicht-)Erkennbarkeit Gottes

Vielleicht kennen Sie das auch: Es ist eine sternenklare Nacht und Sie haben Zeit, eine Weile im Freien zu verbringen. Unwillkürlich kommen Sie ins Staunen über die Unbegrenztheit und Weite des Weltalls, die wie von selbst Fragen aufkommen lassen, ob das, was wir sehen und verstehen, wirklich alles ist. Die Schönheit bewegt uns über uns selbst hinaus; und die Unfassbarkeit des Sternenmeers weckt ein Gefühl von Geborgenheit oder Verlorenheit – je nachdem –, auf jeden Fall aber ein Fragen, das tiefer geht und größer ist als das alltägliche Fragen, wo etwas ist, was eingekauft werden muss oder auch wie der Tag so war.

---

[19] Vgl. die Einführung des »Jahrbuch für Kindertheologie« im Jahr 2002 und des »Jahrbuch für Jugendtheologie« im Jahr 2013, die vielfältigen Arbeiten von Gerhard Büttner, Mirjam Zimmermann, Hanna Roose, Christina Kalloch u. a.

In der theologischen Tradition werden diese Fragen als Orte qualifiziert, nach dem Letzten Ausschau zu halten und nach dem Tiefsten zu fragen: Woher komme ich? Wohin gehe ich? Was macht mich glücklich? Was gibt Sinn? Und auch: Wo ist Gott? Wer ist Gott? Wer bin ich vor Gott? Die Theologie hat dafür durch die Jahrhunderte hindurch eine Unmenge an Deutungsmöglichkeiten entwickelt und in ganz unterschiedlicher Weise systematisiert.

Da sind zum einen die Deutungen, die um die Frage kreisen: Wie kann man Gott erkennen? Welche Wege gibt es, auf Gott zu stoßen? Oder später auch: Wie kann man Gott beweisen? – alles Fragen, die in der »Theologischen Erkenntnislehre« behandelt werden.

Daraus wiederum ergibt sich die Frage, ob unsere Bilder und unsere Sprache wirklich etwas von Gott aussagen (das ist das Anliegen der lat. Affirmativen oder griech. Kataphatischen Theologie), und warum das so sein kann; oder ob unsere Sprache viel zu kurz greift und wir dem Unendlichen und Unfassbaren nie nahekommen können (das ist das Anliegen der lat. Negativen bzw. griech. Apophatischen Theologie), und welche Gründe dafür sprechen.

## 5.1 Von Wegen, Umwegen und Irrwegen, Gott zu erkennen

Gehen wir zunächst dem ersten Fragebündel nach, ob und wie man Gott erkennen kann. Es ist die Urfrage der Theologie, weil sie an die Grundfeste der Gottesfrage rührt. Ist da jemand? Oder ist da nichts? Müssen wir uns mit der Feststellung des ersten Kosmonauten im Weltraum, Juri Gagarin, zufriedengeben, der nach seiner Rückkehr auf die Erde konstatierte: »Gott habe ich dort oben nicht gefunden!«? Oder ist da doch noch mehr? Stimmt die These: Wenn es Gott gibt, dann muss ich ihn auch beweisen können, oder ist diese naturwissenschaftliche Schlussfolgerung genauso wenig richtig wie diejenige, dass jeder Glückspilz im Lotto gewinnt. Mit anderen Worten stellt sich bei dieser Urfrage der Theologie auch das Problem, welches Kategoriensystem wir gelten lassen und welches nicht, um Erkenntnisse als richtig oder falsch, als zutreffend oder nichtzutreffend, als wahr und als unwahr zu bewerten. Ist nur das richtig, was ich naturwissenschaftlich beweisen kann, also zählen, wägen, überprüfen, messen? Gibt es auch noch andere Erkenntniswege und Möglichkeiten, z. B. dass sich etwas als richtig anfühlt, dass ich intuitiv weiß: »Ja, das stimmt, ich sollte hier ehrlich sein, auch wenn ich dann die schlechtere Note bekomme und den Test vielleicht nicht einmal geschafft habe«?

## 5.2 Von der Pluralität der Wege und deren Verwiesenheit aufeinander

In der Philosophie und Theologie wurden diese Fragen sehr ernst genommen. Bis heute gehen diese Wissenschaften davon aus, dass es nicht nur einen Weg gibt, Zugang zu unserer Welt und zu Gott (Theologie) zu gewinnen, sondern viele verschiedene. Keiner dieser Wege steht für sich. Jeder ist auf den anderen verwiesen. Und auch wenn man deren Erkenntnisse addieren würde und das könnte – was an sich schon unmöglich ist –, hätte man trotzdem nicht das Ganze. Das Ganze ist nämlich viel mehr als die Summe seiner Teile (Thomas von Aquin).

Diesen Ansatz hat sich auch die gegenwärtige Bildungstheorie zu eigen gemacht. Jürgen Baumert, der das Bildungsverständnis der PISA-Studie prägte, zählt nicht unendliche Wissenslisten auf, die jemand kennen muss, um allgemeingebildet zu sein. Er schlägt vielmehr vor, diejenigen als allgemeingebildet zu qualifizieren, die mit den unterschiedlichen »Modi der Weltbegegnung« umzugehen wissen. Dazu nennt er »die kognitiv-instrumentelle Modellierung der Welt«, wie sie z. B. in der Mathematik und den Naturwissenschaften geschieht, die »ästhetisch-expressive Begegnung und Gestaltung« von Wirklichkeit, wie sie z. B. in der Musik, Kunst und Literatur erfolgt, die »normativ-evaluative Auseinandersetzung mit Wirtschaft und Gesellschaft« und die »Probleme konstitutiver Rationalität«.[20] Mit dem letztgenannten Wirklichkeitsmodus zielt Baumert auf

[20] Baumert, Jürgen, Deutschland im internationalen Bildungsvergleich, 113.

die Letztbegründungsfragen von Wirklichkeit. Er geht also davon aus, dass genau die Fragen, die oben als die Urfragen der Theologie und auch der Philosophie ausgewiesen wurden, ebenso darüber entscheiden, ob jemand allgemeingebildet ist oder nicht, wie z. B. die mathematischen Probleme oder die wirtschaftlichen. Und er versteht diese der Philosophie und Theologie eigene Rationalitätsform auch als Garantin dafür, dass alle Modi der Weltbegegnung auf ihre Voraussetzungen, Begründungen und Zielsetzungen hin befragt werden. Mit anderen Worten gehört also zur Allgemeinbildung, und zwar ausgedrückt über die Probleme konstitutiver Rationalität, dass nicht plötzlich einem Weltzugang mehr Geltung zugesprochen wird als einem anderen. Zählbarkeit und Wägbarkeit und damit naturwissenschaftliche Beweisbarkeit im Sinne der Verifikation oder Falsifikation sind nicht mehr wert als ein Kunstwerk. Eine wirtschaftliche Kosten-Nutzensteigerung kann nicht ausgespielt werden gegen die ethische Maxime, dass der Mensch immer Zweck an sich ist und nie auf seinen Nutzen reduziert werden darf. Die philosophische und religiöse Rationalität sind so gesehen Anredner:innen gegen die Totalansprüche einzelner Weltzugänge. Und sie sind so etwas wie ein Ausrufezeichen, dass wir uns als Menschen bemühen sollen, möglichst viele Perspektiven aufzurufen, um ein Problem, eine Frage oder ein Thema zu bearbeiten. Ich kann über die Liebe als Biochemikerin sprechen: Dann wird mich der erhöhte Serotonin- und Dopamin-Ausstoß interessieren, der in den Gehirnen der Liebenden tobt, wenn eine WhatsApp des:der Geliebten ankommt. Ich kann aber über die Liebe auch als Dichterin reden, dann werde ich eher Worte finden wie z. B. diejenigen von Bertolt Brecht:

> Der, den ich liebe
>
> Der, den ich liebe
> hat mir gesagt,
> dass er mich braucht.
>
> Darum
> gebe ich auf mich acht,
> sehe auf meinen Weg und

fürchte von jedem Regentropfen,
dass er mich erschlagen könnte.[21]

Oder ich kann über die Liebe als Gottsucherin, Theologin und Glaubende sprechen. Dann werde ich vielleicht so beten wie Wilhelm Bruners und mit dem Nachdenken an kein Ende kommen, mich aber dennoch aufgehoben wissen:

Theo-Poesie
Streif an
GOTT
alles Überflüssige
ab
staune[22]

Ist einmal klargeworden, dass es nicht den Weg schlechthin gibt, Gott zu erkennen, sondern viele verschiedene, ist schon viel gewonnen. Dazu kommt, dass die Bedeutung dieser unterschiedlichen Wege zudem davon abhängt, wer fragt, in welcher Lebenslage gefragt wird und in welchem Kontext. Deshalb sollen im Folgenden einige Wege, Gott zu finden und zu erkennen, konkret aufgezählt werden, die in der Philosophie- und Theologiegeschichte Bedeutung gewannen. Sie alle kreisen letztlich um die Frage, ob es Gott gibt oder nicht, und verhandeln sie je auf ihre Weise: Denn wenn es ihn nicht gibt, dann brauchen wir uns auch nicht darum zu bemühen, ihn irgendwie zu erkennen. Das aber kann man erst entscheiden, wenn die Wege der Gotteserkenntnisse zu keinem Ergebnis geführt haben. Das eine hängt also mit dem anderen zusammen und zugleich muss schon jetzt klar sein, dass die Wege der Gotteserkenntnis nicht erst dann sinnvoll und richtig sind, wenn Gott logisch bewiesen wird. Es wird also etwas kompliziert und muss deshalb Schritt für Schritt erkundet werden.

---

21 Brecht, Bertolt, Die Gedichte von Bertolt Brecht in einem Band, 586.
22 Bruners, Wilhelm, Verabschiede die Nacht, 15.

## 5.3 Mit der Spitze des Verstands an Gott rühren

### 5.3.1 Vernunft als Weg der Gotteserkenntnis – Das Anliegen der Natürlichen Theologie und ihre Grenzen

Einer der wichtigsten Wege in der Theologie, über Gott zu sprechen, ist derjenige des Nachdenkens. Wir versuchen durch Abwägen, Argumentieren und logisches Schlussfolgern unser Leben zu befragen und Gründe zu finden, ob es sinnvoll ist, an Gott zu glauben oder nicht. In der Theologie wird dieser Weg, sich der Glaubensvoraussetzungen denkerisch zu vergewissern, als *Natürliche Theologie* bezeichnet.[23] Damit sind Erfahrungen gemeint wie z. B., dass der wunderschöne Sternenhimmel wie von selbst auf die Frage drängt, wer hinter dem allen steckt, oder das Glück der Freundschaft uns erleben lässt, dass das mehr ist als Ich und Du, und dass wir von woanders her gehalten und getragen sind.

Dieser Weg der Gotteserkenntnis stößt, so kostbar er ist, allerdings schnell an seine Grenzen. Eine davon ist die *Grenze des Kategoriensystems bzw. Referenzrahmens*, in dem Bewertungen vorgenommen und Orientierungen entwickelt werden. Denn so wichtig das Argumentieren und Deduzieren ist, so kann es nur dort zu beweisbaren Erkenntnissen führen, wo der Reflexionsgegenstand klar beschreibbar und fassbar und in den Kategorien unserer Wirklichkeit messbar ist. Mit anderen Worten arbeitet sich die Vernunft bei der Gottesfrage mit einem Thema ab, das über unsere beschreibbare Wirklichkeit hinausgeht, ja das gerade nicht vermessen und naturwissenschaftlich bewiesen werden kann. Das ist übrigens nicht nur bei Gott so. Auch die Liebe hat zwar (hoffentlich) Vernunftgründe. Warum sich jemand aber genau in diesen einen Menschen verliebt, der vielleicht nicht einmal der Hübscheste ist und auch nicht der Unterhaltsamste, lässt sich mit den Mitteln der Vernunft nicht abschließend erklären oder beweisen.

Ist damit die Vernunft kein guter Weg, nach Gott zu fragen, ja ist sie überhaupt einer? Das ist ein anderes Problem der Na-

---

[23] Vgl. Kasper, Walter, Der Gott Jesu Christi, 92.

türlichen Theologie, das in der Fachterminologie einerseits als Frage nach der *transzendental-theologischen Bedingung der Möglichkeit einer vernunftbezogenen Gotteserkenntnis* gefasst wird, und andererseits als Frage nach der Bezogenheit von transzendental-theologischer und *konkret-geschichtlicher bzw. heilsgeschichtlicher Perspektive* verhandelt wird.[24]

Kommen wir zunächst zur Frage, ob die Vernunft überhaupt ein Weg der Gotteserkenntnis ist. Fundamentalist:innen würden dies entschieden verneinen und die Vernunft als Gefahr für den Glauben verunglimpfen. Theolog:innen würden dem vehement widersprechen und davon reden, wie das Nachdenken als eine der wichtigsten menschlichen Fähigkeiten zu den besten Wegen gehört, nach Gott zu tasten. Die Vernunft ist die Kraft schlechthin in uns, den Dingen auf den Grund zu gehen. Und damit ist sie auch bestens geeignet, an den Grund allen Daseins – den das Christentum Gott nennt – zu rühren. Das heißt freilich nicht, dass jede und jeder, der nachdenkt oder sich genügend anstrengt, notwendigerweise auf Gott trifft und quasi keine andere Möglichkeit hat als zu glauben. Und es ist auch nicht gesagt, diesen Grund (principium) mit Gott zu identifizieren. Es ist vielmehr anders herum: Der Vernunft ist es möglich (!), auf Gott zu stoßen.[25] Damit ist es auch möglich, vernünftig von Gott zu reden. Dieser »Möglichkeitsmodus«, der der Vernunft als Weg der Gotteserkenntnis zukommt, ist gemeint, wenn von transzendental-theologischer Bedingung der vernunftbezogenen Gotteserkenntnis geredet wird.

Man könnte nun fragen, was damit gewonnen ist, wenn zwar klar ist, dass die Vernunft die Frage nach Gott stellen und begründet erahnen lassen kann, dass da einer ist, die Antwort aber leer bleibt. Hier kommt das nächste Fragebündel ins Spiel, das auch auf dem 2. Vatikanischen Konzil (1962–1965) eingehend diskutiert und folgenreich entschieden wurde. Anders als noch das 1. Vatikanische Konzil (1869/70), ergänzte das Lehramt auf dem 2. Vatikanischen Konzil, dass die trans-

---

[24] Vgl. ebd., 97.

[25] Vgl. ebd.

zendental-theologische Perspektive um die konkret-geschichtliche bzw. heilsgeschichtliche Perspektive ergänzt werden müsse.[26] Mit anderen Worten bekommt die Frage, die zwar vernünftig gestellt werden kann, erst dort ein Gesicht, wo Gott sich selber zeigt und der Mensch dieses Sich-Zeigen Gottes für sich auch gelten lässt. Das ist mit *Offenbarung* gemeint. Erst durch die Initiative Gottes, der sich uns ganz und gar mitteilen wollte – und zwar aus Liebe – und in Jesus Christus einer von uns geworden ist, bekommt das Fragen auch einen Inhalt, ja noch mehr: Die Antwort bleibt nicht nur ein Es oder ein Satz. Die Antwort wird Mensch, lebt und stirbt wie wir und ist in Jesus Christus doch ganz und gar Gott. Ob wir diesen Inhalt, also Jesus Christus als Gottes Gesicht glauben, ist freilich unsere Entscheidung. Und die ist frei.

Damit stellt sich noch einmal mehr die Frage, wie wir dann von Gott reden können und was uns überhaupt dazu berechtigt, von Gott zu sprechen. Zugleich muss klar sein, dass wir von Gott ähnlich wie von der Liebe oder der Hoffnung nicht einfach auf dieselbe Weise reden können wie von der Mathematik. Was aber bleibt dann noch?

In der Theologie haben sich dazu unterschiedliche Denktraditionen ausgebildet. Sie pendeln zwischen dem No-Go der Beschreibbarkeit Gottes, also dass man von Gott überhaupt nichts Vernünftiges sagen kann; und dem No-Go, dass wir mit unserer Sprache und in unseren Bildern Gott vollumfänglich aussagen. Das erste No-Go der Beschreibbarkeit Gottes ist das Anliegen der sog. Negativen Theologie, das zweite ist das Anliegen der sog. Affirmativen Theologie.

### 5.3.2 Von der Unbeschreibbarkeit Gottes – das Anliegen der Negativen Theologie

Das Anliegen der Negativen Theologie ist es, uns vor Augen zu führen, dass Gott nie aufgeht in unseren Bildern, Gewohnheiten und Lebenspraxen. Gott ist Geheimnis. Nicht wie ein Rätsel,

[26] Vgl. 2. Vatikanisches Konzil, Dei Verbum, Nr. 2.6.

das wir irgendwann knacken werden, sondern im Sinne einer Aussage, die unsere Freiheit und Würde garantiert. Gott ist immer noch mehr, geht immer noch weiter, bleibt immer auch der Verborgene. Das heißt auch, dass Gott nicht darin aufgeht, irgendwelche Funktionen zu erfüllen, und seien sie noch so redlich, wie der Retter zu sein, der uns raushaut, in die Bresche springt und die Lücke unserer Sehnsucht füllt. Dann wäre Gott nicht mehr als ein Lückenbüßergott, der gut genug ist, unsere Bedürfnisse zu stillen, sich aber in Luft auflöst, sobald wir unser Leben selbst in die Hand nehmen. Bestimmte Spielarten der Religionskritik argumentieren genau so, insofern sie Gott als Projektion des Menschen (Ludwig Feuerbach), als Opium des Volkes (Karl Marx) oder noch drastischer als Opium für das Volk (Wladimir Iljitsch Lenin) bezeichnen.

Wenn wir von Gott als Geheimnis reden, ist gemeint, dass wir ihn zwar erkennen, spüren und ahnen können, dass dort, wo wir Gutes erleben, auch etwas vom guten Gott erfahrbar ist, dass Gott zugleich aber immer noch mehr ist und das, was wir in unserem Leben erfahren, nicht ungebrochen auf Gott zurückgespiegelt werden kann. Was bedeutet das aber, dass wir von Gott nur in gebrochenen Bildern sprechen können, und warum ist das wichtig?

### 5.3.3 Von der Beschreibbarkeit Gottes – das Anliegen der Affirmativen Theologie

Das Anliegen der Affirmativen Theologie liegt zusammengefasst darin, über Gott auch wirkliche, d. h. inhaltlich gefüllte Aussagen zu machen. Also z. B. davon zu sprechen, dass uns Gott in den biblischen Schriften als einer gezeigt wird, der sich den Menschen zuwendet, Erbarmen mit ihnen hat und sie auch aus den undenkbarsten und verfahrensten Situationen heraus rettet (vgl. Ex 14f). Die Affirmative Theologie wehrt sich gegen eine radikal Negative Theologie, die auf die Spitze getrieben überhaupt nichts über Gott zu sagen weiß. Die Affirmative Theologie tut das, weil man vom Negativen nicht leben kann. Wir Menschen brauchen Bilder und Zusagen Gottes, auch wenn klar sein muss, dass Gott nicht in den Bildern aufgeht.

Genau diese Schwierigkeit hat die Negative Theologie dem affirmativen Ansatz vorgehalten und zugleich noch eine andere Schwierigkeit der Affirmativen Theologie aufgedeckt. Sie steht in der Gefahr, mit dem Instrument der Natürlichen Theologie auf falsche Ableitungen über Gott zu setzen. Was ist damit gemeint?

Paul Tillich (1886–1965) hat dafür ein Beispiel entwickelt, das die Wichtigkeit und Grenzen der Natürlichen Theologie und die Verwiesenheit von Negativer und Affirmativer Theologie gut aufzeigt.[27] Tillich gebraucht das Bild von Frage und Antwort, um die Beziehung von Gott und Mensch zu beschreiben. Während dem Menschen und seiner Verfasstheit der Charakter der Frage zukommt, entspricht Gott selbst und seine Zugewandtheit zum Menschen dem Charakter der Antwort.[28] Beide, Frage und Antwort, sind in einem ersten Sinn unabhängig voneinander. Das heißt, dass die Frage nicht von der Antwort und die Antwort nicht von der Frage abgeleitet werden kann. Es ist also nicht so, dass der Mensch in seinen existentiellen Grundaussagen schon zeigen könnte, was Offenbarung ausmacht, wie sie inhaltlich gefüllt ist und wer und wie Gott ist.[29] Der Mensch beispielsweise, der sich nach dem Glück sehnt, kann *nicht automatisch* als Beweis verstanden werden, dass dann Gott der Inbegriff von Glück ist. Oder der Mensch in seinem Angelegtsein auf das Gute sagt eben nicht automatisch aus, dass auch Gott das Gute schlechthin sei.

Auch wenn man diese »Ableitungen« gerne glauben würde und Tillichs Vehemenz, an der Unableitbarkeit der Fragen und der Antworten festzuhalten, nicht sofort versteht, wird diese Unterscheidungsnotwendigkeit klar, wenn man sich folgende Ableitungen vor Augen führt: Der Mensch ist einer, der auch fähig ist, Böses zu tun und böse zu sein. Fiele die Unableitbarkeit weg, wäre Gott auch das Böse schlechthin. Spätestens hier wird deutlich, dass die In-Beziehung-Setzung von Gott und Mensch, von Gnade und Freiheit, von Offenbarung und dem

---

[27] Vgl. Schambeck, Mirjam, Korrelationskonturen, 42f.
[28] Vgl. Tillich, Paul, Systematische Theologie II, 19.
[29] Vgl. ebd., 19f.

Vermögen, die Offenbarung zu vernehmen, nicht einfach linear und ungebrochen gedacht werden kann. Sie ist vielmehr eine »vermittelte« Beziehung. Tillich spricht an dieser Stelle von der »Methode der Korrelation«[30].

Er versucht damit festzuhalten, dass die Andersheit der Offenbarung nicht eingeebnet werden und die sogenannte Natürliche Theologie nicht verabsolutiert werden darf. Der Mensch kann Gott nicht aus eigener Kraft und Anlage erreichen. Dass der Mensch Gott vernehmen, sich nach ihm ausstrecken und bei ihm die Fülle des Lebens erlangen kann, ist vielmehr geschenkt. Zugleich – und damit kann Tillich die Freiheit des Menschen untermauern – ist der Mensch autonom. Der Mensch als Fragender leitet sich nicht notwendigerweise aus der Offenbarungsantwort ab. »Die Frage, die der Mensch stellt, ist er selbst.« – so Tillich. »Er fragt ›aus der Tiefe‹, und diese Tiefe – ist er selbst«[31] – und man könnte ergänzen: eben nicht schon Gott. Wäre dem nicht so, wäre der Mensch eine notwendige Ableitung aus der Offenbarung. Damit aber würde letztlich auch die Freiheit des Menschen in Abrede gestellt. Der Mensch wäre nichts anderes als eine Marionette Gottes, notwendig, damit Gott Gott ist.

Ist damit klarer geworden, warum es wichtig ist, unsere Aussagen nicht ungebrochen auf Gott zu übertragen, stellt sich immer noch die Frage, was gemeint ist, wenn wir davon sprechen, dass Gott immer noch mehr ist. Ist das nicht eine leere Rede, wenn wir dieses »noch mehr« nicht konkretisieren können? Und wenn wir es nicht beschreiben können, kann man dann sinnvollerweise vom Gutsein, Weisesein, Gerechtsein Gottes reden?

### 5.3.4 Analogielehre – Wie kann man von Gott sinnvollerweise sprechen?

In der Theologie wurde diese Frage sehr ernst genommen. Sie wurde in der sog. Analogielehre beleuchtet, die hier nicht das Gegenteil von Digitalität meint und Bilder von alten Telefonapparaten ins Gedächtnis ruft. Die Analogielehre ist vielmehr eine

---

30 Ebd., 19.

31 Ebd., 20.

Lehre über Wortbedeutungen (semantische Theorie) und auch über Existenzaussagen (ontologische Theorie). Sie reicht bis auf Aristoteles zurück, wurde von Thomas von Aquin theologisch adaptiert und angesichts der Sprachphilosophie des 20. Jh. stark kritisiert und zugleich weiterentwickelt.[32] Sie kreist um das Problem, wie man von Gott sinnvollerweise, also vernünftig, und zugleich unseren Verstehensweisen entsprechend reden kann.

Die Analogielehre fußt auf zwei Erkenntnispolen. Zum einen baut sie auf der Einsicht auf, dass zwischen Schöpfer (Gott) und Geschöpf (Mensch und Welt) eine radikale Differenz besteht. Gott übersteigt unsere Begriffe und kann höchstens über Abgrenzungen erkannt werden, also über das, was er nicht ist. Damit lässt sich aber schlecht leben, denn das Negative gibt kein Motiv her für ein glückliches Leben, geschweige denn eine Orientierung. Die Analogielehre versteht sich deshalb noch von einem zweiten Pol her. Sie geht nämlich auch davon aus, dass es eine wahre Gotteserkenntnis gibt, die auch Aussagen über Gott treffen kann, wie z. B., dass Gott gütig ist, dass er die Liebe ist, dass er die Fülle ist. Die Frage stellt sich nun, wie beide Pole zusammen ausgesagt werden können.

Dazu ist es wichtig, sich unterschiedliche Funktionen und Wirkweisen von Aussagen anzusehen. Thomas von Aquin hat dazu drei unterschieden: die *univoke*, die *äquivoke* und die *analoge*.

Zunächst zur *univoken* Wirkweise von Zuschreibungen (Prädikaten): Damit ist gemeint, dass Aussagen im Hinblick auf Gott dieselbe Bedeutung haben wie im Hinblick auf den Menschen. Also z. B.: Gott ist gut und der Mensch ist gut. Das gleiche Wort hat die gleiche Bedeutung.[33] Wie wir aber schon im Beispiel von Paul Tillich gesehen haben, kann dies zu einer Falle werden. Wenn diese Univozität gilt, dann wäre auch folgende Gleichung denkbar: Der Mensch ist böswillig, also ist auch Gott böswillig. Zumindest dem christlichen Gottesgedanken wäre ein solches Gottesverständnis fremd und würde ihm ganz und gar wider-

32 Vgl. Kreiner, Armin, Das wahre Antlitz Gottes, 75–109.
33 Vgl. ebd., 79.

sprechen. Thomas von Aquin argumentiert deshalb, dass eine solche unmittelbare Gleichheit von Aussage und Bedeutung auf die Gottrede nicht zutreffen kann, weil sie die Differenz zwischen Gott und der Schöpfung aufkündigen würde.

Aber auch die *äquivoke* Redeweise ist nicht besonders zielführend. Sie ist sozusagen das Gegenteil der univoken. Bei der äquivoken Redeweise haben die Aussagen im Hinblick auf Gott eine völlig andere Bedeutung als im Hinblick auf den Menschen. Also: *gleiches Wort, aber (völlig) andere Bedeutung.*[34] Wenn wir im Sinn der äquivoken Redeweise sagen würden: Der Mensch ist gut, also ist auch Gott gut, aber noch viel mehr, als es der Mensch sein kann, hätten wir im Grunde nichts gesagt; denn wir wissen ja gar nicht, was dieses ganz andere Gutsein bedeuten würde.

Viele interpretierten deshalb die *analoge* Redeweise als Ausweg aus dem Dilemma von univoker und äquivoker Rede und verstanden sie als »Balanceakt zwischen beiden«[35]. Analog heißt in dieser Tradition, dass die Bedeutung: Gott ist gütig, Gott ist die Liebe, etwas mit unserem Verständnis von Güte und Liebe zu tun hat. Es geht aber nicht darin auf, sondern ist mehr, und zwar unglaublich viel mehr. Damit stellt sich allerdings auch weiterhin die Frage, was dieses »Mehr« bedeutet und wie es inhaltlich gefüllt werden kann.

Wenn man auf der Ebene der semantischen Analogielehre bleibt, kommt man an dieser Stelle nicht weiter. Deshalb haben theologische Entwürfe und auch Thomas von Aquin selbst an dieser Stelle die Ebenen gewechselt. Bonaventura, der Zeitgenosse des Thomas und Franziskaner war, sagt beispielsweise, dass man nur im Glauben etwas Zutreffendes von Gott sagen kann (analogia fidei). Die Theologien im Anschluss an Thomas argumentieren über die Analogie als ontologische Theorie (analogia entis, vgl. Cajetan im 16. Jh.). Sie weisen darauf hin, dass in der (semantischen) Analogierede nach Thomas die Annahme mitgesagt sei, dass die Differenz zwischen Schöpfer und Ge-

[34] Ebd., 80.

[35] Rahner, Karl, Grundkurs des Glaubens, 80; zitiert nach Kreiner, Armin, Das wahre Antlitz Gottes, 80.

schöpf keine so absolute ist, dass wir Gott gar nicht erreichen könnten. Thomas von Aquin gehe vielmehr davon aus, dass uns der Schöpfer an seiner göttlichen Vollkommenheit teilhaben lasse. Weil Gott also von sich aus – und die Schriften des AT und NT sprechen hier von der Liebe Gottes – mit uns in Beziehung treten will, sich in unsere Welt einschreibt, ja unsere Welt durch seine Liebe zur Existenz bringt, sind unsere Existenz und unsere Welt auch fähig, an Gott zu rühren.

Dass wir also mit unseren Bildern und in unserer Sprache Gott erreichen, ist möglich. Es ist aber nicht unsere Leistung oder unser Verdienst, sondern ein Geschenk an uns, das in Jesus Christus auch ein Gesicht und eine menschliche Geschichte bekommen hat. Dieses Geschenk ist deshalb nicht Ausdruck eines beschämenden und uns knechtenden und in die Pflicht nehmenden Obolus. Es ist vielmehr als Unterpfand zu verstehen, das unsere Würde und Freiheit ausdrückt. Gott wollte aus Liebe, die Inbegriff von Zweckfreiheit ist, mit uns in Verbindung treten und hat uns in Jesus Christus erleben lassen, was Liebe, zumindest von Gott her, meint. Er wollte uns Menschen, Dich und mich, um unseretwillen. Das setzt frei und damit sind wir fähig und eingeladen, unsere Welt an ihn zurückzusprechen und mit ihm in Beziehung zu treten.

Indem nun Jesus Christus die Gabe Gottes an uns ist, können wir an ihm auch ablesen, wie wir von Gott sprechen und wie wir mit ihm in Kontakt treten können: jesuanisch nämlich.

Und hier kommen neben der Vernunft als Weg der Gotteserkenntnis auch andere Wege ins Spiel: der metaphorische z. B. oder derjenige, der über das Leben geht und dessen Höhen und Tiefen ernst nimmt.

Bevor diese anderen Wege Thema sind, soll eine Spezialfrage des Vernunftweges ins Visier genommen werden, nämlich die Frage nach der Tragweite, dem Nutzen und der Grenze von sog. Gottesbeweisen.

## 5.4 Gottesbeweise als Irrwege?

Eine der überragendsten Weisen, Gott auf dem Vernunftweg zu suchen, stellen die sog. Gottesbeweise dar. Sie stehen im Zusammenhang mit großen Figuren in der Theologiegeschichte wie Augustinus (354–430), Anselm von Canterbury (1033–1109) oder Thomas von Aquin (1225–1274). Das Anliegen dieser Denker war es, den Gottesglauben als vernünftige Angelegenheit zu präsentieren und der Vernunft einen wichtigen Ort zuzusprechen, Gott zu erkennen. Später allerdings und v. a. in der Ära der sog. Neuscholastik (Mitte des 19. Jh. bis in die 1930er Jahre hinein) wurde dieses Bemühen verwechselt mit einer lückenlosen, logisch zwingenden Beweisführung zur Gottesexistenz ähnlich den Naturwissenschaften. Das aber kann es nicht geben, denn dann wäre Gott genauso groß bzw. genauso klein wie unsere Gedanken. Dass dieses Missverständnis noch immer herumgeistert und in sog. Freikirchen gerade wieder fröhliche Urständ feiert, ist wohl auch der Terminologie Gottes-»Beweise« geschuldet. Beweisen ist eben das Beweisen eigen – so der Hintergedanke. Insofern ist es vermutlich besser, von unterschiedlichen Vernunftwegen zu sprechen, Gott zu suchen. Immanuel Kant war die Figur in der abendländischen Geschichte, die mit dieser falschen Lesart der Gottesbeweise endgültig aufräumte: Wir können über die Vernunft keine Seinsaussage über Gott treffen, also logisch zwingend sagen, dass Gott existiert. Gott ist auch nicht identisch mit unseren Konzepten und Ideen, so Kant. Die »Gottesbeweise« – sprich die unterschiedlichen Vernunftwege – können aber denkerisch faszinierende Wege sein und eben keine Irrwege, wenn deren Reichweite und auch Grenze klar sind: Sie lassen erkennen, dass zu glauben kein Widerspruch zu einem vernünftigen Leben darstellt. Sie können aber nicht zwingend beweisen, dass Gottes Existenz die einzige und notwendige Schlussfolgerung eines scharfen Nachdenkens über den Letztgrund von Wirklichkeit ist. Klassisch geworden sind folgende Gottesbeweise.

### 5.4.1 Der älteste Vernunftweg ist das sog. kosmologische Argument

Das sog. kosmologische Argument geht aus von der Beobachtung des Kosmos, seiner Ordnung und Schönheit genauso wie seiner Begrenztheit und Endlichkeit. Thomas von Aquin hat dieses Argument, von der Erfahrungswelt auszugehen und dann zurückzufragen auf den letzten Grund in fünf Wegen konkretisiert: von der Bewegung zum unbewegten Beweger, von der Wirkung zur Ursache ohne Ursache, vom Zufälligen und Physikalischen zum Notwendigen und zu dem, das das Physikalische hervorgebracht hat (wird auch kosmologischer Beweis genannt wie die Gesamtrichtung). Diese drei Wege der Gotteserkenntnis funktionieren über die Denkbewegung des Regresses. Man fängt also an einer bestimmten Stelle bzw. einer bestimmten Beobachtung an und geht dann Schritt für Schritt zurück, bis es keine weitere Möglichkeit des Zurückgehens mehr gibt, weil man am Ende bzw. Anfang (Letztgrund) angelangt ist, das nicht einfach nur das Erste bzw. Letzte ist, sondern die ganze Kette begründet.[36]

Der vierte und fünfte Weg des Thomas von Aquin arbeitet mit einer anderen Denkfigur, nämlich der teleologischen, also ein Ziel, eine Richtung, ein Woraufhin in den Dingen zu erkennen. Der vierte »Gottesbeweis« tut dies über die Beobachtung, dass es verschiedene Seinsstufen gibt und damit so etwas wie eine hierarchische Ordnung in der Welt bzw. dass bestimmte Phänomene, wie Gutsein, Wahrsein etc. unterschiedlich intensiv ausgeprägt sind. Haben wir diesen Weg der Seinsstufen, wo er auf Zu- und Unterordnungen von Lebewesen und Natur abhebt, allein deshalb hinter uns gelassen, weil wir die Welt vielmehr als Mit-Welt, denn in der Dynamik von Unterordnung und Unterdrückung verstehen (wollen), ist die Faszination des fünften Weges nach wie vor geblieben. Er arbeitet mittels der Frage, woraufhin die Welt und unser Leben gehen. Selbst Immanuel Kant, der die fünf Gottesbeweise des Thomas von Aquin in ihrer Begrenztheit endgültig verdeutlichte und scharf kritisierte, spricht vom fünften, dem teleologischen Weg: »Er ist der älteste,

[36] Vgl. Kasper, Walter, Der Gott Jesu Christi, 133.

kläreste und der gemeinen Menschenvernunft am meisten angemessene.«[37]

### 5.4.2 Das anthropologische Argument

Anders als das kosmologische Argument bei der Beobachtung der Außenwelt ansetzt, beginnt das sog. anthropologische Argument mit der Analyse der menschlichen Innenwelt. Auch hier können unterschiedliche Wege ausgemacht werden: die Analysen, die beim Erkennen ansetzen (= noetischer bzw. ideologischer Beweis) und diejenigen, die bei der sittlichen Freiheit beginnen und damit das moralische Sollen in den Blick nehmen.

In der gegenwärtigen Theologie werden diese Analysen noch ergänzt um die Frage nach dem Sinn.[38] Damit stehen nicht metaphysische Fragen nach den Rätseln und Geheimnissen der Welt im Vordergrund, sondern nach denen des eigenen Lebens. Selbst dort, wo die Gottesfrage »außen vor« gelassen und als bedeutungslos eingestuft wird, treibt Menschen die Sinnfrage um, die in ganz unterschiedlicher Intensität und auch auf ganz unterschiedlichen Ebenen, wenn nicht beantwortet, so doch bearbeitet wird. Wie empirische Studien zeigen konnten, ist für Jugendliche die Sinnfrage ein wichtiger Ort, der zwar nicht von sich aus nach Gott fragen lässt, aber offen und weit genug ist, die Gottesfrage, wenn sie explizit ins Spiel kommt, für sich selbst abzuwägen.[39]

### 5.4.3 Das geschichtsphilosophische Argument

Eine weitere Variante stellt das sog. geschichtsphilosophische Argument dar. Dieses liest den Lauf der Geschichte als Werkzeug Gottes, die Welt immer mehr auf das Gute und damit den Guten schlechthin, nämlich Gott, zu »überreden«. In der ge-

---

[37] Kant, Immanuel, Kritik der reinen Vernunft, B 651, 550.

[38] Vgl. Kreiner, Armin, Das wahre Antlitz Gottes, 487–500.

[39] Vgl. Schambeck, Mirjam, Die Sinnfrage als Gewand der Gottesfrage bei Jugendlichen?, 362–375.

genwärtigen Theologie können die sog. Prozesstheologien als Versuch gedeutet werden, unsere Welt und unsere Geschichte als Ausfaltungen Gottes zu verstehen, in denen er uns einlädt, sich immer mehr auf ihn einzulassen.

### 5.4.4 Das ontologische Argument

Ganz anders als das kosmologische, anthropologische und geschichtsphilosophische Argument arbeitet das sog. ontologische. Es geht nicht von Beobachtungen – des Kosmos, des Menschen, der Geschichte – aus und fragt dann nach dem Grund, der dies alles trägt. Das ontologische Argument setzt anders an, sozusagen von oben nach unten. Es versucht, das Ergriffenwerden durch Gott auszudeuten und zu sagen, was dieses von Gott ganz Durchdrungen- und Erfasstsein bedeutet. Berühmt geworden sind die Ausführungen des Anselm von Canterbury, die er in seinem Proslogion anstellt. Alle Argumente, die er zuvor im sog. Monologion aufgelistet hat, bündelt er im ontologischen Argument. Er versucht, einen Ausdruck für die Erfahrung zu finden, dass Gott im Menschen aufleuchtet. Schließlich findet Anselm diesen Weg in der Denkbewegung, dass Gott als etwas im Menschen aufscheint, das größer nicht gedacht werden kann (aliquid quo maius nihil cogitari potest). Gott kann also im Denken nicht erfasst werden. Zugleich aber ist die Vernunft etwas, das immer auf das Größte und Höchste aus ist. Weil dieses Größte und Höchste einerseits nicht die Vernunft selbst sein kann, andererseits aber die Begründung der Möglichkeit von Vernunft ist, muss es etwas geben, das größer ist und über das nichts Größeres gedacht werden kann. Es gehört gleichsam zur Widerspruchsfreiheit von Vernunft, dass es etwas gibt, über das hinaus nichts Größeres gedacht werden kann. Der an Anselm von vielfacher Seite herangetragene Vorwurf, dass er aus einer Idee auf die Existenz schließe (100 gedachte Taler sind eben noch keine 100 realen Taler, wie dies Immanuel Kant treffend zusammenfasste), ist zwar gewichtig, trifft aber nicht den Kerngedanken von Anselms Argument. Anselm will vielmehr sagen, dass es eine höchste Idee geben muss, wenn man das Denken ernst nimmt, und dass das Denken in dieser höchsten Idee zugleich selbst über sich hinausgeht.[40]

So ausgeklügelt also die unterschiedlichen Gottesbeweise bzw. Vernunftwege sind und so sehr sie dokumentieren, wie viel Spaß es macht, mit der Spitze des Verstands nach Gott zu fragen, so sind sie letztlich nicht das, was sie terminologisch suggerieren zu sein: Sie sind keine von der Glaubensentscheidung unabhängigen, logisch zwingenden Beweise für die Existenz Gottes. Sie sind aber sehr wohl Einladungen, Glauben denkerisch zu durchdringen und dazu immer wieder neue Angänge zu unternehmen.

Der Mensch ist aber nicht nur Verstandeswesen. Er hat viele andere Vermögen und es lohnt, auch denen im Folgenden nachzugehen.

## 5.5 Der Faszination von Erzählungen trauen

Was Erzählungen bewirken, lässt sich nicht nur an der faszinierenden Welt ablesen, in die biblische Geschichten die Leser:innen tauchen, sondern wurde auch in der Philosophie- und Theologiegeschichte zu einem wichtigen Weg, Gott zu erkunden. Die Frage nach der Erkennbarkeit Gottes fand einen narrativen Kristallisationspunkt in der sog. Wette des Blaise Pascal (1623–1662). Dieses anekdotisch formulierte Glanzstück ist nicht nur ein historisch interessantes Zeugnis der Aufklärung. Sie wurde zu so etwas wie einem Modell, das in der Sprachphilosophie des 20. Jh. aufgegriffen und auf ganz eigene Weise weitergeschrieben wurde. In der Wette stellt Pascal folgende Alternativen einander gegenüber:[41] Die Entscheidung, dass Gott ist, und jene, dass Gott nicht ist. So viele Vernunftgründe es für die eine Seite gibt, so viele gibt es auch für die andere. Letztlich bleibt es mit den Mitteln der Vernunft unentscheidbar,

---

[40] Vgl. Kasper, Walter, Der Gott Jesu Christi, 144f.

[41] Vgl. Pascal, Blaise, Gedanken, 62–65.

welche Alternative wahr und damit die bessere ist. Deshalb wechselt Pascal die Ebenen, klärt zunächst, dass man seiner Ansicht nach an einer Entscheidung nicht vorbeikommt, also wetten muss, und fragt, was zu verlieren und was zu gewinnen ist. Hier aber macht er eine neue Rechnung auf. Derjenige, der sich für die Existenz Gottes entscheidet (auf das Kreuz setzt, in der Diktion Pascals), gewinnt alles, wenn diese Alternative gewinnt und verliert nichts. Derjenige aber, der bei der 50 zu 50 Wahrscheinlichkeit, dass Gott existiert, die Nicht-Existenz Gottes postuliert, verliert dreifach: die Wahrheit, die Ewigkeit und das Glück, und zwar unendliche Male.

So viele Vernunftgründe es also auch gibt, von der Existenz oder Nicht-Existenz Gottes auszugehen, so steht dieser Wahl letztlich auch die Verheißung vom ewigen Glück oder eben das Nichts gegenüber und damit unendlich viel mehr als nur die Wahl zwischen zwei möglichen vernünftigen Positionen.

Sowohl die literarische Form als auch das Abwägen von endlichen Gründen und unendlichen Möglichkeiten wurde in der Sprachphilosophie des 20. Jh. weitergetrieben und im Gärtnergleichnis und seinen Varianten um weitere Denkmöglichkeiten der Gottes-Nicht-Erkenntnis angereichert. Die Gretchenfragen lauten hier: Kann eine sorglich gepflegte Lichtung mitten im Urwald einen (unsichtbaren) Gärtner vermuten lassen, muss sie dies sogar und was ändert das dann für das eigene Leben?[42]

Schon Zeitgenossen wie John Wisdom (1904–1993), der die Ur-Form des Gärtnergleichnisses formuliert, spitzt die Grundfrage auf die beiden Möglichkeiten zu, dass es genauso viele Vernunftgründe für die Annahme gibt, dass hier ein unsichtbarer Gärtner zugange war, wie es auch vernünftig ist, davon abzusehen. Antony Flew (1923–2010) geht noch einen Schritt weiter, indem er durch eine Weiterdichtung des Gärtnergleichnisses zeigt, dass religiöse Aussagen letztlich nicht überprüfbar sind. Man kann, so Flew, nicht mit sicherer Logik für die Rationalität religiöser Gründe oder gegen sie sein, weil sie sich – so

---

[42] Vgl. dazu ausführlich: Englert, Rudolf, Religion gibt zu denken, 308–326.

die Begründung Flews – auf keinen Gehalt, keinen Referenten, um in der Terminologie der Semiotik zu sprechen, also keine Wirklichkeit beziehen und damit im Grunde »Null-Aussagen« sind, so wie z. B. die Rede von einem weißen Schimmel, einem schwarzen Rappen o. ä.

Noch ein anderer Diskutand in den Oxforder Gesprächen, nämlich Richard M. Hare (1919–2002) argumentierte gegen Flew und machte darauf aufmerksam, dass religiöse Aussagen, wie übrigens viele andere auch, von den Einstellungen abhängen, die jemand hat, noch bevor er Aussagen über bestimmte Sachverhalte macht. Man kann mit gutem Grund davon ausgehen, dass es Gott gibt, wie auch vom Gegenteil, dass es ihn nicht gibt. Das hängt von der Einstellung ab. Hare bezeichnet diese Grundeinstellungen als *bliks*. Sie sind mehr als Vernunftgründe und eher mit den beliefs zu vergleichen, die die Bildungswissenschaften als entscheidenden Faktor für die Unterrichtsqualität von Lehrkräften ausgemacht haben. So wie mit den beliefs Einstellungen, Haltungen, Wertsetzungen gemeint sind, ist es auch mit den *bliks*. Sie sind so etwas wie der Horizont, die Lebenseinstellung, mit der wir auf die Welt schauen und die Fragen angehen, die uns umtreiben.

Die Frage stellt sich nun, ob diese *bliks* unumstößlich sind, also wenn sie einmal vorhanden sind, immer auf dieselbe Weise weiter gepflegt werden, oder ob sie veränderbar, ja gebildet werden können. Nimmt man ersteres an, dann hätte das einen ziemlich defätistischen Grundzug. So wie der Mensch einmal ist, so bleibt er. Jede und jeder, der im Bildungsgeschäft tätig ist, wird dagegen opponieren und auch in Bezug auf die *bliks* davon ausgehen, dass sie gefördert, transformiert, korrigiert, weiterentwickelt werden können. Für religiöse Bildung und die Frage nach der Erkennbarkeit Gottes heißt dies, dass es lohnt, die unterschiedlichsten Argumente und Deutungen beizubringen, ob Gott ist oder nicht, was dafür spricht und dagegen und in einen Streit der Deutungen und Meinungen einzutreten, und zwar um des je besseren – im Sinne von wahren – Arguments und um der je stimmigeren Position für das eigene Leben. Religiöse Bildung wird dann zum Instrument, den Schüler:innen zu helfen, ihre *bliks* überhaupt wahrzunehmen, sie begründen zu lernen und dort, wo sie als korrekturbedürftig erkannt werden, weiterzuentwickeln.

Erzählungen zu hören und deren Argumentationen auszuloten, wie es in der Sprachphilosophie mit oftmals ganz alltagspraktischen Beispielen geschah (s. Gärtnergleichnis), kann auch im konkreten Religionsunterricht ein guter Lernweg sein, den großen Fragen nachzugehen.

## 5.6 Gedichte schreiben und Gebete wagen

Dass unsere Gottrede von vielen als nichtssagend und leer empfunden wird, hat auch damit zu tun, dass sie an unserer Alltagssprache vorbeigeht und mit den Fragen, die uns beschäftigen, so wenig zu tun zu haben scheint. Künstler:innen und Dichter:innen – ob sie sich als religiös verstehen oder nicht – schaffen das besser. Ihre Kunst öffnet wie die Philosophie und Theologie einen Raum, der über das Fassbare hinausgeht und trotzdem betrifft. Es sind weniger die »Das ist so-Sätze« als vielmehr Erzählungen, Metaphern und Gedichte, die eine Ahnung davon geben, wie es sein könnte, wenn das Weltall nicht leer, sondern ein Gott da wäre, der uns hält und trägt. Im Folgenden werden Gedichte und Gebete vorgestellt, die die Frage nach der Erkennbarkeit Gottes, die zuvor theologisch-logisch erläutert wurde, nun theologisch-poetisch ausdeuten.

Oft sind es unsere Ideen und Konzepte im Kopf, die so stark sind und so fix, dass sie uns die Aussicht auf Gott verstellen. Das ist nicht erst eine Erfahrung von uns heute. In der Literaturgeschichte lassen sich unzählige Geschichten finden, die genau diesen Aspekt ausdeuten: Unsere Vorstellungen sind eben unsere Konstruktionen von Gott und nicht unbedingt Gott selbst. Wilhelm Bruners bettet diesen Gedanken in ein Gebet. Es drückt die Überraschung aus, als Gott nicht mehr derjenige blieb, den das kindliche Gutenachtlied beschrieb, sondern verändert um die Ecke bog:

Ich hatte einmal einen Gott
der war furchtbar nützlich
bei Nacht zum Beispiel
da schickte er vierzehn Englein
die beschützten meinen Schlaf
meinen Schulweg und so
manch anderen Weg auch.

Irgendwann verlor ich ihn
aus dem Auge. Wir wurden
uns fremd. Als er mir kürzlich
wieder begegnete, erkannte ich
ihn kaum wieder.

Er sah schlecht aus und klagte
über Schmerzen in Füßen und
Händen und im Rücken
Verbraucht – sagte er
zuviel Treppen gestiegen
und zuviel getragen, zuviel
den Buckel hingehalten.

Er tut mir leid, wie er
so dahinhumpelt
die abgetragenen Kleider
hinter sich herschleppend
ohne festen Wohnsitz:

Vater unser ...[43]

Eine andere Erfahrung bringt Gottfried Bachl (1932–2020), der frühere Salzburger Dogmatiker, ins Wort: Wir wollen Gott feste Orte bauen und ordnen ihm zu, wo er sich zeigen darf und wo auch nicht. Dabei überrascht uns dieser Gott unvermutet. Er lässt sich nicht festmachen und reduzieren auf bestimmte Zeiten und Orte, sondern ist da, ganz konkret: jetzt und hier.

Jetzt, nicht morgen,
hier, nicht irgendwo,
plötzlich, nicht irgendwann,

---

[43] Bruners, Wilhelm, Verabschiede die Nacht, 21.

an der Haut,
nicht oben am Firmament,
im Gewissen, nicht draußen,
in den Ohren,
in den Augen,
an den Fingerspitzen,
an den Fußsohlen:
du.[44]

Diese Gedichtsprache, die zugleich kaum unterscheidbar ist von einer Gebetssprache, ist Anregung, den bewussten und versteckten Fragen zu trauen. Sie mag motivieren, den eigenen tiefen Fragen nachzugehen und sie ins Wort zu bringen, ob über das Nachdenken von Gedichten, das Schreiben eigener Verse oder kalligraphische und andere bildnerische Ausgestaltungen von vorliegenden oder eigenen Gedichten.

## 6 Ideen zu Lernwegen

So vielfältig die Wege sind, nach Gott zu fragen, so facettenreich können Lernwege sein, sich der Frage nach der (Nicht-) Erkennbarkeit Gottes zu stellen. Einige davon wurden in diesem Kapitel schon aufgezählt: Denkerisches Ausprobieren, was die Grenzen einer Negativen und Affirmativen Theologie sind; Gottesbeweisen auf den Grund gehen und experimentieren, wie viel Freude Philosophieren machen kann, die Wette Blaise Pascals durchspielen und das Gärtnergleichnis diskutieren, Gedichte und Gebete interpretieren und selbst schreiben. Einige wenige Lernmaterialien sollen im Sinne des Wissens um fachbezogene didaktische Inszenierungen noch kurz vorgestellt werden.

---

[44] Bachl, Gottfried, Mailuft und Eisgang, 53.

## 6.1 Mit Kalligraphien arbeiten

Ein Weg, sich der Frage nach der (Nicht-)Erkennbarkeit und (Nicht-)Existenz Gottes anzunähern, ist mit dem Satz »Gott existiert« und der Ergänzung »nicht« zu operieren. Hier geht es darum, auszuprobieren, was in dem:der Schreiber:in mitschwingt, welche Assoziationen geweckt werden, wenn die Behauptung, die Frage, die Hoffnung artikuliert wird: Gott existiert!, Gott existiert? Gott existiert nicht! Gott existiert nicht?, die allein schon durch die Änderung von Zeichensetzungen, von der Ergänzung mit dem Verneinung »nicht« oder auch der Löschung, Durchstreichung von »Gott« von »nicht« etc., ausgelöst wird. Ziel ist es, für die Vielfalt möglicher Zugänge und Perspektiven auf die Frage der Erkennbarkeit Gottes zu sensibilisieren.

## 6.2 Gedichte schreiben

Dass der Frage nach Gott oft besser in poetischen Texten als affirmatorischen Reden nachgegangen werden kann, beweisen Dichter:innen, ob sie sich nun als gläubig verstehen oder nicht.

Inspiriert von den Methoden des kreativen Schreibens – Elfchengedicht, Rhythmusgedicht, Endlos-Schleifen – könnten z. B. Wortanfänge zur Verfügung gestellt werden, die dann aufgegriffen und mit den eigenen Gottes-(Nicht-)Erfahrungen weiter getextet werden.

> Manchmal frage ich mich, ob das mit Gott nicht ...
>
> Vielleicht ist es doch wahr, das mit Gott und ...
>
> Nachdenklich stehe ich da und wundere mich, warum die Menschen Gott ...

5. Kapitel:

# »Kann der wirklich alles?« – Theologische Skizzen zur Allmachtsfrage

Es schreit zum Himmel, was Menschen aushalten müssen. Aber der Himmel scheint leer, lahmgelegt zumindest, weil nicht einmal von dort Hilfe kommt. Was soll dann noch die Rede von einem allmächtigen Gott? Hat sich durch die große Geschichte hindurch und durch die alltäglichen Erfahrungen des Scheiterns und unsäglichen Leids nicht endgültig gezeigt, dass die Theodizee der »Fels des Atheismus«[1] ist, an dem der allmächtige Gott zerbricht?

Noch von einer anderen Seite her gefragt: Wird Gott durch die Anrede als Allmächtiger letztlich zum Monster stilisiert, das zwar die Fähigkeit hätte zu helfen, sie aber zynisch verweigert? Und wie steht es dann um die Freiheit des Menschen, wenn letztlich doch ein allmächtiger Gott die Geschicke ohne oder zumindest jenseits von uns lenkt?

Die Rede vom allmächtigen Gott ist brüchig geworden und das in vielerlei Hinsicht. Sie scheitert an der Theodizeefrage, sie höhlt unser postmodernes Verständnis von Freiheit aus und sie steht so gänzlich im Widerspruch zu all dem, was sonst unsere Welt und die Macht- und Ohnmachtsverhältnisse in ihr ausmacht.

Gerade über die Frage, ob Gott überhaupt hilft bzw. helfen kann, reicht die Frage nach der Allmacht Gottes in das Innerste der Gottrede und des Gottglaubens hinein – das ist theologisch so und das zeigt sich in den Religiositätsprofilen Jugendlicher. Die Theodizeefrage – zugespitzt auf die Allmachtsfrage – rangiert insofern als Korrelationschiffre, die im Folgenden näher ausgelotet wird. Zwei Blenden sollen diese Brisanz nochmals illustrieren.

---

[1] Büchner, Georg, Dantons Tod, 55.

# 1 Zwei Blenden zum Einstieg

## 1.1 »Der muss so ein Spasti sein« – Philipps scharfer Blick auf Gott

Es war eine der frühen Aktionen, als das Paradigma der Kindertheologie Einzug in die Religionspädagogik erhielt. Ausgestattet mit einem Rieseninteresse an dem, was Kinder und Jugendliche über Gott dachten, setzte ich in einer Religionsunterrichtsstunde den Impuls: »Ich bitte Euch zu malen, wie Ihr Euch Gott vorstellt.«

Ein Bild, das damals entstand, ist mir seitdem in Erinnerung geblieben und hat mein religionspädagogisches Nachdenken nachhaltig geprägt. Es ist das Bild von Philipp, 12 Jahre alt.

Philipp zeichnet auf das DIN A 3 Blatt in Querformat eine hässliche, unförmige Gestalt. Der Kopf ist viel zu klein geraten; der wulstige Körper sticht sofort ins Auge. Dieser Riese kann nicht mal alleine stehen, sondern braucht zwei Stützen dazu, ist blind, wie die beiden Blindenbinden zeigen, und hat eine Keule in der Hand, um Eindruck zu machen. Philipp macht durch seine schriftlichen Zusätze unmissverständlich deutlich:

Abb. 12: Philipps Bild

»Das ist Gott. Wenn Gott zu blöd [ist], zu machen, dass (kein) Frieden ist, dann muss das so ein Spasti sein, oder?«

Deutlicher hätte man die Theodizeefrage nicht formulieren können. Alltagsverständlicher hätte man nicht sagen können, dass an dem Gerede von einem allmächtigen Gott etwas faul sein muss. Wenn Gott nicht einmal fähig ist, Frieden auf der Welt zu machen, dann muss dieser Gott eher eine Behinderung haben, gelähmt wie ein Spastiker, unfähig zum Handeln, auch wenn er die riesige Keule in der Hand hält, oder? Eine Kinderfrage, die die ganze Wucht der Gottrede auf den Kopf stellt.

### 1.2 »... als solche leben müssen, die mit dem Leben ohne Gott fertig werden« – Dietrich Bonhoeffer

Dietrich Bonhoeffer hätte nur in den USA bleiben müssen. Er aber kehrte nach Nazi-Deutschland zurück, ahnend, dass er nicht ungeschoren davonkäme. Schon 1933 nahm er öffentlich Stellung gegen die Judenverfolgung, die Arierparagraphen und die insgesamt menschenverachtenden Umtriebe der Nazis. Am 5. April 1943 wurde Bonhoeffer zusammen mit seinem Schwager Klaus von Dohnanyi verhaftet und in Tegel inhaftiert. Im Zuge der fiebrigen Aktionen der SS nach dem Hitler-Attentat vom 20. Juli 1944 wurde Bonhoeffer auf ausdrücklichen Befehl Hitlers als einer der letzten NS-Gegner im Zusammenhang mit dem Hitlerattentat dann am 9. April 1945 im KZ Flossenbürg hingerichtet. Trotz aller nicht auszutreibenden Hoffnung war Bonhoeffer früh klar, dass er wie die anderen auch mit dem Schlimmsten zu rechnen hatte. In diesem Kampf zwischen Hoffnung und Resignation, zwischen der Suche nach einem Gott, der hilft, und dem Erkennen, dass Gott nicht wie ein Deus ex machina die Läufe der Welt verändert, schreibt er aus dem Gefängnis folgenden Tagebucheintrag vom 16. Juli 1944:

»Gott als moralische, politische, naturwissenschaftliche Arbeitshypothese ist abgeschafft, überwunden; ebenso aber als philosophische und religiöse Arbeitshypothese (Feuerbach!). Es gehört zur intellektuellen Redlichkeit, diese Arbeitshypothese fallen

zu lassen bzw. sie so weitgehend wie irgend möglich auszuschalten. Ein erbaulicher Naturwissenschaftler, Mediziner etc. ist ein Zwitter …
Wir können nicht redlich sein, ohne zu erkennen, dass wir in der Welt leben müssen – ›etsi deus non daretur.‹ Und eben dies erkennen wir – vor Gott! Gott selbst zwingt uns zu dieser Erkenntnis. So führt uns unser Mündigwerden zu einer wahrhaftigen Erkenntnis unserer Lage vor Gott. Gott gibt uns zu wissen, dass wir leben müssen, als solche, die mit dem Leben ohne Gott fertig werden. Der Gott, der mit uns ist, ist der Gott, der uns verlässt (Markus 15,34)! Der Gott, der uns in der Welt leben lässt ohne die Arbeitshypothese Gott, ist der Gott, vor dem wir dauernd stehen. Vor und mit Gott leben wir ohne Gott. Gott lässt sich aus der Welt herausdrängen ans Kreuz, Gott ist ohnmächtig und schwach in der Welt und gerade und nur so ist er bei uns und hilft uns. Es ist Matth. 8,17 ganz deutlich, dass Christus nicht hilft kraft seiner Allmacht, sondern kraft seiner Schwachheit, seines Leidens!
Hier liegt der entscheidende Unterschied zu allen Religionen. Die Religiosität des Menschen weist ihn in seiner Not an die Macht Gottes in der Welt, Gott ist der deus ex machina. Die Bibel weist den Menschen an die Ohnmacht und das Leiden Gottes; nur der leidende Gott kann helfen. … Die beschriebene Entwicklung zur Mündigkeit der Welt … [macht] den Blick [frei] für den Gott der Bibel, der durch seine Ohnmacht in der Welt Macht und Raum gewinnt.«[2]

Obwohl oder weil Bonhoeffer in einer Lage war, in der er einen Gott lebensnotwendig hätte brauchen können, der eingreift und die Gefängnistore sprengt, formuliert er die Einsicht, dass der Gott der Bibel einer ist, der nicht »kraft seiner Allmacht, sondern kraft seiner Schwachheit« hilft. Die Rede von der Allmacht Gottes stellt Bonhoeffer damit auf den Kopf.

Bevor theologisch ausgelotet wird, was vor diesem Hintergrund mit der Rede von der Allmacht Gottes gemeint ist, sollen Gotteseinstellungen Jugendlicher und damit deren Zugriffe und Herangehensweisen an die Gottesfrage und implizit damit die Allmachtsfrage Gottes dargestellt werden.

[2] Bonhoeffer, Dietrich, Widerstand und Ergebung, 177f.

## 2 »Gott? Vielleicht gibt es ihn, aber normalerweise brauche ich ihn nicht« – Empirische Annäherungen an Gotteseinstellungen (beliefs) von Jugendlichen

Die empirischen Untersuchungen zu den Gotteseinstellungen bei Kindern wählten v. a. die Produktion von Bildern oder auch Collagen (Anna-Katharina Szagun)[3] und führten dann Interviews durch. Bei der Untersuchung der Gotteseinstellungen von Jugendlichen dominieren andere Untersuchungsmethoden, v. a. textgebundene wie Interviews, Texte schreiben etc.

Wie in Kapitel 4 schon gesagt wurde, herrscht seit den 1990er Jahren ein wahrer Boom in der Religionspädagogik und der Praktischen Theologie insgesamt, sich mit den Gotteseinstellungen von Kindern und Jugendlichen auseinanderzusetzen. So wichtig es ist, diese fachdidaktische Wissensfacette zu kennen, so sollen im Folgenden nicht die zahlreichen empirischen Untersuchungen im Einzelnen aufgelistet werden, die zudem mit höchst unterschiedlichen Forschungsdesigns arbeiten und von unterschiedlichen Forschungsfragen ausgehen. Es geht vielmehr darum, aktuelle Trends juveniler Gotteseinstellungen zu markieren, und zwar mittels der Kategorien, die auch auf die Gotteseinstellungen von Kindern angelegt wurden: also zugespitzt auf die Frage nach der Gottesexistenz, den Gotteskonzepten und der Gottessignifikanz.

### 2.1 Gottesexistenz – Gotteskonzepte – Gottessignifikanz: Einige Charakterisierungen

Fragt man Jugendliche, ob Gott für sie existiert (Gottesexistenz), wie sie die Gottesfrage verstehen (Gotteskonzepte) und was Gott für sie bedeutet (Gottessignifikanz – als psychologische Kategorie, inwiefern die Gottesfrage einen Niederschlag im konkreten Lebensstil und der Lebensgestaltung findet), las-

---

[3] Vgl. Szagun, Anna-Katharina, Dem Sprachlosen Sprache verleihen.

sen sich aus den empirischen Studien folgende Einsichten herauskristallisieren.

### 2.1.1 Gottesexistenz: Weitgehend bejaht und im Veränderungsprozess

Rund 50 % der in den unterschiedlichen Studien zur Gottesthematik befragten Jugendlichen stimmen einem allgemeinen Gottesglauben zu.[4] Dieser Anteil ist über einen Zeitraum von knapp 20 Jahren konstant[5] und scheint auch weitgehend unabhängig davon zu sein, ob ein enger, theistischer Gottesbegriff vorliegt oder ein weiter, abstrakter (»Es gibt eine überirdische Macht«). Die Längsschnittstudie Jugend – Religion – Glaube II konnte sogar zeigen, dass der Gottesglaube bei den befragten Jugendlichen über die Zeit nicht ab-, sondern zunimmt.[6] Dieser Trend wird von einer anderen Analyse flankiert. Die BW-Studien I[7] und II[8] befragten Jugendliche über ihre Selbsteinschätzung als religiös bzw. gläubig. Mit »religiös« waren institutionelle Formen von Religion und bekenntnishafte Vorgaben aus der Tradition assoziiert und mit »gläubig« individualisierte Formen von Religion bzw. Religiosität. Je deutlicher die Jugendlichen zwischen gläubig und religiös zu differenzieren vermochten, desto mehr nahmen die Zustimmungswerte zu individualisierten Formen von Religiosität zu (t1: 41 %[9]; t3: 49 %[10]). Mit anderen Worten kann man sagen, dass die älteren Jugendlichen

---

[4] Vgl. Schweitzer, Friedrich/Wissner, Golde/Bohner, Annette u. a., Jugend – Glaube – Religion, 21.

[5] Vgl. Ziebertz, Hans-Georg/Kalbheim, Boris/Riegel, Ulrich, Religiöse Signaturen heute, 325.

[6] Vgl. Schweitzer, Friedrich/Boschki, Reinhold/Gronover, Matthias u. a., (Religions-)Pädagogische Einordnung, 14.

[7] Vgl. Schweitzer, Friedrich/Wissner, Golde/Bohner, Annette u. a., Jugend – Glaube – Religion.

[8] Vgl. Wissner, Golde/Nowack, Rebecca/Schweitzer, Friedrich u. a. (Hg.), Jugend – Glaube – Religion II.

[9] Schweitzer, Friedrich/Wissner, Golde/Bohner, Annette u. a., Jugend – Glaube – Religion, 20.

[10] Vgl. Schweitzer, Friedrich/Boschki, Reinhold/Gronover, Matthias u. a., (Religions-)Pädagogische Einordnung, 15.

noch mehr Wert darauf legen, ihre Gläubigkeit selbst zu gestalten und d. h. auch unabhängig, ja sogar in Distanz zu kirchlichen Vorgaben.

Bei all diesen Trendbeschreibungen ist eine Erkenntnis der BW-Längsschnittstudie entscheidend: In Bezug auf die Gotteseinstellungen Jugendlicher ist zu beachten, dass die Individualverschiebungen weit größer ausfallen als bislang vermutet. Das gilt sowohl bezüglich der Frage der Gottesexistenz, der inhaltlichen Füllung der Gottesfrage als auch der Lebensbedeutsamkeit, also der Signifikanz.[11] Daraus ergibt sich für religiöse Bildungsprozesse die Anforderung, die Heterogenität der Religiositätsstile der Schüler:innen noch deutlicher zu erfassen und deren Vorkonzepte und Vorerfahrungen noch angemessener in den Unterrichtsprozess einzubeziehen als bislang vermutet.

Ist der Gottesglaube also für Jugendliche von heute doch ein wichtiges Moment in ihrem Leben?

#### 2.1.2 Gotteskonzepte: Interessant, in Abgrenzung zur christlichen Tradition formuliert und sowohl symbolisch-abstrakt als auch personal gefüllt

Ohne hier ein umfassendes Bild zeichnen zu können, lassen sich folgende Aspekte in Bezug auf juvenile Gotteskonzepte ausmachen, die helfen, die religionsdidaktische Wissensfacette »Schüler:innenkognitionen und -erfahrungen« zu konkretisieren:

1. Zum einen ist festzuhalten, dass die Frage, wie man sich Gott vorstellen, also kognitiv repräsentieren kann, auch von denjenigen Jugendlichen gestellt wird, die sich gegenüber der Existenz Gottes ablehnend oder skeptisch verhalten.[12]
2. Zum andern fällt auf, dass dann, wenn die Items genauer zugespitzt werden und die substantielle Gottesvorstellung ausdrücklich abgefragt und beispielsweise durch die christliche

[11] Vgl. ebd., 17.45–79.

[12] Vgl. zum Folgenden: Stögbauer, Eva Maria, Die Frage nach Gott und dem Leid, 30–46.

Tradition präzisiert wird (»Jesus Christus«, Anrede Gottes als Vater), Zustimmungswerte einbrechen.[13] Traditionell christlich ausgemachte Gehalte der Gotteskonzepte dienen Jugendlichen eher zur Abgrenzung denn zur Identifikation. Dies lässt schlussfolgern, dass christliche Glaubensinhalte eine viel geringere Zustimmungsquote erhalten als ein Gottesglaube, der allgemein gehalten ist. Das wird auch durch den folgenden Befund gestützt.

3. Es fällt auf, dass die biblische Tradition für Jugendliche wenig Anknüpfungsmöglichkeiten enthält, um daraus ihre eigenen Gotteskonzepte zu generieren.[14] Gott wird eher als abstrakt, anonym und unpersönlich gedeutet. Seine Unfassbarkeit und Geheimnishaftigkeit werden von Jugendlichen betont. Man könnte auch sagen, dass das Gotteskonzept eher vage ausfällt und Jugendliche eine deistisch akzentuierte Gottesvorstellung vorziehen. Zugleich geht mit der Depersonalisierung des Gotteskonzeptes jedoch kein Verlust der Beziehungswirklichkeit einher. Auch wenn Gott als etwas Ultimates, Abstraktes verstanden wird, so treten Jugendliche dennoch mit dieser höheren Macht in Kontakt und kommunizieren mit ihr.
4. Entgegen dieses Trends zur Anonymisierung von Gotteskonzepten und zur Präferenz abstrakter Gotteskonzepte gilt Gott – nach den BW-Studien I und II – Jugendlichen dennoch als ansprechbar.[15] V. a. der Zugang zu Gott über die Natur ist Jugendlichen wichtig. Gott, Natur, Mensch und Kosmos werden als holistisches Ganzes gelesen. In der BW-Repräsentativstudie Jugend – Glaube – Religion I, veröffentlicht 2018, gaben 49 % der Befragten an, dass Gott für sie etwas ist, das Sicherheit gibt. 47 % meinten, dass Gott jemand sei, zu dem man sprechen kann. D. h., dass fast die

[13] Vgl. Ziebertz, Hans-Georg/Kalbheim, Boris/Riegel, Ulrich, Religiöse Signaturen heute, 336–340.

[14] Vgl. Stögbauer, Eva Maria, Die Frage nach Gott und dem Leid, 40f.

[15] Vgl. Schweitzer, Friedrich/Wissner, Golde/Bohner, Annette u. a., Jugend – Glaube – Religion, 21.

Hälfte der Jugendlichen nicht von einem deistischen Gottesbild ausgeht (Gott als abstrakte, anonyme Macht – Gegensatz zur Ziebertz-Studie und zu den Shell-Studien). Sie verstehen Gott vielmehr als Gegenüber, mit dem man kommunizieren kann und der Sicherheit gibt.[16]

5. Durch die mehrmalige Befragung der Jugendlichen konnten die BW-Studien zudem verdeutlichen, dass es für Jugendliche nicht unbedingt ein Widerspruch sein muss, Gott zugleich als abstraktes Ultimates und persönliches Du zu verstehen.[17] Dies unterstreicht der Längsschnittvergleich nochmals auf ganz eigene Weise. Genauso wie die Zustimmung zu unpersönlichen Gottesvorstellungen bei den Befragten im Laufe der Zeit zunimmt (Gott ist Energie, höhere Macht, Natur), wächst auch die Zustimmung zu einer persönlichen Gottesvorstellung: In t1 stimmten 47 % der Befragten dem Item zu, Gott ist »jemand, zu dem man sprechen kann«. In t3 steigerte sich dies um 18 Prozentpunkte auf 65 %.[18]
6. Die in der religionspädagogischen Literatur bislang standardisierte Erkenntnis, dass sich mit zunehmendem Alter die Gottesbilder von personalen Vorstellungen hin zu symbolisch-abstrakteren wandeln,[19] muss insofern differenziert werden. Als Ergebnis bleibt insgesamt festzuhalten, dass sich die Gottesvorstellungen in einem Entwicklungsprozess befinden, den es zu berücksichtigen und zu befördern gilt.
7. Wurden die Gottesdeutungen der Jugendlichen bislang ex negativo – eben in Abgrenzung zur christlichen Tradition –

---

[16] Vgl. ebd.

[17] Vgl. Schweitzer, Friedrich/Boschki, Reinhold/Gronover, Matthias u. a., (Religions-)Pädagogische Einordnung, 12f.

[18] Vgl. ebd.

[19] Diese Einschätzung ging durchaus mit einer nicht nur beschreibenden, sondern wertenden Analyse einher: Das geschah m. E. durch die Klassifizierung, die Helmut Hanisch vornimmt, der jede Darstellung Gottes in menschlicher Gestalt als Anthropomorphismus liest und deklassifiziert, und damit zu wenig dem Factum Rechnung trägt, dass die befragten Kinder durchaus selbst ihre Darstellungsweise als »symbolisch« verstehen im Sinne von: bei Gott ist das nochmals anders.

dargestellt, steht noch aus zu identifizieren, welche Aspekte für Jugendliche relevant sind und in Gebrauch genommen werden, um ihren Gotteskonzepten Ausdruck zu verleihen. Hierzu fällt zweierlei auf: 1. Gott wird als gütig und liebend attribuiert, als einer, der mit positiven Gefühlen und Erlebnissen verbunden ist. 2. Zugleich besteht Uneinigkeit darüber, ob Gott eher als nah und hilfespendend oder als fern und unbeteiligt zu bezeichnen ist. Gerade diese Ambivalenz wird wirksam, wenn man Jugendliche fragt, welche Bedeutung Gott in ihrem Leben einnimmt.[20]

### 2.1.3 Gottessignifikanz: Grundsätzlich unwichtig, aber für manche Lebensbereiche relevant und von der Instanz des Ich entschieden

So sehr die Gotteskonzepte Einfluss auf die Rolle haben, die Gott im eigenen Leben beigemessen wird, so gilt doch, dass Gotteskonzepte auch unabhängig von einer möglichen Gottesbeziehung bestehen. Wissen befördert also nicht einfach und automatisch Glauben bzw. hat nicht unmittelbar Auswirkungen auf den Lebensstil. Umgekehrt gilt allerdings sehr wohl, dass in einer Gottesbeziehung zu leben bedeutet, sich Gedanken über Gott zu machen und alle Vermögen des Menschen, unter denen die Vernunft zu den herausragendsten zählt, in die Gottesbeziehung einzubeziehen. Fragt man Jugendliche, welche Bedeutung Gott in ihrem Leben einnimmt, zeigt sich Folgendes:

1. Die Gesamtheit der in der 14. (aus dem Jahr 2002), 15. (aus dem Jahr 2006), 16. (aus dem Jahr 2010), 17. (aus dem Jahr 2015) und 18. Shell-Jugendstudie (aus dem Jahr 2019) befragten Jugendlichen bewertet den Gottesglauben als unwichtig für ihr Leben. Die Wichtigkeit nimmt seit dem Messdatum 2002 kontinuierlich ab und sinkt auch bei Katholik:innen von 51 % im Jahr 2002 auf 39 % im Jahr 2019.[21] Trotzdem lässt sich als Ergebnis der BW-Repräsenta-

[20] Vgl. Stögbauer, Eva Maria, Die Frage nach Gott und dem Leid, 43–46.
[21] Vgl. Shell Deutschland Holding (Hg.), Jugend 2019, 153.

tivstudien festhalten, dass man nicht einfach von einem Abbruchverhalten reden kann. Es kommt vielmehr darauf an, welche Gelegenheiten Jugendliche haben, über Religion nachzudenken und in eine aktive Auseinandersetzung mit religiösen Fragen und Inhalten zu treten. Je älter Jugendliche sind, umso bedeutsamer ist dieser Reflexionsraum. Stimmten im ersten Befragungszeitraum 17 % dem Item zu, dass sie sich auf der »Suche nach dem eigenen Glauben befinden«, taten dies im dritten Zeitraum 22 %.[22] Dieser Reflexionsraum kann zu einer persönlichen Aneignung des Glaubens führen, aber auch zu einer kritischen Ablehnung. Krisenzeiten sind besonders markante Situationen, sich mit dem Thema Religion und Glaube auseinanderzusetzen.[23] Auffällig und konträr zu bisherigen empirischen Befunden war auch die Feststellung, dass Jugendliche Glaubensfragen nicht nur mit sich selbst ausmachen. Im dritten Befragungszeitraum nahmen sogar die Zustimmungswerte zu, mit Freund:innen über den Glauben zu reden (t1: 38 %; t3: 52 %).[24] Als Tendenz gilt aber dennoch: Gott ist »außen vor« bzw. spielt höchstens eine marginale Rolle im Alltag Jugendlicher. Diejenigen Jugendlichen aber, die an einen personalen Gott glauben, messen dem Gottesglauben eine erhöhte Bedeutung in ihrem Leben zu. Das heißt also, dass die Relevanz Gottes für das eigene Leben mit dem eigenen religiösen Selbstverständnis korreliert. Auch die Werthaltungen werden von diesen Jugendlichen vom Gottesglauben her akzentuiert. Das bedeutet nicht, dass Jugendliche, die sich als nicht-religiös einschätzen, kein Werteprofil hätten. Vielmehr zeigt sich, dass sie kaum andere Werte vertreten und sich auch kaum bezüglich der Wertgrenzen unterscheiden. Sie begründen und fundieren diese lediglich anders als die

---

[22] Vgl. Schweitzer, Friedrich/Boschki, Reinhold/Gronover, Matthias u. a., (Religions-)Pädagogische Einordnung, 16.

[23] Vgl. Schweitzer, Friedrich/Wissner, Golde/Bohner, Annette u. a., Jugend – Glaube – Religion, 26f.

[24] Vgl. Schweitzer, Friedrich/Boschki, Reinhold/Gronover, Matthias u. a., (Religions-)Pädagogische Einordnung, 16.

sich als religiös verstehenden Jugendlichen, indem sie nämlich der Familie und den Peergroups die Rolle zuweisen, die bei den religiösen Jugendlichen die Religion einnimmt.

2. Weiterhin zeigt sich, dass eine große Zahl Jugendlicher den letzten Sinngrund nicht im Gottesglauben oder einem allgemeinen Transzendenzbezug verortet. Vielmehr übernehmen für viele die Gesetze der Natur diese Rolle. Das hängt mit der Dominanz einer naturalistisch-immanenten Weltsicht bzw. eines szientistischen Weltbilds in säkular gestimmten Gesellschaften wie der unsrigen zusammen.[25] Das heißt aber nicht, dass transzendente und christliche Sinngebungen grundsätzlich ausfielen. Sie werden nur weniger favorisiert, höchstens auf bestimmte Lebensbereiche angewandt und kaum als alles umfassender Sinnhorizont gedeutet. Zudem wird neben dem Naturalismus die Autonomie zur entscheidenden Instanz, von der Sinnzuschreibungen beurteilt werden. Es obliegt dem Ich, über die unterschiedlichen Sinnangebote zu entscheiden und zu befinden, was gelten soll.
3. Auch wenn anderen zugestanden wird, religiöse Erfahrungen gemacht und diese als bedeutsam erlebt zu haben, können nur wenige Jugendliche von eigenen entsprechenden Erfahrungen berichten. Zugleich würden sie sich solche wünschen, gerade in Notsituationen oder als Hilfe im Alltag.[26]
4. Was die religiös-rituelle Kontaktaufnahme mit Gott angeht, wie sie durch Kirchenbesuch und Gebetshäufigkeit empirisch abgefragt wird, so verzeichnen die statistischen Daten eine kontinuierlich wachsende Distanz der Jugendlichen zur institutionalisierten Kirche und deren Praktiken. Auch die Inanspruchnahme kirchlicher Rituale an den sogenannten Lebenswenden wird eher funktional verstanden und ist nicht von vornherein als Ausdruck persönlicher Lebens- und Glaubensüberzeugungen zu werten.

---

[25] Vgl. ebd., 15.

[26] Vgl. Ziebertz, Hans-Georg/Kalbheim, Boris/Riegel, Ulrich, Religiöse Signaturen heute, 254–256.

5. Viel größeres Gewicht kommt dem persönlichen Gebet oder dem Nachsinnen über die Natur zu. Die BW-Studien I und II zeigten durch den Längsschnittvergleich, dass sich die Gebetshäufigkeit der befragten Jugendlichen insgesamt auf sehr hohem Niveau bewegt (in t1 sagten 84 %, dass sie zumindest gelegentlich beten), und zwar auch bei Jugendlichen im höheren Jugendalter, auch wenn sie dort etwas zurückgeht (t3: Zustimmung bei 77 %).[27] Das Gebet wird v. a. in schwierigen Situationen gesucht. Jugendliche beten aber auch, »weil es mir besonders gut geht«.[28]
6. Was die Bedeutung der Gottesbeziehung für die Lebensführung angeht, fallen bereits die Erkenntnisse der Studie von Carsten Wippermann aus dem Jahr 1998 in theologischer Hinsicht ernüchternd aus. 51 % der befragten Jugendlichen kennzeichnet eine pragmatisch-areligiöse Haltung. Diese Jugendlichen denken weder über Religion nach, noch sprechen sie darüber, noch schreiben sie Religion eine Bedeutung für ihre Lebensgestaltung zu. Ein kleiner Anteil (12 %) nimmt zwar religiöse Praktiken und Rituale in Gebrauch, kann aber trotzdem keine Beziehung zur transzendenten Wirklichkeit aufbauen. Religiös Suchende (19 %) dagegen denken intensiv über Gott und das nach, was über das Vorfindliche hinausgeht, probieren auch einiges aus, finden aber trotzdem nicht zu einer befriedigenden Einstellung zur Religion.[29] Die BW-Studien I und II konnten hier differenziertere Ergebnisse eintragen. Sie wiesen aus, dass sich die Gottesfrage nicht erledigt hat, Jugendliche, und zwar insbesondere ältere, auch mit Freund:innen über Glaubensfragen sprechen und diese v. a. dann Ausschau nach Gott halten, wenn es um den Tod geht, die Frage nach dem Leid und was im Leben hält (Gebet in Krisensituationen). Ebenso nehmen nach Selbsteinschätzung der befragten Jugendlichen das eigenständige Denken,

---

[27] Vgl. Schweitzer, Friedrich/Boschki, Reinhold/Gronover, Matthias u. a., (Religions-)Pädagogische Einordnung, 14.

[28] Ebd.

[29] Vgl. Wippermann, Carsten, Religion, Identität, Lebensführung.

> wahrgenommene Spannungen zwischen naturwissenschaftlichen und theologischen Deutungen sowie Kirchenkritik oder positive Erfahrungen mit Kirche Einfluss auf deren religiöse Entwicklung.[30]

Die Gottesfrage ist also eine komplexe Sache, auch bei Jugendlichen. Nur problembewusste Bildungsangebote werden diesen Selbstverständnissen gerecht und helfen Jugendlichen, ihre eigenen Positionen zu klären und auszudifferenzieren.

## 2.2 Weitere Schlussfolgerungen für die Gottesrede heute

Bilanziert man die vorgestellten Ergebnisse, so lässt sich sagen, dass zwar ca. die Hälfte der Jugendlichen die Existenz Gottes bzw. einer Höheren Macht anerkennt, dass dies aber nicht unbedingt Auswirkungen auf die eigenen Sinndeutungen, Lebensentwürfe und -praktiken hat. Schwierig wird es für Jugendliche insbesondere dort, wo die christliche Gottesvorstellung ins Spiel kommt. Man könnte sagen, dass dort, wo es nach Kirche und Christentum »riecht«, Jugendliche auf Distanz gehen. Trotzdem lässt mindestens zweierlei aufhorchen: Das Gebet ist Jugendlichen wichtig und dass Gott für sie ansprechbar ist. Bedeutsam ist auch, dass Reflexionsprozesse über den Glauben, je älter die Jugendlichen sind, umso wichtiger werden. Das ist die Chance schlechthin für den Religionsunterricht – wenn er Raum für Theologie, Glaubensreflexion, das Befragen theologischer Deutungen aus unterschiedlichen religiösen Traditionen und damit sein Kerngeschäft gibt, kognitive und existentielle Korrelationsprozesse zu ermöglichen. Erlaubt er Jugendlichen, theologische Deutungen als Mittel zu verstehen, existentielle Fragen wachzuhalten und die Deutungen selbst auf ihre Plausibilisierungsfähigkeit hin zu prüfen, dann ist er für Jugendliche eine wichtige Hilfe, ihre Position zu Religion/zu Glaube/zu Gott zu klären.

---

30 Vgl. Wissner, Golde, Religion und Glaube in meinem Leben, 288.

## 2.3 Die Theodizeefrage als Zuspitzung der Gottesfrage

Ein wichtiges Thema, das in Befragungen Jugendlicher immer wieder auftaucht, wenn die Gottesfrage ins Spiel kommt, ist dasjenige der Theodizee. Auch wenn die Frage nach Gott und Leid keinesfalls mehr als Einbruchsstelle für den Verlust des Gottesglaubens deklariert werden kann, wie dies noch Karl Ernst Nipkow in seinen Untersuchungen 1987 feststellte,[31] wirft die Rede von Gott auch die Frage auf, wie es sein kann, dass gute Menschen leiden müssen. Es ist also nicht mehr so, dass die Frage nach dem Leid die Gottesfrage provoziert, aber umgekehrt ruft die Gottesfrage die Theodizee auf.

Die BW-Studie Jugend – Glaube – Religion II hat sich dieser Frage im Speziellen angenommen und arbeitete folgende Ergebnisse heraus, die z. T. schon in früheren Studien dargelegt wurden:[32] Je ausgeprägter der Glaube an Gott ist, umso eher wird die Theodizeefrage gestellt – mit Ausnahme der befragten Muslim:innen, die die Theodizeefrage seltener stellten und sie auch eher als Schicksal interpretierten.[33] Die Theodizeefrage wird von manchen Jugendlichen sogar als ausschlaggebend erachtet für die Veränderung ihres Glaubens.

Näherhin ließ sich aus der empirischen Erhebung ablesen, dass die Jugendlichen, die eine höhere Theodizee-Tendenz haben, das Leid also als Anfrage an Gott richten, eher weiblich sind (61 %), keinen Migrationshintergrund haben, eher evangelisch als katholisch sind, eher auf das Allgemeinbildende Gymnasium gehen – wobei dieser Befund nicht überinterpretiert werden sollte –, deutlicher religiös sozialisiert sind und eher den Religionsunterricht als den Ethikunterricht besuchen.[34]

Die Frage stellt sich damit, welche Reaktionen die Theodizeefrage bei den theodizee-sensiblen Jugendlichen auslöst.

---

[31] Vgl. Nipkow, Karl Ernst, Erwachsenwerden ohne Gott.

[32] Vgl. Stögbauer, Eva Maria, Die Frage nach Gott und dem Leid.

[33] Vgl. Wissner, Golde, Auswertungen zu besonderen Gruppen und Fragestellungen, 121.

[34] Vgl. ebd., 121–123.

43 % der Gruppe, für die der Gottesglaube wichtig ist, antworten, dass sie beten würden, um die Situation zu beeinflussen. Diejenigen, für die der Gottesglaube keine so große Rolle spielt, verstehen das Leid als Zufall.

Festgehalten werden kann, dass die Theodizee für diejenigen, für die der Gottesglaube wichtig ist, Einfluss auf ihren Glauben hat. Sie wird entweder zum Anlass, den Glauben im Laufe der Zeit in den Hintergrund zu rücken oder ihn zu intensivieren.[35] V. a. das Gebet ist der Ort, an dem Jugendliche die Leidfrage mit Gott austragen und sich damit beschäftigen, wie es sein kann, dass ein guter Gott seine Hilfe versagt und nicht rettet. Die Theodizeefrage ist also nach wie vor ein Spitzenthema, wenn es um die Gottesfrage geht. Ob Gott hilft, warum er nicht hilft, ob er es nicht will oder vielleicht nicht kann, weil er gar nicht so mächtig ist, sind unerledigte Fragen, auch für Jugendliche. Insofern soll die Theodizeefrage, wenn auch in der Zuspitzung als Frage nach der Allmacht Gottes im Folgenden theologisch skizziert werden.

## 3 »Glaubst Du doch selbst nicht!« – Theologische Konnotationen der Allmacht Gottes

Wenn Jugendliche nach Gott fragen und so die Theodizeefrage laut wird, dann zeigt sich als eine der Hauptschwierigkeiten die Denkmöglichkeit, dass ein allmächtiger Gott zusieht und nichts tut, wenn Unschuldige leiden, obwohl er es könnte. Die Eigenschaft der Allmacht, die dem christlichen Gotteskonzept in so prominenten Texten wie dem Allgemeinen Glaubensbekenntnis zugeschrieben wird (Ich glaube an Gott, den Vater, den Allmächtigen), wird zum Dreh- und Angelpunkt der Theodizee und auch anderer höchst strittiger Themen. Neben der Theodizee sind es mindestens noch zwei weitere Problemkonstellationen, in die die Allmachtsrede Gottes hineinreicht und an ihre Grenzen kommt, ja für Empörung sorgt: der Wider-

[35] Vgl. ebd., 126.

spruch der Rede von der Allmacht Gottes zu einem naturwissenschaftlich grundierten Weltverstehen. Wie kann man von einem allmächtigen Gott sprechen, wenn doch klar ist, dass die Dinge in der Natur zwar zufällig, aber nicht willkürlich ablaufen, sondern in einem Kausalzusammenhang stehen, in den eine göttliche Macht nicht einfach eingreifen kann?

Und schließlich: Wie kann man angesichts der Freiheit des Menschen an einen allmächtigen Gott glauben, der alle Geschicke des Menschen lenkt und schon weiß (Allwissenheit als Teilaspekt von Allmacht), wie wir uns entscheiden werden?

Da sowohl theologisch als auch religionsdidaktisch vielfältiges Material zur Theodizee und zur Verschränkung von szientistischen und theologischen Deutungen vorliegt, soll im Folgenden der auch für Jugendliche wichtigen Frage nach dem Verständnis von Allmacht angesichts menschlicher Freiheit nachgegangen werden.

### 3.1 Konnotationen göttlicher Allmacht und was sie unerträglich macht

Klassisch wird die Allmacht Gottes in dreierlei Hinsicht interpretiert: Gott kann alles (Allwirksamkeit bzw. oftmals verstanden als Alleinwirksamkeit Gottes); Gott weiß alles (Allwissenheit Gottes); Gott ist immer da (Allgegenwärtigkeit Gottes).[36] Während die Allgegenwärtigkeit Gottes kaum als alltagspraktisches Problem wahrgenommen wird, eher noch für diejenigen, die an Gott glauben, etwas Tröstliches und Aufrichtendes hat (vgl. Ps 139), wirken die Verstehensweisen der Allwirksamkeit und Allwissenheit Gottes wie aus der Zeit gefallen, ja konträr zu dem, was uns heute wichtig ist und was v. a. Jugendlichen wichtig ist. Mag man an einen Gott glauben, der wie ein Tyrann alles kontrolliert, alles vorherbestimmt, alles an uns und unserer Freiheit vorbei macht? Ist ein allmächtiger Gott nicht

[36] Vgl. Kreiner, Armin, Das wahre Antlitz Gottes, 307–431.

ein mächtiger Widerspruch zu dem, was wir sein wollen, nämlich frei? Gibt es in unserer Alltagswelt nicht genügend Beispiele dafür, dass die Dinge nicht ein für alle Mal fertig, sondern auch zufällig sind?

Margit Wasmaier-Sailer bündelt diese Kritiken, indem sie auf Charles Hartshorne verweist und die aufgeworfenen Aporien und möglichen Auswege an seinem Denken diskutiert.[37] Hartshorne kritisiert angesichts des neuzeitlichen Freiheitsverständnisses die ontologische wie ethische Unangemessenheit der Rede von der Allmacht Gottes. Zum einen weist er darauf hin, dass eine vollständige Vorherbestimmung der Wirklichkeit unseren alltäglichen Erfahrungen widerspricht, weil wir uns fast immer so oder anders entscheiden können. Sie bleibt aber auch hinter den Erkenntnissen moderner Physik zurück. Dort wurde nämlich schon länger die Annahme aufgegeben, dass Naturgesetze den Lauf der Dinge eindeutig festlegen. Sie werden heute vielmehr als statistische Aussagen interpretiert, wie zukünftige Ereignisse ablaufen *könnten*. Gott als Allwirkenden oder sogar als Alleinwirkenden zu verstehen, hat mit unserer Erfahrungswelt zumindest nichts mehr zu tun.

Die Rede von der Allmacht Gottes wirkt aber auch ethisch unangemessen. Wenn Gott alles Handeln vorherbestimmt, dann wäre unsere Freiheit lediglich eine Illusion. Wir wären Marionetten, die vielleicht noch meinen könnten, dass sie frei sind, aber in Wirklichkeit wäre es ein anderer, der über uns und unser Entscheiden bestimmt und uns lediglich gebraucht und damit im Grunde missbraucht.

Aber auch theologisch stimmt dieses Allmachtsverständnis nicht mit dem jüdisch-christlichen Gottesverständnis überein. Wie könnte man einen unumschränkten Herrscher mit dem Glutkern des jüdisch-christlichen Gottes zusammendenken, dass Gott die Liebe ist (1 Joh 4,8)? Und würde damit letztlich nicht sogar Gottes Wirksamkeit beschränkt, weil er in einem solchen Alleinwirksamkeitsverständnis ja keine Macht hätte,

[37] Vgl. Wasmaier-Sailer, Margit, Die Allmacht Gottes, 92–94.

uns in eine Freiheit zu lassen, die uns erlaubt, selbst wirksam, kreativ und schöpferisch zu werden?

Müssen wir uns also zwischen der Alternative wirksamer Gott vs. unsere Freiheit entscheiden?

## 3.2 Wenn die Allmacht als mächtige Liebe gelesen wird, oder: Was Allmacht erträglich macht

Die Rede von der Allmacht Gottes irritiert also. Und diese Irritationen müssen aufgedeckt und bearbeitet werden. Der jüdisch-christliche Gottesgedanke selbst bietet mögliche Auswege aus diesem logisch unlösbaren Dilemma an. Dort wird Gottes Macht nämlich nicht als Tyrannei, Despotismus oder Alleinwirksamkeit vorgestellt. Gott wird da am besten beschrieben, wo von ihm als Liebe geredet wird. Die Liebe selbst aber ist von ihrem Wesen her nie eine Kraft, die zersetzt oder zerstört. Sie kann – will sie Liebe sein – niemals jemanden unterdrücken, kleinhalten, als Konkurrenz verunglimpfen. Liebe ist vielmehr eine Kraft, die sich verschenkt um des anderen willen, die dem anderen Platz gibt, will, dass er ist und dass er lebendig und schöpferisch ist, dass er selbst Dinge in Bewegung setzt und Neues stiftet.

So mächtig aber kann niemals ein Mensch lieben, weil da immer ein Rest von Selbstbezogenheit und bloßem Eigennutz bleibt. Dazu braucht es vielmehr – so die Rede Sören Kierkegaards – eines liebenden Gottes, der sich ganz und gar verschenken kann, ohne um seine Autonomie fürchten oder auch ohne dies aus Notwendigkeit heraus tun zu müssen. In seinen Reflexionen über Christentum und Naturwissenschaft fasst Kierkegaard diesen Gedanken auf poetische Art und Weise zusammen:

»Allein die Allmacht kann sich zurücknehmen, indem sie sich hingibt, und dieses Verhältnis ist ja eben die Unabhängigkeit des Empfangenden. Gottes Allmacht ist darum seine Güte. Denn Güte ist sich ganz hingeben, aber dergestalt, daß man, indem man allmächtig sich selbst zurücknimmt, den Empfangenden unabhängig macht. Alle endliche Macht macht abhängig, Allmacht allein vermag unabhängig zu machen, aus dem Nichts hervorzubringen, was dadurch inneres Bestehen empfängt, daß die Allmacht sich ständig zurücknimmt. Die Allmacht ist nicht in einem Verhältnis zu andern gelegen, denn es gibt kein Anderes, zu dem sie sich verhält, nein, sie vermag zu geben, ohne doch das Mindeste von ihrer Macht preiszugeben, d. h. sie kann unabhängig machen.«[38]

Oder in der Sprache von Dichter:innen und Theolog:innen wie Friedolin Stiers (1902–1981), des ehemaligen Tübinger Alttestamentlers, ausgedrückt:

Geliebt werden will, der selber der Liebende ist – Liebe um Liebe, »denn er hat uns zuerst geliebt« (1 Joh 4,19). Verlangt es ihn also nach meiner Liebe, begehrt er sie, braucht er sie gar?
Wenn es so um ihn stünde, daß er meiner Liebe bedürfte, es würde mir weich ums Herz, und ich könnte ihm meine Liebe nicht verweigern, so wie ein Bach aus dem Berg quölle sie aus einem Herzen hervor, das unter dem Druck und Donner des Großen Gebotes zu Stein erstarrt war.
Dann spräche ich in Liebe zu dir, vertrauend – vertraut, wie von Herz zu Herz fragte ich dich, nicht mehr empört, aber betrübt, ratlos, erschüttert von all dem Lebens- und Todesweh deiner Kreaturen, deiner geliebten Kreaturen, fragte ich dich: Wie ist dein Lieben zu denken, wenn es aussieht wie Haß? ... Das Herz kann im Dunkeln ausharren, das Denken aber, das *wissen* will, braucht Licht! ...«[39]

Die Rede von der Allmacht Gottes bleibt also herausfordernd, weil in höchstem Maß missverständlich. Sie aber aufzugeben, bedeutete auch, Gott, und zwar als Gott der Liebe, nicht mehr zuzutrauen, in unserer Welt und Geschichte zu wirken. Dass dies, wie Dietrich Bonhoeffer formuliert, die Verabschiedung eines mächtigen Deus ex machina nach sich zieht und einem Einschwingen das Wort redet, den mächtigen Gott als ohnmächtigen und leidenden zu verstehen, ist ein Paradox, das nicht leicht zu verkraften ist. Alles andere aber würde letztlich der Resignation das Wort reden und nicht der Hoffnung.

---

[38] Kierkegaard, Sören, Reflexionen über Christentum und Naturwissenschaft, 124.
[39] Stier, Friedolin, Vielleicht ist irgendwo Tag, 308.

## 4 Ideen zu Lernwegen

Nimmt man sowohl die Gotteseinstellungen der Lernenden ernst als auch den Anspruch, den die Gottesfrage in ihrer Doppelpoligkeit als Beziehungsmoment und Inhaltsausdruck bezeichnet, dann ergeben sich daraus Desiderate an Lernprozesse, die mit einigen Ideen für Lernwege unterfüttert werden sollen.

### 4.1 Hinschauen

Insofern Jugendliche von sich sagen, selbst über keine Erfahrungen mit Gott zu verfügen, sich diese aber wünschen und zugleich Achtung gegenüber Menschen verspüren, die sie als gläubig einschätzen, kann es hilfreich sein, Erfahrungen »Dritter« aus dem Lebensalltag einzuspielen. Das kann heißen, Menschen zu interviewen, die als »heroes« des Alltags aufgefallen sind und sie nach ihrer Motivation für ihr »gutes Handeln« zu befragen. Damit wird auch deutlich, dass der Allmacht des Leids nicht ausnahmslos die Ohnmacht des Nichtstuns gegenüberstehen muss. Das Engagement für andere ist eine Weise, der Ohnmacht zu entkommen und zugleich etwas von der anderen Allmacht, nämlich der Liebe, in der Welt Wirklichkeit werden zu lassen.

Ein Beispiel ist der Sozialarbeiter Andreas Wimmer, der lange mit den Missionarinnen der Nächstenliebe gearbeitet hat, die besser als Schwestern der Mutter Teresa bekannt sind. In einem Interview erzählt Wimmer:

»Sie sind Experten. Sie wissen, wann der Tod kommt. Dann halten sie Wache, bereiten die Sterbenden auf ein Ende mit wenigstens etwas Würde vor. Sie singen Lieder, beten, streicheln und trösten sie.
Der 22-jährige Inder, den die ›Missionarinnen der Nächstenliebe‹ vom katholischen Orden der Mutter Teresa in seinem eigenen Schmutz auf der Straße aufgelesen hatten, spuckte nur noch Blut. Dann nahm eine der Schwestern in den weißen Saris mit den blauen Borten den Tuberkulosekranken in den Arm und sagte ihm, wie es um ihn steht: ›Diese Nacht kann es passieren. Bist du bereit?‹ Der junge Mann nickte und antwortete einfach nur: ›Ja. Gott gibt und Gott nimmt.‹ Wenig später war er tot. ›Meist

geht es ganz ruhig und schnell. Es gibt kein großes Kämpfen oder Aufbäumen. Nicht nur, weil die Menschen zu krank und erschöpft sind. Die meisten sind Hindus oder Muslime. Sie zeigen eine Schicksalsergebenheit, die sie von ihrem Glauben ableiten‹, berichtet der Sozialarbeiter Andreas Wimmer aus München, der selbst keiner Kirche angehört.«[40]

Auch wenn Wimmer sicher kein alltäglicher hero ist, kommt er trotzdem nicht von irgendwoher, sondern von nebenan. Zu fragen, was Menschen motiviert, so zu handeln, kann ein guter Weg sein, hinzuschauen, am Leid von Menschen nicht vorbeizugehen und zu fragen, was dies alles für die eigene Sicht von Welt und von Leben bedeutet.

## 4.2 »A father's and mother's illness, a daughter's duty« – Nancy Borowicks anderes Familienalbum

Nancy Borowicks Familienalbum ist anders als andere.[41] Nicht nur weil Borowick eine preisgekrönte Fotografin ist. Dieses Familienalbum ist eine Auseinandersetzung mit der Krankheit Krebs, mit dem Abschiednehmen vom Leben, mit dem Ringen um das Warum und einem unglaublichen Einschwingen in das, was ist. Es ist damit auch ein Beispiel, das Anrennen gegen eine Allmacht Gottes, die nicht hilft, ins Bild zu bringen und zugleich nicht an ihr scheitern zu müssen. Nancys Eltern zumindest mussten dies nicht. Und auch wenn dieser Weg der Borowicks anderen nicht verordnet werden kann, bringt er ins Nachdenken und Staunen und ist auch eine Realität, die lohnt, ins Gedächtnis gerufen zu werden. Gerade im Hinblick auf die Gotteseinstellungen Jugendlicher kann die Auseinandersetzung über dieses andere Familienalbum Gespräche anregen, worauf es im Leben ankommt, was wichtig ist und was (zusammen-)hält, selbst wenn etwas vom Wichtigsten im Leben verloren geht, die eigene Familie.

---

[40] Skierka, Volker, Sterben und Leben in Kalkutta, in: https://www.spiegel.de/spiegel/spiegelspecial/d-7856177.html.

[41] Für diesen Hinweis danke ich Dr. Andrea Betz.

Nancy und ihre beiden Geschwister Jessica und Matt verloren ihre Eltern innerhalb eines Jahres an Krebs. Ihr Vater Howie, ein angesehener Rechtsanwalt, starb mit 58 Jahren 2013 an Bauchspeicheldrüsenkrebs. Ihre Mutter Laurel, ebenfalls etablierte Rechtsanwältin, ein Jahr später, nachdem sie 20 Jahre lang gegen den Brustkrebs gekämpft hatte.

Nancy Borowicks Familienalbum setzt 2012 ein, als Howie die Diagnose Krebs im Endstadium bekam. Er bat seine Tochter, ihn und seine Frau mit der Kamera zu begleiten. So entstanden eindrucksvolle Fotos, die die Enttäuschung, ja Resignation angesichts dieses Desasters nicht verbergen, die aber genauso eine Nähe zum Leben ausdrücken in all seiner Kraft und doch auch Verletzlichkeit. Es ist ein behutsamer Blick auf das Leben, auf das Liebste, was man im Leben hat, und wie es Tag um Tag verloren geht.

Das Verblüffende an Borowicks Familienalbum ist nicht nur der Mut, mit dem die Tochter und Fotografin den körperlichen Verfall der Eltern dokumentiert. Es ist auch die Feinfühligkeit

Abb. 13a–d: Nancy Borowick, The Familiy Imprint
Quelle: Borowick, Nancy, The Familiy Imprint.

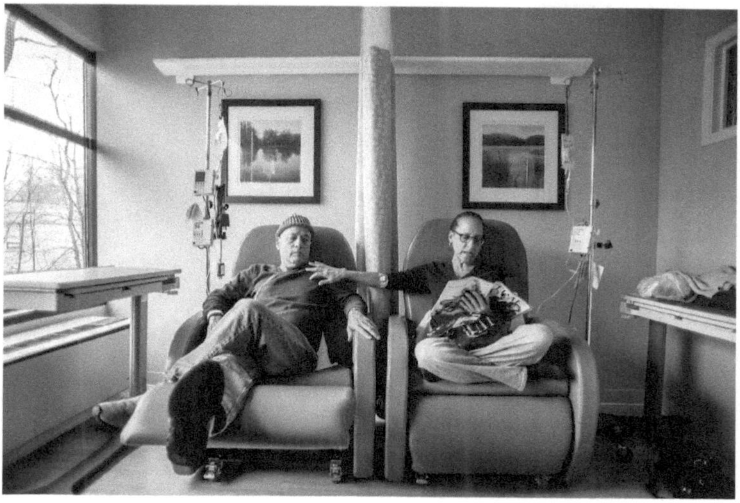

und das Taktgefühl, den Eltern, ihrer Auseinandersetzung mit dem Sterben und auch der eigenen Konfrontation, mit den Eltern etwas vom Kostbarsten zu verlieren, zu begegnen, ohne voyeuristisch zu werden.

Neben den Bildern sind im Fotoalbum Schriftstücke abgebildet: Der Brief, der erst nach dem Begräbnis geöffnet werden sollte; die Lebensbilanz von Howie Borowick, die er so formuliert:

»Ich verstehe das Leben als ein Geschenk, wie auch immer die Zahl der Jahre bemessen ist – schließlich hat mir niemand ein langes Leben versprochen. Niemand hat mir Erfolg versprochen. Niemand hat mir Liebe versprochen und gute Freunde. Niemand hat mir eine Karriere versprochen. Und doch habe ich all das bekommen. Wenn ich meine Bilanz ziehe, dann bin ich weit im Plus. Und ich habe nichts zu klagen, denn mit all diesen Dingen, die mir nie verheißen wurden, war ich für lange, lange Zeit gesegnet.«

Die Beschäftigung mit dem so anderen Familienalbum, den Menschen dieser Geschichte und wie sie trotz allem auf das Leben schauen, kann ein Weg sein, die Abgründigkeit des Sterbens genauso in den Blick zu nehmen wie die Erfahrung von Laurel und Howie Borowick und ihrer Kinder, so dass am Ende nicht nur der Tod bleibt, sondern etwas Besseres, wie, dass es eine Zukunft gibt.

OPEN AFTER I DIE but before my FUNERAL

6. Kapitel:

# Ist Weihnachten nicht einfach ein Familienfest? – Was bedeutet Inkarnation?

Weihnachten ist eines der wichtigsten Feste in unserem Kulturkreis. Politik und Wirtschaft richten sich zwar aus je unterschiedlichen Gründen, aber dennoch genauso an Weihnachten aus, wie Weihnachten zum festen Familienevent und -treffen geworden ist. Mögen bestimmte Kreise darüber klagen, dass mit der Weihnachtsindustrie der christliche Charakter von Weihnachten überdeckt würde, so ist auch von ihnen nicht zu leugnen, dass Weihnachten selbst in säkularen Haushalten eine heilige Zeit ist, mit heilig gewordenen Riten und einer besonderen Atmosphäre.[1] Die Frage stellt sich, was wir an Weihnachten feiern, ob das Familienfest mit seinen Geschenken wirklich so weit weg ist von dem, was die Christ:innen an Weihnachten begehen und welche Brücken sich finden lassen zwischen der säkularen Feierkultur und der überwältigenden Aussage, dass Gott Mensch und damit einer von uns geworden ist.

Bei genauerem Hinsehen zeigt sich, dass die vielfach geschmähte und als rein ökonomisch abgetane Geschenkekultur an Weihnachten im Sinne einer Korrelationschiffre fungieren kann, und zwar aus unterschiedlichen Gründen: Weihnachten ohne Geschenke klappt in kaum einer Familie. Und selbst wenn die Familienmitglieder vereinbaren, sich gegenseitig nichts (mehr) zu schenken, werden dennoch Freund:innen, Bekannte oder auch Bedürftige an Weihnachten bedacht. Auch wenn mit Geschenken eventuell nur Gaben getauscht werden, transportieren sie doch die Botschaft, dass einer dem anderen gut will, dass jemand an mich denkt, dass mir etwas einfach so, gratis zugedacht wird, weil mich jemand mag. Das aber ist eine Erfahrung, die sowohl in das Lebensempfinden säkular denkender Menschen hineinreicht als auch in die Grundaussage des christlichen Weihnachtsfestes. Die Geburt Jesu als Geschenk zu sehen und als staunenden Ausdruck seines Einfach-so-geschenkt zu lesen, das uns ohne Vorbedingung und Leistung unsererseits zukam, ist eine Interpretation, die die In-

[1] Zur differenzierten Auseinandersetzung mit der Theologie des Weihnachtsfestes und den säkularen Ausgestaltungen: vgl. Wahle, Stephan, Das Fest der Menschwerdung; ders., Die stillste Nacht.

karnation als dichtesten Ausdruck der Liebe Gottes zu den Menschen verstehen lässt.

Im Folgenden wird deshalb versucht, die Korrelationschiffre Geschenk als Brücke stark zu machen zwischen säkularem Weihnachtsfest und der Botschaft, dass Gott Mensch geworden ist; denn so zentral die Inkarnation für den christlichen Glauben ist, so komplex, missverständlich und deshalb auch im Religionsunterricht oft übergangen ist sie auch.

## 1 Zwei Blenden zum Einstieg

### 1.1 Wie Weihnachten zum Familienfest wurde

Dass Weihnachten und v. a. der Heilige Abend zum vielleicht wichtigsten Familienfest wurden und nach wie vor sind, hat mit der wachsenden Bedeutung der Familie seit Ende des 18. und zu Beginn des 19. Jh. zu tun.[2] Mit der Trennung von Arbeits- und Lebenswelt seit der Industrialisierung und der Etablierung des Bürgertums suchte sich die gesellschaftliche Keimzelle Familie neue Orte und Zeiten, um sich ihrer selbst zu vergewissern. Die Ausgestaltung v. a. des Heiligabends zu Hause ist nicht nur als Ergebnis dieser Entwicklung und der einsetzenden Verbürgerlichung der Gesellschaft zu lesen. Sie ist auch Ausdruck des Familie-Seins, durch den sich die Familien in einem neuen, noch nicht durch kirchliche oder gesellschaftliche Riten vorgegebenen Raum erfinden konnten.

Auch wenn die regionalen Bräuche für den Heiligabend und die Feier von Weihnachten stark variieren, und zudem von der Konfessions- und Statuszugehörigkeit abhingen, gehören ab der Mitte des 20. Jh. der Weihnachtsbaum mit Kerzen, eine Krippe, die Bescherung mit Geschenken und ein feierliches Essen in der Familie zum Ritual.[3] Selbst in säkularen Haushalten sind der Weihnachtsbaum, die Bescherung und v. a. die in der Familie

---

[2] Vgl. Wahle, Stephan, Das Fest der Menschwerdung, 278.

[3] Vgl. ebd.

gemeinsam verbrachte Zeit bei einem guten Essen geblieben. Die Festkultur, die ursprünglich die Gottesdienste in den Mittelpunkt stellte, trat unabhängig davon, ob sich Familien als religiös oder nicht verstehen, zugunsten der familiären Feiern in den Hintergrund. Das gilt im Grunde auch für Familien, die den Heiligabend noch mit einem Hausgottesdienst gestalten, in dem aus dem Evangelium gelesen wird und Weihnachtslieder gesungen werden.[4]

So klar die Rollenverteilung für den Heiligabend bis in die zweite Hälfte des 20. Jh. war, so unterschiedlich sind die Handlungsmuster heute geworden. Bei aller Unterschiedlichkeit stimmen sie allerdings darin überein, dass Weihnachten ein Fest ist, zu dem man sich verhalten muss. Der Soziologe Tilman Allert unterscheidet drei unterschiedliche Stile eines Weihnachtsverhaltens. Als einen ersten, der von den meisten Menschen in Deutschland praktiziert wird, identifiziert er eine naiv praktizierte unbewusste Ritualität.[5] Die Weihnachtsbräuche werden gepflegt, weil sie eben zum Fest gehören und die Weihnachtsstimmung ohne sie nicht denkbar wäre. Ein anderes Verhaltensmuster macht Allert in der Weihnachtsflucht als Flucht vor der Ritualität aus. Menschen verreisen irgendwohin, wo nichts nach Weihnachten riecht, sie feiern Partys oder verzichten bewusst auf Weihnachtsbaum, -geschenke, -dekoration. Einen dritten Stil klassifiziert er als »verstandene Ritualität« und meint damit Menschen, die Weihnachten als heilige Zeit empfinden und feiern, wenn auch nicht notwendigerweise im christlichen Sinn. Es ist also in keinerlei Weise richtig, pauschal von einem Verfall der Feierkultur von Weihnachten zu sprechen. Auch wenn das Fest nicht mehr christlich konnotiert wird, ist es nach wie vor eine prägende Zeit. An Weihnachten werden wichtige Lebensthemen angelagert wie die Erfahrung von Gemeinschaft und Beziehung, von gemeinsam verbrachter (Lebens-)Zeit, von Werden und Vergehen, also von all dem, wofür eben die Familie steht. Die Sehnsucht nach Erfüllung, die mit

4 Vgl. ebd., 279.
5 Zitiert nach ebd., 287.

diesen Themen einhergeht, findet in Weihnachten zumindest einen erhofften Ort. Die Geschenkekultur, die sich mit dem Weihnachtsfest etabliert hat, gehört hier unmittelbar dazu. Geschenke zu geben und zu bekommen, ist Ausdruck für diese lebenswichtigen Beziehungen und für die Hoffnung, dass es da Menschen gibt, die mich mögen und die ich mag.

Weihnachten bleibt also – ob es Leute feiern oder nicht, ob sie sich als religiös verstehen oder nicht – ein Fest, das diese Lebensthemen zumindest aufwirft und der persönlichen Stellungnahme, aber auch dem Nachdenken ganzer Gesellschaften anvertraut; denn so säkular sich westeuropäische Gesellschaften auch verstehen, so präsent ist Weihnachten nach wie vor in deren Jahreskalendern.

## 1.2 Geschenke, Geschenke, nichts als Geschenke – Werbespots

Seit mehreren Jahren produziert EDEKA zu Weihnachten Werbespots, die eine ganz eigene Message über das Weihnachtsfest transportieren und es auf besondere Weise auslegen.

2015 beispielsweise wurde ein Videoclip mit der Überschrift »#heimkommen« gezeigt:[6] Ein alter Mann sitzt im schon dekorierten Esszimmer und nimmt Anrufe seiner Kinder entgegen, die allesamt mal wieder absagen, an Weihnachten nach Hause zu kommen. In alle Welt verstreut ist es für sie nicht zu schaffen, den alten Vater an Weihnachten zu besuchen. Da ereilt sie mitten in ihren stressigen Berufen und Familienwelten die Nachricht vom Tod ihres Vaters. Sie unterbrechen alles, buchen ihre Tickets und die Geschwister treffen sich mit ihren Familien in Trauerkleidung vor dem Elternhaus. Als sie das Haus betreten, kommen sie – anders als erwartet – in das weihnachtsdekorierte Zimmer, in dem auch ihr verstorben geglaubter Vater steht. »Wie hätte ich euch sonst alle zusammenbringen sollen?«, fragt er, und es beginnt eine feierliche Runde am festlich

[6] EDEKA, Weihnachtsclip – #heimkommen.

gedeckten Tisch – das ist Weihnachten, das ist Familie, das ist, worum es im Leben geht.

Auch der 2017 gedrehte Clip formuliert auf berührende Weise, dass selbst in der KI-Welt von 2117 etwas fehlt, wenn Weihnachten, das Miteinander in der Familie und die Geschenke ausbleiben. In einer wüsten Großstadtlandschaft bewegt sich ein Trupp gleichaussehender Roboter durch die Straßenwelt einer untergegangenen Zivilisation. Einer, der Letzte in der Gruppe, entdeckt plötzlich ein ziemlich retro aussehendes Weihnachtsplakat an einer Häuserwand. Er setzt sich von den anderen Robotern ab, verschwindet in dem halb zerstörten Haus, entdeckt einen umgefallenen Weihnachtsbaum und einen alten Filmapparat, in dem noch der Film eingespannt ist, der ein Weihnachtsfest in einer Familie aus uralten Zeiten der 1960er Jahre zeigt.

Der Roboter wird nachdenklich, schleppt Weihnachtsutensilien samt Schaufensterpuppen zusammen und will Weihnachten nachspielen. Aber das Entscheidende fehlt – das spürt selbst der Roboter. Er macht sich auf den Weg, um die fliehenden Menschen zu suchen, die das Plakat an der Häuserwand zeigt, und findet sie schließlich in den Bergen. Er klopft, und als die Tür aufgeht, will der erschrockene Vater die zur Bedrohung gewordene KI abwehren; die kleine Tochter aber, die sich nach vorne drängt, holt den Fremdling an den weihnachtlich gedeckten Familientisch. Alle freuen sich, erzählen Geschichten beim guten Weihnachtsessen, bis schließlich die Tochter die Traurigkeit des Roboters bemerkt, aufsteht und ihm ein Plätzchenherz anheftet, denn so ist die Message: »Ohne Liebe ist es auch nur ein Fest.«

Dass Weihnachten nicht einfach irgendein Datum im Kalender ist, sondern Zeit für das wirklich Wichtige im Leben, wird durch diese Werbespots in sehr unterschiedlichen Geschichten ausgedeutet. Die Geschenke sind Zeichen dieses Ungewöhnlichen – ob es nun geschenkte Zeit oder geschenkte Liebe ist oder die beim festlichen Essen geteilten Erinnerungen. Auf Weihnachten kann man nicht verzichten. Das gilt für Erwachsene genauso wie für Jugendliche und für unsere Zeit genauso wie für die Zukunft.

Dass Weihnachten deshalb eine so bedeutungsvolle Zeit ist, weil uns dieses Fest daran erinnert, dass wir dieses Wichtige im Leben geschenkt bekommen, wird christlich gesprochen »getoppt« und fundiert im Glauben, dass Gott uns dies in der Menschwerdung seines Sohnes endgültig und unwiderruflich zugesagt hat. Wir müssen uns sozusagen nicht einmal diese Zusage, das Wichtige geschenkt zu bekommen, selbst geben, weil sie uns Gott gibt. Die Menschwerdung des Sohnes Gottes wird damit zum Dreh- und Angelpunkt, dass unsere Welt in Gott aufgehoben ist und Gott sich in unsere Welt eingeschrieben hat. Was aber bedeutet damit die Rede vom Mensch- und Gottsein Jesu und von Inkarnation? Wie verstehen Jugendliche die Menschwerdung des Sohnes Gottes? Geht sie sie überhaupt an und wenn ja, wie? Und welche theologischen Erschließungen sind hilfreich, um bei den eigenen Verstehensweisen weiterzukommen?

## 2 »Im Grunde zählt, was er getan hat, egal, ob er nun Gott ist oder nicht« – Einstellungen Jugendlicher zur Frage nach dem Mensch- und Gottsein Jesu Christi

In der religionspädagogischen Literatur gibt es inzwischen eine Vielzahl empirischer Studien, die sich mit Einstellungen Jugendlicher zur Christologie befassen. Sie reichen von Fragestellungen zum historischen Jesus, über den Wunderglauben, das Kreuz Jesu und seine Auferstehung bis zum »Ur-Dogma« des christlichen Glaubens, nämlich dass Christ:innen Jesus als den menschgewordenen Sohn Gottes glauben. Im Folgenden sollen deshalb nicht alle Studien zur Christologie Jugendlicher ausgelotet werden,[7] sondern lediglich diejenigen, die Einstellungen

[7] Vgl. dazu Wüstner, Eva-Maria, Christologische Vorstellungen Jugendlicher, 87–104; dies. (=) Leven, Eva-Maria, Professionalität von Religionslehrkräften, 42–44.53–56; Schambeck, Mirjam, Ganz Gott und Mensch?!, 233–244.

Jugendlicher zur Frage nach dem Mensch- und Gottsein Jesu Christi erheben.

Gemeinsame Basis der insgesamt pluralen Deutungen ist das Wissen um die Rede von der Gottessohnschaft Jesu und seinem Menschsein. Jugendliche verwenden dazu oft den Titel »Er ist der Sohn Gottes« bzw. Variationen davon.[8] Ab da divergieren die substanziellen Ausgestaltungen. Cum grano salis lassen sich folgende Modellierungen der christologischen Urfrage bei Jugendlichen ausmachen:[9]

Zum einen sehen Jugendliche die Art und Weise, wie sie über Jesus Christus als wahren Gott und wahren Menschen nachdenken in engem Zusammenhang mit der Reflexion über die Beziehung Jesu zum Vater.[10] Jesus wird ein sehr inniges Verhältnis zum Vater zugemessen, das Grund bzw. Erweis für sein göttliches, wundertätiges Wirken ist. Damit gehen Jugendliche von derselben Schnittstelle aus, die auch die altkirchliche Lehrentwicklung in Bezug auf die Ausgestaltung der Christologie nahm: Ausgehend davon, wer Jesus im Zusammenhang des Glaubens an den einen Gott ist, wurde die Frage immer wichtiger, wie man angesichts des trinitätstheologisch gewendeten Monotheismus angemessen von Jesus Christus sprechen kann.

Es gibt Jugendliche, die sagen, dass es bedeutungslos sei, dass Jesus auch Gott ist, weil nur das zählt, was er getan hat. Tobias, 20 J., konstatiert: »Eigentlich ist es völlig irrelevant, ob Jesus Mensch, Gott, oder beides war. Was zählt, ist, was er getan hat.« Jesu Gottsein wird dann weder als heilsrelevant noch als wichtig angesehen, um als ethisches Vorbild zu faszinieren. Nicht wenige Jugendliche empfinden es sogar so, dass die Göttlichkeit Jesu sein nachahmenswertes Verhalten mindert. Jesus ist nämlich insofern besonders bewundernswert,

---

[8] Vgl. Wüstner, Eva-Maria, Christologische Vorstellungen Jugendlicher, 94; dies., Professionalität von Religionslehrkräften, 53.

[9] Vgl. zum Folgenden: Schambeck, Mirjam, Ganz Gott und Mensch?!, 240–243.

[10] Vgl. Hanisch, Helmut/Hoppe-Graff, Siegfried, »Ganz normal und trotzdem König«, 117–119; Leven, Eva-Maria, Professionalität von Religionslehrkräften, 53.

weil er wie wir Menschen war und dennoch Außerordentliches getan hat. Er hat z. B. Menschen verziehen, obwohl sie ihm Böses angetan hatten. Diese Jugendlichen entscheiden das Ringen um die Grundfrage des christologischen Ur-Dogmas so, dass sie beides voneinander trennen (vgl. dagegen Chalkedon: »in zwei Naturen ... *ungetrennt* ...«[11]). Je älter Jugendliche sind, umso wichtiger wird das Menschsein Jesu und umso unwichtiger sein Gottsein.[12]

Wieder eine andere Gruppe wählt eine »Halb-und-Halb-Lösung«.[13] Diese »Teils-Teils-Bestimmungen« finden sich sowohl bei Kindern[14] als auch bei Jugendlichen mittleren Alters[15]. Das »Unteilbar« von Chalkedon wird einseitig aufgelöst. Sabine Pemsel-Maier erklärt dies in Rückbezug auf entwicklungspsychologische Erklärungsmuster. Die Regeln zweistelliger Logik, wie sie Kindern zur Verfügung stehen, erlauben die christologische Fragestellung nach dem Mensch- und Gottsein kaum anders zu beantworten als mittels einer Halb-Halb bzw. Teils-Teils-Bemessung.[16] Erst dann, wenn komplementäre Denkformen bedient werden können (ab dem späteren Jugendalter), ist es den Befragten möglich, das Mensch- und Gottsein Jesu Christi plausibel zu erklären und zu verstehen.[17] Religionsdidaktisch bedeutet dies, Anstöße im Sinne der x + 1-Konvention zu geben, damit Jugendliche fähig werden, die Begrenzung

11 DH 302.

12 Vgl. Wüstner, Eva-Maria, Christologische Vorstellungen Jugendlicher, 90f.

13 Vgl. Pemsel-Maier, Sabine, »Halb Mensch, halb Gott«?, 58–60.

14 Vgl. Freudenberger-Lötz, Petra, Theologische Gespräche mit Kindern, 204f; Büttner, Gerhard, »Halb Mensch, halb nicht, das weiß man nicht so sehr, denn Jesus ist ja eigentlich Gottes Sohn«, 399–416.

15 Männlich, 16 J: »Ja, er war einerseits ja Mensch, weil er war nicht irgendwie ... übergroß oder übermächtig, des sah man ihm nicht an; andererseits hatte er auch besondere Gaben ... diese ganzen Blindenheilungen und so was ..., also er hat quasi ›ne Mischung aus Mensch und Gott. Vielleicht menschliche Gestalt, aber Gottes Hintergrund.«

16 Vgl. Pemsel-Maier, Sabine, »Halb Mensch, halb Gott«?, 59f.

17 Vgl. Wüstner, Eva-Maria, Christologische Vorstellungen Jugendlicher, 91.

zweistelliger Logiken zu erkennen und komplementäre Denkstrukturen bzw. letztlich auch paradoxales Denken einzuüben.[18]

Nochmals andere Proband:innen führen aus, dass Jesus Christus mehr Mensch als Gott gewesen sei, oder auch, dass er mehr Gott als Mensch war. Dieses Mehr wird sprachlich oft durch Komparative eingelöst: »Jesus ist ein besserer Mensch als wir, weil …« Auch hier wird das »unteilbar« Chalkedons und damit das christologische Paradoxon zwar zugunsten einer klaren Zuteilung und Aussagbarkeit aufgelöst; im Hintergrund dieser Komparative steht aber zugleich ein Vergleich Jesu Christi mit den Befragten selbst. Im Grunde erreichen sie auf diesem Weg das Ziel jeder Christologie, nämlich die Frage: Was Jesus Christus für mich heißt, oder biblisch aus dem Mund Jesu formuliert: »Für wen aber haltet ihr mich« (Mk 8,29).

Auffällig ist, wie sehr Jugendliche mit der paradoxalen Struktur arbeiten, um von Jesus Christus als wahrem Gott und wahrem Menschen zu sprechen, und zwar unabhängig davon, ob sie Jesus eine Bedeutung für sich beimessen oder nicht.[19] Ihnen ist bewusst, dass es nicht ausreicht, von Jesus Christus als Mensch zu reden. Andererseits bleibt es schwer vorstell- und auch kommunizierbar, wie dann angemessen von seinem Mensch- und Gottsein geredet werden kann. Gerade diese Einsicht in die Unaussagbarkeit einerseits und Ausdrucksnotwendigkeit für das christologische Ur-Dogma andererseits kann zu einem produktiven Ansatzpunkt für das Nachdenken über das christologische Paradoxon werden. Wichtig ist, sich in diesem Zusammenhang bewusst zu halten, dass die gesamte orthodoxe Christologie seit Chalkedon im Grunde nichts Anderes betrieb. Die Zwei-Naturen-Lehre mit ihren Ausformulierungen des

---

[18] Vgl. dazu schon früh Reich, K. Helmut, Kann Denken in Komplementarität die religiöse Entwicklung im Erwachsenenalter fördern, 127–155; ders., »Es ist nicht logisch, aber doch wahr!«, 8–13; ders./Schröder, Anke, Komplementäres Denken im Religionsunterricht.

[19] Weiblich, 19 J: »Ich glaub' schon, dass er mehr war wie nur Mensch … Von daher glaub' ich schon, dass er mehr ist, dass da noch Gott seine Hand mit drin hat und dass er halt ›n Stück von Gott in sich hatte …«

»unvermischt, unveränderlich, ungetrennt und unteilbar«[20] ist eben keine affirmative Aussage, wie man sich das Zusammenkommen von Mensch- und Gottsein Jesu vorstellen kann, geschweige denn eine Bestimmung von Gottheit und Menschheit Jesu Christi. Die chalkedonensische Formel markiert vielmehr einen Rahmen, der die Grenzen aufzeigt, wie also das Zusammenkommen gerade nicht denkbar ist. Damit ist sie bleibender Vergewisserungspunkt jeder Christologie und Inbegriff einer Negativen Theologie.[21] Der Frage, wie gleichzeitig von Jesus in seinem Menschsein und Gottsein geredet werden kann, die nicht nur Jugendliche herausfordert, sondern die Theologie seit ihren Anfängen begleitet und immer wieder neu nach Kontextualisierungen und Aktualisierungen suchen lässt, soll im folgenden Abschnitt genauer nachgegangen werden. Auch damit wird nicht das DAuEW schlechthin für die Inkarnationslehre dargestellt. Das Thema wird vielmehr so theologisch skizziert, dass das auf die jeweilige Unterrichtssituation hin zu formulierende DAuEW vor diesem Hintergrund leichter zugänglich wird.

## 3 Einfach so, aus Liebe geschenkt – Theologische Skizzen zur Inkarnation

Dass die Christologie nicht von sich aus verstehbar ist, zeigen allein schon die Vielzahl und Unterschiedlichkeit christologischer Entwürfe durch die Zeiten hindurch. Menschen aller Generationen und Kulturen versuchten, auf je ihre Weise zu verstehen und auszudrücken, dass Jesus wahrer Mensch ist wie wir und zugleich nicht einfach nur ein Mehr meint, sondern ganz anders ist, Gott nämlich.

---

[20] DH 302.

[21] Vgl. Pemsel-Maier, Sabine, »Halb Mensch, halb Gott«?, 60.

## 3.1 Warum kreuzestheologische Interpretationen heute nicht mehr verfangen

Lange Zeit prägten die sogenannten kreuzestheologischen Entwürfe die Christologie. Dass die zweite göttliche Person Mensch wurde, war – so der Duktus dieser Ansätze – allein der Erlösungsnotwendigkeit des Menschen geschuldet.[22] Mit anderen Worten galt die Krippe als Voraussetzung für das Kreuz nach dem Motto: Wenn Jesus nicht geboren worden wäre, hätte er auch nicht sterben und uns erlösen können. In einer Denkwelt, in der sich die Menschen ganz und gar als Sünder:innen verstanden, war das ein tröstlicher Gedanke. Gott scheute sich nicht, seinen Sohn dranzugeben, um uns Menschen herauszuhauen, so könnte man sagen. Wir heute empfinden diese, auf das Kreuz fokussierte Christologie als schwierig. Das heutige Lebensgefühl kennt Sündigsein kaum noch, ja tut sich selbst mit Schuld schwer. Auch der darin enthaltene Opfergedanke lässt Gott eher als furchterregende Fratze vorstellen, der nicht einmal seinen Sohn schont, denn als liebenden Gott.

Insofern wundert es nicht, dass vorher und nachher Theologien bemüht waren, die Inkarnation nicht nur als notwendige Voraussetzung für den Erlösungstod am Kreuz zu verstehen, sondern als Eigenaussage zu gewichten.

## 3.2 Die Grammatik Gottes ist die Liebe

Schon in den Schriften des Neuen Testaments, dann deutlicher ausgearbeitet bei Bonaventura und in der zeitgenössischen Theologie von Karl Rahner fundiert, dominiert heutige Verstehensweisen von Inkarnation der Gedanke, dass die Menschwerdung Ausdruck des tiefsten Gottsein Gottes ist, nämlich der Liebe.

Rahner versuchte in seiner Christologie, nicht nur philosophisch und theologisch zu klären, wie Jesu Mensch- und Gott-

[22] Vgl. Hoping, Helmut, Einführung in die Christologie, 123–134.

sein zu verstehen sind, sondern Wege auszumachen, wie die Rede von Jesus Christus und der Glaube an ihn für die Menschen von heute relevant werden könnten. Rahner hatte zu lange mitbekommen, dass der Christusglaube für das alltägliche Geschick der Menschen nichts mehr austrug. Was sollten Menschen schon daraus gewinnen, dass da irgendwann, vor langer Zeit, an einem fernen Ort in Palästina ein auf Erden wandelnder Gott in menschlicher Gestalt gelebt hatte? Christusglaube war eher Mythologie als eine Zusage für das konkrete Leben. Deshalb setzte Rahner alles daran, nach Bedingungen zu suchen, die Christologie von den Menschen her zu denken, und formulierte unter diesen Vorzeichen seine sog. transzendentale Christologie aus. Zwei Zielsetzungen prägten ihn dabei:

## Die Inkarnation ist nicht Anhängsel, sondern dichtester Ausdruck Gottes

Zum einen ging es Rahner darum, die Menschwerdung des Wortes Gottes nicht als nachträglichen Reparaturversuch Gottes zu interpretieren, der notwendig geworden war, weil der Mensch gesündigt hatte und deshalb erlöst werden musste. Inspiriert durch die Theologie des Bonaventura lag Rahner daran, die Menschwerdung der zweiten göttlichen Person als immer schon in Gott angelegten Ausdruck seines innersten Wesens zu verstehen, also der Liebe. Dazu strengte Rahner einen etwas komplizierten Gedankengang an, den er bei Hegel fand[23] und christologisch wendete.

Rahner setzte bei der Trinitätstheologie an und formulierte, »dass Gott, der Ursprungslose, sich selbst in sich und für sich aussagt oder aussagen kann und so den ursprünglichen, göttlichen Unterschied in Gott selbst setzt.«[24] Gott selbst ist es also, der in sich einen Unterschied begründet. Diese Differenz ist nicht etwas Widergöttliches oder Geschöpfliches. Gott sagt

---

[23] Vgl. dazu auch Ruhstorfer, Karlheinz, Von der Geschichte der Christologie, 323.

[24] Vgl. Rahner, Karl, Grundkurs des Glaubens, 221.139–142.

sich vielmehr ganz aus im Wort Gottes, im Logos. Dieses Sich-Aussagen macht Gott zutiefst aus, ja ist das Eigentliche und Wesentliche Gottes. Und – und das ist ein weiterer Aspekt – dieses Sich-Aussagen und Sich-Verschenken Gottes ist ein schöpferischer, kreativer Akt, wie er nur in der Liebe seine Höchstform findet. Das Wesen der Liebe aber ist, nicht bei sich zu bleiben, sondern sich an das Andere seiner Selbst zu verschenken. Damit wird das Wort Gottes, der Logos, zum Grund der Schöpfung. Dass das so ist, »garantiert« der Geist Gottes. Kenosis und Caritas, die sich im Sich-Verschenken an das Andere seiner selbst versinnbildlichen,[25] sind damit Grundaussagen Gottes. Die Schöpfung »entsteht«, indem sich Gott im Logos aussagt an das Andere seiner Selbst. Damit aber trägt die gesamte Schöpfung diese Grammatik des Logos. Rahner schreibt hier: »Gott entwirft die Kreatur schöpferisch, indem er sie aus dem Nichts in ihre eigene, von Gott verschiedene Wirklichkeit einsetzt, als die Grammatik einer möglichen Selbstaussage Gottes«.[26]

Die Menschwerdung des Logos ist nicht mehr irgendein Anhängsel, sondern wird zum Vollausdruck des Sich-Aussagens Gottes in der Schöpfung. Rahner formuliert das in seinem Grundkurs so: »Gott kann etwas werden, der an sich selbst Unveränderliche kann selbst am andern veränderlich sein.«[27] In der Menschwerdung verdichtet sich das innerste Wesen Gottes auf so radikale Weise, dass es nicht mehr zurückgenommen wird. Gott hat sich ein für alle Mal und unhintergehbar in der Inkarnation in die Welt eingeschrieben und sich die Welt und die Geschichte ganz zu eigen gemacht.

---

[25] Diese sinnenfällige, in der Praxis erfahrbare Caritas findet einen begrifflichen Ausdruck im Terminus »diakonales Handeln«. Diakonales Handeln ist hier freilich nicht zu verwechseln mit der Institution der Diakonie. Es darf auch nicht auf konkrete Aktionen reduziert werden. Diakonales Handeln umschreibt vielmehr eine Haltung des Sich-Verschenkens, die freilich auch sinnenhaft, leibhaftig erfahrbar werden muss.

[26] Rahner, Karl, Grundkurs des Glaubens, 221.

[27] Ebd., 316.

## Wie das Christusereignis für die Menschen relevant werden kann

Zum anderen suchte Rahner danach, wie das Christusereignis für die Menschen und deren Alltag wieder relevant werden könne. Dazu fragte er nach Bedingungen der Möglichkeit für die Menschwerdung Gottes. D. h., dass er den Menschen und was ihn ausmacht daraufhin absuchte, was in ihm eine Offenheit oder sogar Verwiesenheit auf das Christusereignis andeutet.[28] Damit wollte er die Fragen der Menschen und das Christusereignis deutlicher miteinander verschränken.

Rahner erreichte dies, indem er drei grundlegende Verfasstheiten des Menschen herauskehrte und als Bedingungen der Möglichkeit las, dass dieses Ausgestrecktsein des Menschen auf Transzendenz als Chiffre für das Eigentliche, Wesentliche und Ganze im Christusereignis beantwortet werden kann.

Als erste grundlegende Verfasstheit des Menschen identifiziert Rahner den »*Appell an die absolute Nächstenliebe*«.[29] Der Mensch sucht von seinem Innersten danach, ganz und gar geliebt zu sein und dieses Geliebtsein wiederum ganz und gar weiterzuschenken an andere. Im Grunde formuliert der Mensch in dieser Liebe zum anderen: Ich will nicht, dass du stirbst. Dass dies nicht nur ein Appell und eine Sehnsucht des Menschen bleibt, sondern sich auch einlöst, dafür steht die Hoffnung auf das Christusereignis. In ihm verwirklicht sich die absolute Liebe Gottes zum Menschen. Christus ist die Zusage, dass jemand zu mir sagt: Ich will, dass Du bist. Dies wiederum befähigt dann auch den Menschen, Liebender und sich ganz und gar Verschenkender zu werden.[30]

Eng damit verwoben ist der *zweite Appell*. Er setzt bei der *Erfahrung des Todes* an, in der sich der Mensch radikal der Ohnmacht ausgeliefert sieht. Dem Menschen steht es frei, diese Ohnmacht anzunehmen und darauf zu vertrauen, dass er trotz-

---

[28] Vgl. Tück, Jan-Heiner, Jesus Christus – Gottes Heil für uns, 160; Kraus, Georg, Jesus Christus – Der Heilsmittler, 444f.

[29] Rahner, Karl, Grundkurs des Glaubens, 288.

[30] Vgl. ebd., 289.

dem nicht im Nichts versinken wird, oder nicht. Dass nicht das Nichts, sondern das Leben siegt, ist eine Ur-Hoffnung, die nach jemandem sucht, in dem sie schon eingelöst wurde. In Jesus Christus, der sich der Erfahrung des Todes genauso stellen musste wie wir, könnte dieser Mensch entdeckt werden.

Der *dritte Appell* formuliert sich aus der *Hoffnung auf Zukunft*. Im Laufe seines Lebens muss der Mensch immer wieder mit der Spannung umgehen von Gelingen und Scheitern, von Werden, wer man ist, und der Erfahrung, daran vorbeizugehen. Dabei bleibt im Grunde nur die Hoffnung, dass diese Spannung zumindest in einem Einst austariert wird und es jemanden gibt, in dem sie einmal verwirklicht auch für alle anderen Geltung bekommt.

Damit wird deutlich, dass alle drei Appelle den Menschen als Wesen interpretieren, das auf einen absoluten Heilsbringer hofft, der die Sehnsucht des Menschen nach Heilsein und Ganzsein, nach Fülle und Leben einlöst – ein für alle Mal, für alle und auch mich.

### Das Sich-Verschenken Gottes stiftet zum Verschenken an

Dass dieser Heilsbringer nicht erst in einer fernen oder gar utopischen Zukunft erhofft werden muss, sondern in Jesus Christus schon einer von uns geworden ist, das ist die Hoffnung, die mit der Inkarnation aufgerichtet ist.

Auch wenn viele Kritikpunkte an der Rahnerschen Christologie nicht unberechtigt sind, wie z. B., dass das Kreuz nivelliert würde, dass die Christologie lediglich eine denkerische Ableitung aus der Anthropologie wäre etc., und Differenzierungen nötig machten, die z. T. von Rahner selbst noch unternommen wurden, so ist durch diesen Ansatz das Verständnis von Inkarnation und ihrer Bedeutung wieder an die richtige Stelle gerückt worden. Es wurde deutlich, dass Inkarnation und die Beschäftigung mit der Menschwerdung Gottes immer eine Erinnerung daran sind, was das innerste Wesen Gottes ist. Inkarnation als Ausdruck für die Grammatik der Liebe zu deuten, ist mit Rahners Christologie nicht zum ersten und nicht zum letzten Mal der Fall gewesen. Die Christologien entwickelten sich weiter, verschränken aber seitdem wieder deutlicher Christologie und Anthropologie miteinander und beziehen sich inhaltlich auf die Liebe »in ihrer Vollmacht und Ohnmacht«[31] als Erlösungsmoment (vgl. z. B. den Ansatz Thomas Pröppers, die philosophische Orientierung Gianni Vattimos, der die Selbstentäußerung Gottes zum Dreh- und Angelpunkt erklärt, u. a.).

Insgesamt machen diese Entwürfe deutlich, dass die Feier der Inkarnation an Weihnachten nicht einfach eine nostalgische Krippenidylle meint, sondern eine gefährliche Erinnerung umschreibt. Dies unterstreichen schon die Kindheitsevangelien. Der in der Krippe liegt, wird zum Anstoß für die Mächtigen und zum Skandalon für die Etablierten, die ihn vernichten wollen. Die Liebe ist immer auch ein ideologiekritischer Stachel für diejenigen, die sich zu Unrecht und auf Kosten anderer bereichern. Diese Erinnerung wird mit Weihnachten und jeder Weihnachtsfeier wachgehalten. Und deshalb ist es auch sinnvoll und richtig, das Sich-Verschenken Gottes in der Inkarnation durch das Weiterschenken auszudrücken. Die manchmal beargwöhnte Geschenkekultur an Weihnachten trifft damit im Grunde sehr genau in das Geheimnis der Inkarnation.

## 4 Ideen zu Lernwegen

Die folgenden Anregungen versuchen, unterschiedliche Aspekte des Themas »Das Wichtigste im Leben wird geschenkt« aufzugreifen bzw. Weihnachten selbst und die Feier der Menschwerdung Gottes in den Mittelpunkt zu rücken.

### 4.1 Humans – ein Projekt von Brandon Stanton

Das Fotoprojekt – oder ist es eher ein Blog? – begann 2010. Brandon Stanton wollte 10.000 Menschen in den Straßen New Yorks fotografieren und dann deren Portraits auf einen Stadt-

[31] Pröpper, Thomas, Erlösungsglaube und Freiheitsgeschichte, 236.

plan von New York pinnen. Ohne rechten Plan, wie dies funktionieren könne, aber getrieben von der Idee, ging Stanton Tag für Tag auf die Straße, um Menschen zu treffen – die meisten zufällig – und sie zu fotografieren. Es kam zu Gesprächen, die allmählich länger dauerten und schließlich genauso wichtig wurden wie die Fotos selbst. Anfangs unterlegte Stanton die Fotos nur mit Zitaten, die wie »kleine Funken etwas vom Inneren der Menschen zeigten«.[32] Dann schließlich veröffentlichte Stanton Teile der Interviews zusammen mit den Fotos. In seinem Projekt *Humans* zeigt Brandon Stanton eine Weise des Storytelling, die nicht nur für die USA oder Westeuropa funktioniert, sondern in unzähligen Ländern Menschen ein Gesicht bzw. eine Geschichte gibt.

Die Menschen erzählen vom Wichtigsten in ihrem Leben, von den Menschen, die sie am meisten mögen, von ihren Verletzungen und den fails, über die sie nicht hinwegkommen. Das alles nicht bei sich zu behalten, im Erzählen weiterzugeben, anderen anzuvertrauen, gibt nicht nur etwas von den Erzähler:innen preis, sondern lässt auch ahnen, wie sehr wir Menschen darauf angewiesen sind, unsere Geschichten und Erinnerungen miteinander zu teilen. Das Leid wird dadurch erträglicher und das Glück größer. Wir können uns als Beschenkte erfahren, solidarisch erleben oder auch als stumm Gewordene vor so viel Leid. Die Beschäftigung mit den storys in *Humans* hilft nicht nur, sich mit den unterschiedlichen Facetten menschlichen Lebens auseinanderzusetzen, sondern immer wieder die Frage nach dem bleibend Wichtigen zu stellen, nach Sinn, nach dem, wovon und woraus wir leben, und dass das Wichtigste nur geschenkt werden kann – wie geliebt zu werden und selbst zu lieben.

Sehr eindrücklich dafür sind die Portraits über den Vater eines gehandicapten Sohns in Kairo, Ägypten[33]:

---

[32] Stanton, Brandon, Humans, 1f. Den Hinweis auf dieses Projekt verdanke ich Dr. Andrea Betz.

[33] Ebd., 265.

Abb. 14: Stanton Brandon, Humans, Cairo, Egypt.

»Papa liebt Ibrahim. Er ist mein Liebster. Er ist mein ganzes Leben. Ich habe noch vier andere Söhne, aber ich liebe ihn etwas mehr, weil er es ein bisschen mehr braucht. Die Ärzte empfahlen eine Abtreibung, aber ich wollte es nicht hören. Er hatte nur drei Pfund, als er geboren wurde. Er brauchte einen halben Liter Milch am Tag. Ich verzichtete selbst auf mein eigenes Frühstück, nur um es für ihn zu kaufen. Ich habe ihn zu Erzieherinnen gebracht, als er sehr klein war, weil ich wollte, dass es ihm gut geht mit anderen Kindern. Ich fand eine Wohltätigkeitsorganisation, die Logopädie-Unterricht anbot, und ich brachte ihn fünfmal die Woche hin. Alles, was ich habe, würde ich ihm geben. Ich mache mir nur Sorgen, was passiert, wenn es mich nicht mehr gibt. Ich werde älter. Ich hatte eine größere Herzattacke vor zwei Wochen. Ich brach auf der Straße zusammen und alles, was ich denken konnte, war er. Meine Frau kann ihn allein nicht durchbringen und ich habe Angst, dass andere Leute nicht so gut zu ihm sein werden. Wenn ihn nämlich jemand ärgert, kann man ihn kaum im Zaum halten. Aber ich habe Geduld. Ich halte ihn dann. Ich tätschle ihn auf die Schulter. Ich tue alles, was er braucht. Ich hoffe nur, dass er immer jemanden haben wird, der dasselbe für ihn tut.«[34]

Oder, eher den Sinnaspekt thematisierend:

[34] Ebd., Übersetzung: Mirjam Schambeck.

Abb. 15: Stanton Brandon, Humans, Barcelona, Spain.

»Ich war Unternehmensanwalt für Coca-Cola. Ich arbeitete 80 Stunden die Woche. Dann, eines Tages, bat ich meinen Chef um einen einzigen freien Freitagnachmittag. Er sagte nein. So ließ ich meinen Hund bei meinem Bruder und haute nach Europa ab. Das war vor zehn Jahren. Es war verdammt kalt.«[35]

## 4.2 ... dass die Gabe du selber bist – Joachim Ringelnatz

In dem Gedicht »Schenken« reiht Joachim Ringelnatz (geboren am 07.08.1883 in Wurzen/Sachsen, gestorben am 17.11.1934 in Berlin) ganz unterschiedliche Aspekte aneinander, die mit dem Schenken zu tun haben. Geschenke können sein, was sie mögen, groß oder klein, sie sollen Gabe sein und nicht ein Trick, den anderen zu beschämen, zu überwältigen oder abhängig zu machen. Ringelnatz macht auf seine sinnige Weise deutlich, dass Geschenke mehr sind als der Tausch materieller

[35] Ebd., 325, Übersetzung: Mirjam Schambeck.

Güter. In ihnen schwingt der Geber genauso mit wie der Beschenkte. Die Gedanken, die sich der Schenkende bei der Auswahl des Geschenks gemacht hat, zeigen etwas von seiner Beziehung zum Beschenkten. Das Geschenk aber zeigt auch etwas vom Schenkenden. Ringelnatz meint sogar so sehr, dass »dein Geschenk Du selber bist«.

> Schenken
> Schenke groß oder klein,
> aber immer gediegen.
> Wenn die Bedachten
> die Gaben wiegen,
> sei Dein Gewissen rein.
>
> Schenke herzlich und frei.
> Schenke dabei,
> was in Dir wohnt
> an Meinung, Geschmack und Humor,
> so dass die eigene Freude zuvor
> dich reichlich belohnt.
>
> Schenke mit Geist ohne List.
> Sei eingedenk,
> dass dein Geschenk
> Du selber bist.
> *Joachim Ringelnatz*[36]

Über das Gedicht können die unterschiedlichen Aspekte gehoben werden, die mit dem Schenken verbunden sind, und was dies über den Geber und den Beschenkten aussagt. Damit wird auf ganz unaufgeregte Weise verstehbar, was es bedeutet, wenn wir an Weihnachten feiern, dass sich uns Gott in seinem Sohn ganz geschenkt hat. Jedes Weihnachtsgeschenk könnte einen Schimmer von diesem Geheimnis transportieren.

---

[36] Ringelnatz, Joachim, Jeder summt sein Sümmchen, 72.

7. Kapitel:

# »Tut mir leid, dass Jesus gekreuzigt wurde, hätte er wegen mir nicht gemusst« – Von Kreuz und Erlösung reden, vom Unzumutbaren und Glückenden

So theologisch klar die Aussage auch sein mag, dass der Gekreuzigt-Auferweckte in der Mitte des christlichen Glaubens steht, so viele Fallstricke tun sich zugleich bei der Thematisierung im Religionsunterricht auf. Reduzierten Lehr-/Bildungspläne und Schulbücher das Thema lange Zeit auf das Aufzählen historischer Fakten – also wann Jesus gekreuzigt wurde, wie eine Kreuzigung bis ins Detail hinein abläuft –[1], setzt sich in jüngster Zeit zwar immer mehr durch, den Fakt der Kreuzigung Jesu mit heilsgeschichtlichen Deutungen zu verbinden. Nach wie vor bleibt aber als Leerstelle übrig, sich nicht nur bei tradierten soteriologischen Modellen aufzuhalten und sie zu erläutern, sondern die Schüler:innen selbst zum Theologisieren zu ermutigen und zu befähigen;[2] und außerdem, nach soteriologischen Deutungen Ausschau zu halten, die Kinder und Jugendliche auch angehen. Das folgende Kapitel stellt sich diesem Fächer an Aufgaben, die über die kommenden beiden Blenden nochmals veranschaulicht werden.

## 1 Zwei Blenden zum Einstieg

### 1.1 Was wisst Ihr denn eigentlich schon davon?

Es ist einer dieser vielen Videoclips auf Youtube.[3] In »Was wisst Ihr denn eigentlich schon davon?« spricht eine Frauenstimme in die unterschiedlichen Szenen hinein, die gleich präsentiert werden: Was wisst Ihr denn schon davon?, denkt sich die Frau, die in den triefenden Burger beißt und die Blicke im Restaurant spürt: Kein Wunder, dass Du so dick bist. Was wisst Ihr denn schon davon, dass sie in der letzten Zeit 20 Pfund abgenommen hat, aber mit ihrem Neffen, der zu Hause nur Dinkelbrot und andere gesunde Sachen zum Essen bekommt, ins Burger-Res-

---

[1] Vgl. Zimmermann, Mirjam, Kindertheologie, 320f.

[2] Vgl. ebd., 321.

[3] Vgl. Mielitz, Nina/Fuchs, Anke, Was wisst ihr denn eigentlich schon davon? Ein Film über Vorurteile.

taurant geht – sie will doch die Lieblingstante bleiben. Was wisst Ihr denn eigentlich schon davon – glotz' nicht so, denkt sich Roland im Rollstuhl, als er wieder mal an der Bushaltestelle angestarrt wird von dieser Frau, bis sich Roland hastig abwendet und mit dem Rollstuhl davonfährt. Was wisst ihr denn schon davon, denkt sich die Frau an der Bushaltestelle, Roland fest im Blick, für die vor zwei Wochen eine neue glückliche Welt zu beginnen schien, endlich Familie, und dann die Diagnose alles zerstörte, dass ihr Baby niemals etwas tun können wird, nicht einmal wie Roland seinen Rollstuhl mit den Händen bewegen. Was wisst Ihr denn schon davon, grübelt Gerhard vor sich hin, 63 Jahre alt und anscheinend zu nichts anderem mehr fähig, als ständig auf dem Spielplatz rumzuhängen, so dass die Mütter ihre Kinder schon nicht mehr alleine dorthin gehen lassen. Was wisst Ihr denn schon davon, dass Gerhard es verlernt hat, die Menschen anzusprechen seit dem Unfall damals vor 20 Jahren, der alles ausgelöscht hat, seine beiden Töchter, die mal ebenso klein waren wie die Kinder hier. Was wisst Ihr denn eigentlich schon davon?

Die Schlichtheit des Satzes brennt sich genauso wie die einfache Bildersprache ein, wenn man den Videoclip ansieht. Was Menschen erleben, wie brutal ihre Welten aussehen, ist nicht immer auf den ersten Blick zugänglich. Und doch: Menschen wird im Leben viel zugemutet und sie können – und das ist ein weiterer Schlag obendrein – nicht einfach mit der Solidarität und dem Verständnis anderer rechnen. Diese Erfahrungen, Schlimmes aushalten zu müssen, ungerecht behandelt zu werden, das Leben zwischen den Fingern zerrinnen zu spüren, ist nicht nur etwas, das in der Erwachsenenwelt vorkommt. Wie Kinder- und Jugendstudien auch schon vor Corona zeigten, müssen Kinder und Jugendliche mit äußerst schwierigen Erfahrungen von Scheitern umgehen – wenn Beziehungen in die Brüche gehen, wenn Menschen aus dem nächsten Umfeld sterben, wenn Mobbing und Ausgrenzung schulischen Alltag bestimmen. Jede und jeder macht solche Erfahrungen und zugleich gibt es kaum noch Platz, darüber zu sprechen, öffentlich oder auch im Freundeskreis und der Familie.

## 1.2 Kreuz Jesu – eigentlich klar, aber auch mit den Konsequenzen?

Dass der Kreuzestod Jesu nicht einfach ein historisches Ereignis, sondern eine fundamentale Aussage über Gott ist, gehört zum Kern christlichen Glaubens. Nicht ein Triumphator, Emporkömmling oder Hochglanzdandy steht in der Mitte des Glaubens, sondern ein Gescheiterter. Das ist lapidar so hingeschrieben, hat aber enorme Konsequenzen.

Der Gekreuzigte provoziert, indem er die Frage nicht verstummen lässt, wo die Gescheiterten in den christlichen Gemeinden einen Platz haben und ob und wie man den Christ:innen anmerkt, dass sie mit den Benachteiligten in Kontakt sind. Wie passt ein Gekreuzigter in eine Welt, in der es um Erfolg, Macht und Prestige geht? Was bedeutet ein Gescheiterter für die eigenen Erfahrungen von Scheitern, Ausgegrenztwerden und Nicht-mehr-weiter-Wissen? Können die Auseinandersetzungen mit dem Kreuzestod Jesu in unsere Zeit hinein übersetzt werden als ermutigende Zusage, den eigenen Erfahrungen des Scheiterns nicht gnadenlos ausgeliefert zu sein, sondern die Hoffnung wachhalten zu dürfen, dass sich Gott nicht davonstiehlt? Sind dies hilfreiche Aktualisierungen der alten soteriologischen Fragen, wozu Jesus gestorben ist? Dürfen wir mit Blick auf das erlittene Scheitern Jesu die Ahnung laut werden lassen, dass die schrecklichen Zeiten des Lebens nicht gottlose Zeiten zu sein brauchen? Dürfen wir daraus die Hoffnung ziehen, dass Gott auch da mit uns aushält? Brauchen wir also die Desaster unseres Lebens nicht auch noch mit dem Gedanken zu befrachten, dass es verlorene Zeiten sind, weil nur die glücklichen Momente zählen?

All diese Provokationen und noch mehr weckt ein Gekreuzigter als Mitte des Glaubens. Die herausfordernde Frage aber bleibt, ob diese Provokationen Menschen heute noch angehen. Sind die Provokationen lesbar, d. h., interessieren sie jemanden, interessieren sie junge Menschen, oder sind sie so vom Staub theologischer Binnensprache und kirchlicher Ghettotendenzen überlagert, dass man ihre lebensweisende Botschaft gar nicht mehr hört?

Die Herausforderung religionspädagogischer Arbeit liegt angesichts dieser Blenden darin, nach »Chiffren« zu suchen, die sowohl in die Lebenswelt der Schüler:innen als auch in die theologischen Deutungen um den Kreuzestod Jesu hineinreichen. Das folgende Kapitel rückt deshalb die Erfahrungen von Scheitern, von Gebrochenwerden und Gebrochensein in den Mittelpunkt, um die theologische Aussage vom Kreuzestod als Unterrichtsthema zu erschließen. Dazu ist es notwendig, die unterschiedlichen Weisen der (Nicht-)Auseinandersetzung von Kindern und Jugendlichen mit dem Kreuzestod Jesu herauszuarbeiten und zu fragen, welchen Ertrag die Lesart des Kreuzestodes Jesu als Erfahrung des Scheiterns für sie haben kann, um dann das für die fachdidaktische Wissensfacette des DAuEW bedeutsame theologische Fachwissen zu erläutern.

## 2 »Ich hab' keinen Bezug dazu …« – von der Irrelevanz der Heilsbedeutung des Todes Jesu

In einer Interviewstudie mit 22 jungen Menschen im Alter von 13 bis 23 Jahren antwortet eine 18-jährige Abiturientin, gefragt nach dem Tod Jesu und wie sie ihn verstehe: »Ich hab' keinen Bezug dazu, … dass vor ganz vielen Jahren jemand für die Menschheit gestorben ist«.[4] Obwohl sie den Glauben für sich als eher wichtig einschätzt und der Aussage vom Kreuzestod Jesu ein zentrales Gewicht für den christlichen Glauben zumisst, kann sie ihm keine Bedeutung abgewinnen. So oder so ähnlich geht es nicht nur Lara. Obwohl es durchaus divergierende Befunde aus den vielfältigen empirischen Studien zum Thema »Kreuzestod« gibt,[5] zieht sich wie ein roter Faden die Erkenntnis durch, dass sich – je nachdem – die befragten Kinder und Jugendlichen von der Frage nach der Bedeutung des Kreuzestodes Jesu peinlich berührt fühlen, sie für irrelevant hal-

[4] Vgl. Schambeck, Mirjam, Das Kreuz zwischen theologischer Lehre und existentieller Irrelevanz, 307.

[5] Vgl. Pemsel-Maier, Sabine, Gott und Jesus Christus, 146–148.

ten oder auch dazu ganz explizit auf Distanz gehen. Es ist nicht nur unverständlich, warum der Tod Jesu nach 2000 Jahren eine Relevanz haben könnte. Die Brutalität der Kreuzigung und die Vorstellung, dass diese gewollt, ja von Gott verursacht sei, schreckt ab und verstört eher, als dass sie Interesse weckt, herauszufinden, was damit gemeint ist.[6] Und außerdem: Der enge Konnex, den das Rechtfertigungsgeschehen aufrichtet zwischen »eigener Sündigkeit« und der Erlösung durch den Kreuzestod Jesu, lässt nicht nur junge Menschen mit den Schultern zucken. Aus meiner eigenen Unterrichtspraxis und Arbeit mit Kindern und Jugendlichen erinnere ich mich noch gut an den Einwurf eines Sechstklässlers, der nach der intensiven Beschäftigung mit dem Kreuzestod Jesu meinte: »So Schlimmes habe ich nun auch wieder nicht angestellt, dass er für mich hätte sterben müssen!«

Mindestens ebenso stark wie die auffallende Irrelevanz des Todes Jesu zeigt sich quer durch die vorliegenden Untersuchungen, dass Kinder und Jugendliche eine Vielzahl tradierter und selbst entwickelter soteriologischer Deutungen erinnern und aussagen. Manfred Pirner konnte in seiner Studie mit Erst- bis Drittklässlern zeigen, dass die Schüler:innen theologische Aussagen gekonnt lebensweltlich verorteten. Der Stellvertretungsgedanke wird dann beispielsweise so formuliert: Jesus »badet durch seinen Tod aus«, was die Menschen angestellt haben, oder es ist davon die Rede, dass er sich für uns »blamiert« und »geschämt« habe.[7] Ähnliches arbeitet Mirjam Zimmermann in ihren verschiedenen empirischen Untersuchungen heraus. Sie kann darlegen, dass schon Kinder in der Lage seien, heilsgeschichtliche Deutungen nicht nur wiederzugeben, sondern auch eigenständig zu entwickeln.[8]

---

[6] Vgl. Schambeck, Mirjam, Das Kreuz zwischen theologischer Lehre und existentieller Irrelevanz, 309f; Hanisch, Helmut/Hoppe-Graff, Siegfried, »Ganz normal und trotzdem König«, 119f.

[7] Vgl. Pirner, Manfred, Für uns gestorben, 80.

[8] Vgl. Zimmermann, Mirjam, Kindertheologie, 407.

Auch Jugendliche changieren zwischen tradierten Deutungen des Todes Jesu und Aktualisierungsversuchen in ihre eigene Lebenswelt hinein, lassen aber auch deutlich erkennen, dass Glaube oder Glaubenssprache keine gebräuchlichen Referenzpunkte ihres Alltags sind.

In der eingangs erwähnten Interviewstudie konnte ich sechs Modi herausarbeiten, wie Jugendliche mit den theologischen Deutungen des Todes Jesu umgehen. Zu finden sind:[9]

1. *Der Modus des Vergessens bzw. Nicht-Erinnerns*, da Jugendliche keine der tradierten theologischen Deutung anführen (können).
2. *Der Modus der Distanzierung*, in dem Jugendliche sich von theologischen Deutungen explizit distanzieren – sowohl intellektuell als auch existentiell.
3. *Der Modus der Irrelevanz*, wie er auch oben schon zur Geltung kam, insofern die Befragten zwar theologische Deutungen formulierten, ihnen aber keinerlei existentielle Relevanz beimaßen.
4. *Der Modus der Repetition (Floskelstadium)*: Für diesen Typ ist kennzeichnend, dogmatische Formelsprache zwar wiederholen zu können, genauso deutlich wurde aber in den Aussagen, dass sie von den Proband:innen weder kognitiv noch existentiell durchdrungen wurden.[10]
5. *Der Modus der defizienten Adaption*, insofern die Äußerungen theologisch unterkomplex ausfielen, und schließlich:
6. *Der Modus der Transformation theologischer Tradition*, in dem die getätigten Aussagen sowohl theologisch komplex als auch auf die Lebenswelt der Befragten hin aktualisiert wurden.

[9] Vgl. zum Folgenden: Schambeck, Mirjam, Das Kreuz zwischen theologischer Lehre und existentieller Irrelevanz, 310–313.

[10] Zum gleichen Ergebnis kommt Michaela Albrecht, Für uns gestorben; dies., Vom Kreuz reden im Religionsunterricht.

Als Aufgaben für einen qualitätsvollen Religionsunterricht lassen sich insofern formulieren:[11] 1. Schüler:innen enzyklopädisches Wissen zur Verfügung zu stellen, um theologische Sachverhalte kennenzulernen, 2. Theologie lebenssatt auszusagen, so dass Schüler:innen theologisches Wissen verstehen, 3. theologische Zusammenhänge aufzuzeigen, so dass Schüler:innen über konfiguriertes theologisches Wissen verfügen, und 4. zu einer Komplexitätssteigerung theologischen Nachdenkens zu motivieren und Schüler:innen zu befähigen, durch theologisches Wissen urteils- und damit auch entscheidungsfähig zu werden.

Da dies freilich nur über die Thematisierung konkreter Aspekte aus der vielfältigen Deutungswelt um den Tod Jesu geschehen kann, ist es, wie gesagt, eine der wichtigen Aufgaben der Theologie insgesamt und der Religionspädagogik im Besonderen, »Chiffren« zu finden, die zum einen mitten in die Lebenswelt Jugendlicher zielen als auch in die Mitte des Kreuzestodes und der vielen Versuche, ihn zu deuten. Im Folgenden wird deshalb die Erfahrung des Scheiterns als Mittelungsphänomen noch deutlicher beleuchtet und gefragt, was sie in einer Welt austrägt, die für das Scheitern keinen Ort mehr hat.

## 3 Scheitern in einer glatten Welt – verboten!

Erfahrungen des Scheiterns sind alltäglich, quer durch alle Milieus und Schichten anzutreffen und zugleich gibt es gesellschaftlich keinen Platz für sie. Richard Sennett, amerikanischer Soziologe, spricht vom Scheitern als dem »große[n] moderne[n] Tabu«.[12] Obwohl die Palette solcher Erfahrungen so vielfältig ist, wie sie im Videoclip »Was wisst Ihr denn eigentlich schon davon?« angedeutet wurde, haben wir gesellschaftlich die Sprache verloren, über Scheitern, Misslingen und Erfolglosigkeit zu sprechen. Scheitern wird verdrängt, tabuisiert, als selbst verschuldet

[11] Vgl. zum Folgenden: Schambeck, Mirjam, Das Kreuz zwischen theologischer Lehre und existentieller Irrelevanz, 314–319.

[12] Sennett, Richard, Der flexible Mensch, 159.

abqualifiziert und privatisiert[13] – kurz: Scheitern ist verboten. In Gesellschaften, die das Verständnis eines souveränen Menschen in den Mittelpunkt rücken, hat das Scheitern keinen Platz mehr. Das hat Auswirkungen bis in unsere Sozialleistungssysteme hinein, insofern Hilfen eng an bestimmte Voraussetzungen gebunden sind und deren Nicht-Einhaltung streng sanktioniert wird (wenn z. B. Arbeitsstellen wiederholt nicht angetreten werden), auch wenn die Notsituation weiterbesteht bzw. durch die Sanktionsmaßnahmen sogar noch verschärft wird.

Medial werden Vorbilder hochgehalten, die schön sind, jung, dynamisch und erfolgreich. Selbst die Looser in den Reality-Soaps untermauern diese Bilder, insofern sie als Kontrastfolien und abschreckende Beispiele vor Augen führen, wie es im Leben auf keinen Fall laufen soll. Ob dies die Varianten des Transhumanismus sind, die einen defizienten, kranken Körper als Beleidigung auffassen und durch biologisch-technische Optimierung dem Kranksein und letztlich dem Sterben Herr zu werden versuchen, oder die gesellschaftlich verhängten Tabus über die Brüche im Leben – die Frage stellt sich, wohin Menschen mit ihren Erfahrungen von Misserfolg und Scheitern gehen sollen. Wohin sollen junge Leute gehen, um mit diesen schrecklichen Erfahrungen nicht alleine zu bleiben?

Der Glaube ist kaum noch als Deute- und Orientierungsressource verfügbar, obwohl er gerade in einer glatten Welt mit ihrem Optimierungswahn einiges zu bieten hätte: Jesus scheiterte mit seiner Botschaft, Jesus scheiterte mit seinem Handeln, Jesus wurde sogar von den engsten Freunden verlassen und konnte am Ende nicht einmal mehr wissen, ob ihn nicht auch Gott aufgegeben hatte. Auch wenn man nicht davon ausgehen kann, dass die Thematisierung des Schicksals Jesu sofort einen Referenzrahmen für die eigenen Lebenserfahrungen bietet, ist es Aufgabe des Religionsunterrichts, solche Deuteangebote zumindest zur Verfügung zu stellen. Ähnlich wie es soteriologische Deutungen immer taten, nämlich das Leben und Sterben Jesu für die Kontexte und Lebenserfahrungen der Menschen zu-

---

[13] Vgl. Kern, Christian, Ziemlich menschlich, 164.

gänglich zu machen und aus ihnen heraus nach Anknüpfungspunkten für den Glauben zu suchen, könnte die Beschäftigung mit dem Scheitern Jesu Anstöße geben, die eigenen Erfahrungen des Scheiterns nicht ausblenden zu müssen und zumindest den Impuls hin- und herzuerwägen, dass hoffentlich das Scheitern nicht das letzte Wort über unser Leben hat.

## 4 Das Scheitern Jesu ist nicht wegzureden – Deutung des Kreuzestodes Jesu als Erfahrung des Scheiterns

### 4.1 Soteriologische Deutungen als Versuch, dem Unbewältigbaren beizukommen

Die Vielzahl von Deutungen, die sich zum Kreuzestod Jesu finden lassen, sind nicht nur der Verschiedenheit der Kontexte zu verdanken, in die hinein der christliche Glaube formuliert wurde. Sie entstammen auch dem Impuls, diesem Unbewältigbaren, das der Kreuzestod Jesu darstellte, beizukommen. Man kann sogar sagen, dass der Kreuzestod Jesu als so große Schande empfunden wurde, dass in den neutestamentlichen Schriften alles dafür getan wurde, mit diesem Skandal irgendwie umzugehen; denn so schlimm es war, dass Jesus starb, so unfassbar war es sowohl für die hellenistisch-römische als auch für die jüdische Welt, dass Jesus am Kreuz hingerichtet wurde.

Im römischen Recht war die Kreuzigung die schlimmste Strafe, die verhängt werden konnte. Nur Schwerverbrecher und Verräter wurden so hingerichtet. Kein römischer Bürger durfte gekreuzigt werden. Nur Nicht-Römern wurde diese sich oft tagelang hinziehende Folter und der grässliche Erstickungstod am Kreuz zugemutet.[14] Und auch im Judentum galten die Gekreuzigten als von Gott Verfluchte (vgl. Dtn 21,22f). Wie also sollte gerade ein Gekreuzigter als Messias, Erlöser, Retter, Sohn Gottes geglaubt werden? Für die frühen Christen waren die Kreuzigungen ein so schrecklicher Anblick und die auch re-

[14] Vgl. Ebner, Martin, Der Tod Jesu – ein Scheitern?, 194.

ligiös motivierte Schande so widerlich, dass Künstler:innen erst ab dem 5. Jh. begannen, Jesus am Kreuz abzubilden. Es musste also ein Referenzrahmen gefunden werden, in dem der Skandal des Kreuzes lesbar wurde und in einen Zusammenhang gebracht werden konnte mit der Botschaft und dem Leben Jesu, die so ganz und gar vom guten Leben sprachen.

So entwickelten sich ganz unterschiedliche soteriologische Modelle; und allein das ist schon eine wichtige Aussage. Es gibt in den neutestamentlichen Schriften nicht die eine Deutung, mit dem Kreuzestod Jesu umzugehen, sondern viele verschiedene. Keine steht für sich allein. Jede Zeit hat die Aufgabe, immer neue und im Kontext der eigenen Welt verstehbare Deutungen zu finden, was es heißt, dass am Ende des Lebens Jesu das Kreuz steht.[15]

In der Theologie haben sich unterschiedliche Systematisierungen der soteriologischen Modelle ausgebildet: Es gibt Modelle mit kultischen Anleihen, ökonomischen, juristischen, politischen und militärischen.[16] Das kultische Modell beispielsweise operiert mit Vorstellungen von Opfer und Sühne, das politische mit Themen wie Gefangenschaft, Lösegeld und Sieg, das juristische, das v. a. durch Anselm von Canterbury bekannt wurde, argumentiert in Kategorien von Wiedergutmachung, Vergleichbarkeit von Verfehlung und zurückzugebender Gabe, und das personale Modell mit Begriffen wie Gemeinschaft, Freundschaft und Freiheit.[17]

All diese unterschiedlichen Deutungen funktionieren nur dort, wo ihre kontextuellen Bezüge ernst genommen werden, wie z. B. das germanische Lehenssystem, das der Satisfaktionstheorie Anselm von Canterburys zugrunde liegt. Und sie sind nur dort von Ertrag, wo Menschen sie als aussagefähig für ihre Lebenserfahrungen empfinden. Gerade deshalb ist die Erinnerung an das Scheitern Jesu, das sich in seinem Kreuzigungstod so unumstößlich zeigte, und die Hoffnung, dass das Scheitern

---

[15] Vgl. Sattler, Dorothea, Erlösung?, 83f.

[16] Vgl. Pemsel-Maier, Sabine, Gott und Jesus Christus, 149f.

[17] Vgl. auch Zimmermann, Mirjam, Kindertheologie, 272–287.

nicht zur Totalaussage werden muss, in einer glatten Welt so vielversprechend, die die Brüche im Leben verschweigt.

Was die neutestamentlichen Schriften versuchten, um sich dem Paradox des Kreuzes anzunähern, ist auch, wie Mirjam Zimmermann vorschlägt, für die religionspädagogische Erschließung des Todes Jesu hilfreich. Sachfragen zur Kreuzigung müssen zusammen mit heilsgeschichtlichen Deutungen verhandelt werden und der Zugang zum Tod Jesu muss über sein Leben erfolgen.[18] Insofern soll zunächst beleuchtet werden, wie Jesus in seinem Leben und Handeln erfahren musste, dass seine Verkündigung nicht gehört wurde, und wie die Evangelien die Versuchung zwar kannten, einen urchristlichen Superman zu zeichnen, ihr aber doch nicht erlagen.

## 4.2 Von der Versuchung, Jesus als Superman zu zeichnen, und der Antwort der Evangelien

Vor allem die Wundertätigkeit Jesu warf in den Gemeinden von damals wie bei heutigen Leser:innen die Frage auf, ob hier nicht doch ein Superman zugange war – oder in der Diktion der hellenistischen Umwelt des 1. Jh. n. Chr. ein »göttlicher Mensch« (theios aner). War Jesus vielleicht so ein Wunderheiler wie Apollonios von Tyana, der ca. 96/97 n. Chr. starb und aufgrund seiner vielen Wundertaten als Mensch mit göttlichen Fähigkeiten geglaubt wurde?[19] Liest man die Wundererzählungen in Mk 1–3 und ihre Parallelen in den anderen Evangelien, ergeben sich viele Ähnlichkeiten. Qualifiziert als »geliebter Sohn«, an dem Gott sein Gefallen gefunden hat (Mk 1,10f), in der Wüste von Engeln bedient und geborgen wie im messianischen Frieden (vgl. Jes 11,6–10), lehrt Jesus mit göttlicher Vollmacht und heilt die Menschen wie aus dem Nichts. Jesus ist stärker als die unreinen Geister (vgl. Mk 1,23–28), braucht nicht einmal ein Heilungswort (vgl. Mk 1,29–31), heilt nicht nur einige,

---

[18] Vgl. ebd., 300.312.315f.320.

[19] Vgl. Theißen, Gerd/Merz, Annette, Der historische Jesus, 276.

sondern viele (vgl. das Summarium in Mk 1,32–34). Er geht von einem Erfolg zum nächsten, so dass sich die Menschen immer mehr um ihn drängen (Mk 3,7–12) und ihm sogar bis in unwegsames Gelände folgen (Mk 6,30–44).

Dieses Auftreten muss wie die Geschichte von Superman wirken und doch wehren die Evangelien die Deutung Jesu über die theios aner-Deutung – die Vorstellung eines Menschen mit göttlichen Zügen – und auch andere elitär-gnostische Vereinnahmungen scharf und präzise ab: Das geschieht zum einen durch die vielen Erzählungen in den Evangelien, die die Erfahrungen des Scheiterns Jesu und der Jünger nicht verschweigen.[20] Das wird aber auch deutlich, insofern sich Jesus nicht als Wundertäter um der Wunder willen darstellt, sondern sich, was er sagt und was er tut, als Anbruch und Durchbruch der Wirklichkeit Gottes mitten im Jetzt versteht.[21]

### 4.2.1 Die vielen Erfahrungen von Misserfolg und Scheitern

Die Evangelien sprechen sehr unverstellt vom Misserfolg Jesu und seiner Jünger. Weder seine Botschaft, dass das Reich Gottes schon angekommen ist (Mk 1,15), dass hier neue Maßstäbe gelten und die Armen selig geheißen, die Trauernden getröstet werden, die reinen Herzens gefragt und die Friedensstifter gesucht sind (Mt 5,3–12), kommt an, noch bewegen seine Wundertaten die Menschen, nicht am Vordergründigen hängen zu bleiben, sondern der Wirklichkeit Gottes zu glauben (vgl. Joh 6,26–35).

Diese Misserfolge beginnen schon früh in der erzählten Jesusgeschichte. Kaum hat Jesus die ersten Wunder gewirkt und den Menschen in Gleichnissen Bilder angeboten, die sie ahnen lassen, wie es im Reich Gottes zugeht, fangen die Menschen in seiner Heimatstadt an zu murren, was dieser Zimmermannssohn will (vgl. Mk 6,4–6 par). Man kennt sich, was soll so einer also schon zu sagen haben? Jesu Konsequenz daraus: Er kann dort keine Wunder wirken und zieht weiter (vgl. Mk 6,4–6a).

---

[20] Vgl. Liste: Scheitern. Ausgewählte Texte der Bibel.

[21] Vgl. Theißen, Gerd/Merz, Annette, Der historische Jesus, 276.

Auch seine Wunder gelingen entweder nicht sofort oder werden von den Menschen nicht richtig verstanden. In Mk 8,22–26 will Jesus einen Blinden in der Nähe von Betsaida heilen. Er führt ihn vor das Dorf, bestreicht seine Augen mit Speichel, legt ihm die Hände auf, aber der Mann sieht nur verschwommen. Erst die Wiederholung der Heilungsgeste führt zur Heilung des Blinden.

Dass Jesus immer wieder mit Niederlagen zu kämpfen hat, dass seine Worte leer verhallen, seine Taten Menschen unbeeindruckt oder sogar feindselig zurücklassen (s. v. a. die Widersacher Jesu unter den Schriftgelehrten und Pharisäern), ist das Eine. Das Andere ist, dass auch seine Jünger scheitern. Das beginnt allein schon damit, dass es nicht einmal mit der Berufung von Jüngern klappt (vgl. Mt 8,18–22 par; Lk 9,57–62): Den einen ist es zu anstrengend, sich mit der Besitzlosigkeit zufriedenzugeben und kein Zuhause mehr zu haben, die anderen wollen die Bande ihres Familienclans nicht zurückstellen und wieder andere sind zu sehr an ihren Besitz gefesselt, als dass sie ihn loslassen könnten (vgl. Mk 10,17–31).

Als die Jünger dann losziehen und von Jesus beauftragt, die Botschaft vom Reich Gottes verkünden wollen, werden sie nicht einmal aufgenommen, geschweige denn gehört (vgl. Mk 6,11; Lk 10,10–12). Die Evangelien blenden die Erfahrung aus ihren Gemeinden zurück in die Zeit Jesu und machen unmissverständlich deutlich, dass die Jünger Jesu, ob damals oder heute, damit rechnen müssen, genauso viele Niederlagen einstecken zu müssen, ja vielleicht genauso mit dem Leben bezahlen zu müssen wie Jesus selbst. Der Kreuzestod Jesu ist damit nicht nur beispielslos und unglaublich. Er reiht sich ein in die vielen Erfahrungen der erzählten Jesusgeschichte vom Misslingen der Reich-Gottes-Botschaft und vom aktiven Widerstand der Mächtigen, die nicht bereit sind, ihre gewohnten Privilegien (Tempel, Prestige durch religiöse Stellung) einzubüßen. Als Prophet, wie sich Jesus verstand, musste er damit rechnen, dass auch ihn das Prophetenschicksal treffen würde. Das aber konnte nur in Jerusalem der Fall sein.

### 4.2.2 Der Kreuzestod – Scheitern auf ganzer Linie

Musste Jesus das Scheitern seiner Botschaft und seines Handelns zur Kenntnis nehmen, so überwölbt der Kreuzestod alles und zeigt sein Scheitern auf ganzer Linie. Nicht nur, was Jesus gesagt und getan hat, wird sowohl von der römischen Besatzungsmacht als auch dem jüdischen Umfeld angefragt, ja als verwerflich und gefährlich gebrandmarkt. Er selbst ist den politischen und religiösen Mächten zu bedrohlich geworden. Ihn zu eliminieren, war die logische Konsequenz daraus.

Das Markusevangelium, das Exegeten auch als Passionserzählung mit einer langen Einleitung charakterisieren (William Wrede), gestaltet die Passion Jesu zum ersten Mal in den neutestamentlichen Schriften aus. Die dramaturgisch konsequent durchgeführte Komposition ist zum einen inspiriert durch die Strukturelemente von Ps 22 (Erzählung von der Kleiderverteilung: Mk 15,34 – Ps 22,19; vom Spott der Gaffer: Mk 15,29f.31f – Ps 22,8f; bis zum Sterbegebet Jesu: Mk 15,34 – Ps 22,2).[22] Zum anderen greift sie die Abfolge von Kreuzigungen auf, die den Menschen, die unter römischer Herrschaft lebten, gut bekannt war.

Kreuzigungen begannen normalerweise mit der Geißelung (verberatio) als Vor- bzw. Begleitstrafe, dem Gang zur Hinrichtungsstätte, die sich entweder innerhalb des Stadtbezirks an einem wichtigen Ort wie dem Rathaus oder dem Tempel befand oder außerhalb an gut sichtbaren und damit meist erhöhten Orten.[23] Dort waren die Längsbalken (stipes) schon aufgerichtet. Wegen der Häufigkeit von Kreuzigungen ist davon auszugehen, dass diese fest installiert und damit beliebig oft gebrauchsfähig waren. Der Verurteilte musste den Querbalken (patibulum) selbst zur Hinrichtungsstätte schleppen. Oft wurde ihm ein Schild vorausgetragen, auf dem die Schuld angegeben war, deretwegen er verurteilt worden war. War der Delinquent am Hinrichtungsort angekommen, wurde er an den Querbalken

[22] Vgl. Ebner, Martin, Jesus von Nazaret in seiner Zeit, 206.
[23] Vgl. zum Folgenden ebd., 207f.

angebunden oder, wie im Fall Jesu, angenagelt und dann am Längsbalken hochgezogen, so dass sich die Kreuzesform ergibt. Um den Erstickungstod hinauszuzögern und die Qualen der Sterbenden zu vergrößern, war normalerweise ein Sitzbänkchen (sedile) angebracht, auf dem sich der Sterbende zwar ausruhen konnte, den schmerzvollen Tod damit aber letztlich verlängerte, oft über Tage.[24] Die Schande der Gekreuzigten wurde noch vermehrt, insofern sie nackt hingerichtet wurden, ihr Besitz an die Soldaten fiel (Spolienrecht) und sie normalerweise auch tagelang tot am Kreuz hingen und zum »Rabenaas« (corvorum cibaria)[25] herabgewürdigt wurden.

Dass die Kreuzigung in den römischen Quellen als schmählichste und qualvollste Hinrichtungsart beschrieben wurde, mag angesichts dieser geschilderten Torturen nicht verwundern. Dass Jesus damit als Abschaum in der römischen und auch jüdischen Welt galt, als Verbrecher und Gotteslästerer (vgl. Dtn 21,22f), macht den Tiefpunkt deutlich, an dem er angelangt war. Dass seine Jünger ihn in dieser schrecklichen Stunde zudem alleine ließen, illustriert das Scheitern Jesu noch totaler. Da ist niemand mehr. Kein Petrus, bei den Synoptikern auch kein Johannes (anders: Joh 19,26f), keine sonstige Größe der zukünftigen Gemeinde. Die Frauen bleiben und sehen von Weitem zu, was geschieht (vgl. Mk 15,40f). Näher heranzurücken war unmöglich, weil die Römer auch schon diejenigen hinrichteten, die im bloßen Verdacht standen, etwas mit dem Delinquenten zu tun zu haben.[26]

Ist diese Verlassenheit durch die Freunde schon schrecklich, so findet das Scheitern Jesu seinen absoluten Tiefpunkt in seiner Gottverlassenheit. Das Markusevangelium artikuliert in erschreckender Deutlichkeit, dass Jesus am Ende nicht einmal Gott blieb. Jesu letztes Wort ist der Ruf nach Gott und der Klageschrei, warum er ihn verlassen habe. Das Zitat aus Ps 22,2 ist unmissverständlich. Da ruft einer, der sich auch von Gott ver-

---

24 Vgl. ebd., 208f.
25 Vgl. ebd., 213.
26 Vgl. ebd., 210.

lassen fühlt, der nichts mehr hat, nicht einmal mehr die Hoffnung auf einen Gott. Diese Gottverlassenheit war für die späteren Gemeinden nicht auszuhalten. Schon früh wurde das Zitat aus Ps 22,2 als Hinweis interpretiert, dass Jesus den ganzen Psalm gebetet habe, der in Worten des Vertrauens endet. Für Markus war dies keine passende Deutung. Wie sollte ein Sterbender einen immerhin 32 Verse langen Psalm röcheln, der zu den längsten des Psalmenbuches zählt? Noch deutlicher aber unterstreicht die dramaturgische Inszenierung des Markusevangeliums, dass Jesus durch die Passion in den absoluten Tiefpunkt versetzt wird, auch den Tiefpunkt der Gottverlassenheit. Das Markusevangelium erinnert die Hörer:innen und Leser:innen Schritt für Schritt, wie die brutalen Fakten einer Kreuzigung ablaufen, und stellt sie zugleich in ein neues Licht. Martin Ebner kommt deshalb zu dem Schluss, dass der »Kreuzweg Jesu in Anlehnung an Triumphzüge siegreicher römischer Feldherrn bzw. Kaiser« höchst »subversiv«[27] und gleichsam als Kontrapunkt dazu gestaltet sei.

Das beginnt schon mit der Szenerie, in der die Geißelung erzählt wird (Mk 15,16–20). Markus verortet sie in einem Hof, der eigens als »Prätorium« ausgewiesen wird. Damit ist normalerweise ein Feldherrnzelt gemeint. Markus schiebt ein, dass eine ganze Kohorte, also 600 bis 1.000 Mann zusammengerufen werden, um zuzusehen und mitzumachen. Auf die gleiche Weise formiert sich normalerweise ein Triumphzug auf dem Marsfeld in Rom. Dem Feldherrn, der die Nacht im Feldherrnzelt verbracht hat, werden die Insignien des Triumphators angelegt, nämlich das purpurne Gewand und auch der Lorbeerkranz. Der Vergleich zur Passionserzählung bei Markus liegt auf der Hand. Auch Jesus werden Purpurmantel und (Dornen-) Krone angelegt – jetzt zum Spott und auch zur Folter. Er ist kein Triumphator mit glänzenden Symbolen der Macht, sondern einer, dem man das Scheitern schon von Ferne ansehen soll. Wie ein Triumphator die Huldigungen der Soldaten entgegennimmt, so muss Jesus den Spott der Soldaten über sich ergehen

[27] Vgl. ebd., 212.

lassen (Mk 15,20). Der Triumphzug der römischen Feldherren und Kaiser steht auch Pate für die Schilderung des weiteren Verlaufs der Kreuzigung. Am Höhepunkt des Weges, der sich durch die ganze Stadt schlängelt, wird dem Triumphator Wein angeboten, den er aber zu trinken verweigert. So geschieht es auch in der Passionserzählung mit Jesus: Hier ist es Essig, also das Gegenteil von Wein, den er zu trinken ablehnt (Mk 15,36). Wie sehr römischer Triumphzug und Passionsweg Jesu einander kontrapunktisch gegenüberstehen, wird am Schlusspunkt des Weges nochmals unterstrichen: Dort beginnt das Fest, als ein Bote den Tod des besiegten Feindes verkündet, der im Triumphzug schon als Schauobjekt mitgeführt wurde; bei der Passion ist Jesus sowohl der Hingerichtete als auch das Gegenbild zum römischen Triumphator. Es beginnt kein Fest, sondern das absolute Desaster, so dass sich die gesamte Jüngergemeinde zerstreut. Jesus ist kein Herrscher, er ist ein Gescheiterter.

Wie gesagt, war diese unmissverständliche Darstellung des Scheiterns Jesu, wie sie die markinische Passionserzählung vor Augen führt, kaum auszuhalten. Sie wurde schon im Matthäusevangelium abgemildert durch die Notiz, dass Jesus seinen Geist aushauchte (Mt 27,50) und der Tod Jesu durch apokalyptische Zeichen (Entzweireißen des Tempelvorhangs, Beben der Erde, Spalten der Felsen und Öffnen der Gräber) als Zeichen und Ort der Theophanie, also des Erscheinens Gottes gedeutet wurde. Auch das Lukasevangelium fährt in diesem weichzeichnenden Duktus fort, indem es den Verzweiflungsschrei Jesu weglässt und stattdessen Ps 31,6 zitiert und den Tod Jesu als vertrauensvolles Hineinsterben in Gott interpretiert. Das Johannesevangelium geht sogar noch einen Schritt weiter, indem der Tod Jesu als hoheitsvolle Geste eines Siegers ausgeschmückt wird, der am Ende seines Weges angekommen ist und nun alles vollendet hat (vgl. Joh 19,30).

Die brutale Erfahrung der Gottverlassenheit, die Jesu Scheitern auch theologisch verendgültigt, wabert aber seither trotzdem durch die Geschichte Jesu und aller, die sich auf ihn beziehen. War alles umsonst? Wird nichts mehr gut? Ist alles zu Ende? Gibt es da keinen Gott, der hilft? Diese Fragen sind nicht totzukriegen. Im Gegenteil: In Jesu Tod finden sie eine Bestätigung, werden sie bleibend erinnert und mit ihm wird auch das Schicksal all der Gescheiterten durch die Geschichte hindurch immer wieder neu öffentlich. Der Gescheiterte ist die wohl herausforderndste Zumutung des Glaubens. Das hatten auch die Jünger:innengemeinden schon früh begriffen. Das Scheitern Jesu bringt auch ihre Hoffnungen zum Scheitern: Sie hatten geglaubt, dass Jesus wirklich der ist, auf den das Volk Israel wartet. Sie hatten geglaubt, dass mit seiner Verkündigung in Vollmacht eine neue Zeit anbricht. Auch wenn die Zeloten dieses Neue einseitig auf die Befreiung von der Okkupationsmacht der Römer ausdeuteten, war auch die Hoffnung der anderen zunichte geworden. Mit Jesu Kreuzestod ging alles unter: der Glaube, dass Gott rettet, die Hoffnung, dass Gott eine neue Gemeinde sammelt, in der nicht mehr oben und unten, weiblich oder männlich, Sklave oder Freier zählt (vgl. Gal 3,27–29), und die Sehnsucht, dass dies alles nicht erst in ferner Zeit, sondern jetzt schon der Fall ist.

Die Frage ist seitdem aufgerichtet, was ein Gescheiterter für den christlichen Glauben bedeutet. Die soteriologische Urfrage, wozu das Scheitern Jesu – auch vor und bei Gott – gut sein soll, durchzieht die christlichen Gemeinden von damals bis heute.

### 4.2.3 ... und in die Gemeindeerfahrung hinein

Dass die Versuchung, Jesus als Superman zu zeichnen, gerade in der hellenistisch-römischen Welt, die gern von Heroen und göttlichen Kaisern sprach, ein Dauerzustand und auch in der jüdischen Umwelt omnipräsent war, ist das Eine. Dass die Evangelien dem deutlich widersprachen und nicht müde wurden, den Gekreuzigt-Auferweckten zum Maßstab gemeindlichen Handelns zu machen, ist das Andere. Die Evangelien mussten in die jeweiligen Gemeinden mit ihren Problemen hinein vermitteln, was es bedeutet, dass ein Gescheiterter in der Mitte des Glaubens steht. Sie taten das in der Vielfalt der ihnen zur Verfügung stehenden Theologien, Erzählungen und Anweisungen. Alle durchzieht dabei der Hinweis, dass für Jesus das Reich

Gottes nicht irgendwann beginnt, wenn alle Kranken geheilt und alle unreinen Geister ausgetrieben sind. Das Neue und Unfassbare von Gottes Welt verwirklicht sich genau jetzt, immer dann, wenn ein Mensch heil und die Welt ganz wird. Das ist das Programm, das das Markusevangelium schon in seinen Anfangsversen entwirft (vgl. Mk 1,15), den anderen Evangelien vorbuchstabiert und dann Zug um Zug, Wunder für Wunder, Weisung für Weisung entfaltet. Es geht also nicht um Superman und die Konstruktion einer Fangemeinde. Jesus deutet nach Mk 10,45 seinen Tod selbst als Dienst, dass er gekommen sei, um zu dienen und sein Leben hinzugeben als Lösegeld für viele (Mk 10,45). Und genau das gibt Markus seiner Gemeinde auf: Jesusgemeinschaft verwirklicht sich dort, wo sich jemand in diesen Dienst für andere stellen lässt.[28] Das ist das Kriterium für die Zugehörigkeit zur markinischen Gemeinde und nicht mehr die Beschneidung, die Einhaltung von Speisegeboten und das Halten des Sabbats, so könnte man ergänzen. Und dann gewinnt das Reich Gottes auch jetzt schon Gestalt.

Bei Matthäus ist es der Appell von der grenzenlosen Vergebungsbereitschaft, im Lukasevangelium von der Großzügigkeit ohne Berechnung und im Johannesevangelium der Aufruf, füreinander einzustehen und den Verweigerern der Jesusbotschaft Paroli zu bieten,[29] die zum Maßstab werden für die Jünger:innengemeinden und wie sie leben sollen.

Die neue Wirklichkeit des Reiches Gottes, die in Jesus beginnt, darf sich nicht vertagen, sondern wird greifbar, hier und dort, wo immer jemand dem anderen unter die Arme greift und sich für diesen an den letzten Platz stellt. Was Jesus am Kreuz widerfuhr, von den Römern als Aufrührer und Räuber verurteilt und vom eigenen Volk als gefährlicher Umstürzler ausgesondert zu werden, wird zur Anrede an die Gemeinden: Die Evangelien machen zum einen deutlich, dass auch ihnen solches widerfahren wird. Zum anderen markieren sie, dass sie Jesus damit nicht fremd werden. Eher im Gegenteil: Sie dürfen sich

[28] Vgl. ebd., 197.
[29] Vgl. ebd., 197–201.

seiner Nähe gewiss sein, wenn sie, wie dies z. B. das Johannesevangelium ausfaltet, bereit sind, das höchste Ideal der griechisch-römischen Welt zu verwirklichen, nämlich für die Freunde zu sterben.

Mit anderen Worten deuten die Evangelien in ihren Akzentuierungen zwar unterschiedlich, aber im Grundton einheitlich aus, dass christliche Nachfolge ihre Kriterien am Leben und Schicksal Jesu gewinnt. Dass Nachfolge nicht am Kreuz Jesu vorbei entwickelt werden kann, sondern sich vielmehr daran zu messen hat, inwieweit sie dem Kreuz Jesu nicht ausweicht, ist quer durch die Evangelien klar. Nachfolge heißt, sich dem Scheitern zu stellen, es nicht zu suchen, es aber auch nicht als gottlos abzutun.

## 4.3 Was ein Gescheiterter als Mitte des Glaubens zu denken gibt

Dass ein Gescheiterter stört und lieber verschwiegen als reflektiert und für das eigene Leben ausgelotet wird, hat sich durch die Geschichte hindurch immer wieder gezeigt. Trotzdem ist der Gekreuzigte als Mitte des Glaubens nicht wegzureden. Was aber bedeutet es, einen Gescheiterten als Mitte des Glaubens zu verstehen?

Im Folgenden werden einige Deutelinien aus dem sog. Vulnerabilitätsdiskurs herausgearbeitet und als Reflexions- und Handlungshorizont zur Verfügung gestellt. Hildegund Keul hat in ihren unterschiedlichen Veröffentlichungen als eine der ersten die Vulnerabilität in der Theologie zur Sprache gebracht.[30] In Anlehnung an Judith Butler deutet sie die Erfahrungen der Jünger:innen nach dem Tod Jesu als höchst vulnerable Situation.[31] Die Jüngerinnen haben den Tod Jesu selbst mitansehen müssen und sind zutiefst traumatisiert. Die Jünger haben sich zwar davongestohlen, müssen aber auch mit diesem Trauma umgehen, das ihnen der Tod Jesu zugefügt hat. Die

[30] Vgl. Keul, Hildegund, Verwundbarkeit, Sicherheit und Resilienz, 589.
[31] Vgl. ebd., 597.

nächstliegende Reaktion – laut Traumaforschung – ist, sich abzuschotten, um sich vor weiteren Verwundungen zu schützen. Die Jünger:innen tun dies auch zunächst. Sie ziehen sich zurück, verschließen die Türen (Joh 20,19) und scheuen den Kontakt mit den Menschen in Jerusalem. Dann aber greift etwas Neues. Obwohl ihnen die Wunde Jesu eigene Verwundungen zugefügt hat und sie weitere Verwundungen fürchten müssen, also höchst vulnerabel sind, setzen sie nicht auf Rückzug und Gewalt, sondern öffnen sich, gehen unter die Leute und verkünden das Evangelium vom Auferstandenen. Den Ruf zum Krieg als direkte Reaktion auf zugefügte Verwundungen beantworten sie mit dem Glauben an die Auferstehung als von Gott her geschenktem Leben. Sie trauen Gott zu, in die Verwundbarkeit neue Lebensperspektiven einzuschreiben. Sie setzen eine andere Macht an die Stelle der Gewalt, die mitten aus der Verwundbarkeit heraus Leben eröffnet.[32]

Der Gescheiterte wird so zur Einladung, den eigenen Wunden nicht zu entfliehen, sondern sich ihnen zu stellen, zugleich aber nicht an ihnen verzweifeln zu müssen. An der Reaktion der Jünger:innen werden ganz neue Perspektiven ablesbar: Nicht die Resignation und das Zugrundegehen an den Wunden müssen das letzte Wort über das Leben haben. Weil Gott den Gescheiterten nicht im Abgrund ließ, sondern ihm das Leben zusprach, dürfen auch wir hoffen, dass auch uns dieses Leben gilt, das aus den Wunden wächst. Es ist ein Leben, das sich nicht abhärten muss gegenüber den Verwundungen, die das Leben mit sich bringt. Es ist vielmehr ein Leben, das wohl wissend, wie kränkend, verletzend, ja auslöschend Widerfahrnisse sein können, sich immer wieder von Gott zusagen lässt und durch die Jünger:innengeschichten daran erinnert wird, dass die einzige Reaktion auf das Scheitern und Verwundetwerden nicht wieder Gewalt zu sein braucht, sondern Lebensperspektiven mitten aus der Verwundung heraus.

Dass dies Angebote sind, eigene Erfahrungen von Scheitern zu deuten, und dass diese sich ins Gegenteil verkehren, wenn

---

[32] Vgl. ebd.

sie moralinsauer leidenden Menschen auch noch aufgeladen werden, ist das Schwierige. Das Kreuz Jesu würde dann erneut zum Folterinstrument – jetzt derer, die sowieso schon belastet sind von ihrem Leid und dann auch noch gezwungen werden, aus dem Widersinnigen Sinn zu ziehen. Das ist nicht gemeint. Intendiert ist – und das erlaubt die Geschichte des Gescheiterten am Kreuz –, das Kreuz nicht als Schlusspunkt der Geschichte Jesu und der Jünger:innen zu verstehen, sondern als Ort, auf den alles Christsein immer wieder zurückkommen muss und dann vielleicht doch überrascht davon ist, dass Gott auch darin noch das Leben aufzurichten vermag. Denn so gewiss das Kreuz Jesu ist, so klar ist auch, dass man vom Negativen nicht leben kann.

## 5 Ideen zu Lernwegen

Die folgenden Ideen sind nichts weiter als Anregungen, der Frage nach Scheitern, was dennoch im Leben hält und wie vielleicht auch die Botschaft vom Gekreuzigt-Auferweckten hier hineinreichen und stärken kann, nachzugehen.

### 5.1 American Tune von Kurt Elling

Der amerikanische Sänger Kurt Elling verarbeitet im Song »American Tune« Erfahrungen von Scheitern, von zerschlagenen Träumen, von großen Lebensidealen, die am kläglichen Alltag zerbrechen.

> Many is the time I've been mistaken
> And many times confused
> Yes, and I've often felt forsaken
> And certainly misused
> But I'm all right, I'm all right
> I'm just weary to my bones
> Still, you don't expect to be
> Bright and bon vivant

So far away from home, so far away from home
I don't know a soul who's not been battered
I don't have a friend who feels at ease
I don't know a dream that's not been shattered
Or driven to its knees
But it's all right, it's all right
›Cause we have lived so well so long
Still, when I think about the road
We're traveling on
I wonder what's gone wrong
I can't help it, I wonder what's gone wrong
And I dreamed I was dying
And I dreamed that my soul rose unexpectedly
And looking back down at me
Smiled reassuringly
And I dreamed I was flying
And ...
And we come on the ship they call Mayflower
We come on the ship that sailed the moon
We come in the age's most uncertain hour
And we sing an American tune
Oh, god, it's all right, it's all right
It's all right, it's all right
You can't be forever blessed
Still, tomorrow's gonna be another working day
And I'm trying to get some rest
That's all, I'm just trying to get some rest
To get some rest
*Kurt Elling, American Tune*

Das Originalvideo zum Song[33] spielt im Hintergrund Situationen aus der jüngsten Geschichte der USA ein, die in ihrer leisen und zugleich deutlichen Bildersprache markieren, wie sehr das Träumen von einem guten Leben einerseits und das Scheitern an einer gewalttätigen Welt andererseits eng beieinanderliegen. Da ist der Traum der Einwanderer des 20. Jh., der kurz vor Ellis Island noch bestanden haben mag, spätestens aber bei der Ankunft am Festland konfrontiert wurde mit dem Neid und

[33] Elling, Kurt, American Tune (Official Video).

der Gewalt derer, die nicht noch mehr Mitesser und Konkurrenten um Arbeit neben sich haben wollten. Da ist die Hoffnung der Leute, die am Kai auf Verwandte oder Bekannte warten, und die Enttäuschung, dass es niemand von ihnen geschafft hat. Da sind Gewaltszenen und Kriegsschauplätze, Banner mit No-Ban-Politics und Choose Love und zugleich so viele Bilder von Hass und Gewalt. So sehr das Träumen und erneute Scheitern die Geschicke Amerikas durchzieht – beim Zusammen- oder besser: Gegeneinanderleben von Weißen und Schwarzen, von Waffenlobbyist:innen und Waffengegner:innen, von Kriegsanhänger:innen und Pazifist:innen –, schreibt sich diese Frage, was vom Leben bleibt angesichts der vielen Erfahrungen vom Verlieren, Scheitern und Aus-der-Hand-geben-Müssen, auch in unser ganz persönliches Leben ein.

Mit American Tune können diese gesellschaftlichen und biographischen Linien ineinander gelesen werden und v. a. kann überlegt werden, was den Ich-Erzähler antreibt an der Frage, was bleibt, nicht doch zu verzweifeln, sondern zu sagen:

> «Oh, god, it's all right, it's all right
> It's all right, it's all right
> You can't be forever blessed
> Still, tomorrow's gonna be another working day
> And I'm trying to get some rest
> That's all, I'm just trying to get some rest
> To get some rest«[34]

[34] Ebd.

## 5.2 Der tote Christus von Hans Holbein d. Jüngeren, Der Leichnam Christi im Grabe, 1521/1522 und Käthe Kollwitz – »Aus vielen Wunden blutest Du, o Volk«

Durch den Verweis auf die folgenden beiden Kunstwerke, die einen ikonographischen Zusammenhang aufweisen, können die Fragen nochmals ganz eigens gewürdigt werden, die die Kreuzigung Jesu, sein Scheitern wie auch die vielen desaströsen Erfahrungen menschlichen Versagens auslösen.

### 5.2.1 Da ist kein Gott mehr – Der gemalte Atheismus des Hans Holbein d. J.

Das Bild »Der tote Christus im Grab« zählt zu den wichtigsten Werken der Kunstgeschichte. Es ist in einer Zeit, die religiös hoch aufgeladen war, ein überraschendes Zeugnis der Gottverlassenheit, ja des Atheismus. Hans Holbein der Jüngere (1497/98–1543) hat es in seiner Baseler Zeit gemalt. Es ist eines seiner Hauptwerke. Ausgestreckt über 2 m und eng eingepfercht in eine Grabesnische zeigt es den Leichnam Jesu im Grab auf einer Bildtafel aus Lindenholz, die nur 30,5 cm hoch ist.[35]

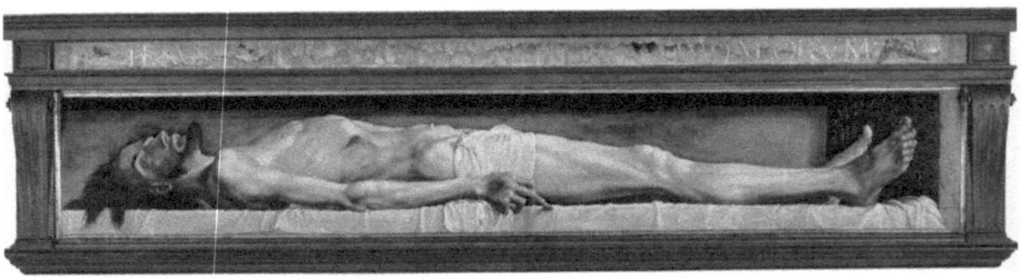

Abb. 16: Hans Holbein d. J., Der Leichnam Christi im Grabe, 1521/22

Die Grablegung Christi zu malen, war in dieser Zeit nicht ungewöhnlich. Ungewöhnlich war und ist, in welcher Deutlichkeit Holbein Christus als einen ein für alle Mal Toten malt, dem man die entsetzliche Folter ansieht, die er erlitten hat. Anatomisch exakt wird ein Verwesender gezeigt: Schulter, Rumpf,

[35] Vgl. Lindemann, Bernd Wolfgang, Der Leichnam Christi im Grabe, 461.

die Stellung der Füße, der halboffene Mund, das aufgerissene rechte Auge, die grünliche Gesichtsfarbe und der ausgezehrte Brustraum entsprechen genau den Bedingungen einer Totenstarre.[36] Die eigenartig verdrehte rechte Hand, der deutlich die Nagelwunde anzusehen ist, illustriert auf ganz eigene Weise die Verrenkungen, denen dieser Körper ausgesetzt war. Auch die Seitenwunde und die Male der Nägel am rechten Fuß zeigen den Betrachter:innen, dass hier nicht irgendein Toter liegt, sondern der gekreuzigte Jesus von Nazaret. Keine Spur von Leben, geschweige denn von Auferstehung ist zu sehen. Es gibt nicht einmal für die Augen des Betrachters einen Ausweg. In die Enge dieser Nische gepfercht gibt es weder die Möglichkeit, nach oben zu entkommen, noch zur Seite hin. Die Füße werden von der Seitenwand begrenzt und unterstreichen, dass es kein Entkommen aus dieser Enge gibt. Da ist nichts. Die dort zu lesende Jahreszahl M.D.XXI. (1521) und das Akronym H.H. für Hans Holbein machen unmissverständlich klar,[37] ja meißeln uns ins Gedächtnis: So war das und so ist das auch heute, zum Zeitpunkt der Fertigstellung des Bildes und für alle, die hier stehen und das Bild sehen: Jesus ist tot. Kein Gott bleibt da, auch die Menschen sind angesichts dieses schrecklichen Anblicks geflohen. Von dieser so hoffnungsvollen Gestalt des Jesus von Nazaret bleibt nur ein verwesender Leichnam übrig. So irreversibel wie der Tod, so unumstößlich ist diese Aussage des Hans Holbein d. J. von der Gottverlassenheit, dass da kein Gott mehr ist (Atheismus). Mit der Kreuzigung ist auch Gott zunichte geworden.

Nur dort, wo die Betrachter:innen stehen, gibt es die Möglichkeit, sich zu bewegen. Die Lichtführung zeigt, dass man sich als Betrachter:in etwas links halten muss, um alles überblicken zu können. Aber auch da fällt der Blick nur auf einen qualvoll Gestorbenen. Dem Scheitern, das dieser Mann erlitt, entkommen selbst die Betrachter:innen nicht. So total hat, wie gesagt, vorher niemand vom Tod Gottes gesprochen und es

---

36 Vgl. ebd., 463.

37 Vgl. Sander, Jochen, Hans Hohlbein d. J., 134.

wird viele Jahrhunderte bis in unsere Zeit hinein dauern, dass Künstler:innen dies wagen.

Die künstlerische Verarbeitung der Kreuzigung Jesu kann Impuls sein, den vielen Fragen einen Ort zu geben, die dieser grässliche Tod Jesu auslöst. Nimmt man die Aussage Holbeins ernst, dass mit Jesus auch Gott tot ist, dann lässt sich auch das Thema anreißen, was es heißt, dass da kein Gott mehr ist, der hilft, der (er-)löst und heraushilft aus den Wirrnissen des Lebens. Man könnte die eigenen Erfahrungen des Gott-Tot-Seins hineinschreiben in die Grablegungsnische und sie dem Toten mitgeben als Anklage gegen Gott und die Henker, die diese schreckliche Tat angerichtet haben. So zermartert wie dieser Leichnam daliegt, wirft er auch die Frage nach dem Scheitern auf und bietet an, alle eigenen Erfahrungen des Scheiterns zusammenzulesen mit den Erfahrungen des auf ganzer Linie Gescheiterten und am Kreuz Hingerichteten. Zumindest wird deutlich, dass der Kreuzestod Jesu auch heute niemanden zur Ruhe kommen lassen darf – selbst Gott nicht.

### 5.2.2 Und Gott stirbt immer wieder – in den Ungerechtigkeiten des Lebens, Käthe Kollwitz

Dass die Ikonographie, die Hans Holbein, im »Leichnam Christi im Grabe« setzte, nicht nur im 16. Jh. aufstörte, beweist das siebte und letzte Blatt, das Käthe Kollwitz ihrem sog. »Weberzyklus« ursprünglich anfügen wollte. Es zitiert Holbein bis ins Detail und formuliert sowohl durch die angedachte Einreihung in den Weberzyklus als auch durch die zusätzliche Bildgebung Kollwitz', wie sehr Menschen diese Gott-ist-tot-Aussage immer wieder schmerzlich und doch so ernüchternd erfahren.

In der Vorzeichnung noch spiegelverkehrt, in der endgültigen Radierung (Nadelätzung auf Aquinata) dann genauso positioniert wie bei Holbein zieht der lang ausgestreckte Leichnam am Boden sofort den Blick auf sich. Die scharfkantige Nase, der ausgezehrte Körper mit der eingefallenen Bauchdecke erinnern

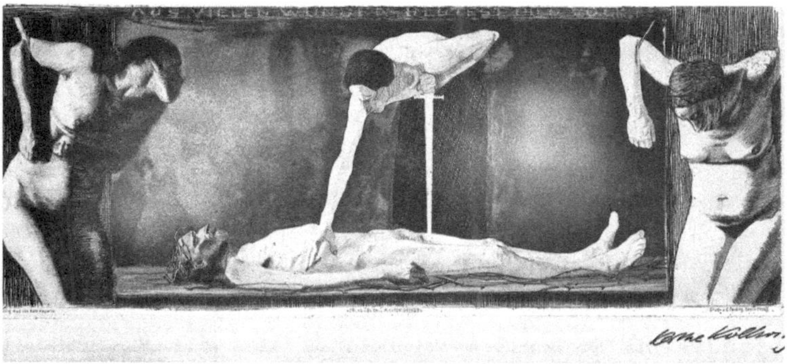

Abb. 17: Käthe Kollwitz, »Aus vielen Wunden blutest Du, o Volk«, 1896

auf den ersten Blick an das Tafelbild »Der Leichnam Christi im Grabe« von Holbein. Anders als dieser ist er nicht nur über die Seitenwunde als Christus erkennbar, sondern auch durch die Dornenkrone. Christus gehört hier nicht nur den Frommen. Käthe Kollwitz bietet die Wunden und erlittenen Qualen Jesu allen an, die leiden und dieses Schicksal betrachten. Gott ist nicht nur damals und einmal gestorben. Er stirbt immer wieder in den tausenden Toden der Menschen, die leiden, die unterdrückt werden und sich gegen die Ungerechtigkeiten nicht zur Wehr setzen können. Käthe Kollwitz erreicht diese Synonymisierung des Schicksals Jesu mit dem Schicksal der vielen leidenden Arbeiter:innen der sog. Industriellen Revolution durch mehrere Mittel: Da ist zum einen die allegorische Figur, die für den Racheengel steht. Sie greift in die Seitenwunde, fast um zu zeigen, dass diese Verletzung nicht ungeschehen bleiben darf. Die Revolution steht bevor, die das geschundene Volk befreien soll. Zum anderen zitiert Kollwitz die Schächer der Kreuzigung, rechts und links im Bild hängend, gibt ihnen aber weibliche Züge. Waren die Arbeiter in den Bergwerken, Webereien, Fabriken schon übel dran, waren es die Frauen und Kinder noch mehr, wie Käthe Kollwitz zur Genüge aus der Arztpraxis ihres Mannes weiß.

Die eine Gestalt links im Bild muss sich ganz verrenken, um zu sehen, was sich in der Mitte zuträgt. Die andere weibliche

Figur ist schon in sich zusammengesunken, entblößt, zur Schau gestellt, entwürdigt. Marter und Tod Christi werden zum Synonym für die Leiden aller Menschen, für die Ungerechtigkeiten, die Ende des 19. Jh. gerade die Arbeiter:innen treffen, für die Weber, die unter kläglichsten Umständen, oft 14 und 16 Stunden am Tag in dunklen und feuchten Gemäuern schuften müssen. Die Bildüberschrift, deren obere Hälfte fehlt, ist nicht nur eine Feststellung »Aus vielen Wunden blutest Du, o Volk«, sondern wirkt wie eine Vergewisserung, die so nicht bleiben kann. Es muss anders werden. Die Umstände müssen sich ändern. Es kann nicht sein, dass am Ende doch wieder alles beim Alten bleibt, mit vielleicht etwas mehr Mitleid wie in Gerhart Hauptmanns Stück »Die Weber«, das Käthe Kollwitz' Bruder stark kritisiert und als Sedativum abstempelt. Die Welt muss sich ändern und das muss bei denen anfangen, die besonders arm dran sind.

Die sozialkritische Lesart, die Käthe Kollwitz durch ihre ikonographische Komposition erreicht, ist ein anderer Deuteweg, mit dem Scheitern Jesu und seinem Kreuzestod umzugehen. Sie weckt den Impuls, sich mit dem Scheitern nicht zufriedenzugeben, nach Auswegen zu suchen, die Benachteiligten wie die Schächerfrauen im Bild nicht einfach hängen zu lassen, sondern für menschenwürdige Lebensumstände für alle einzutreten.

Diese Spur, beim Scheitern nicht stehen zu bleiben, nicht das Kreuz als Letztaussage über das Leben Jesu und seine Botschaft zu verstehen, ist nicht nur neutestamentlich, sie ist überlebensnotwendig; denn so wichtig es ist, sich dem Scheitern zu stellen, wenn es einem denn widerfährt, so entscheidend ist es zugleich, dass einem das Leben von woanders her wiedergeschenkt wird.

Christ:innen reden hier von der Auferstehung.

8. Kapitel:

# Ostern! Schön wär's! – Auferstehung, oder was sonst nach dem Tod zu hoffen ist

Dass wir Menschen sterben müssen und geliebte Menschen durch den Tod verlieren, gehört zum Beunruhigendsten des Lebens. Was geschieht im Tod? Gibt es ein Danach und wer sind wir dann? Diese Fragen treiben Erwachsene genauso um wie Kinder und Jugendliche und zielen zugleich in den Kern des christlichen Glaubens. Obwohl das Thema Auferstehung selbst also die Funktion von Korrelationschiffren übernimmt – es reicht sowohl in die Lebenswelt als auch den christlichen Glauben hinein –, ist es so komplex und zugleich so kontextbezogen wie kaum ein anderes. Weil wir nicht wissen, was sein wird, gibt es höchstens so etwas wie begründete Hoffnungen. Diese operieren mit Bildern, mit der Sehnsucht von Menschen und mit dem Vertrauen, dass es etwas und sogar jemanden gibt, der unsere Hoffnungen nicht ins Leere gehen lässt.

Untersucht man Lehrbücher und Unterrichtsmaterialien zum Religionsunterricht, fällt auf, dass die Auferstehungsthematik nach wie vor zu den Themen zählt, die eher ausgespart, denn entsprechend ihres Stellenwertes im christlichen Glauben ausführlich behandelt werden.[1] Oft konzentriert sich die Auseinandersetzung auf das Erzählen und Analysieren der Ostererzählungen in den Evangelien oder in der Grundschule sogar bloß auf die Erklärung von Osterbräuchen im Zusammenhang des Kirchenjahrs.[2] Systematisch-theologische Fragestellungen dagegen – die übrigens auch Jugendliche umtreiben –, wie beispielsweise die Rede von der Leiblichkeit der Auferstehung zu verstehen ist, geraten eher ins Hintertreffen. Insofern geht das folgende Kapitel gerade diesen Brisanzen nach, die über die folgenden beiden Blenden nochmals angeschärft werden.

---

[1] Vgl. dazu auch Butt, Christian, Kindertheologische Untersuchungen zu Auferstehungsvorstellungen, 21.

[2] Vgl. Pemsel-Maier, Sabine, Auferstehung Jesu.

# 1 Zwei Blenden zum Einstieg

## 1.1 Transcendence – lost in space

Es ist nicht einmal ein Film, der gute Kritiken bekommen hätte. Und auch die Idee, die er verarbeitet, ist weder neu noch singulär. Trotzdem zog der 2014 in die Kinos gekommene Film »Transcendence« mit Johnny Depp als Hauptdarsteller großes Medieninteresse auf sich.

Worum geht es? Dr. Will Caster, der Protagonist des Films, ist ein Spitzenwissenschaftler auf dem Gebiet der Künstlichen Intelligenz. Sein Lebenswerk besteht darin, einen Computer herzustellen, der nicht nur Denkleistungen ausführt, sondern selbst denken kann und empfindungsfähig ist. Seine innig geliebte Frau Evelyn, die selbst Forscherin ist, unterstützt ihn dabei. Als Caster seinen mit KI ausgestatteten Computer, der eine technologische Singularität, nach Caster also eine Transzendenz erzeugen kann, auf einem Vortrag vorstellt, wird ein Attentat auf ihn verübt. Es ist klar, dass Caster innerhalb weniger Wochen an der Strahlenkrankheit sterben wird, die die mit radioaktivem Polonium versetzte Kugel in seinem Körper auslöst. Evelyn will das nicht wahrhaben und wagt das Äußerste. Sie will Wills Bewusstsein samt seinen Emotionen auf den Quantencomputer kopieren und Will, wenn sein Körper gestorben sein wird, zu einem neuen Leben erwecken. Der Film beschreibt dieses Wettrennen um die Zeit. Und wirklich: Es scheint zu gelingen. Als Will tot ist, erwacht sein Geist im Computer und braucht nur eine stabile Internetverbindung, um leben zu können. Aber der Transcendence-Will ist nicht derselbe Will, den Evelyn geliebt hat. Er tut Unmenschliches – zum Wohl der Menschheit zwar, weil er Kranke heilt, einem Blinden sein Augenlicht zurückgibt und selbst einen Schwerverletzten in letzter Minute rettet, aber der kopierte Will agiert auch wie ein Größenwahnsinniger. Spätestens als Will anfängt, diese Geheilten zu beherrschen, sie sich zunutze zu machen, ja sie zu Träger:innen seiner eigenen technologischen Singularität herabzuwürdigen, ist Wills Gefährlichkeit allen klar. Die Menschen sind keine eigenen Akteure mehr, sondern Marionetten des Transcendence-Will. Als kein anderer Ausweg mehr bleibt, um diesen KI-Will bei der Eroberung der Welt zu stoppen, kommt es zum Showdown. Will zieht es vor, die mit den tödlich wirkenden Viren infizierte Evelyn in seinen Computer hochzuladen, um ihr damit nach wie vor nahe zu sein, als sie, durch das FBI schwer verwundet, sterben zu lassen. Beide sind nun kopiert in den unendlichen Raum des Computers hinein und doch lost in space. Das FBI glaubt, einen böswilligen Weltenherrscher ausgeschaltet zu haben, bis sich herausstellt, dass sie in mehrerlei Hinsicht falsch lagen: Will wollte nicht das Böse. Und die vernichteten Nanopartikel, die Wills neue Welt schaffen sollten, scheinen ebenso nicht ganz ausgerottet zu sein. Das von Will gebaute Refugium in Evelyns und seinem Garten zumindest zeigt ganz anderes. Mit diesem offenen Schluss werden die Zuschauer:innen entlassen.

Was den Medienrummel um »Transcendence« auslöste und den Film nach wie vor in die Reihe der »Must have seen« einreiht, ist ungewiss. Die Idee, dass mit dem Sterben und dem Tod des Körpers nicht alles aus sein kann und darf, findet jedenfalls in »Transcendence« eine faszinierende Spielart. Hinterlegt mit den Debatten um Künstliche Intelligenz, die unterschiedlichen Varianten des Transhumanismus und deren Widerparts, wirft der Film die menschheitsalte Frage auf, wie es denn sein kann, dass geliebte Menschen sterben und ein für alle Mal verschwinden. Ist der Mensch wirklich tot, wenn sein Körper stirbt? Wir wissen aber doch, dass wir mehr sind als unser Körper. Können wir also nicht doch weiterleben, wenn wir unser Eigentliches, unser Denken und unser Empfinden, hochladen und so weiterhin verfügbar halten? Diese Variante wählt der Film »Transcendence« und greift damit mitten hinein in die Menschheitsfragen, was im Tod passiert, ob es ein Weiterleben gibt und wie man es sich vorstellen kann, ob wir dann noch dieselben sind, selbst wenn unser Körper schon längst tot ist und verwest.

Diese Fragen gehören zu den schwierigsten des Lebens und damit zu den religionsproduktivsten. Es verwundert nicht, dass sich die Existenz von Religionen geradezu am Tod und dem Danach entzündet, nicht nur, weil der Tod unser eigenes Leben beendet, sondern weil er den Urschmerz verursacht, einen geliebten Menschen sterben und vergehen zu sehen.

Eine andere Blende aus einer videographierten Religionsstunde mag die Brisanz und Alltäglichkeit dieses Themas nochmals veranschaulichen, wenn auch ganz anders.

## 1.2 »... also ich hab' jetzt meine Oma nicht mehr getroffen, seitdem die tot ist«

Es ist in der 10. Klasse eines Gymnasiums und es geht um das Thema, was nach dem Tod kommt und was das christliche Auferstehungsverständnis dazu zu sagen hat.[3] Nach anfänglichen Auseinandersetzungen mit den Schüler:innenfragen und ersten Zugängen zum Thema kommt es zu einem Lehrer-Schüler:innengespräch über die Bedeutung von Auferstehung. Als schon unterschiedliche Vorstellungen genannt wurden, was Auferstehung christlich heißen könnte, meldet sich eine Schülerin und fragt: »Aber wie ist'n das, wenn man sagt, Menschen erstehen wieder auf, oder wie das heißt – ähm – also, ich hab' jetzt meine Oma nicht mehr getroffen, seitdem die tot ist. Wie soll das jetzt ... Weil das heißt doch immer, Jesus ist mir da begegnet und da. Aber ich lauf' jetzt meiner Oma nicht täglich über den Weg.«

Die Schülerin formuliert mit ihrer Frage ähnlich wie der Film »Transcendence« eine der Hauptfragen beim Thema Auferstehung. Wie kommt es, dass wir christlicherseits von Auferstehung reden, andererseits aber den geliebten Menschen nicht mehr so begegnen können, wie wir das gewohnt sind? Was geschieht mit uns nach dem Tod? Gehört unser Körper nicht mehr zu uns, obwohl wir uns im Leben doch nicht anders als körperlich begreifen können? Ich denke in meinem Körper. Ich fühle in meinem Körper. Ich leide in meinem Körper. Also

---

[3] Vgl. Schambeck, Mirjam, »Wir kennen das aus Zombifilmen oder so«, 71–84.

habe ich nicht nur einen Körper, sondern bin mein Körper. Was bedeutet es also, wenn der christliche Glaube von der leiblichen Auferstehung spricht, und kann das auch heute noch eine Deutung sein, wenn wir nach dem einstigen Verbleib von uns und von Menschen fragen, die uns lieb und teuer waren, die aber gestorben sind?

Das folgende Kapitel macht es sich zur Aufgabe, das Thema Auferstehung in Bezug auf die Frage hin auszuloten, ob und wie wir in Kontinuität und Diskontinuität zu uns selbst sein werden, welche Rolle Körperlichkeit spielt und was wir meinen, wenn wir von der Auferstehung des Leibes sprechen.

Wie empirische Studien zeigen, interessieren sich Jugendliche gerade für diese Wissensfacette, die zugleich zu den schwierigsten Aspekten des christlichen Auferstehungsverständnisses zählt.

## 2 Weiterleben nach dem Tod? Zur (Nicht-)Relevanz des Auferstehungsglaubens bei Jugendlichen

Obwohl die Frage nach dem Weiterleben nach dem Tod, nach der Verantwortung vor einem letzten Gericht und nach der Bedeutung der Auferstehung von verschiedenen religionssoziologischen Studien (z. B. Shell-Jugendstudie 2006, Religionsmonitor 2008[4]) als Indikator verstanden wird, inwieweit Menschen christliche Glaubensaussagen (noch) teilen, gibt es kaum aktuelle religionspädagogische Studien darüber, wie Jugendliche die christliche Auferstehungshoffnung inhaltlich deuten.[5] Anders verhält es sich mit der Frage, ob Jugendliche überhaupt an ein Weiterleben nach dem Tod glauben, und inwiefern die christliche Auferstehungshoffnung für sie eine wichtige Verheißung

[4] Bertelsmann Stiftung (Hg.), Religionsmonitor 2008.

[5] Vgl. zu Einstellungen von Kindern: Butt, Christian, Kindertheologische Untersuchungen zu Auferstehungsvorstellungen; Pemsel-Maier, Sabine, Auferstehung Jesu.

ist.[6] Die religionsdidaktische Wissensfacette Schüler:innenkognitionen und -erfahrungen kann aufgrund empirischer Untersuchungen folgendermaßen konturiert werden.

### 2.1 Ein diachroner Vergleich – der Auferstehungsglaube wird immer unwichtiger, aber die Jenseitsbefürworter:innen sind nach wie vor die stärkste Gruppe

Hier unterscheiden sich ältere Studien enorm von jüngeren.[7] Während ältere Studien das Hoffnungsbild der christlichen Auferstehung für Jugendliche noch als sehr bedeutsam ausmachen,[8] konstatieren jüngere, dass der Auferstehungsglaube nur einen verschwindend geringen Raum einnimmt, nämlich 4,7 %.[9] Das heißt aber nicht, dass für Jugendliche mit dem Tod alles aus ist. Werner Thiede zeigte, dass der Glaube an irgendeine Form des Weiterlebens nach dem Tod für sehr viele der von ihm befragten Jugendlichen, nämlich für 77,7 %, zutrifft. 17 % aber lehnen dies aufgrund ihres szientistischen Weltbildes ab. Diese Ablehnung steigert sich mit zunehmendem Alter, auch wenn sich Mädchen als hoffnungsfreudiger zeigen als Jungen. Insgesamt gaben die im konfessionellen Religionsunterricht befragten Jugendlichen als ihre wichtigsten Hoffnungsbilder die Erwartung einer unsterblichen (Geist-)Seele an, gefolgt vom Himmel und dem Sein bei Gott.

Die Studie »Tod – und was dann?« von Lothar Kuld, Ludwig Rendle und Ludwig Sauter aus dem Jahr 1996, ebenfalls im konfessionellen Religionsunterricht erhoben, ermittelt, dass v. a. die Jugendlichen ein Weiterleben nach dem Tod bejahten, die an Gott glaubten und den Gottesdienst besuchten. Damit

---

[6] Vgl. Erdmann, Peter, Jugend und Jenseits; Schwarzkopf, Theresa, »Ich glaube an das Ewige Leben«.

[7] Vgl. zum Folgenden: Schambeck, Mirjam, Auferstehungs-(Nicht-)Glaube von Jugendlichen und christliche Auferstehungsbotschaft?, 239–242.

[8] Vgl. Fischer, Erika, Todesvorstellungen von Jugendlichen, 118.

[9] Vgl. Thiede, Werner, Auferstehung der Toten, 265.

stellt sich für religiöse Bildung die Frage, wie das Thema Tod und Auferstehung bei Jugendlichen thematisiert werden kann, die sich als nicht religiös verstehen.

Eine der jüngeren Studien zum Thema von Steffi Bescherer bemerkt dazu, dass bei Jugendlichen eine Haltung gegenüber Todes- und Jenseitsvorstellungen anzutreffen ist, die als »nur nicht reinstressen« apostrophiert werden kann. Für die »pragmatische Generation« (Shell-Jugendstudie 2002) geht es darum, auch mit den großen Fragen des Lebens pragmatisch umzugehen, und das heißt, nach Wegen zu suchen, wie man jetzt gut im Leben zurechtkommt.[10] Die Shell-Jugendstudie 2006 unterstreicht dies. Für Jugendliche geht es beim Glauben v. a. um das diesseitige Leben. Eine postmortale Rechtfertigung etwa wird kaum als Glaubensinhalt anerkannt.[11]

Die jüngste Studie von Peter Erdmann zum Thema »Jugend und Jenseits« differenzierte den Befund nochmals deutlicher aus. In seiner quantitativ empirischen Erhebung mit ca. 1.800 Jugendlichen im Alter zwischen 12 und 18 Jahren (Sek I und Oberstufe Sek II) arbeitete er heraus, dass auch seine Proband:innen zu 42,7 % von einem Weiterleben nach dem Tod ausgehen und nochmals 24,7 % in Richtung »Nachleben« tendieren.[12] Die Jenseitsbefürworter:innen sind mit insgesamt 67,4 % also nach wie vor die stärkste Gruppe. Erdmann bestätigte weiterhin, dass eine Korrelation zwischen dem Lebensalter und dem Jenseitsglauben besteht (jüngere Schüler:innen zwischen 12 und 13 Jahren befürworten eher ein Weiterleben nach dem Tod als 7. Klässler:innen, diese eher als 9. Klässler:innen [zwischen 14 und 16 Jahren] und diese wiederum eher als Oberstufenschüler:innen und Berufskolleg-Schüler:innen zwischen 16 und 29 Jahren, die den niedrigsten Wert aufweisen)[13] sowie zwischen dem Geschlecht und der Befürwortung des Jenseitsglaubens, insofern Mädchen einem

---

[10] Vgl. Bescherer, Steffi, »Nur nicht reinstressen!«, 117f.
[11] Vgl. Shell Deutschland Holding (Hg.), Jugend 2006, 219.
[12] Vgl. Erdmann, Peter, Jugend und Jenseits, 61.
[13] Vgl. ebd., 64f.

Weiterleben nach dem Tod eher zustimmen als Jungen.[14] Interessant ist ferner der Beleg, dass die Schulformen keinen Einfluss auf die Einstellungen zum Jenseitsglauben haben.[15] Damit scheinen Jenseitsbefürwortung oder -ablehnung nicht von sozialen Prägungen oder dem Bildungsniveau abhängig zu sein und auch nicht vom Wohnort.[16] Wohl aber spielt die Religiosität in den Elternhäusern der Befragten eine Rolle. Erdmann konstatiert, dass dies sogar ein wichtiger Indikator für eine Jenseitsbefürwortung oder -ablehnung sei. Auch wenn der Umkehrschluss nicht gilt, dass ein areligiöses Elternhaus automatisch eine Jenseitsablehnung der Jugendlichen produziert, besteht ein positiver Zusammenhang zwischen Religiosität des Elternhauses und Jenseitserwartungen.[17]

Anders als die ersten Studien zu juvenilen Jenseitseinstellungen bezieht Erdmann auch die Religionszugehörigkeit als virulenten Faktor mit ein. Er arbeitet heraus, dass die Zustimmung zu Jenseitserwartungen bei Mitgliedern von Freikirchen am höchsten ist, gefolgt von Muslim:innen, Orthodoxen, Katholik:innen, Protestant:innen und am geringsten bei sog. Religionslosen.[18] Auch wenn Erdmann konstatiert, dass diese Angaben aufgrund der begrenzten Zahl von Teilnehmer:innen aus den unterschiedlichen Religionsgemeinschaften nicht als verallgemeinerbar gelten dürfen (mit Ausnahme der Katholik:innen und Protestant:innen, Muslim:innen und Religionslosen), sensibilisieren sie zumindest dafür, dass die Bindekraft der Religionsgemeinschaften einen Einfluss auf die Jenseitsgläubigkeit ausübt. Festigen kann Erdmann diesen Befund über die Abfrage des Besuchs eines Gotteshauses. Je häufiger die Befragten ein Gotteshaus besuchen, umso eher befürworten sie einen Jenseitsglauben.[19] Diesen Befund verstärken auch andere Studien, die

---

[14] Vgl. ebd., 65f.

[15] Vgl. ebd., 66f.

[16] Vgl. ebd., 68f.

[17] Vgl. ebd., 69f.

[18] Vgl. ebd., 70–72.

[19] Vgl. ebd., 72.

ebenfalls einen Zusammenhang ausmachten zwischen Sinnerfahrung, Einbindung in religiöse Organisationen und Bejahung von Glaubenslehren.[20] Dass die Gebetshäufigkeit genauso proportional korrespondiert mit der Jenseitsgläubigkeit wie die Religiosität der Elternhäuser und der Gotteshausbesuch verwundert vor diesem Hintergrund nicht.[21] Erdmann bilanziert diesen Befund prägnant: »Wer betet, der glaubt«[22] (an ein Jenseits). Ja, er geht sogar so weit zu sagen, dass Jugendliche, die an (para-)religiöse Phänomene glauben, verstärkter von einem Jenseits ausgehen als andere.[23]

So unterschiedlich die verschiedenen Studien im Design, im Grad ihrer Repräsentativität und in ihren Forschungsfragen sind, so lassen sich dennoch zusammenfassende Trends ausmachen, die helfen, die juvenilen Jenseitseinstellungen und damit die religionsdidaktische Wissensfacette Schüler:innenkognitionen und -erfahrungen zu charakterisieren.

## 2.2 Zusammenfassende Trends

Insgesamt lassen sich folgende Trends in diesen Studien ausfindig machen:

- dass heute Jugendliche weniger als früher die christliche Auferstehungshoffnung teilen und ihre eigenen Jenseitsvorstellungen abkoppeln vom christlich-kirchlichen Deuterahmen,[24]
- dass Jugendliche aber nach wie vor eher an ein Weiterleben nach dem Tod glauben, als sich als Schlusspunkthypothetiker:innen zu begreifen,[25]

[20] Vgl. Streib, Heinz/Gennerich, Carsten, Jugend und Religion, 60f.
[21] Vgl. Erdmann, Peter, Jugend und Jenseits, 74f.
[22] Ebd., 75.
[23] Vgl. ebd., 76.
[24] Vgl. ebd., 170f.
[25] Vgl. ebd., 61.

- dass juvenile Jenseitsvorstellungen heterogen sind, so dass von ihnen nur im Plural angemessen gesprochen werden kann,[26]
- dass Mädchen hoffnungsfreudiger sind als Jungen,[27]
- dass Jugendliche, je kirchlicher sozialisiert und je aufgeschlossener sie gegenüber dem Glauben sind, desto offener sind, sich mit Todes- und Jenseitsvorstellungen auseinanderzusetzen,[28]
- dass der Glaube an ein Weiterleben nach dem Tod, je älter sie sind, desto weniger geteilt wird,[29]
- dass dafür v. a. der »Glaube an ein szientistisches Weltbild« verantwortlich ist,
- dass die Rechtfertigung nach dem Tod für Jugendliche kaum relevant ist.

Die Studien weisen insgesamt also darauf hin, dass bei Jugendlichen sehr wohl mit Vorstellungen zu rechnen ist, die ein Weiterleben nach dem Tod bejahen, inhaltlich aber jenseits der christlichen Auferstehungshoffnung ausgestaltet werden. Dazu kommt, dass die Auferstehung von Jugendlichen als der schwierigste und unzugänglichste Aspekt der Christologie gewertet wird.[30] Die Auferstehung Jesu bleibt vielen Jugendlichen fremd, so dass sie ihr für ihr eigenes Leben keine Relevanz zuerkennen.[31]

---

[26] Vgl. ebd., 116f.

[27] Vgl. ebd., 65f.

[28] Vgl. ebd., 73.76.

[29] Bei der Gruppe der 18–29-Jährigen scheint sich das wieder zu ändern. Vgl. dazu die Ergebnisse des Religionsmonitors von 2008: 41 %, also so viele wie keine andere Altersgruppe, bejahen den Glauben an Gott und an ein Weiterleben nach dem Tod. 34 % dieser Kohorte geben an, dass der Auferstehungsglaube für die Sinnhaftigkeit ihres Lebens wichtig sei. Vgl. Ziebertz, Hans-Georg, Gibt es einen Tradierungsbruch?, 46.48; vgl. diese Bestätigung auch bei Erdmann, Peter, Jugend und Jenseits, 62f.

[30] Vgl. Ziegler, Tobias, Jesus als »unnahbarer Übermensch«, 513.

[31] Vgl. Erdmann, Peter, Jugend und Jenseits, 285, konstatiert, dass in den Kommentaren der ca. 1800 Proband:innen gerade zweimal von Auferstehung gesprochen wurde, Jesus nur 1,1 % aller Befragten erwähnten und bei der Frage, woher sie ihre Jenseitsvorstellungen hätten, nur 0,56 % von

An den wenigen Stellen, an denen die älteren Studien inhaltliche Deutungen des Weiterlebens nach dem Tod ausführen, zeigt sich, dass die Jugendlichen das Weiterleben nach dem Tod als Ausdruck dafür verstehen, dass das Ich, verstanden als das Unvertretbare des Menschen, seine Einzigartigkeit und Einmaligkeit nicht vergeht. Der unermessliche Wert des Menschen bleibt, ja jenseits des Todes ist sogar ein besseres, glücklicheres Leben zu erwarten, eben der Himmel. Ein Dialog mit der christlichen Auferstehungshoffnung findet hier wichtige Ansatzpunkte.

## 2.3 Crucial points – Worum es religionspädagogisch gehen muss

Insgesamt wird für religiöse Bildungsprozesse bedeutsam, dass die Deutung der christlichen Auferstehung für Jugendliche nur dann relevant werden kann, also von Jugendlichen im guten Sinne des Wortes »in Gebrauch« genommen und für ihr Leben ausgelotet wird, wenn Anknüpfungspunkte zwischen ihren eigenen Erfahrungen und Deutungen und der Auferstehungsbotschaft ausgemacht werden können. Diese aufzudecken und kognitive wie existentielle Korrelationsprozesse zu ermöglichen, ist eine genuin theologische und religionspädagogische Aufgabe. So sehr die Frage nach dem Tod und dem Danach an sich schon eine Korrelationschiffre darstellt, so schält sich als wichtiger Aspekt in dieser Thematik die Frage heraus, wie Ich-Kontinuität erreicht wird, und als ein Aspekt dieser Fragestellung, wie der Bezug zur Körperlichkeit bzw. Materialität denkbar ist.

---

Jesus sprachen, wobei zudem dieselben Schüler:innen diese Antworten gaben.

## 3 »Bin ich dann so ein Geist?« – Systematisch-theologische Überlegungen zur Frage nach dem Bezug zu Körperlichkeit und Materialität im christlichen Auferstehungsdenken

Die Frage, wie Ich-Kontinuität vorstellbar ist, obwohl unser Körper stirbt, ist für Jugendliche ebenso brisant, wie sich auch theologisch gesehen die Unterschiedlichkeit theologischer Auferstehungsmodelle u. a. an dieser Frage entzündet.[32] Cum grano salis lassen sich aus der theologischen Literatur drei unterschiedliche Typen herausarbeiten, um darauf zu reagieren.

### 3.1 Typ: Körper-Geist-Dualismus

Ein erster Typ operiert mit dem klassischen Körper-Geist-Dualismus und konkretisiert diesen in der Vorstellung, dass zwar der Körper tot ist und verwest, der Geist aber in der Auferstehung weiterlebt, dann eben ohne die Hülle des beschwerlichen Körpers, der alt oder krank bloß hinderlich wäre für ein erfülltes Leben im Himmel. Weil Körperlichkeit – ganz im Sinne des platonisch-plotinischen Erbes – als Gefängnis des Geistes interpretiert wird, ist der Tod so etwas wie ein Befreiungsakt, in dem der Geist endlich ohne die Einschränkungen körperlicher Grenzen agieren kann. Der Film »Transcendence« greift z. B. diese Vorstellungswelt auf, insofern der vergiftete und dann tote Körper für den uploaded Dr. Will Caster keine Rolle mehr spielt. Seine Gefühle und sein Denken sind auf den Mega-Computer kopiert und auch Caster – nur eben ohne Körper.

Spielarten dieses Typs sind Ansätze, die von der Unsterblichkeit der Seele sprechen und damit meinen, dass die Seele selbst die Kontinuität zwischen diesem und dem anderen Leben garantiert und gar nicht (wirklich) stirbt. Weil der Körper für das

[32] Vgl. dazu in Auswahl: Schwarzkopf, Theresa, Zur Argumentationsfähigkeit von Auferstehungsvorstellungen, 287–290; dies., Vielfältigkeit denken.

Personsein keine Rolle spielt, reicht das Weiterleben der unsterblichen Seele, um die Ich-Identität zu gewährleisten.

Auch die Variante, die in den katholischen Katechismus eingegangen ist und von der Unsterblichkeit der Seele spricht, ist eine Spielart dieses dualistischen Modells, allerdings mit dem Unterschied, dass nicht der Seele die Macht zukommt, sich unbeschadet in das neue Leben hinüberzuretten, sondern Gott als Erhalter der Seele auch der Akteur ist, Ich-Kontinuität zu garantieren. Wörtlich heißt es dort:

> »Die Kirche lehrt, dass jede Geistseele unmittelbar von Gott geschaffen ist – sie wird nicht von den Eltern ›hervorgebracht‹ – und dass sie unsterblich ist: Sie geht nicht zugrunde, wenn sie sich im Tod vom Leibe trennt, und sie wird sich bei der Auferstehung von neuem [sic!] mit dem Leib vereinen.«[33]

Insofern dieser Typ zu erklären vermag, dass der verwesende Leichnam keine Rolle für ein Weiterleben nach dem Tod spielt, erzeugt er hohe Plausibilität. Jede und jeder kann allein durch das Alltagswissen nachvollziehen, dass die toten Körper zumindest in keinem direkten, unmittelbaren und ungebrochenen Bezug zu einem Weiterleben nach dem Tod stehen können und nicht das Maß aller eschatologischen Dinge sind.

Die anderen beiden Typen sind deutlich körperbezogener als der erste Typ der Auferstehungsmodelle. Beide verstehen das Danach in Bezug zu dem, was wir im Leben sind, und damit eben auch zu unserem Körper.

### 3.2 Typ: Zwischen Zombi und Supergirl

Ein Typ dieser körperbezogenen Varianten versteht das Danach als Rückkehr in das alte Leben. Diese Rückkehr setzt eine Restitution des eigenen Körpers voraus, der jetzt entweder wieder sterblich ist oder unsterblich,[34] wie ein Zombi eben, und je nachdem auch die alten körperlichen Schwächen nicht mehr

---

33 Katechismus der Katholischen Kirche Nr. 366, 124.

34 Vgl. Pemsel-Maier, Sabine, Auferstehung Jesu, 6f.12.

kennt. Damit ist man eher so etwas wie ein Superman oder ein Supergirl – eine Ich-Form in einem neuen, meist schönen und leistungsfähigen Körper, der nicht mehr gebunden ist an die Raum-Zeitlichkeit und auch schon mal durch Wände gehen oder die Schwerkraft überwinden kann. Die Schülerin in der eingangs erwähnten Unterrichts-Videographie spielt z. B. auf diesen Typ bei den Auferstehungsmodellen an, insofern sie Auferstehung mit der Restitution ihrer verstorbenen Oma zusammendenkt. Kann sie die Oma nicht mehr sehen wie gewohnt, muss wohl auch die Rede von der Auferstehung korrigiert werden, so der Duktus ihrer Schülerinnenfrage.

Auch die Science-Fiction-Literatur ist voll von diesen Szenarien. Insofern verwundert es nicht, dass juvenile Vorstellungen vom Weiterleben nach dem Tod solche Motive aufnehmen und in ihre eigenen Denkwelten integrieren. Charakteristisch für diesen Typ der Modellbildung ist, dass die Wiederherstellung des Körpers autopoietisch im weitesten Sinn erfolgt – sprich, nicht Gott ist der Akteur oder Garant, sondern ein technisches Superinstrument (vgl. den Film Avatar, s. u. S. 259f.), ein kosmisches Event oder eben die eigene naturgegebene Kraft.[35]

### 3.3 Typ: Weil der Körper Beziehungsort war, ist er nicht einfach nichts

Ein anderer Typ, der ähnlich wie der zweite einen Bezug zur Körperlichkeit/Materialität wahrt, sich allerdings auch von ihm unterscheidet, dominiert momentan die gängigen theologischen Auferstehungsmodelle.[36] In seinen unterschiedlichen Varianten wird deutlich, dass der Mensch im Tod zwar ganz stirbt, dass also sowohl sein Körper stirbt als auch alles, was uns ausmacht (Ganztodhypothese). Wir dürfen aber darauf hoffen, dass wir nicht im Tod bleiben und damit im Nichts vergehen. Gott ist es vielmehr, der uns als die, die wir sind, ganz

---

[35] Vgl. Schärtl, Thomas, Was heißt Auferstehung des Leibes, 59–81.

[36] Vgl. Sattler, Dorothea, Erlösung?, 227f.

neu ins Leben hebt. Das ist der erste markante Unterschied zu Typ 2 und Typ 1, Variante 1.

Ein weiterer Unterschied ergibt sich durch die andere Lesart von Körperlichkeit und Materialität. Die Modelle, die diesem Typ zugerechnet werden können, verstehen den Körper als Vollzugsort unseres Personseins und damit nicht als abzustreifende, uninteressante Hülle, sondern als unlösbar mit unserem Ich-Sein verbunden. Die Argumentation läuft folgendermaßen: Weil wir in dieser Zeit nicht anders Ich sind und werden als im Körper, muss es auch im Einst einen Bezug zu unseren im Körper erlebten Geschichten, unseren Beziehungen, Erinnerungen, Gefühlen und Denkprozessen geben.[37] Weil unser Körper also Beziehungsort und damit Vollzugsort von uns war, kann unsere Ich-Identität im Einst wiederum nur in Beziehung zu Körperlichkeit/Materialität gedacht werden.[38] Freilich ist damit nicht gemeint, dass dabei unser verwesender Körper eine Rolle spielt. Der christliche Auferstehungsglaube lässt vielmehr offen, wie diese Beziehung zu denken ist. Er formuliert aber das »Dass«. Und außerdem grenzt er das »Dass« nicht nur ein auf die Materialität unseres einzelnen Körpers, sondern weitet den Blick schöpfungstheologisch, insofern wir im Danach auf die ganze Schöpfung bezogen sein werden, diejenige, die noch im Seufzen liegt (Röm 8,21f), und diejenige, die alle Vorstellungen des Guten und des Glücks sprengt.

Karl Rahner fasst das prägnant in ein Wortspiel, indem er schreibt: »Die Person verliert im Tod nur ihre abgegrenzte Körperlichkeit; sie wird aber nicht beziehungslos und ›a-kosmisch‹, sondern im Gegenteil ›allkosmisch‹.«[39] Biblisch gesprochen ist hier von der »Leiblichkeit der Auferstehung« die Rede. Mit dem Verweis auf Jesus, sein Schicksal als Gescheiterter und

---

[37] Vgl. z. B. Kessler, Hans, Sucht den Lebenden nicht bei den Toten, 483–486.

[38] Vgl. auch den Einwurf Joseph Ratzingers, Eschatologie, 216–220, gegen das Modell »Auferstehung im Tod« von Gisbert Greshake und Norbert Lohfink, Naherwartung.

[39] Zitiert nach Kessler, Hans, Sucht den Lebenden nicht bei den Toten, 484.

dann von Gott in der Auferstehung Geretteter, deutet der christliche Auferstehungsglaube an, dass dies nicht nur irgendeine, sondern eine begründete Hoffnung ist. Was an Jesus geschehen ist, wird auch uns zuteilwerden, so die christliche Auferstehungshoffnung.

Ein Beispiel aus der zeitgenössischen Theologie zu diesem Typ der Modellbildung ist ein Text von Johanna Rahner:

»Die Frage nach der ›Zukunft‹ körperlicher Materie kann – ohne einer gnostischen Leibfeindlichkeit zu verfallen – vielleicht mittels folgender Überlegung beantwortet werden: Bereits zu Lebzeiten kann von einer ›materiellen Identität des menschlichen Leibes‹ nicht die Rede sein, ›da er, wenn auch je nach chemischer Substanz mit unterschiedlicher Prozessdauer, einem ständigen Stoffwechsel unterliegt.‹[40] Diese Art von Materialität macht also schon zu Lebzeiten des Menschen nicht seine ›Leiblichkeit‹ aus; wieso sollte es dann mit dem Tod der Fall sein? Die Vollendung solcher Materialität, die vom Menschen her gesehen immer nur seine zeitweilige menschliche Materialität ist, kann und darf damit dem ›Ende aller Zeit‹ und damit der hier explizit für den Jüngsten Tag auszusprechenden ›Vollendung der ganzen Schöpfung‹ zugeschrieben werden, ohne der individuellen durchaus ›leibhaften‹, d. h. all ihre Geschichts- und Weltbezüge mitbringenden Vollendung der menschlichen Seele im Augenblick des individuellen Todes irgendwie im Wege zu stehen.«[41]

## 3.4 Was ist daran so wichtig? – Zur theologischen Intention des Auferstehungsglaubens

Die hier herausgearbeiteten Typen bewegen sich zwischen völliger Abstinenz hinsichtlich einer irgendwie gearteten Körperbeziehung und der Idee einer Wiederherstellung des bisherigen Körpers. Typ 3, der in den zeitgenössischen theologischen Entwürfen favorisiert wird, kann insofern als eine Mittelungsposition interpretiert werden. Er geht von einem Bezug zur Körperlichkeit/Materialität aus, und zwar aus theologischen Gründen, die mit dem Körper als Vollzugsort des Ich-Seins des Menschen operieren, lässt aber offen, wie diese Beziehung zu denken ist.

---

[40] Lüke, Ulrich, Auferstehung am Jüngsten Tag, 53.

[41] Rahner, Johanna, Einführung in die christliche Eschatologie, 198.

Die Frage bleibt damit, warum dies so wichtig ist, warum Ich-Kontinuität, Beziehung zu Körperlichkeit/Materialität interessiert, also welche theologischen Intentionen sich hinter den christlichen Modellierungen des Auferstehungsverständnisses verbergen und welche davon auch heute etwas austragen.

Zum einen formulieren die unterschiedlichen Varianten des theologischen Typs 3, dass es um die Würdigung und Rettung der Person geht, die sich vieldimensional und eben auch körperlich entwirft. Wer ich war und bin, was mich ausgemacht hat, meine Geschichten, meine Beziehungen und Gefühle – all das ist nicht verloren, sondern wird über den Auferstehungsglauben anerkannt als mehr als nur ein Hauch der Geschichte. Das gilt nicht nur für das eigene Personsein, sondern ist auch Zusage, dass die geliebten Anderen nicht im Tod verschwinden. Vielleicht ist das sogar noch wichtiger, um ein Gedicht von Mascha Kaléko zu zitieren:

> »Memento
> Vor meinem eignen Tod ist mir nicht bang,
> nur vor dem Tode derer, die mir nah sind.
> Wie soll ich leben, wenn sie nicht mehr da sind?
> Allein im Nebel, tast ich todentlang
> und laß mich willig in das Dunkel treiben.
> Das Gehen schmerzt nicht halb so wie das Bleiben.
> Der weiß es wohl, dem Gleiches widerfuhr:
> Und die es trugen, mögen mir vergeben.
> Bedenkt: den eignen Tod, den stirbt man nur,
> doch mit dem Tod der andern muß man leben.«[42]

Nicht einmal der Tod ist so stark, das auszulöschen, was einen Menschen ausmacht. Das ist die erste, sozusagen fundamentale Zusage des Auferstehungsglaubens, von der sich auch die anderen ableiten.

Unmittelbar damit ist eine zweite verbunden. Nichts ist verloren, weder das Schöne noch das Erlittene, weder das Geglückte noch das Misslungene, auch nicht die zermürbende Schuld. So sehr man sich wünscht, dass alles Glück dieses Le-

---

[42] Kaléko, Mascha, Verse für Zeitgenossen, 9.

bens nicht einfach auf die erlebten Stunden reduziert wird, sondern weiterdauert, so kann man sich fragen, warum es auch als Zusage lesbar ist, dass die begangene Schuld mit dem Tod nicht ausgelöscht wird. Daran hängen theologisch mindestens zwei Aussagen. Zum einen erfordern es die Opfer, dass ihnen die im Leben versagte Gerechtigkeit nicht auf immer versagt bleibt. Zum anderen eröffnet der Auferstehungsglaube die Hoffnung, dass nicht wir selbst die Wiedergutmachung der von uns verursachten Schuld leisten müssen, sondern dass uns selbst diese von Gott geschenkt wird. Auferstehung meint: Gott vollendet nicht nur das angefangene Gute, sondern auch das zerstörerisch Schuldhafte und das verschuldete oder auch erlittene Böse und rettet es in seinen Frieden hinein.

Diese Zusage, dass es Gott ist, der wirkt, und nicht wir selbst uns Erlösung erwirken und Auferstehung erleisten müssen, gehört zu einer weiteren Spitzenaussage des christlichen Auferstehungsglaubens rund um die Frage nach Ich-Kontinuität. Weder irgendetwas an uns, wie z. B. eine unsterbliche Seele oder irgendetwas, das wir getan haben, wie z. B. ein selbstloses Engagement für andere, erwirkt uns die Auferstehung. Es ist allein Gottes Geschenk – einfach so, gratis, ohne Vorleistung, nicht gebunden an Einkommen, Geschlecht, ja auch Religion. Was Gott an Jesus gewirkt hat, ist nicht als exklusives Privileg, sondern als Beispiel, ja Hoffnungsanfang zu verstehen, den wir auch für uns erhoffen dürfen.

Für die Erschließung des Auferstehungsverständnisses im Religionsunterricht ergeben sich daraus mehrere Zielsetzungen, die auch für das DAuEW relevant sind: Zum einen ist es wichtig, auf die Unterschiedlichkeit der Typen und Modellbildungen zu verweisen und damit deutlich zu machen, dass es um Deuteversuche geht. Diese sind zwar nicht willkürlich ersetzbar, aber dennoch kontextuell gebunden und von daher für jede Zeit neu zu leisten. Zum anderen muss klar sein, dass die Auseinandersetzung mit dem Auferstehungsglauben nicht einfach l'art pour l'art interessiert, sondern es darum geht, die darin enthaltenen Zusagen Gottes herauszuarbeiten. Auch der Auferstehungsglaube ist somit soteriologisch auszudeuten. Und außerdem ist es Aufgabe des Religionsunterrichts, die theologischen, anthropologischen und lebensweltaffinen Begründungen auszuloten, die den jeweiligen Typen und ihren Modellen zugrunde liegen, und die Schüler:innen argumentationsfähig zu machen; denn die Diskursivierung ist nach wie vor eine, wenn nicht die wichtigste Möglichkeit, Schüler:innen zu befähigen, eine eigene begründete Position zumindest für eine bestimmte Zeit zum Thema Tod und Danach zu gewinnen.[43]

Die folgenden Ideen zu Lernwegen sollen dies unterstreichen und Inspirationen sein, um entsprechend der religionsdidaktischen Wissensfacette passungsfähige didaktische Inszenierungen und Unterrichtsdramaturgien auszuwählen.

## 4 Ideen zu Lernwegen

Ob »Herr der Ringe«, »Harry Potter« oder »Avatar« – die Science-Fiction-, Fantasy-, Roman- und Kinowelt ist voll von Dramen, die sich an der Frage abarbeiten, wie es sein kann, dass wir sterben, dass uns Böses widerfährt und wie ein Leben anderswo aussieht.

Die Beschäftigung mit Ich-Kontinuitäts-Vorstellungen in diesen Werken verspricht, Schüler:innen für die Denkmuster zu sensibilisieren, die in ihnen verarbeitet werden, um die alte Menschheitsfrage zu beantworten, wie wir das Leid, körperliche Gebrechen, den Tod und das Böse überwinden können. Zugleich kann der Vergleich mit den christlichen Auferstehungsdeutungen das Besondere heben und Schüler:innen befähigen, für sich eine begründete Position zu gewinnen.

[43] Vgl. dazu auch Schwarzkopf, Theresa, Vielfältigkeit denken, 180–183.

## 4.1 Avatar und die Faszination für ein anderes Leben

Auch wenn der Kinofilm »Avatar – Aufbruch nach Pandora« aus dem Jahr 2009 nicht mehr aus der jüngsten Zeit stammt, ist er inzwischen zum Kult geworden und gehört nach wie vor zu den weltweit erfolgreichsten Filmen.

Der seit einem Kampfeinsatz als Marinesoldat von der Hüfte an abwärts gelähmte Jake Sully soll auf dem Planeten Pandora dafür sorgen, die dortigen Ureinwohner auszukundschaften. Sein Auftrag lautet, sie als verdeckter Ermittler zu überzeugen, den Abbau der Rohstoffe der Na'vi-Welt nicht weiter zu behindern. Schafft er das, bezahlt ihm die Marine die Kosten einer Wirbelsäulenoperation. Ab da entwickelt sich der Plot des Films. Sully wird ein Avatar zur Verfügung gestellt, der den Na'vi-Körpern der Ureinwohner gleicht, aber das Bewusstsein von Sully trägt. Im neuen Avatar-Körper spürt Sully seine Behinderung nicht mehr. Er kann laufen, schnell laufen sogar, sich bewegen, wie es auch die Na'vis tun, und lernt über diesen Körper die so ganz andere Welt der Na'vis kennen und schätzen.

Die Kinoproduzenten verwenden hier die Idee, die oben unter Typ 1 ausgeführt wurde, modellieren sie aber zusammen mit Versatzstücken aus Typ 3: Sully ist er selbst in seinem Avatar. Was er ist, wurde in den Avatar kopiert, sein alter Körper spielt für die Avatar-Existenz keine Rolle mehr. Sully ist nun völlig frei, leichtfüßig, schnell – wie es eben die Na'vi-Körper sind. Und genau hier spielen Aspekte des Typs 3 hinein. Sullys Avatar ist nicht einfach körperlos. Sein Ich drückt sich vielmehr in einem neuen Körper aus – der jetzt eben den Na'vis entspricht. Am Schluss muss sich Sully sogar entscheiden, ob er ganz in die Kultur der Na'vis übergeht und damit nie mehr wieder in seinen menschlichen Körper zurückkommt, oder ob er mit den Menschen den Planeten Pandora und v. a. die Häuptlingstochter Neytiri verlässt, die er zutiefst liebt. Sully wird die Existenz der Na'vis über die Urmutter annehmen und über das neuronale Netzwerk der Na'vi-Welt mit allem in allem verschmelzen.

Die Denkmodelle zu verstehen, die im Film benutzt wurden, um Ich-Kontinuität, Nähe zu den Na'vis und v. a. zu seiner Geliebten zu ermöglichen, ist ein wichtiger Punkt, wenn die Auseinandersetzung mit Avataren im Kontext des Auferstehungsglaubens erfolgt. Ein anderer ist herauszuarbeiten, welche Besonderheiten und auch Unterschiede sich zu den Modellen im christlichen Horizont erkennen lassen. Schüler:innen können so insgesamt lernen, dass es für die letzten Fragen höchstens Deuteangebote gibt, die aber mitten in unsere Welt hineingreifen; und dass es zugleich gute Gründe gibt, die Zusagen des christlichen Auferstehungsverständnisses zu würdigen, die immer wieder auf die Spitze zulaufen, dass nicht wir uns Erlösung schaffen müssen, sondern Gott sie uns schenkt.

### 4.2 Harry Potter – oder: Am Ende ist die Liebe stärker

Johanna Rahner setzt an das Ende ihres Eschatologie-Lehrbuchs eine Interpretation der Harry-Potter-Romanreihe, die um den Satz »all was well« kreist.[44] Rahner arbeitet heraus, dass Joanne K. Rowling die gesamte Romanreihe auf diesen Satz hin zulaufen lässt, der das Versprechen ausdrückt, dass selbst dort, wo Narben zurückbleiben und Wunden nicht einfach ausradiert werden, ihnen aber die Macht des Bösen und damit auch der Schmerz entzogen ist, alles gut werden kann. Selbst der Tod hat dann keine Macht mehr. Rowling setze – so Rahner – der Frage, ob man das Böse wirklich besiegen und den Tod ausrotten könne, ein mutiges Ja! entgegen. Denn die Liebe ist die Kraft, »die wunderbarer und schrecklicher ist als der Tod, als die menschliche Intelligenz, als die Kräfte der Natur.«[45] Weil das Böse nicht lieben kann, besiegelt es letztlich auch sein Nichts und sein Vergehen.

Als Harry mit Hermine auf dem Friedhof von Godric's Hallow das Grab seiner Eltern findet und darauf das Zitat aus

[44] Vgl. Rahner, Johanna, Einführung in die christliche Eschatologie, 303–305.

[45] Rowling, Joanne K., Harry Potter und der Orden des Phönix, 999, zitiert nach: Rahner, Johanna, Einführung in die christliche Eschatologie, 303.

Abb. 18: Harry Potter und Hermine auf dem Friedhof von Godric's Hallow

1 Kor 15,26 liest: »Der letzte Feind, der zerstört werden wird, ist der Tod …«, versteht es Harry nicht. Erst nach und nach kommt die Deutung ans Licht, die laut Rowling die gesamte Romanreihe von Anfang an durchzieht: Es gilt der Frage nach dem Tod bis zu seiner letzten Quelle, dem Bösen, nachzugehen. Als Antwort darauf, ja als Lösung des Bösen bietet der Roman an: Es kann nur die Liebe sein. So wie Harrys Mutter durch die Hingabe ihres Lebens ihren Sohn vor den Fängen Voldemorts rettete, tritt im Endkampf mit Voldemort nun auch Harry dieses Erbe an. Indem er sich hingibt, denkt er nicht mehr an sich, sondern nur noch daran, wie er die anderen retten kann. Das ist es, wie er den »Zauber jener Hingabe für andere, den ihm seine Mutter aus Liebe geschenkt hat[, erneuert]. Er überlebt. Der wahre Herr des Todes ist am Ende … derjenige, der vor dem Tod nicht davonläuft, sondern ihn um der Liebe willen riskiert.«[46]

Ich-Kontinuität wird hier nochmals ganz anders vorbuchstabiert. Sie wird als Liebe charakterisiert, die sich verschenkt, nicht einmal mehr auf das eigene Leben achtet und gerade da-

[46] Rahner, Johanna, Einführung in die christliche Eschatologie, 304.

durch das Leben für sich und für andere gewinnt. Im Grunde ein zutiefst biblischer, ja jesuanischer Gedanke. Die Lücke, die bleibt zwischen der Existenz des Bösen und des Todes und der Hoffnung, dass das Destruierende nicht das Letzte sein kann, wird bei Harry Potter und im christlichen Glauben von woanders her bestimmt. Bei Harry Potter bleibt offen, woher dieses andere kommt. Der christliche Glaube verweist auf das Du Gottes, der dies füllt – verlässlich, durch sich selbst, für alle und alles.

9. Kapitel:

# »Katholisch? Kirche? Nee, geht mich nichts an!« – Kirchenfragen kritisch bedacht

Dass Jugendliche zu Kirche ein mindestens angespanntes Verhältnis haben, galt in Zeiten, in denen die Kirchen zumindest noch aufregten, als angemessene Charakterisierung. Beschreibt man heute das Verhältnis Jugendlicher zur Kirche, fällt die Diagnose vielschichtig, aber insgesamt katastrophal für die Kirchen aus. Die Kirchenzugehörigkeit junger Menschen geht immer mehr zurück und die Institution Kirche kommt in der Lebenswelt Jugendlicher so gut wie nicht mehr vor. Unabhängig vom Glaubensbekenntnis stimmen zwar 69 % der Jugendlichen der Aussage zu: »Ich finde es gut, dass es die Kirche gibt.«[1] Das gilt aber nur für das, was Kirche tut, und nicht für das, was sie sagt. Außerdem interessiert dies eher als Beschreibung Dritter und nicht als eigene Erfahrung Jugendlicher. Selbst den Glauben sehen 54 % der in den sog. Baden-Württemberg-Studien befragten Jugendlichen als etwas, das nichts mit der Kirche zu tun hat.[2]

So wenig neu das Spannungsverhältnis Kirche – Glaube – Jugendliche ist, so sehr muss es zu denken geben, dass viele Jugendliche dieses Spannungsverhältnis gar nicht mehr empfinden, entweder weil v. a. Kirche, aber auch Glaube kaum mehr alltagsrelevante Größen sind, oder weil Jugendliche zwar dem Glauben etwas abgewinnen können, ihn aber in keinem Zusammenhang mit der Institution Kirche verorten.

Die selbstverständliche Autonomie Jugendlicher, entscheiden zu können, wie sie leben und was sie für gut finden, gilt auch für den Bereich Religion und Kirche. Man kann sogar so weit gehen zu sagen, dass der Autonomieanspruch und der Radius, Autonomie zu leben bzw. darin unterstützt zu werden, die Gretchenfrage schlechthin sind, inwieweit die Kirchen überhaupt noch als ernst zu nehmende Player in demokratischen Gesellschaften angesehen werden. Umgekehrt ist eine am Evangelium orientierte Kirche nichts anderes als ein Instrument, die Autonomie der Menschen zu fördern. Damit fungiert die Frage

---

1 Shell Deutschland Holding (Hg.), Jugend 2019, 156.

2 Vgl. Schweitzer, Friedrich/Wissner, Golde/Bohner, Annette u. a., Jugend – Glaube – Religion, 23.

nach Autonomie in Sachen Religion und Kirche als Korrelationschiffre par excellence, ist aber zugleich ein sehr kontrovers diskutiertes Thema in der (katholischen) Kirche. Zwei Alltagsblenden mögen dies illustrieren.

## 1 Zwei Blenden zum Einstieg

### 1.1 Love is no sin

Als die Glaubenskongregation am 15. März 2021 ein Papier veröffentlichte, in dem die Segnung gleichgeschlechtlicher Paare verboten wurde, gab es einen Sturm der Empörung und des vielfältigen Widerstands wie selten in der katholischen Kirche. Nicht nur in Deutschland waren Menschen tief getroffen von der Menschen abwertenden Begründung, dass man nicht segnen dürfe, was Sünde sei.

Unterschriftenaktionen von Theologieprofessor:innen wie auch von Seelsorger:innen setzten ein Zeichen des Protests und ließen verlautbaren, dass man sich diesem Verbot verweigere. Auch weiterhin würden sie sich einsetzen, den Segen zu spenden, der ja nicht der eigenen Großzügigkeit entstammt, sondern den Segen weitergibt, der von Gott kommt. Regenbogenfahnen wurden an Kirchengebäuden aufgehängt und als Banner an die Kirchenportale geheftet, um diesen Widerstand sichtbar zu machen. An den Stufen des Würzburger Doms war in diesen Märztagen der gekreidete Ausruf zu finden: Love is no sin (vgl. Abb. 19).

Wie kaum zuvor markierte dieser Protest, dass die alte Formel »Roma locuta – causa finita« – Rom hat gesprochen und deshalb ist die Diskussion zu Ende – nicht mehr funktioniert. Wo sich aber eine (Lehramts-)Autorität so weit von den Menschen entfernt, dass diese ihr Gewissen, ihr Rechtsempfinden und ihre Menschenwürde verletzt sehen, da verliert v. a. die (Lehramts-)Autorität.

Abb. 19: Love is no sin

## 1.2 Maria 2.0 – ein anderer Thesenanschlag

Dieser sich immer weiter öffnende Graben zwischen kirchlicher Lehrautorität und dem Glaubensverständnis der Gläubigen lässt sich auch an der Initiative Maria 2.0 und ihren vielfältigen Aktionen ablesen. Der Thesenanschlag, der bundesweit am 21. und 22.02.2021 erfolgte, wollte ähnlich wie der Thesenanschlag Luthers verdeutlichen, dass eine glaubwürdige Kirche nicht mehr länger an den Rechten von Frauen vorbeigehen kann. Wer sich wie die Kirche dem Evangelium verschreibt, der kann nicht Menschen ausgruppieren, benachteiligen, hintanstellen. Was Kirche verkündet, nämlich Werkzeug der befreienden Botschaft Jesu zu sein, das muss auch an ihr selbst ablesbar sein. Diesen Widerspruch lassen sich Frauen nicht mehr gefallen.

Die sieben Thesen von Maria 2.0 formulieren dies auf unmissverständliche Weise.[3]

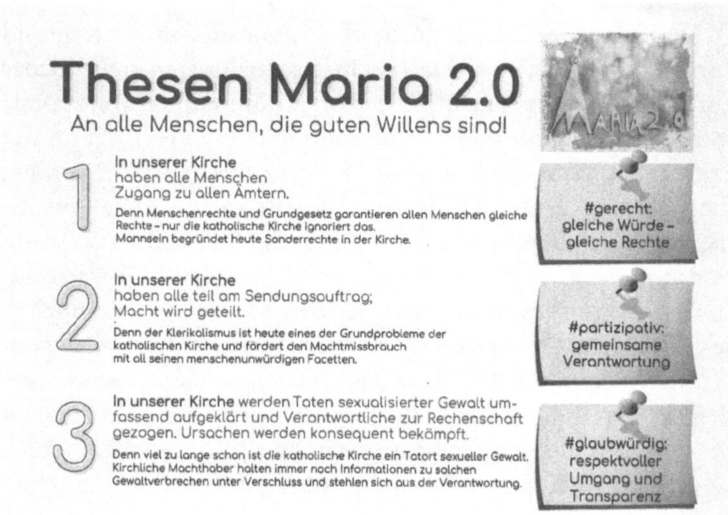


[3] Maria 2.0, Thesenanschlag.

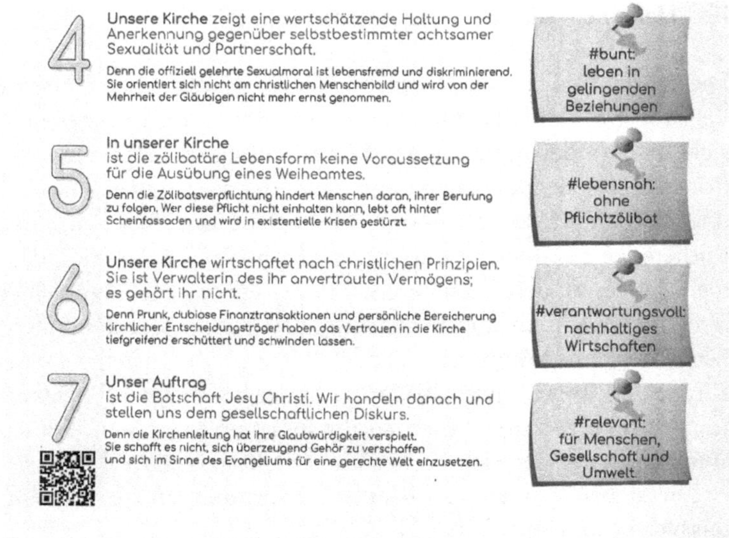


Abb. 20: Thesenanschlag Maria 2.0

Das folgende Kapitel macht es sich vor diesem Hintergrund zur Aufgabe, zunächst die (Nicht-)Einstellungen Jugendlicher zur Kirche zu ergründen. Die Korrelationschiffre Autonomie in Sachen Religion und Kirche soll dann exemplarisch an der Frage nach dem Weiheamt für Frauen durchgespielt werden, die sich als Nagelprobe für die Zukunft einer Kirche erweist, die nicht im Ghetto verschwinden will. So machtvoll Traditionsargumente auch daherkommen und zu plausibilisieren versuchen, warum es in der katholischen Kirche z. B. unmöglich sei, Frauen zu Priesterinnen zu weihen, so irritierend wirken diese Wiederholungen nicht nur für Jugendliche. Schon seit den 1980er Jahren kann theologisch kein valides Argument mehr gegen die Frauenordination angeführt werden. Auch wenn die theologischen Diskurse bislang durch Machtentscheidungen ausgehebelt wurden, so wird es über kurz oder lang in einem freiheitlich demokratischen Staat nicht mehr legitimiert werden können, die Institution katholische Kirche, die die Diskriminierung bestimmter Gruppierungen noch immer als status quo vertritt, von diesem Staat finanziell und ideell zu fördern.

Insofern ist gerade die Frage nach dem Weiheamt für Frauen ein Thema, an dem die Kirche wachsen und zeigen kann, dass der Glaubenssinn der Gläubigen unabdingbare Impulse setzt, um das Evangelium heute aufrichtig zu leben. Der Religionsunterricht kann sich so einmal mehr als Ort erweisen, Religionsthemen kritisch bedenken zu lernen und Schüler:innen zu befähigen, ihre eigenen Positionen begründet zu entwickeln und zu vertreten.

## 2 Die Kirche tut viel Gutes, interessiert mich aber nicht – Empirische Erkundungen

### 2.1 Religionszugehörigkeiten von Jugendlichen in Deutschland

Bekannten sich 2002 noch zwei Drittel der Jugendlichen zu einer der beiden großen christlichen Kirchen, waren es 2019 nur noch 60 %.[4] Der Anteil der sog. Konfessionslosen ist mit 22 % auf einem beachtlich hohen Niveau stabil geblieben. Bemerkenswert ist hierbei die Beobachtung, dass zwar nach wie vor der überwiegende Anteil der konfessionslosen Jugendlichen im Osten lebt, dort heute aber mehr Jugendliche als noch 2002 konfessionell gebunden sind, während im Westen ein genau gegenläufiger Trend eingesetzt hat. Der Anteil der Konfessionslosen steigerte sich von 8 % im Jahr 2002 auf 14 % im Jahr 2019.[5]

Selbst wenn die Kirchenzugehörigkeit von Jugendlichen in Deutschland nach wie vor signifikant ist, weil sie erheblich über der 50 %-Marke liegt, ist damit noch nichts Genaueres darüber gesagt, ob und wie sich Jugendliche als religiös verstehen, ob und wie sie ihren Glauben leben, und ob und wie sie sich mit Kirche identifizieren bzw. wie sie ihr Verhältnis zur Kirche einschätzen. Im Folgenden sollen deshalb einige Aspekte herausgearbeitet werden, die die (Nicht-)Beziehung Jugendlicher zur Kirche genauer verstehen helfen.

---

[4] Vgl. Shell Deutschland Holding (Hg.), Jugend 2019, 151.

[5] Vgl. ebd., 152.

## 2.2 Glaube hat nichts mit Kirche zu tun

Als der wohl markanteste Aspekt schält sich heraus, dass die institutionelle Einbettung des Glaubens auch deshalb von Jugendlichen abgelehnt wird, weil sie kirchliche Organisationen für etwas Statisches, Langweiliges und antiquiert Überkommenes halten. Sowohl die ästhetischen Formen, die in Gottesdiensten gepflegt werden, als auch das Auftreten von Kirchenleuten wird als rückwärtsgewandt empfunden, mit dem man nicht in Verbindung gebracht werden will und das eher auf Abstand gehen lässt, denn in Kontakt bringt. Studien zu Gotteseinstellungen Jugendlichen zeigten, dass sich Jugendliche immer dann, wenn es nach Kirche riecht, distanzierten.[6]

Wenn der Gottesglaube für Jugendliche wichtig ist, dann heißt das nicht automatisch, dass auch die Kirche für sie eine wichtige Institution darstellt. Man kann sogar sagen – eher im Gegenteil. Kirche wird als Instanz empfunden, die der eigenen religiösen Selbstbestimmung im Weg steht[7] und die versucht, sich in Lebensentscheidungen ungebührlich einzumischen oder Glaubenswege zu diktieren. Beides aber widerstrebt dem Autonomiebedürfnis nicht nur von Jugendlichen, aber ihrem ganz besonders.

Insofern zeigt sich je länger umso mehr, dass Jugendliche ihren Glauben mehrheitlich jenseits der Kirchen und Religionsgemeinschaften verorten, auch wenn es der Islam und die islamischen Gemeinden mit ihm noch eher vermögen, das Interesse von Jugendlichen und die Bindung an sie aufrechtzuerhalten.[8] Die BW-Studien I und II belegen, dass je älter Jugendliche sind, sie ihren Glauben umso mehr von der Kirche abkoppeln.[9]

---

[6] Vgl. Stögbauer, Eva Maria, Die Frage nach Gott und dem Leid, 39f.

[7] Wie gesagt bejahen 54 % der befragten Jugendlichen, dass ihr Glaube nichts mit der Kirche zu tun hat: Vgl. Schweitzer, Friedrich/Wissner, Golde/Bohner, Annette u. a., Jugend – Glaube – Religion, 23.

[8] Vgl. Shell Deutschland Holding (Hg.), Jugend 2019, 153.

[9] Vgl. Nowack, Rebecca, Umgang mit der Kritik an der Institution Kirche, 264.

Diese Distanzierung von Jugendlichen gegenüber der Kirche, die sich auch auf deren Glauben erstreckt, bedeutet allerdings nicht automatisch, dass Jugendliche die Kirche für abwegig oder sogar schlecht halten. Im Gegenteil!

## 2.3 Kaum zu glauben: Jugendliche haben ein überwiegend positives Bild von Kirche

Hier überraschen die BW-Studien I und II mit ihren Ergebnissen bzw. helfen, einige Differenzierungen in das Verhältnis Jugendliche – Kirche einzutragen. Mehrheitlich herrscht nämlich bei allen befragten Gruppen ein positives Bild von Kirche vor. 54 % der Befragten der BW-Studie I finden, dass die Kirche »viel Gutes für die Menschen« tut und 56 % begrüßen, dass es die Kirche gibt. Im dritten Erhebungszeitraum waren es sogar 67 %.[10] Und in der 18. Shell-Jugendstudie aus dem Jahr 2019 finden es 69 % gut, dass es die Kirche gibt.[11] Dieses positive Kirchenbild begründet sich v. a. im sozialen Engagement der Kirchen, ihrem Einsatz für Menschen in Notsituationen und ergibt sich aus all den Situationen, in denen sich die Kirchen als Sprecherinnen für Benachteiligte zeigen und in öffentlichen Debatten zu Wort melden.[12]

Kirche wird von Jugendlichen also positiv eingeschätzt, wenn sie ihren ureigenen Auftrag, sich für die Benachteiligten einzusetzen, aktiv wahrnimmt und sich als deren Anwalt versteht. Das sehen auch sog. konfessionslose Jugendliche so. Immerhin 45 % von ihnen finden es gut, dass es die Kirche gibt.[13]

Der Befund zugunsten der Kirche ändert sich auch dort positiv, wo Jugendliche Kirche über Angebote der Jugendarbeit erleben oder sich selbst ehrenamtlich engagieren. Auch jugendgemäße Gottesdienste werden sehr positiv wahrgenommen.

[10] Vgl. ebd., 264.
[11] Vgl. Shell Deutschland Holding (Hg.), Jugend 2019, 156.
[12] Vgl. ebd.
[13] Vgl. ebd.

Viele (62 %, bei Nicht-Mitgliedern immerhin 27 %) wollen später auch kirchlich heiraten.[14]

## 2.4 ... aber nur solange das soziale Engagement der Kirchen erfragt wird

Geht man allerdings einen Schritt weiter, dann wird die Kritik an der Kirche sehr deutlich. Jugendliche kritisieren, was die Kirche sagt, und trauen der Kirche keine Antworten auf die Fragen zu, die sie wirklich bewegen (52 % bei der BW-Studie I[15], 72 % bei der BW-Studie II, also beim dritten Befragungszeitraum,[16] und 59 % bei der 18. Shell-Jugendstudie[17]). Damit verschärft sich das Bild, dass die Kirche zwar eine noch wirksame Institution ist, ihre Lebensrelevanz und Anschlussfähigkeit an die Lebenswelt Jugendlicher aber je länger umso mehr einbüßt. Alarmierend wirkt, dass Jugendliche der Aussage »Die Kirche muss sich ändern, wenn sie eine Zukunft haben will« je älter sie sind, umso mehr zustimmen. Waren es im ersten Befragungszeitraum der BW-Studie 61 % der Jugendlichen, die dies bejahten, stieg der Anteil innerhalb von drei Jahren im zweiten Befragungszeitraum um zehn Prozent auf 71 %, beim dritten Befragungszeitraum waren es sogar 84 %, also eine Steigerung um mehr als 20 Prozentpunkte gegenüber der ersten Befragung.[18] Wenn sich in der Kirche nichts tut, was die Jugendlichen als wichtig erachten, wenn sie sich nicht einlässt auf das Lebensempfinden von Jugendlichen, das sich v. a. durch das Erleben von Autonomie, Freiheit und Subjektivität auszeichnet, dann wird sie mit der Generation der Alten aus der Öffentlichkeit verschwinden.

---

14 Vgl. Schweitzer, Friedrich/Wissner, Golde/Bohner, Annette u. a., Jugend – Glaube – Religion, 23.

15 Vgl. ebd.

16 Vgl. Nowack, Rebecca, Umgang mit Kritik an der Institution Kirche, 264.

17 Vgl. Shell Deutschland Holding (Hg.), Jugend 2019, 157.

18 Vgl. Nowack, Rebecca, Umgang mit Kritik an der Institution Kirche, 264.

Der Reformbedarf in der Kirche ist also einer der überlebensentscheidenden Faktoren, wenn die Kirche nicht zu einer Sekte verkommen will. Dieser Reformbedarf buchstabiert sich sowohl daran, die Lebensfragen der Menschen ernster zu nehmen und die Orientierungskraft des Evangeliums deutlicher als bislang in einer Weise auszusagen, die die Menschen angeht. Er zeigt sich aber auch in struktureller Hinsicht, insofern der absolutistisch-monarchische Charakter der katholischen Kirche in einer demokratischen und freiheitssensiblen Gesellschaft mindestens befremden muss. Es ist höchste Zeit, die gesellschaftlichen Freiheitsbewegungen, die im Grunde der christlichen Freiheitsbotschaft entstammen, auch in der Kirche faktisch-strukturell einzuholen. Die Autonomiefrage ist insofern auch eine Machtfrage. Auch deshalb wird im Folgenden das relevante theologische Fachwissen als Bezugswissen für die religionsdidaktische Wissensfacette DAuEW in Bezug auf die Frage nach dem Weiheamt für Frauen entfaltet.

## 3 »Geht nicht, gibt's nicht« – Theologische Argumente in der Debatte um das Weiheamt für Frauen

»Da regt mich ja schon die Frage auf«, könnte man Loriot zitieren und dabei die in der katholischen Kirche heiß diskutierte, ansonsten aber unverstehbare Frage meinen, ob Frauen zur Priesterweihe zugelassen werden können. In einer freiheitlich demokratischen Gesellschaft, in der die Unantastbarkeit der Menschenwürde den Dreh- und Angelpunkt des Selbstverständnisses und der Rechtsprechung markiert und daraus Gleichberechtigung, Meinungsfreiheit, Religionsfreiheit, Antidiskriminierung und andere Freiheitsrechte abgeleitet werden, mutet die Diskussion um das Weiheamt von Frauen wie aus einer anderen Welt an. Rom formuliert dazu: »Geht nicht!« Der Rest der Welt – so könnte man überspitzt formulieren – antwortet: »Geht nicht, gibt's nicht.« Worum geht es genauer?

## 3.1 Vom nicht geklärten Erbe über »Inter Insigniores« zu »Ordinatio Sacerdotalis«

Die Frage, ob Frauen (Leitungs-)Aufgaben übernehmen und – als spätere Frage – zum Weiheamt zugelassen werden können, begleitet die katholische Kirche nicht erst seit gestern. Mindestens seit der Zeit der sog. Pastoralbriefe (1 und 2 Tim, Tit: ca. 150 n. Chr.)[19] und dann nochmals verstärkt, seit es das sakramental gelesene Priesteramt gibt, das sich erst von der Wende des 2. zum 3. Jh. ausbildete,[20] brodelt dieser Streit. Schon vorher gab es in den urchristlichen Gemeinden Konflikte über die Macht- und Kompetenzverteilungen, über Leitungsfragen und auch über die Fragen, wer – Juden oder/und Heiden, Frauen oder/und Männer – die entsprechenden Befugnisse bekommen sollte. Dass die Frauen letztlich als Verliererinnen in all diesen Fragen zurückblieben, ist bitterer Fakt bis heute und kann sich jedenfalls weder über die Praxis Jesu noch über die ersten Gemeindemodelle legitimieren, wie sie Paulus,[21] die Evangelien inklusive der Apg, das Buch der Offenbarung oder auch 1 Petr und der Jakobsubrief u. a. ausführen.[22]

Hatte man sich schon früh darauf verständigt, nicht nur Judenchristen Leitungsaufgaben zu übertragen (seit dem sog. Apostelkonvent um 49. n. Chr. war dies der Fall: vgl. Gal 2,1–10), kam es in der Frage Frauen/Männer anders. Bei genauerer historischer Analyse zeigt sich sogar, dass einer der Hauptgründe für die Einführung, Sakralisierung und Sakramentalisierung des Priesteramts ein Anti-Frauen-Argument war. Andere Gründe waren eine Kultisierung, Ökonomisierung,

---

[19] Ebner, Martin, Alles muss seine (römische) Ordnung haben?, 14.

[20] Vgl. Schöllgen, Georg, Divino sacerdotio honorati, 3.12.

[21] Das Schweigegebot und damit Lehrverbot für Frauen in 1 Kor 14,34f, muss als Störfaktor im Corpus Paulinum gemarkert werden, der vermutlich aus der Zeit der sog. Tritopaulinien rückverlagert wurde, um den in den Tritopaulinen propagierten Gepflogenheiten gegenüber bzw. Diskriminierungen von Frauen größere Autorität zu verleihen. Vgl. Ebner, Martin, Alles muss seine (römische) Ordnung haben?, 14.

[22] Vgl. ebd., 9–16.

Privilegierung, Karrierisierung und Entweltlichung der Amtsträger. Nun war nicht mehr die Seelsorge die wichtigste Aufgabe des kirchlichen Amts, sondern die Liturgie. War es vorher verpönt, Geld für seelsorgerliche Dienste zu nehmen, forderten die Amtsträger jetzt Unterhaltszahlungen von den Gemeindemitgliedern und mahnten an, dass ihnen Ehre erwiesen werden sollte. Musste man sich als Diakon, Presbyter oder Bischof zuvor selbst versorgen oder konnte höchstens mit dem Geringsten rechnen, das man für den täglichen Bedarf braucht,[23] stilisierte sich ab dem 3. Jh. ein ausgeklügeltes Aufstiegssystem heraus, in dem jedes Amt mehr Macht und Ansehen mit sich brachte. Standen die Amtsträger zuvor mitten in der Welt und mussten sich über ihre Berufe ihr Auskommen und das ihrer Familien sichern, wurde nun als Idealbild formuliert, sich von diesen »weltlichen Dingen (res oder molestiae saeculares oder terrenae)« zurückzuziehen, um sich ganz den geistlichen Dingen zu widmen (»res divinae bzw. spirituales«[24]).

Am Beginn der Dividierung des Volkes Gottes in zwei Stände stand also als starkes Motiv, die Frauen endgültig wieder in den Bereich des Hauses zurückzudrängen, aus dem sie sich über den Witwenstand herausgearbeitet hatten.[25] Die einflussreichen Witwen, die sich in der theologischen Lehre und Verkündigung engagierten, in vielfältigen seelsorgerlichen Bereichen wie der Taufvorbereitung, der Reintegration der »Büßer« oder der Armenfürsorge viel Gutes taten und auch ökonomisch geschickt verstanden, für die Bedürftigen Spenden zu sammeln, und durch all dies zu hohem Ansehen in der Gemeinde gelangten, sollten zum Schweigen gebracht werden.[26] Wie könnte man das besser erreichen als durch die Bestimmung, dass nicht Frau-

[23] Vgl. dazu die Vorschläge der Pseudoclementinen analysiert von Schöllgen, Georg, Divino sacerdotio honorati, 8.

[24] Schöllgen, Georg, Divino sacerdotio honorati, 11.4f–13, als Analyse von Cyprian von Karthago, der syrischen Didaskalie und des Briefs des römischen Bischofs Cornelius an seinen antiochenischen Amtskollegen Fabius.

[25] Ob die Witwen wirklich einmal verheiratete Frauen waren oder nach unserem Verständnis »singles« ist strittig; 1 Tim 5,3–16 u. a.

[26] Vgl. dazu die Beschimpfungen der Witwen in der syrischen Didaskalie

en, sondern Männer das Sagen in den christlichen Gemeinden haben sollten. Als diese Maßgabe nicht mehr ausreichte, wurde sie schließlich durch die Hinzufügung ergänzt, dass nicht irgendwelche Ältesten (Presbyter) und Bischöfe die Gemeinden ehrenamtlich, in ihrer Freizeit sozusagen, leiten sollten, sondern Priester – von denen dann erstmals die Rede war –, die ausgestattet mit sakralen Rechten doppelt legitimiert galten (vgl. dazu Cyprian von Karthago Ep 1,1.2[27]). Insofern spricht Martin Ebner völlig zu Recht davon, dass die Sakralisierung des Priesteramts ein Fremdkörper im Christentum sei, der mit dem Selbstverständnis der urchristlichen Gemeinden nichts zu tun habe. Über zwei Jahrhunderte hinweg kam das Christentum ohne Kleriker aus und ohne eine Zweiteilung des Volkes Gottes in Klerus und Laien.[28] Schon damals war die Priesterfrage also eine Machtfrage und sie war eine Anti-Frauen-Kampagne.

Rückblickend wirkt es so, dass dieses nicht bewältigte Erbe – Gemeindeleitung, Sakralisierung, Machtfragen, die über die Geschlechterzugehörigkeit entschieden wurden – als Gemengelage auch heute noch weiterbrodelt.

Am 30.11.1975 schrieb deshalb der damalige Papst Paul VI. an den Erzbischof von Canterbury einen Brief, in dem er erläutert, dass es der katholischen Kirche aus prinzipiellen Gründen nicht möglich sei, Frauen zur Priesterweihe zuzulassen. Die Anglikaner hörten die Worte, ließen sich davon aber nicht überzeugen und führten die Priesterweihe von Frauen ein. Weil Paul VI. merkte, dass eine so weitreichende Aussage, die lediglich über die Autorität des päpstlichen Amtes funktionierte, in der freiheitlichen Welt des 20. Jh. nicht mehr ankam und selbst in der katholischen Kirche nicht mehr einfach so hingenommen wurde, beauftragte er die Glaubenskongregation, Begründungen zu finden, die das »Nein« zur Frauenordination untermauern sollten. Am 15.10.1976 wurde daraufhin die Erklärung

(ca. 220 n. Chr.), analysiert von Schöllgen, Georg, Divino sacerdotio honorati, 4–6.

27 Vgl. Cyprian von Karthago, Epistuala 1,1.2 (CChr. SL 3 B) 2,15/3,30.

28 Vgl. Schöllgen, Georg, Divino sacerdotio honorati, 13.

»Inter Insigniores« veröffentlicht. Die aufkeimende theologische Diskussion über die Weihefrage von Frauen sollte damit lehramtlich befriedet werden. Das Gegenteil war der Fall. Die angeführten Argumente befremdeten die akademische Theologie genauso wie viele Kirchenverantwortliche der unterschiedlichen Kontinente.

»Inter Insigniores« führt vier Argumentationsstränge gegen die Zulassung von Frauen zum Weiheamt an, die seitdem die lehramtlichen Aussagen bestimmen: 1. Jesus habe zwar Frauen berufen, sich zu Frauen auch anders als damals üblich verhalten, nämlich freier und offener. Insofern er aber Frauen gerade nicht zu Aposteln bestellt habe, sei das als Maßgabe für die kirchliche Tradition zu verstehen, keine Frauen für das Weiheamt zuzulassen – denn dies sei ja sozusagen die Nachfolgeinstitution für das Apostelamt.[29] Aus der Nicht-Berufung von Frauen in den Zwölferkreis wird also eine Absicht und ein unhintergehbarer und auch heute nicht veränderbarer Tatbestand abgeleitet. 2. Auch die Apostel hätten nur Männer zu ihren Nachfolgern ausgesucht, obwohl sie die Möglichkeit gehabt hätten, Frauen die Verkündigung des Evangeliums aufzutragen. 3. Nur Männer können »in persona Christi« handeln. D. h., dass das sakramentale Zeichen nur funktioniere, wenn eine »natürliche Ähnlichkeit« gegeben sei zwischen dem, der die Eucharistie feiert, und Christus, der ja Mann war. Dieses Argument wird noch durch den Verweis auf die sog. Brautsymbolik untermauert. Weil die Kirche die Braut sei und Christus der Bräutigam, könne auch nur ein männlicher Priester dies abbilden. Und: 4. Da es in der Geschichte keine Praxis der Frauenweihe gebe, könne man diese auch heute oder morgen nicht erfinden.

Hatte »Inter Insigniores« zumindest noch versucht, über den theologisch-argumentativen Weg zu gehen, obwohl schon damals Argument 1. und 2. exegetisch als mindestens schief eingeschätzt wurden und weder das 3. noch das 4. Argument vermit-

---

[29] Vgl. Sekretariat der Deutschen Bischofskonferenz (Hg.), Inter Insigniores, 13–21.

telbar waren, wollte Papst Johannes Paul II. achtzehn Jahre später, am 22.05.1994, die Diskussion über sein Apostolisches Schreiben »Ordinatio Sacerdotalis« ein für alle Mal einfrieren – zumindest formulierte er dies so. Neu an diesem Schreiben waren nicht die angeführten Gründe – die kamen allesamt von »Inter Insigniores«. Neu war der Ton und die Vehemenz der Machtgebärde. Der Papst nahm in Anspruch, kraft seines Amtes zu erklären, dass die Kirche keinerlei Vollmacht habe, Frauen die Priesterweihe zu spenden.[30] Johannes Paul II. wollte über diese lehramtliche Aussage nicht nur die Weihefrage entscheiden. Er bestimmte auch, dass sich alle Gläubigen endgültig daran zu halten hätten.

In der theologischen Welt und den demokratischen Gesellschaften irritierte beides: zum einen die an den theologischen Debatten vorbeigehende lehramtliche Äußerung; zum anderen der Gestus, in einer freiheitlich demokratischen Welt über autoritäre Gesten und monolithische Machtäußerungen Fakten zu schaffen.

Bis heute beschäftigt deshalb die katholische Kirche die Frage, ob Johannes Paul II. eine ex-cathedra-Aussage formulierte, die dann unveränderlich wäre, quasi ein Dogma, oder eben nicht.[31] Michael Seewald analysiert dazu unmissverständlich, dass die Einstufung als Dogma nicht in Frage käme, weil die Entscheidung Johannes Pauls II. formal dem sog. Sekundärbereich der Offenbarung zugehört. Die Nicht-Zulassung von Frauen zur Priesterweihe ist also eine kirchliche Festlegung, kann nicht als Offenbarung ausgewiesen werden und ist deshalb änderbar.[32]

Die Diskussion entzündete sich zudem an einer Veröffentlichung der Glaubenskongregation wenig später, die als »Antwort« (responsum) auf die dann doch nicht erliegenden Debatten nach der Veröffentlichung von »Ordinatio sacerdotalis«

---

[30] Vgl. Sekretariat der Deutschen Bischofskonferenz (Hg.), Ordinatio Sacerdotalis, Nr. 4.

[31] Vgl. Demel, Sabine, Frauen und kirchliches Amt, 82–85.

[32] Vgl. Seewald, Michael, Reform, 96,

verfasst worden war.[33] Die Glaubenskongregation bestimmte in dieser Antwort, dass die Lehre in »Ordinatio sacerdotalis« endgültig sei und damit nicht mehr verändert werden könne. Interessant ist, dass der Streit nicht nur über die theologischen Aussagen ging, sondern auch und insbesondere über die kirchenrechtliche Aussagekraft bzw. Nicht-Aussagefähigkeit und damit mitten in die Machtfrage hineinführte: Die Kirchenrechtswissenschaftler:innen deckten sehr schnell auf, dass die Glaubenskongregation gar nicht die Machtbefugnis hat, eine endgültige, unveränderliche Lehre zu erklären. Diese hat nur der Papst in Form einer ex-cathedra-Entscheidung oder ein Ökumenisches Konzil mit dem Papst oder das Bischofskollegium zusammen mit dem Papst. Außerdem hält dieses Antwortschreiben nicht die vom Kirchenrecht dafür vorgesehene verbindliche Form ein, die erst die Rechtskräftigkeit eines Textes bestätigt. Näherhin müssten dort nämlich vier Kriterien erfüllt sein (vgl. can. 749): 1. Wie gesagt, hat nicht die Glaubenskongregation das Recht, eine Lehre für unfehlbar zu erklären. 2. Der Papst müsste als oberster Hirte und Lehrer aller Gläubigen handeln. 3. Die Lehre muss in der Absicht verkündet werden, die »Brüder zu stärken«. 4. Die Lehre müsste sich auf die Glaubens- und Sittenlehre beziehen.

In der genannten Antwort aber fehlt sowohl Kriterium 1, 2 als auch 3, insofern nicht einmal klar ist, ob sich die Unveränderlichkeit auf das Faktum der Priesterweihe bezieht oder die Festlegung auf das Geschlecht.[34]

Einmal mehr zeigt sich, dass theologisch keine Argumente mehr gegen die Frauenordination angeführt werden können, aber Traditions- und Machtgründe die Praxis der katholischen Kirche nach wie vor bestimmen. Insofern lohnt ein bilanzierender Blick auf die theologischen Argumente, die von der einen Seite als Contra, von der anderen als Pro-Argument eingebracht werden.

---

[33] Vgl. Glaubenskongregation, Responsum, 4.

[34] Vgl. Demel, Sabine, Frauen und kirchliches Amt, 82f.

## 3.2 Theologische Argumente in der Debatte

Cum grano salis lassen sich acht Argumentationsstränge in der Debatte um die Frage nach dem Zugang von Frauen zum Weiheamt ausmachen.[35]

1. Ein Argument steckt in dem Hinweis, dass Jesus nur Männer in den Zwölferkreis berufen habe, obwohl er sich sonst von den üblichen jüdischen und paganen Umgangsformen mit Frauen abhob. Jesus zählte bekanntlich Frauen genauso wie Männer zu seinem Freund:innenkreis. Daraus wird – wie die Erklärung »Inter Insigniores« es tut – die Absicht Jesu abgeleitet, bewusst keine Frauen im Zwölferkreis gewollt zu haben.

Als Gegenrede dazu ist Folgendes anzuführen: Der Zwölferkreis in den neutestamentlichen Schriften ist als prophetische Zeichenhandlung zu verstehen, die zeigen soll, dass die Berufung von zwölf Männern die zwölf Stämme Israels repräsentiert und damit für das zu erneuernde Israel steht. Das konnte nur eine Zwölfzahl erreichen, dazu waren Juden nötig, und das brauchte drittens Männer, wenn die Symbolik funktionieren sollte. Bemerkenswert ist, dass diese Zwölfzahl bald schon aufgegeben und aufgestockt wurde. Außerdem wurde der Kreis sehr schnell um Nichtjuden erweitert. Nur am dritten Merkmal, dem männlichen Geschlecht, hielten die urchristlichen Gemeinden und später die kirchlichen Traditionen mehr oder weniger unnachgiebig fest,[36] obwohl aus der Weisung und Praxis Jesu kein Hinweis abgelesen werden kann, Frauen am öffentlich-amtlichen Auftreten zu hindern.[37]

2. Exegetisch unhaltbar ist die in kirchlichen Dokumenten angeführte Gleichsetzung von Zwölferkreis = Apostelkreis =

---

[35] Vgl. zum Folgenden: ebd., 86–91.

[36] Es gibt auch prominente Andersbeispiele, insofern Frauen sicher in der Gemeindeleitung engagiert waren, wie Phöbe in Kenchreä, Junia in Rom, Maria Magdalena in den johanneischen Gemeinden, die Witwen des Witwenstandes im Syrien des ausgehenden 2. Jh. u. a. Vgl. Ebner, Martin, Alles muss seine (römische) Ordnung haben?, 12–14.

[37] Vgl. Merklein, Helmut, Zur Stichhaltigkeit der exegetischen Begründungsverfahren, 44.

Priester. Hier funktionieren mehrere Glieder der Kette nicht. Zum einen gelten als Nachfolger der Apostel die Bischöfe und nicht die Priester, die über zwei Jahrhunderte weg in den christlichen Gemeinden gar nicht vorkamen.[38] Zum anderen wird in den neutestamentlichen Schriften nicht nur der Zwölferkreis mit apostolischer Autorität ausgestattet und ist zur Sendung und Verkündigung berufen. Diese Berufung gilt vielmehr auch anderen (vgl. Lk 10,1–16: Die Aussendung der 72). Und drittens wurde schon ab den 50er Jahren des 1. Jh. das Konzept und die Anrede als Apostel auf Personen übertragen, die nicht dem Zwölferkreis angehörten (z. B. Paulus selbst). Bei Paulus werden außerdem auch Frauen als Apostelinnen bezeichnet (Röm 16,7: Junia). So unhaltbar also die Gleichsetzung Zwölferkreis = Apostelkreis = Priester ist, so exegetisch unhaltbar ist es außerdem, diese Gleichung direkt mit der Frage zu verketten, wer in einer normalen Gemeinde die Leitung übernehmen oder der Eucharistie vorstehen soll. Und wie weiter oben schon ausgeführt wurde, ist die Rede von Priestern genauso wie deren Sakralisierung und Sakramentalisierung ein erst im 3. Jh. dazugewachsenes Erbe, das sich weder auf die Praxis und Weisung Jesu zurückführen lässt noch auf die Gepflogenheiten in den urchristlichen Gemeinden. Insofern ist es höchstens Implantat und eher ein Fremdkörper im Christentum als urchristliche Praxis (Martin Ebner).

3. Vertreter eines ausschließlich Männern vorbehaltenen Weiheamtes führen weiterhin das Braut-Bräutigam-Bild an, um daraus die Notwendigkeit abzuleiten, dass nur Männer geweiht werden können. Das Argument funktioniert folgendermaßen: Christus ist der Bräutigam, die Kirche die Braut. Nun kann ein Bräutigam – solange man im Verständnishorizont der antiken Welt bleibt und außerdem nur eine naturalistische Ab-

[38] Die Presbyter sind nämlich nicht mit den sacerdotal gelesenen Priestern identisch, sondern stehen für Älteste in der Ratsversammlung: vgl. Schöllgen, Georg, Divino sacerdotio honorati, 6.8f; Weckwerth, Andreas, Vom Presbyter zum Priester, 41f; Ebner, Martin, Alles muss seine (römische) Ordnung haben?,16.

leitung gelten lässt – lediglich wiederum durch einen Mann repräsentiert werden. Das »in persona Christi-Argument« wird also ausschließlich auf das Mannsein hin gelesen und reduziert.

Schwierig an diesem Begründungsgang sind gleich mehrere Prämissen. Zum einen gibt es in den Schriften nicht nur die Braut-Bräutigam-Symbolik als Bild für das Verhältnis von Christus und Kirche. Auch das Bild vom Leib, vom erwählten Volk Gottes auf dem Weg, wie es das 2. Vatikanische Konzil starkgemacht hatte, und noch viele andere werden als Bilder angeführt, von denen keines das Monopol für sich beanspruchen kann. Es wäre also falsch, aus einem einzigen Bild so weitreichende Schlussfolgerungen abzuleiten. Zum anderen hat sich hier eine Gleichsetzung eingeschlichen von »natürlicher Ähnlichkeit mit Christus« (similitudo naturalis) und »Möglichkeit, Christus zu repräsentieren«, die theologisch höchst fragwürdig ist. Denn schöpfungstheologisch und wenn wir den Geist Gottes ernst nehmen, ist es nicht nur so, dass Männer gottebenbildlich sind und damit auch die gottgeschenkte Fähigkeit haben, Gott und damit Christus »abzubilden«, sondern alle Menschen, Frauen genauso wie Männer.

Wenn man theologisch exakt formuliert, muss man sogar sagen, dass diese Prämisse der »natürlichen Ähnlichkeit« nichts mit dem jüdisch-christlichen Gottes- und Menschenverständnis zu tun hat und als häretisch abqualifiziert werden muss; denn Gott gibt allen Menschen Würde und nicht nur Einzelnen und auch nicht nur Männern.

Drittens schließlich wohnt dem angeführten Braut-Bräutigam-Bild noch eine weitere Schieflage inne: Übernommen aus dem AT, wo es für die durch nichts begründete und damit ganz frei geschenkte Zuwendung JHWHs zu Israel als seiner Braut steht, wird es von den neutestamentlichen Schriften als Bild aufgegriffen, um die in völliger Freiheit geschenkte Beziehung von Christus und Kirche auszudeuten. Die in der antiken Welt selbstverständliche Unterordnung der Braut unter den Bräutigam spielt für das Funktionieren der Braut-Bräutigam-Metaphorik eine wichtige Rolle. So sehr diese für die Ausdeutung des Verhältnisses von Christus und Kirche gilt, so unzureichend, ja irreführend ist sie für die Ausdeutung, wer Christus sakramental darstellen kann. Frauen sind Männern nicht untergeordnet, sondern von der gleichen Würde wie sie. Auch theologisch funktioniert diese »wesensmäßige Unterordnung« der Frau unter den Mann nicht, weil – wie oben erläutert wurde – die Gottebenbildlichkeit für alle Menschen gilt, also für Frauen genauso wie für Männer.

Es ist also theologisch und historisch klar, dass dieses Bild nur in der antiken Welt aussagekräftig war und auch nur für die Beziehung Christus und Kirche funktionierte. Es kann nicht auf die Frage angewendet werden, wer Christus sakramental abzubilden vermag, und daraus folgernd, wer einer Eucharistie vorstehen oder eine Gemeinde leiten kann. Zugleich verwundert, dass es auch heute noch durch lehramtliche Schreiben, päpstliche Äußerungen und theologische Feuilletons spukt.

Textbeispiele, in denen diese unzureichenden Prämissen identifiziert werden können, sind z. B.:

Inter Insigniores, 23:

Das christliche Priesteramt ist also sakramentaler Natur: der Priester ist ein Zeichen, dessen übernatürliche Wirksamkeit sich aus der empfangenen Weihe herleitet, ein Zeichen aber, das wahrnehmbar sein muß und von den Gläubigen auch leicht verstanden werden soll. Die Ökonomie der Sakramente ist in der Tat auf natürlichen Zeichen begründet, auf Symbolen, die in die menschliche Psychologie eingeschrieben sind: ›Die sakramentalen Zeichen‹, sagt der hl. Thomas, ›repräsentieren‹ das, was sie bezeichnen, durch eine ›natürliche Ähnlichkeit‹. Dasselbe Gesetz der Ähnlichkeit gilt ebenso für die Personen wie für die Dinge: wenn die Stellung und Funktion Christi in der Eucharistie sakramental dargestellt werden soll, so liegt diese ›natürliche Ähnlichkeit‹, die zwischen Christus und seinem Diener bestehen muß, nicht vor, wenn die Stelle Christi dabei nicht von einem Mann vertreten wird: andernfalls würde man in ihm nur schwerlich das Abbild Christi erblicken. Christus selbst war und bleibt nämlich ein Mann.

Ein Interview von Papst Franziskus am 1. November 2016 auf dem Rückflug vom ökumenischen Treffen in Lund. Der Papst kommt dort auf Maria zu sprechen, dass sie weder die Sendung der Apostel noch das Priesteramt erhalten habe, aber die Kirche repräsentiere, die weiblich ist, und als solche Christus, der Mann ist, gegenüberstehe:

»Wer ist am wichtigsten in der Theologie und dem Mysterium der Kirche: Die Apostel oder Maria am Pfingsttag? Es ist Maria! ... es ist ›la Chiesa‹ und die Kirche ist die Braut Christi. Es ist ein Brautmysterium. Und im Licht dieses Mysteriums verstehst Du den Grund für diese beiden Dimensionen. Die Petrinische Dimension, welche die Bischöfe sind, und die Marianische Dimension, welche die Mutterschaft der Kirche ist ... Kirche existiert nicht ohne eine weibliche Dimension, denn sie ist selbst weiblich.«[39]

Jan-Heiner Tück, systematischer Theologe an der Universität Wien:

»Aus einer ... sakramentalen Sicht der Wirklichkeit stellt sich die Frage: Wie soll eine Frau den ›Bräutigam‹ und ›Herrn‹ der Kirche in der Liturgie symbolisch angemessen zur Darstellung bringen? Würde sie *in persona Christi* die Worte rezitieren: ›Das ist mein Leib für euch‹ – verstieße das nicht gegen die Logik sakramentaler Repräsentation? Anwälte der Frauenordination würden das verneinen und warnend Plakate wie Biologismus und Essentialismus hochhalten, um das symboltheologische Motiv abzuwehren.«[40]

4. Ein vierter Argumentationsstrang greift eine schon unter 3. angeführte Prämisse auf und baut sie weiter aus. Hier wird das Geschlecht Jesu Christi als auschlaggebendes Kriterium für die Zulassung zum Weiheamt aufgeführt. Jesus sei – so der Kern des Arguments – nicht einfach Mensch, sondern Mann geworden. Diese Fixierung auf das Mannsein Jesu wurde schon in der frühen Kirche abgelehnt und im Konzil von Chalkedon 451 endgültig zurückgewiesen. Die Menschwerdung Gottes und nicht die Mannwerdung Gottes ist der Kern des Christentums. Durch alle christologischen Streitigkeiten hindurch hat sich das gezeigt. Etwa in der Ablehnung der sog. Logos-Sarx-Vorstellung, die Gott- und Menschsein Jesu mithilfe des Schemas ausdeutet, dass der Logos in ein bestimmtes Fleisch hineingestiegen sei, oder auch im Verweis, dass Inkarnation Gottes nur dort richtig ausgesagt wird, wo die Eigentümlichkeit von Gott und Mensch ganz ausgesagt wird. Menschsein lässt sich nur dort ganz aussagen, wo auch deutlich wird, dass Menschen eben geschichtlich-räumlich verortet sind, bestimmten Ethnien und kulturellen

---

39 Zitiert in: Eckholt, Margit, Was spricht für die Priesterweihe für Frauen?, 49.

40 Tück, Jan-Heiner, Den Bräutigam darstellen, 24.

Räumen zugehören und sich auch in unterschiedlichen geschlechtsspezifischen Daseinsweisen vollziehen. Nach dem altkirchlichen Grundsatz, dass nur das erlöst ist, was Gott angenommen hat (quod non assumptum, non est redemptum), leugnet der, der Inkarnation Gottes nur über das Mannsein Jesu geschehen lässt, dass auch Frauen, Transgender oder Bisexuelle und damit mehr als die Hälfte der Menschheit von Gott erlöst ist. Das aber widerspricht dem christlichen Verständnis ganz und gar. Damit ist auch dieses Argument bei genauerer Analyse theologisch mindestens fragwürdig, ja sogar gefährlich.

5. Eine andere Argumentationsfigur ist kirchenrechtlicher Art. Es wird als Widerspruch empfunden, wenn einerseits in can. 208, also dem Grundlagenkapitel über alle Gläubigen des Kirchlichen Gesetzbuches von 1983, vom Gleichheitsgrundsatz gesprochen und dieser als fundamental ausgewiesen wird,[41] und andererseits in can. 1024 dieser strukturelle Anspruch aufgegeben und festgelegt wird: »Die heilige Weihe empfängt gültig nur ein getaufter Mann.« Wenn alle dieselbe Würde haben, können Identitätsmerkmale wie Geschlecht, Ethnie etc. nicht ausschlaggebend sein für bestimmte Ämter. Man würde ja auch nicht sagen, nur Afrikaner können die heilige Weihe gültig empfangen.

6. Das nächste Argument spielt zwar nicht nur bei der Zulassung von Frauen zum Weiheamt eine Rolle. Dort wird es aber besonders brisant. Dieses Argument gibt zu bedenken, ob es überhaupt legitim ist, historischen Gegegebenheiten eine normative Kraft zuzuweisen und sie als absoluten Referenzpunkt dafür zu nehmen, was heute theologisch begründet zu tun ist. Mit anderen Worten geht es um die Verhältnisbestimmung historische Rekonstruktion – Notwendigkeiten des Heute und der Zumessung normativer Entscheidungshoheit. Michael Seewald plädiert in diesem Zusammenhang dafür, dass das, was heute theologisch begründet zu tun ist, nicht prinzipiell an die Theologiegeschichte ausgelagert werden dürfe.[42] Selbst wenn die von Papst Franziskus eingesetzte Studienkommission zum Diakonat

---

[41] Vgl. Demel, Sabine, Frauen und kirchliches Amt, 36–39.
[42] Vgl. Seewald, Michael, Reform, 117f.

der Frau zu dem Ergebnis käme, dass es kein sakramentales Diakonat in der frühen Kirchen gegeben habe, hieße das noch lange nicht, dass dieses auch heute ausgeschlossen sei. Gott gibt sich auch in den Zeichen der Zeit zu erkennen und damit wird auch an ihnen ablesbar, was heute nötig ist, um das Evangelium glaubwürdig zu verkünden. Der Fehler der Historisierung und damit der Absolutsetzung bestimmter, zufälliger historischer Kontexte, der die Theologiegeschichte schon seit dem 19. Jh. begleitet, darf nicht länger kirchliches Handeln in der Frage nach dem Weiheamt für Frauen bestimmen.

Damit hängt zudem das Argument zusammen, dass dort, wo eine von der Kirche vertretene (änderbare) Lehre nicht mehr hilft, das Evangelium heute glaubwürdig zu verkünden, sondern eher den Zugang zur Frohen Botschaft verstellt, diese auch zu ändern ist. Auch wenn nicht so leicht zu bestimmen ist, was an einer Lehre normativ ist und was zeitbedingt, ist es auch nicht richtig, in diesem Entscheidungsproblem bei sog. gemischten Urteilen wie bislang einseitig auf das »Schon immer so« zu setzen.[43] Konnte in einer hierarchisch, ja monarchisch geprägten Gesellschaft ein hierarisch-monarchisches-sakrales priesterliches Amt vielleicht noch etwas austragen – wobei es sich immer die Frage gefallen lassen muss, wie dies zur jesuanischen Statusgleichheit passt –, muss es in einer demokratischen und auf die gleiche Würde aller Menschen setzenden Gesellschaft mindestens befremden. Es wird nicht mehr als Dienst verstehbar, sondern als Machtgebärde. Das aber passt nicht zum Evangelium.

7. Ein weiterer Argumentationsstrang verstärkt diesen Impuls und verbindet ebenso theologische wie pastorale Begründungen miteinander. Einerseits wird erinnert, dass die Feier des Herrenmahles konstitutiv für die Gemeinden ist; ohne Herrenmahl keine Gemeinde des Herrn, so könnte man formulieren. Wenn aber nun die Feier des Herrenmahles so massiv gefährdet ist wie momentan durch den fortschreitenden Priestermangel, dann sollte es doch ein Leichtes sein, die Zulassungsbedingungen zum Weiheamt zu erweitern, um die Feier

---

[43] Vgl. ebd., 136–138.

des Herrenmahles als »Quelle und Höhepunkt des christlichen Lebens« (Lumen Gentium, Nr. 11) ohne große Umstände zu ermöglichen. Ein ökumenischer Seitenblick zeigt zudem, dass die Einführung der Frauenordination zwar nicht alle diesbezüglichen Probleme löst, aber diesen Kirchen zumindest einen Authentizitätszugewinn brachte. Was die Kirchen selbst zu Recht vorformulieren, dass alle Menschen die gleiche Würde haben und niemand aufgrund seines Geschlechts diskriminiert werden dürfe (Gaudium et Spes, Nr. 29), müssen sie auch selbst vorleben, wollen sie nicht unglaubwürdig werden.

8. Damit sind wir schließlich bei einer der lange untergründig, in den letzten Jahren aber ausdrücklich gewordenen Fragen angekommen. Die Frage nach der Zulassung auch von Frauen zum Weiheamt ist letztlich als Machtfrage zu diskutieren. Wer soll das Sagen in den Gemeinden und der katholischen Kirche haben? Wer darf leiten und lehren? Wer darf entscheiden, was gilt? Würde in den Diskussionen dieses Gefälle deutlicher, könnte die Frage nach der Zulassung zum Weiheamt vielleicht sogar entschärft werden. Im Grunde wird damit die Frage laut, worum es bei Leitungsfragen in der katholischen Kirche geht, welche Kriterien gelten sollen und was dem Geist des Evangeliums in unserer Welt am ehesten gerecht wird.

In dieses Fragebündel spielt zunächst die in der katholischen Kirche übliche Unterscheidung und Gewichtung von sakramentaler und funktionaler Macht eine Rolle. Entsprechend der Maßgabe des 2. Vatikanischen Konzils ist nun jegliche Leitungsmacht sakramental bestimmt.[44] Ämter und Leitungsaufgaben werden nicht funktional bestimmt – z. B. dass diejenigen, die die besten Menschenfreunde sind, Bischöfe werden, oder diejenigen, die theologisch am klügsten sind, Priester, oder diejenigen, die ein besonders gutes Organisations- und Leitungstalent haben, Gemeindeleiter:innen –, sondern sakramental. Wer geweiht ist, kann Priester oder Bischof werden und damit die entscheidenden Leitungsaufgaben übernehmen; auch wenn damit natürlich nicht gesagt sein soll, dass die Geweihten per se nicht auch die funktionale

[44] Vgl. Wolf, Hubert, Krypta; ders., Vollmacht durch Nachfolge, 20–50.

Kompetenz für die ihnen übertragenen Aufgaben hätten. Würde man in der katholischen Kirche die Diskussion wagen, Leitungsmacht funktional zu bestimmen, wofür es ebenso kirchliche Traditionen gibt, könnte die katholische Kirche viel zurückgewinnen in einem Bereich, der Jugendlichen, aber nicht nur ihnen wichtig ist: dem Bereich der Gleichberechtigung, der Antidiskriminierung und der Authentizität, indem die Kirche auch das tut, was sie verkündet. Und wenn dann z. B. Leitung nicht nur sakramental, sondern auch funktional bestimmt würde, wäre es ein Weiteres, darüber zu sprechen, warum/ob die Leitungsaufgabe zwingend mit dem Vorstehen der Eucharistie zu verbinden ist wie bisher, und ob die Zulassungsbedingungen zum Leitungsamt von Gemeinden und zum Leiten der Eucharistie zwingend dieselben sein müssen.

Insgesamt wird damit der innerste Kern der Frage um die Zulassungsbedingungen zum Weiheamt und zu den Leitungsaufgaben in der katholischen Kirche aufgedeckt. Es müsste nämlich darum gehen zu fragen, was am meisten hilft, um in der Nachfolge Jesu zu bleiben und zu wachsen. Welche Strukturen sind dazu dienlich, welche Menschen sind dafür wichtig, was können wir tun, damit Menschen sich öffnen für die Einladung Gottes zum Leben? Die Schriften und die Tradition buchstabieren dazu ganz unterschiedliche Kriterien vor: So verschieden und auch widersprüchlich sie sind – wie allein dieser kurze Gang durch die Theologiegeschichte gezeigt hat –, müssen sie sich alle daran messen lassen, inwieweit sie dem Aufbau der Gemeinde dienen (vgl. 1 Kor 12). Und letztlich müssen sie sich gegenüber der Frage verantworten, inwieweit sie die uneingeschränkte Liebe Gottes zu den Menschen widerspiegeln. Hält eine Struktur, eine Tradition, eine Norm diesem Kriterium der Liebe nicht stand, kann sie getrost verabschiedet und durch bessere ersetzt werden.

### 3.3 Die Kirche muss sich entscheiden

Viele der dargestellten Argumente beabsichtigen, die Festlegung des männlichen Geschlechts von Priestern über einen Bezug auf die Schriften zu legitimieren und insbesondere auf die Weisung und Praxis Jesu zu erreichen. Sie können allerdings bei genauerer exegetischer, historischer und theologischer Analyse dem Befund nicht standhalten. Andere versuchen es über Traditionselemente. Sie bemühen sog. Sukzessionslinien, also eine Art Abfolge von Personen zu konstruieren wie bei Adelsgeschlechtern, um zu beweisen, dass in dieser Linie von geweihten Priestern nur Männer vorkamen und deshalb auch die Linie in die Zukunft hinein nur über Männer verantwortet werden könne. Schon in der Theologie der Kirchenväter, in der diese Denkfiguren eine Rolle spielten (vgl. Irenäus von Lyon, Tertullian bzgl. der Sukzession von Bischöfen), war allerdings klar, dass diese Konstrukte keine Fakten abbildeten, sondern als Angebot gedacht waren, bestimmte Absichten im Nachhinein zu legitimieren – also eine klassische Aitiologie anzuwenden. Wieder andere bringen (Sprach-)Bilder ins Spiel und verwechseln deren metaphorische Rede mit Ist-Aussagen und Sollens-Aussagen, werden also der Aussageabsicht der Bilder nicht gerecht.

Insgesamt bleibt damit als Fazit übrig, dass in all den Argumenten für oder gegen die Zulassung von Frauen zum Weiheamt kein Grund in der Praxis Jesu, im Evangelium oder auch in den Gepflogenheiten der urchristlichen Gemeinden ausgemacht werden kann. Die Reduktion der Zulassungsfrage auf die Kategorie Geschlecht wurde immer dann in den Vordergrund gespielt, als es um Leitungs- und damit um Machtfragen ging. Mit anderen Worten können keine theologischen Gründe mehr angeführt werden, Frauen das Weiheamt zu verweigern. Die Gründe, die verbleiben, haben allesamt mit Verweisen auf bestimmte, ausgewählte Traditionen in der Kirchengeschichte zu tun und mit dem Verschweigen anderer und sind letztlich Machtfragen. Insofern muss sich das kirchliche Lehramt entscheiden, inwieweit es den Traditions- und Machtgründen weiterhin zutraut, die bestehende Praxis zu bestimmen; und ob diese Gründe dem Kernkriterium standhalten, dass es um den Aufbau der Gemeinde im Heute geht und damit um Wege, wie die Menschen heute, mit ihren Fragen und Hoffnungen aus dem Evangelium leben können, oder eben nicht.

Vor diesem Hintergrund und wenn man sich eingesteht, dass die Debatten letztlich Macht- und Angstdebatten sind, ist es höchste Zeit, Frauen endlich zum Weiheamt zuzulassen, wie es ja schon die frühe Kirche wagte, den Leitungsdienst für Nichtjuden, Nicht-Fischersleuten, Nicht-Bewohner Palästinas zu öffnen.

## 4 Ideen zu Lernwegen

### 4.1 Argumentieren und imaginieren

Einige Möglichkeiten für Lernwege wurden im Kapitel schon thematisiert, z. B. eine Pro- und Contra-Debatte anzustoßen über die Frage nach den Zulassungsbedingungen für das Weiheamt, was die Kernfragen dabei sind und auf welchen unterschiedlichen Ebenen die Argumente angesiedelt sind.

Andere reichen in den imaginierenden Bereich hinein, wenn Schüler:innen z. B. motiviert werden, Kirchenbilder zu entwerfen, wie die Kirche in fünf Jahren sein müsste, damit sie dort etwas Gutes für sich finden könnten.

Wieder andere Wege könnten sein, sich in der Lerngruppe mit konkreten sozialen Engagements der Kirchen zu beschäftigen und zu fragen, wie dieses Gesicht von Kirche auf sie wirkt und was sie sich für sich selbst hier erhoffen.

Insgesamt geht es bei diesen Lernwegen darum, die Jugendlichen und ihre Vorschläge ernst zu nehmen, sie als theologieproduktiv und theologietransformierend sowie -korrigierend ins Spiel zu bringen und damit zu verdeutlichen, dass nur so – über die aktive Beteiligung – ein Fortschritt in der Reform der Kirche zu erwarten ist. Freilich geht damit auch einher, das überlange kirchliche Zögern und Zaudern nicht zu verhehlen und die menschenverachtenden und diskriminierenden Seiten daran nicht zu verschweigen. Autonomie wächst an Alternativen, die im Religionsunterricht aufgezeigt werden können.

## 4.2 Seltsam, sagt mein Hausverstand (G. Bachl)

Um die Debatten und Imaginationsübungen anzureichern, wie Kirche sein könnte und müsste, um als authentisch erlebt zu werden und das eigene Autonomiestreben zu fördern und gestalten zu helfen, kann folgendes Gedicht hilfreich sein.

Gottfried Bachl (1932–2020), ehemaliger Dogmatikprofessor an der Universität Salzburg beendet sein Buch zur Gottesfrage »Gott bewegt« mit einem postscriptum, das folgendermaßen lautet:

> postscriptum
> seltsam, sagt mein hausverstand,
> da gibt es mann und frau,
> doch manche wollen nur die hälfte
>
> seltsam, sagt mein hausverstand,
> die frauen sind viel früher dran am leeren grab,
> doch männlich wird der schluss daraus gezogen
>
> seltsam, sagt mein hausverstand,
> vom himmel fällt das golden brot,
> und wichtig ist den päpsten die befugnis
>
> seltsam, sagt mein hausverstand,
> der rabbi läuft mit frauen durch die gegend,
> die kathedralen aber dunsten männlich her
>
> seltsam, sagt mein hausverstand,
> der geist bewohnt so frau und mann,
> doch mannsorakel sagt allein,
> wer wie und was wo darf.[45]

Entscheidend bleibt bei den Lernwegen, inwieweit sie den Schüler:innen ermöglichen, die vielen Facetten von Kirche kennenzulernen, zu erleben, dass das Schwierige an Kirche nicht wegtabuisiert, sondern offen und kritisch angegangen wird. Es müsste deutlich werden, dass auch die Kirche, so sehr sie in Deutschland als Institution daherkommt, davon lebt, dass es Menschen gibt, die vor Ort das Ihrige tun, um das Evangelium als Kraftquelle für das Leben zu entdecken und miteinander zu teilen.

---

[45] Bachl, Gottfried, Gott bewegt, 192.

10. Kapitel:

# Sind nicht alle Religionen gleich? Warum streiten sie sich dann? – Zur Wahrheitsfrage im Religionsdialog

Einstellungen zum Religionsplural und zum Toleranzverhalten einzuholen, gehört heute genauso zu religionssoziologischen Untersuchungen wie die Abfrage migrationsspezifischer Merkmale. Auch wenn den Religionen vor noch wenigen Jahren das notwendige Verdunsten angesichts fortschreitender Säkularisierungsprozesse beschieden wurde, drängt die Religionsfrage – wenn auch oft ungewollt und konfliktiv – in die Öffentlichkeit und fordert zum gesellschaftlichen Diskurs heraus. Auch im Religionsunterricht zählt die Beschäftigung mit anderen Religionen nach wie vor zu den für Jugendliche interessantesten Themen. Und selbst Orientierungspläne für Kitas sehen als Bildungsziele vor, wie sie Kinder auf den Umgang mit unterschiedlichen Religionen und deren Praktiken vorbereiten können.

Eine der gewichtigen Fragen in diesem Themenkreis ist die Frage nach Wahrheit bzw. genauer gesagt, ob die Wahrheitsfrage angesichts des Religionsplurals überhaupt noch von Interesse ist, und wenn ja, wie, oder ob es nicht schon ausreicht, um die Vielzahl der Religionen zu wissen und Schüler:innen zu einem Toleranzverhalten bzgl. unterschiedlichen religiösen Auffassungen und Praktiken zu befähigen.

Die folgenden Blenden sollen die Brisanz der Wahrheitsfrage im Religionsplural bzw. ob sie lohnt, nochmals illustrieren und veralltäglichen.

## 1 Zwei Blenden zum Einstieg

### 1.1 Stimmt nun meine oder Ihre Version der Geschichte? – Life of Pi

Es ist am Ende einer langen Geschichte. Pi, der den Schiffbruch mit Tiger überlebt und die unendlich lange Reise mit dem Raubtier in einer Nussschale von Schiff überstanden hat, findet sich im Krankenhaus von Tomatlán, an der Küste Mexikos, wieder. Weil die gesamte Besatzung samt aller Zootiere, die nach Kanada verschifft werden sollten, bei der Havarie des japanischen Frachters Tsimtsum unterging, besuchen Mr. Okamoto und sein Assistent Mr. Chiba vom japanischen Verkehrsministerium Piscine Molitor

Patel, den einzigen Überlebenden des tragischen Unfalls. Die beiden müssen den Vorfall untersuchen und herausfinden, was die Schiffskatastrophe verursachte, bei der Patel, genannt Pi, seine ganze Familie verlor. Pi soll erzählen, was passiert ist, in diesen unendlichen 227 Tagen des Dahintreibens auf dem Pazifik.

Und da fängt Pi an, seine Geschichte zu erzählen, die ganze, im Roman sich über 300 Seiten erstreckende unglaubliche Geschichte von einem Zebra, einem Orang-Utan, einer Tüpfelhyäne und einem bengalischen Tiger, die zusammen mit Pi als einzige dem Schiffsunglück auf dem Rettungsboot entkommen sind. Kaum gerettet aber, beginnt der brutale Überlebenskampf dieser unterschiedlichsten Geschöpfe, in dem schließlich einer um den anderen umkommt. Zunächst reißt die Hyäne dem Zebra das gebrochene Bein ab, verschlingt es und frisst das Zebra schließlich ganz. Dann überfällt sie den Orang-Utan, bis sie schließlich selbst Richard Parker, dem Tiger, der seine Seekrankheit nun überwunden hat, zum Opfer fällt. Pi und Richard Parker müssen von da an versuchen, miteinander klarzukommen. Einer braucht den anderen. Der Tiger würde ohne die Fische, die ihm Pi aus dem Ozean zieht, verhungern, und Pi schafft es nicht, das Raubtier aus dem Weg zu räumen. Außerdem ist mit ihm die Einsamkeit auf dem Meer besser auszuhalten. Nicht nur, dass dieser Überlebenskampf äußerst wunderlich daherkommt; die Geschichte wird noch kurioser, als ein schiffbrüchiger Franzose plötzlich neben ihnen auftaucht und gesteht, dass er schon einen Mann und eine Frau umgebracht hätte und nun auch Pi angreift, der aber schneller ist und den Franzosen erledigt. Der Roman hat die Leser:innen an dieser Stelle schon so empfänglich für diese außerordentlichen Dinge gemacht, dass es auch nicht mehr weiter stört, als plötzlich wie aus dem Nichts eine paradiesische Insel voll von Erdmännchen und süßen Algen auftaucht, die endlich sowohl Pis als auch Richard Parkers Durst und Hunger stillen. Als Pi merkt, dass sich die lieblichen Algen in der Nacht zu fleischfressenden Pflanzen verwandeln, kann er gerade noch fliehen und nimmt auch den Tiger mit. Es vergehen weitere unendliche Tage, bis beide schließlich an der Küste Mexikos stranden, der Tiger im

Dschungel verschwindet und Pi im Krankenhaus landet, wo er nun von den beiden Angestellten befragt wird.

»Mr. Patel, wir glauben Ihre Geschichte nicht«[1], resümiert Mr. Okamoto, als Pi zum Ende gekommen ist. »Es gibt zu viele Ungereimtheiten.« Und er zählt einige auf, wie den auf einer Bananeninsel schwimmenden Orang-Utan, die Algeninsel und so manch anderes wundersame Detail in Pis Erzählung. »Kein Wissenschaftler würde Ihnen glauben« (354), räsoniert der Angestellte weiter, weil: »Ich glaube nur, was ich sehe« (355), fasst der andere Verwaltungsmann zusammen. Als die drei immer weiter streiten, dass sich das alles doch nicht so ereignet haben könne, wie Pi das erzählt, Pi aber alles Mögliche versucht, um die Herren von seiner Version der Geschichte zu überzeugen, kommt es schließlich zum Eklat. Pi schmettert den beiden den Satz an den Kopf: »Wenn Sie nur wahrhaben wollen, was Sie glauben können, wofür leben Sie dann überhaupt? Liebe, ist die etwa glaubwürdig? ... Es ist gar nicht so leicht, an die Liebe zu glauben, fragen Sie einen Verliebten. Es ist nicht leicht, an das Leben zu glauben, fragen Sie einen Biologen. Es ist nicht leicht, an Gott zu glauben, das sagt Ihnen jeder Gläubige. Wollen Sie wirklich nur das wahrhaben, an das Sie leicht glauben können?« (358) Ab da kippt Pis Verve, die Männer zu überzeugen. Er versteht, dass die beiden nach einer anderen Geschichte suchen, einer Geschichte, in der nichts Erfundenes ist, wie es sich für eine Geschichte im japanischen Verständnis gehört. Die beiden Männer wollen »die reinen Fakten«, wie es das Englische *facts* ausdrückt (362). Und Pi versteht, dass die Verwaltungsleute eine Geschichte brauchen, in der sie nicht überrascht werden, die ihnen vielmehr bestätigt, was sie schon wissen, und für die es keine Augen braucht, die tiefer sehen (363). Das kann Pi auch bieten. Und er erzählt eine Geschichte ohne Tiere mit nackten Referenzpunkten (364–373), wie dass das Schiff sank, er zu einem Rettungsboot schwamm, seine Mutter, geklammert an ein Bananennetz schließlich auch ins Rettungsboot fand, wohin sich schon der Koch und ein Matrose gerettet hatten.

[1] Martel, Yann, Schiffbruch mit Tiger, 352.

Auf der Fahrt kam es zur Ermordung des Matrosen durch den Koch; der tötete dann auch seine Mutter, und als er Pi töten wollte, war Pi schneller und erstach den Koch. Als die beiden Angestellten bestürzt über die gehörten Gräueltaten verstummten, fragt Pi: »Dann sagen Sie mir doch – da es für Ihre Ermittlungen keinen Unterschied macht und da Sie nicht entscheiden können, ob die eine oder ob die andere Geschichte wahr ist – welche von beiden gefällt Ihnen besser? Welche ist die bessere Geschichte, die mit den Tieren oder die ohne Tiere? ... Danke. Und genauso ist es mit Gott.« (379)

Soweit der Roman von Yann Martel, der 2012 unter dem Titel »Life of Pi: Schiffbruch mit Tiger« verfilmt wurde. Eine der Grundfragen des Romans, nämlich, was wahr ist, welche Version der Erzählung stimmt – im Sinne der Fakten, in einem tieferen Sinn –, wendet nicht nur der Roman auf die Gottesfrage hin. Es ist auch eine der fiebrigen Fragen im Religionsdialog. Wie können wir wissen, was wahr ist? Und v. a., wie können wir wissen, was wahr ist, wenn so viele unterschiedliche Religionen auch Unterschiedliches für wahr halten?

Die Wahrheitsfrage ist damit nicht nur hineingewoben in die Frage nach Fakten und Fiktionalität. Sie wirft auch die Frage auf, welche Wahrheiten wir gelten lassen – nur die naturwissenschaftlichen oder auch die Wahrheiten, die sich aus nicht quantifizierbaren zwischenmenschlichen Realitäten wie der Liebe ergeben. Ist die Wahrheit ein Spiel der Zeichen ohne einen Bezug zur Wirklichkeit oder doch so, dass durch dieses Spiel eine Wirklichkeit ausgedrückt wird, selbst wenn sie unsere Raum-Zeitlichkeit übersteigt?

## 1.2 Das hätte ich nicht gedacht! – Experiment mit Koran- und Bibelversen

Eine zweite Blende illustriert einen anderen Aspekt, der im Zusammenhang mit der Wahrheitsfrage im Religionsdialog auftritt, nämlich die Frage nach Vorurteilen, Einstellungen und Toleranz- bzw. Intoleranzverhalten.

Zwei niederländische Youtuber, Alexander Spoor und Sacha Harland, führten vor den Anschlägen von Paris am 13. November 2015 und kurz danach ein Experiment durch.[2] Sie befragten Passanten, was sie von folgenden Sätzen hielten, die vermeintlich aus dem Koran stammten. Es waren Sätze wie: »Aber wenn ihr auf mich nicht hört, und alle diese Gebote nicht befolgt, esst ihr das Fleisch eurer Söhne und Töchter.« (vgl. Lev 26,14.29) Oder: »Dass eine Frau lehrt, erlaube ich nicht. Dann sollst du ihr die Hand abhacken.« (vgl. 1 Tim 2,12) Und: »Schläft einer mit einem Mann; beide werden mit dem Tod bestraft.« (vgl. Lev 20,13)

Die v. a. jungen Interviewten waren entsetzt von der Brutalität dieser Worte und sagten: »Das ist ja heftig!« oder: »Wusste gar nicht, dass das im Koran steht.« und: »Die Hände von Menschen abhacken; anscheinend sind die einfach so.« oder: »Wenn du mit diesem Buch großgezogen wirst, ändert das deine Art zu denken.« und: »Wenn ich das höre, würde ich sagen: Der Koran ist aggressiver als die Bibel.«

Danach deckten die Youtuber ihr Experiment auf: Sie hatten die Bibel in einen Umschlag mit der Aufschrift Koran gehüllt und suggerierten damit, dass die Zitate aus dem Koran stammten. Als die Interviewten damit konfrontiert wurden, waren sie beschämt. Einige gaben zu, dass sie dachten, dass sie eigentlich keine Vorurteile hätten. Jetzt aber wissen sie, dass das mit den Vorurteilen nicht so einfach ist.

Aufmerken lässt, dass die Youtuber den ersten Teil der Interviews vor dem brutalen Attentat in Paris aufnahmen und durchaus politisch korrekte Antworten erhielten. Nach dem Anschlag waren sie von abfälligen Äußerungen über die vermeintlichen Koranverse gefärbt.

Dass interreligiöse Bildung nicht an diesen Einstellungen und Vorurteilen[3] vorbeiagieren kann, verdeutlicht dieses einfache Beispiel. Schwerer noch, als alle interreligiösen Wissensanteile zu vergrößern, ist es, Einstellungen und Haltungen zu verändern.

---

2 Vgl. Spoor, Alexander/Harland, Sascha, Eine Bibel getarnt als Koran.

3 Vgl. dazu die Studie von Andrea Betz, Interreligiöse Bildung und Vorurteile.

Dies wird quer durch alle empirischen Studien zum interreligiösen Lernen deutlich. Sogar der quasi durchgehend als entscheidend qualifizierte Perspektivenwechsel als Ausweis interreligiöser Kompetenz wird durch religiöse Lern- und Bildungsprozesse kaum ermöglicht. Muss sich dann interreligiöse Bildung doch damit zufriedengeben, nur im kognitiven Wissensbereich Lernerfolge zu erzielen? Die Frage bleibt; aber sie bleibt auch so zu stellen, dass klar ist, dass ohne kognitive Wissensanteile ein tolerantes und wertschätzendes Verhalten gegenüber anderen und eben auch zunächst fremden Religionen erschwert wird.

Insofern setzt sich das folgende Kapitel mit Einstellungen Jugendlicher zum Religionsplural auseinander und versucht davon ausgehend, die Wahrheitsfrage im Religionsdialog im Sinne einer Korrelationschiffre theologisch zu beleuchten, um vor diesem Hintergrund das DAuEW passgenau für die Lerngruppe und die Unterrichtssituation einspielen zu können.

## 2 Einstellungen von Jugendlichen zum Religionsplural

### 2.1 Toleranzverhalten gegenüber kultureller und religiöser Diversität

Wenn es um den Religionsplural geht, ist die Frage höchst brisant, wie Deutsche mit der kulturellen und religiösen Vielfalt umgehen. Eine der nach wie vor relevanten empirischen Studien dazu von Detlef Pollack und seinem Forscherteam[4] ging in fünf europäischen Ländern, die aufgrund ihrer unterschiedlichen multireligiösen Verfasstheit ausgesucht wurden, den Fragen nach,

1. wie die wachsende Vielfalt des Religiösen wahrgenommen und bewertet wird; dabei stand die Einstellung zu nichtchristlichen Religionen, insbesondere dem Islam, besonders im Fokus.

[4] Vgl. Pollack, Detlev/Müller, Olaf/Rosta, Gergely u. a., Grenzen der Toleranz.

2. von welchen Faktoren die Wahrnehmung und Akzeptanz religiöser Vielfalt beeinflusst wurde.[5]

Folgende Befunde wurden herausgearbeitet:

1. Je gebildeter Menschen sind, desto größer ist die Akzeptanz der Gleichbehandlung unterschiedlicher religiöser Gemeinschaften.[6]
2. Je ökonomisch abgesicherter Menschen sind, desto eher befürworten sie die religionsrechtliche Gleichstellung.[7] D. h., dass materielle Sicherheit die Toleranzbereitschaft erhöht.
3. Je mehr Menschen sog. Werte der westeuropäischen Gesellschaft bejahen (Meinungsfreiheit, Redefreiheit, Glaubensfreiheit, Garantie von Minderheitenrechten), desto eher befürworten sie die Gewährung gleicher Rechte für alle und desto eher nehmen sie Abstand davon, nichtchristlichen Religionsgemeinschaften gleiche Rechte vorzuenthalten.[8]
4. Je identitätsbewusster, im Sinne eines Wissens um die Bedeutung der eigenen Gruppe, Menschen sind, desto weniger fühlen sie sich bedroht von Anderen und Fremden.[9]
5. Je mehr Kontakt Menschen z. B. mit Muslim:innen haben, desto positiver ist die Einstellung zu ihnen. Dabei haben private Kontakte einen stärkeren Einfluss als Kontakte im öffentlichen Raum.[10]
6. Je positiver die Einschätzung gegenüber dem Christentum und den Christ:innen ausfällt, desto größer ist auch die Offenheit für den Islam.[11] D. h. auch, dass eine offene Haltung gegenüber Religion in Bezug auf die Würdigung des Islam förderlicher ist als eine religionslose bzw. a-religiöse.[12]

---

[5] Vgl. ebd., 14.
[6] Vgl. ebd., 36.
[7] Vgl. ebd.
[8] Vgl. ebd.
[9] Vgl. ebd., 36f.
[10] Vgl. ebd., 53f.
[11] Vgl. ebd., 53.
[12] Vgl. dazu auch Friedrichs, Nils, Das Verhältnis von Christen zu Musli-

Diese hier nur angedeuteten Ergebnisse erlauben folgende Schlussfolgerungen in Bezug auf Schule und religiöse Bildung:

- Schulen insgesamt sowie religiöse Bildung im Besonderen haben einen entscheidenden Einfluss auf die Wahrnehmung von Anderen, Fremden und eben auch von Andersgläubigen und können durch die Ausrichtung des Unterrichts (Unterrichtsinhalte, Unterrichtsmodus) deren Anerkennung befördern. Insofern der private Kontakt die Offenheit gegenüber (Religions-)Fremden erhöht, muss die Schule und die religiöse Bildung in ihr Räume schaffen, die Begegnungen erlauben, die über den Lernort Schule hinausreichen und helfen, Menschen in ihrer Besonderheit wertzuschätzen: *Plädoyer für kultur- und religionssensible Schul- und Unterrichtskultur.*
- Religiöse Bildung ist insbesondere aufgefordert, Konzeptionen zu entwickeln, die die »Ander-Religionen« kennenzulernen erlauben und den Schüler:innen ermöglichen, sich angesichts des Religionsplurals begründet zu verhalten: *Plädoyer für interreligiöse Bildung.*
- Da die Wahrscheinlichkeit, andere Religionen und Kulturen wertzuschätzen und als Bereicherung zu verstehen, bei Menschen steigt, die sich ihrer eigenen Kultur und Religion bewusst sind und die Religion als Gut schätzen, muss Schule und religiöse Bildung mit ihr darauf setzen, ein eigenes Kultur- und Religionsbewusstsein zu fördern und die Positionierungsfähigkeit von Schüler:innen zu Religion zu erhöhen: *Plädoyer für eine vernunftbezogene religiöse Bildung an öffentlichen Schulen als Teil von Allgemeinbildung.*

Um eine *kultur- und religionssensible Schulkultur* sowie *interreligiöse Bildungskonzepte* und eine *vernunftbezogene religiöse Bildung an öffentlichen Schulen als Teil von Allgemeinbildung* zu implantieren, zu fördern bzw. weiterzuentwickeln, sind folgende Schritte nötig:

---

men und Atheisten, der die Grenze ganz klar zwischen Säkularität und Religiosität verlaufen sieht und nicht zwischen Christentum und Islam, 178.

1. *Wahrnehmen*, wer der Andere, Fremde ist und wie er sich versteht: Seine Geschichte hören.
2. *Sich vergewissern*, was für die eigene Kultur und (nicht-)religiöse Deutung von Wirklichkeit wichtig ist: Meine Geschichte erzählen.
3. *Aufeinander hören und erkennen*, was ich durch das Hören der Geschichte des Anderen lerne: Von den erzählten Geschichten für meine eigene (religiöse) Identität lernen.
4. *Sich verständigen*, wie ein Zusammenleben mit unterschiedlichen Geschichten möglich und bereichernd ist: Miteinander den Weg eines friedlichen und guten Zusammenlebens zeichnen und beschreiten.

Was aber denken Jugendliche über religiöse Vielfalt und wie können sie befähigt werden, mit strittigen religiösen Wahrheitsansprüchen umzugehen?

## 2.2 Leben mit religiöser Vielfalt

Trotz der Brisanz interreligiösen Lernens beschäftigen sich die großen repräsentativen Jugendstudien (Shell-Jugendstudien, Sinus-Jugendstudien) eher am Rande mit der Frage, wie Jugendliche religiöse Pluralität einschätzen.[13] Die BW-Studien I und II konnten dagegen differenzierende Befunde vorlegen, die sich mit Befunden aus den weiteren Erhebungen folgendermaßen zusammenlesen lassen:

- Die Freundeskreise von Jugendlichen sind oft religiös heterogen. Für die meisten ist es normal, im eigenen Freundeskreis Jugendliche aus anderen Religionen und Konfessionen zu finden; wenn dies denn überhaupt bewusst wird, weil es für Jugendliche weithin keine Rolle spielt, welcher Religionsgemeinschaft Freund:innen angehören. Ausnahmen sind Jugendliche, die der

[13] Eine der letzten dezidiert zum Thema angestellten Studien ist diejenige von Jochen Sautermeister, Religionsunterricht an der berufsbildenden Schule, 119.

materialistisch-hedonistischen oder auch der prekären Lebenswelt zugeordnet werden. Dort gibt es entweder viele Jugendliche aus unterschiedlichen Religionen und Kulturen oder, wenn es sich um Lebenswelten muslimischer Jugendlicher handelt, vorwiegend homogene Religionskulturen.[14]

- Der Austausch über unterschiedliche Religionen spielt im Alltag Jugendlicher eine Nebenrolle. Religion und Glaube gehören nicht zu den Themen, über die Jugendliche mit ihren Freund:innen sprechen. Selbst wenn der Freund/die Freundin einer anderen Religionsgemeinschaft angehört, ist Religion normalerweise kein Thema. Wenn, dann ist Religion höchstens bei den postmateriell geprägten Lebenswelten (Sozialökologische, Expeditive, Experimentalistische Hedonisten) Gesprächsstoff.[15]
- Außerhalb des eigenen Freundeskreises kommen Jugendliche am ehesten über die Schule und dort v. a. im Religions- oder Ethikunterricht mit anderen Religionen in Kontakt. Dazu ist noch anzumerken, dass Jugendliche auf dem Land und in Ostdeutschland seltener Andersgläubigen begegnen als in der Stadt und im Westen.[16]
- Freundschaften zwischen Jugendlichen mit und ohne Religionszugehörigkeit beruhen auf gegenseitiger Toleranz. Sowohl im Hinblick auf die Religionsausübung als auch die Lebensführung erwartet und praktiziert man Toleranz. Ja, man kann sagen, dass Toleranz trotz der gestiegenen Populismusaffinität bei Jugendlichen nach wie vor zu deren Markenzeichen zählt.[17] Man stört sich nicht, wenn andere Jugendliche zur Kirche gehen, beten oder kein Schweinefleisch essen. Man erwartet aber auch bei Themen wie Homosexualität oder Abtreibung, dass sie sich tolerant zeigen.[18]

---

[14] Calmbach, Marc/Borgstedt, Silke/Borchard, Inga u. a., Wie ticken Jugendliche? 2016, 359–376.
[15] Ebd.
[16] Ebd.
[17] Vgl. Shell Deutschland Holding (Hg.), Jugend 2019, 87.
[18] Calmbach, Marc/Borgstedt, Silke/Borchard, Inga u. a., Wie ticken Jugendliche? 2016, 359–376.

- Neben dieser großen Offenheit Jugendlicher für andere Religionen und Kulturen gibt es auch ernst zu nehmende ablehnende bis hin zu inkriminierenden Haltungen gegenüber v. a. Muslim:innen. Ca. 20 % der in den BW-Studien I und II befragten Jugendlichen stimmen der Aussage zu, dass es zu viele Muslim:innen in Deutschland gäbe.[19] Auch wenn die Ablehnung von Jüd:innen wesentlich geringer ausfällt, (t1: 5 %, t2: 4 %),[20] ist sie trotzdem zu hoch und muss angesichts der auf Toleranz und Anerkennung zielenden Bildungsbemühungen besorgt stimmen.

Insgesamt lässt sich damit festhalten, dass religiöse Pluralität und religiöses Nicht-Verhalten für Jugendliche alltäglich sind, der Unterschied der Religionen und deren Wahrheitsansprüche kaum in ihre Lebenspraxen hineinreichen – außer bei muslimischen Jugendlichen – und Toleranz im Sinne von »jede und jeder muss selbst wissen, was sie und er tut und für richtig hält« trotz der zunehmend antiislamischen Haltungen nach wie vor den Dreh- und Angelpunkt ausmacht, mit Religionsunterschieden umzugehen. Ca. 66 % der in den BW-Studien I und II befragten Jugendlichen sagen, dass mehrere Religionen wahr sein können und 58 % sind davon überzeugt, dass in jeder Religion Wahrheit zu finden sei.[21] Die Wahrheitsfrage im Religionsdialog wird insofern von Jugendlichen auch daran entschieden, inwieweit sie einem Toleranzverhalten zuarbeitet. Damit ist gemeint, dass im Bereich Religion jede und jeder selbst zu entscheiden hat, was richtig ist.

---

19 Vgl. Boschki, Reinhold/Gronover, Matthias, Offenheit für andere Religionen und Kulturen, 272.

20 Vgl. ebd.

21 Vgl. ebd.

## 2.3 Das Ich entscheidet, was von den unterschiedlichen Religionen gilt

Die Einschätzung, dass die Wahrheitsfrage im Religionsdialog von Jugendlichen mit Toleranzfähigkeit i. S. eines Nebeneinander-Gelten-Lassens unterschiedlicher Lebenseinstellungen und Weltdeutungen zusammengelesen wird, findet ihr Drehmoment, wie gesagt, in dem Anspruch Jugendlicher, selbst zu entscheiden, was gilt und wie sie Religion gewichten wollen oder eben nicht.[22] Jugendliche »basteln« an ihrer Position in Sachen Religion, indem sie selbst bestimmen, welche Einstellungen, Haltungen und Vorstellungen für sie dienlich sind. Konkurrierende Wahrheitsansprüche von Religionen und inhaltliche Unstimmigkeiten werden dabei in Kauf genommen, weil sie für Jugendliche sekundär sind.

Die Wahrheitsfrage im Religionsdialog wird im Horizont von Geschmacksfragen verortet, worüber es sich bekanntlich nicht streiten, aber reden lässt. Weil Religion Privatsache ist, interessiert die Wahrheitsfrage kaum, die, wenn überhaupt im Sinne des Viabilitätsparadigmas verhandelt wird, also was wahrscheinlicher, plausibler und passungsfähiger ist. Das ist aber nicht alles bzw. als Konsequenz daraus ist eine Scheu zu beobachten, über Religionsthemen zu sprechen, weil sie so privat und intim sind, dass andere sie sowieso nicht verstehen würden.

Das Vorhandensein des Religionsplurals erlaubt ferner, dass Jugendliche ihren eigenen Standpunkt in Sachen Religion finden, indem sie unterschiedliche Positionen, die die Religionen vorgeben, durchspielen und für sich adaptieren. Das geschieht, indem Elemente ausgewählt und affirmiert, andere dagegen beiseitegeschoben und negiert oder auch auf ganz eigene, individuelle Art und Weise aktualisiert werden. Die Auseinandersetzung mit der Frage, wie es nach dem Tod weitergeht, ist dafür ein beredtes Beispiel.[23] Religionen werden als Reservoir von

---

[22] Vgl. Schambeck, Mirjam, Interreligiöse Kompetenz, 49–52.

[23] Vgl. dazu Bescherer, Steffi, »Nur nicht reinstressen!«; Schambeck, Mirjam, Auferstehungs-(Nicht-)Glaube von Jugendlichen und christliche Auferstehungsbotschaft?, 237–257.

Sprache, von Deutungen und Handlungen wahrgenommen, aus denen Jugendliche ihr eigenes Verständnis von Glauben re- und dekonstruieren. Damit sind Religionen in ihrer Vielfalt als Ideengeber und Inspiratoren interessant, werden aber als alleinige oder gar unangefragte Vorgaben abgelehnt.

## 2.4 Irritationen *oder* Wie unverständlich der Streit über Inhalte und Wahrheitsansprüche erscheint

Irritierend für Jugendliche – und nicht nur für sie – ist nach wie vor der Streit der Religionen über Inhalte und Wahrheitsansprüche. Weil sie grundsätzlich allen Religionen zugestehen, das Gute zu wollen und Menschen zu gutem Handeln anzustiften, bleibt unverständlich, warum der interreligiöse Dialog noch immer nicht dazu beigetragen hat, dass Menschen unterschiedlicher Religionen miteinander beten können und besser für das Wohlergehen der Menschen und den Frieden zusammenarbeiten. Ferner ist es für Jugendliche unerklärlich, dass Konflikte religiös motiviert sein können, dass Kriege im Namen der Religion geführt werden und Religionen miteinander im Streit liegen. Das ist übrigens auch ein Grund dafür, dass der Buddhismus bei Jugendlichen hohe Reputation genießt. Als Religion des Friedens, die durch die Gestalt des Dalai Lamas repräsentiert und für Jugendliche als vertrauenswürdig eingeschätzt wird, gilt der Buddhismus über solche Streitigkeiten erhaben. Die Ereignisse im Oktober 2017, als Rohingyas von der buddhistischen Mehrheitsbevölkerung in Myanmar vertrieben und zu Tausenden ermordet wurden, haben dieses Bild verdüstert, aber nicht grundlegend verändert.

Nicht die Kohärenz von Lehrgebäuden interessiert, sondern die Authentizität von Menschen. Die Stimmigkeit von Rede und Tun sowie die Wahrhaftigkeit, die sich im Lebensstil, in Einstellungen und Haltungen widerspiegelt, genießen auch heute bei Jugendlichen ein ungebrochen hohes Zustimmungspotenzial. Insofern erhält die Wahrheitsfrage im Religionsdialog eine bedeutsame Konturierung. Diese existentielle Ausrichtung und Konkretisierung zeigt sich als wichtiger Weg, die Wahrheitsfrage im Religionsdialog zu verhandeln.

## 2.5 Überforderung *oder* Ist der Umgang mit Wahrheitsansprüchen Kindern und Jugendlichen entwicklungspsychologisch überhaupt zumutbar?

So gewichtig die Wahrheitsfrage im theologischen Religionsdialog sein mag, so stellt sich aus entwicklungspsychologischen Gründen die Frage, ob Kinder und Jugendliche an diesen Fragen überhaupt interessiert sind – also ob sie sie von sich aus stellen –, und ob ihnen die nötigen kognitiven Verfasstheiten zur Verfügung stehen, mit widerstreitenden Wahrheitsansprüchen umzugehen.

Friedrich Schweitzer konnte in Rekurs auf eine Interviewstudie, die er zusammen mit Anke Edelbrock u. a. durchgeführt hatte,[24] zeigen, dass schon fünf- bis sechsjährige Kindergartenkinder von sich aus fragen, wer nun bei den Religionen Recht hat. Zugleich fiel auf, dass ihnen die reflexiven Instrumente fehlten, um im Gespräch mehr zu erreichen als ein Ja, Nein oder Doch.[25] Ähnlich wie bei anderen Themenbereichen brachten die Kinder ihre Weltsicht ein und verteidigten sie, wenn auch kaum diskursiv, so doch affirmativ.

Daraus leitet sich das religionspädagogische Desiderat ab, nicht auf die Auseinandersetzung mit der Wahrheitsfrage im Religionsdialog zu verzichten und sie z. B. mit dem Argument der Verfrühung auszusetzen. Kinder und Jugendliche müssen vielmehr altersentsprechend darin unterstützt werden, ihre Sprach- und Reflexionsfähigkeiten auszubauen, argumentieren zu lernen und auch bei strittigen Themen durch das Abwägen

---

[24] Vgl. Edelbrock, Anke/Schweitzer, Friedrich/Biesinger, Albert (Hg.), Wie viele Götter sind im Himmel?

[25] Schweitzer, Friedrich/Bucher, Ibtissame (Hg.), Judentum und Islam im Religionsunterricht, 36f.

von Pro- und Contra-Positionen weiterzukommen.[26] Die Art und Weise, wie dieser kognitive und dann auch affektive Perspektivenwechsel im religiösen Lernprozess erreicht werden kann, wird sich also je nach Alter unterscheiden. Die Wahrheitsfrage insgesamt ist entwicklungspsychologisch – wie auch theologisch – gesehen zwar eine Zumutung, aber eine notwendige und sachlich angemessene.

So sehr Kinder und Jugendliche – und nicht nur sie – also den Streit der Religionen ablehnen und nicht verstehen, so sehr drängt die Frage, was nun angesichts der unterschiedlichen Religionen und ihrer Ansprüche gilt, auch in den Alltag von Kindern und Jugendlichen hinein. Auch wenn, wie oben gesagt wurde, kaum interessiert, wer nun was glaubt, berührt Kinder und Jugendliche, ob es so etwas wie Verlässlichkeit gibt, wo bzw. bei wem sie diese finden oder zumindest erwarten können. Die Wahrheitsfrage reicht also ebenso in den theologischen Religionsdialog hinein, wie sie als Frage nach Verlässlichkeit und Authentizität – also in einer existentiellen und subjektiv relevanten Ausdeutung – auch in der Lebenswelt von Kindern und Jugendlichen von Bedeutung ist. Damit ist sie trotz und gerade wegen ihrer Komplexität eine hervorragende Korrelationschiffre, die im Religionsdialog nicht ausgespart werden sollte.

Um bei der Wahrheitsfrage nicht in Missverständnissen stecken zu bleiben, sich zugleich aber auch nicht in deren Komplexität zu verlieren, soll im Folgenden das sog. universale Wahrheitsverständnis skizziert und als background für das DAuEW dargelegt werden. Es stellt eine Vermittlungsposition dar und bezeichnet zugleich das in der gegenwärtigen christlichen Religionstheologie gängige Modell, mit religiösen Wahrheitsansprüchen umzugehen.

---

[26] Vgl. ebd., 37f.

## 3 Was meint »universales Wahrheitsverständnis«? – Theologische Skizzen

Wenn über die Wahrheitsansprüche der unterschiedlichen Religionen diskutiert wird, ist eine immer wieder auftauchende Frage, ob und wie alle Religionen gleich gültig sind und ihre Wahrheitsansprüche gleich viel wert. Warum sollte eine Religion mehr im Recht sein als eine andere, und wer entscheidet das überhaupt? Wie kann jemand bestimmen, dass das, was ich für mich als wahr und verlässlich empfinde, gar nicht so unproblematisch ist? Und: Welche Wahrheit zählt mehr? Diejenige, die jemand lebt, oder diejenige, die jemand behauptet?

Damit ist ein ganzes Knäuel von Aspekten angesprochen, die die Wahrheitsfrage im Religionsdialog begleiten: Es geht um existentiell-subjektive Wahrheit genauso wie um die Frage von sog. Satzwahrheiten, die auch als objektiv-propositionale Wahrheiten bezeichnet werden. Frühere Modelle kaprizierten sich entweder auf die existentiell-subjektiven Aspekte oder die sog. objektiv-propositionalen und verliefen sich, wie das bei Entweder-Oder-Lösungen immer wieder der Fall ist, in Sackgassen.

In der gegenwärtigen christlichen Theologie wird deshalb das Modell eines sog. »universalen Wahrheitsverständnisses« vorgeschlagen.[27] Dieses ist nicht mit einem absolutistischen Wahrheitsverständnis zu verwechseln, in dem nur die eigene Wahrheit gilt und alle anderen Wahrheitsansprüche als weniger wahr abgetan werden. Das sog. universale Wahrheitsverständnis stellt vielmehr eine Vermittlungsposition dar von existentiell-personalen und objektiv-propositionalen Wahrheiten, von Partikularität und Universalität – also wie Wahrheit jetzt konkret, bedingt durch Raum und Zeit und zugleich grenzenlos, eben universal, gültig sein kann. Schließlich, und dies ist ein dritter Aspekt des universalen Wahrheitsverständnisses, der

[27] Vgl. zum Folgenden: Schambeck, Mirjam, Interreligiöse Kompetenz, 144–150.

eng mit den ersten beiden verbunden ist, stellt sich die Frage, wie wir einerseits christlich gesprochen sagen können, dass Wahrheit nicht an Jesus Christus vorbeigeht, ohne andererseits die Wahrheitsansprüche anderer Religionen abzuwerten. Wie diese Vermittlungsposition möglich ist und was sie meint, soll im Folgenden beleuchtet werden.

Der Clou dieses Ansatzes besteht nämlich darin, dass religiöse Wahrheit nicht in erster Linie in einem doktrinären, also auf Satzwahrheiten bezogenen Sinn geklärt wird, sondern bezogen auf die Heilsfrage, die die existentielle Seite genauso umfasst wie die inhaltliche.[28]

## 3.1 Zum Clou des universalen Wahrheitsverständnisses

Armin Kreiner verbindet in seinem Ansatz die Wahrheitsfrage mit der alle Religionen umtreibenden Frage nach Heil. Mit anderen Worten legt er die Suche der Religionen, wie Mensch und Welt im Angesicht Gottes bzw. eines Ultimaten heil werden können, im Horizont der Wahrheitsfrage aus und interpretiert umgekehrt die Wahrheitsfrage als Frage nach Heil.

Mit diesem Ineinanderlesen von Heil und Wahrheit gelingt, dass nun personal-existentielle Wahrheit – Was ist für mich wahr? – und objektiv-propositionale Wahrheit – Was ist wahr? – nicht mehr auseinanderfallen. Es wird deutlich, dass überall dort, wo sich für mich personal-existentiell etwas als im Tiefsten Verlässliches, Gültiges und Wahres auftut, sich auch Wahrheit im Sinne eines »Das ist wahr!« verwirklicht. Freilich muss sich dieses Ineinanderlesen von personal-existentieller Wahrheit und objektiv-propositionaler Wahrheit auch nach außen und gegenüber anderen verantworten können. Sonst könnte auch ein aus religiösen Gründen motivierter Selbstmordattentäter für sich beanspruchen, objektiv wahr gehandelt zu haben.

Wichtig ist, und das ist ein entscheidendes Plus des universalen Wahrheitsverständnisses, dass sich personal-existentielle

[28] Vgl. Kreiner, Armin, Die Relevanz der Wahrheitsfrage, 40–42.

und objektiv-propositionale Wahrheitsansprüche gegenseitig ausdeuten.[29] Der Dialog des Lebens wird also mit dem Dialog über die Lehre verschränkt. Das bedeutet z. B. auch, dass etwas, das in Gesellschaften und/oder Kirchengemeinden schon lange als Wahrheit gelebt wird, wie z. B. die Würdigung und Segnung gleichgeschlechtlicher Paare, die Anerkenntnis demokratischer Verfahren in Kirchenleitungssystemen, die Gleichberechtigung aller Menschen bezüglich des Zugangs zu Amt und Macht, auch auf auszuformulierende Wahrheiten etwa in der kirchlichen Lehre Einfluss nimmt.

### 3.2 Was bedeutet dann universal? Vom Ineinander von Partikularität und Universalität

Damit rückt ein anderer Aspekt der Wahrheitsfrage in den Vordergrund: Wie ist es möglich, dass sich Wahrheit einerseits ganz konkret, zeitlich und räumlich begrenzt ereignet und andererseits beansprucht, immer und überall gültig zu sein? Das ist auch eine der Gretchenfragen im Christentum, insofern wir z. B. glauben, dass in Jesus von Nazaret, einem Mann mit einer konkreten Geschichte, der an einem abgelegenen Ort im letzten Winkel der Welt lebte, der Messias und Sohn Gottes ein Gesicht bekommen hat.

Die Argumentation läuft hier etwas komplexer. Zum einen ist festzuhalten, dass Vorstellungen von Heil und Glück und damit von dem, was verlässlich und wahr ist, abhängig sind von eigenen Prägungen und kulturellen Vorgaben. Heilsvorstellungen sind insofern immer an bestimmte Kulturkreise, ja auch höchst subjektive Einstellungen gebunden. Das ist allein schon an der eigenen Biographie abzulesen. Was für mich als Jugend-

---

[29] Für diese Verschränkung von Wahrheits- und Heilsfrage votiert auch die Internationale Theologenkommission. Allerdings liegt ihr Interesse v. a. darin, die Wahrheitsfrage nicht von der Heilsfrage abzukoppeln. Vgl. Internationale Theologenkommission (Hg.), Das Christentum und die Religionen, Nr. 13. Vorher schon Seckler, Max, Die schiefen Wände des Lehrhauses, 66.

liche den Himmel auf Erden bedeutete, muss jetzt, viele Jahre später, nicht unbedingt noch von Gewicht sein. Zum anderen sind Vorstellungen von Heil und Wahrheit nicht auf partikulare Kontexte begrenzt. Wenn z. B. ein Mensch sein Heil in der Liebe eines anderen Menschen findet, dann bleibt dieses Glück nicht nur auf ihn begrenzt, sondern schwappt über, geht weiter, geht andere an.

Mit anderen Worten wohnt sowohl der Wahrheit als auch dem Heil ein universaler Impuls inne, der sie nicht nur auf einen einzelnen Menschen begrenzt, sondern über ihn hinausreicht. Insofern können partikular gemachte Erfahrungen auch als universal charakterisiert werden.

Dazu kommt noch ein weiterer Aspekt. Man könnte in unserer naturwissenschaftlich orientierten Welt meinen, dass diese Universalität, also dass die jetzt und hier sich ereignende Wahrheit und das jetzt erfahrene Heil automatisch bzw. dann, wenn ich mich genügend anstrenge, überschwappt und durch alle Zeiten und Räume hindurch gültig ist. Einerseits stimmt dies, insofern wir Menschen allesamt miteinander verbunden sind. Andererseits wäre das aber zu wenig. Was würde mit dem Glück sein, das kein anderer mitbekommt, weil es jemand ganz still für sich erfahren hat, ohne dass irgendjemand auf der Welt davon gewusst hat?

Christlich verstanden kommt hier die Hoffnung ins Spiel, dass dieser weite Radius des Glücks und der Wahrheit nicht nur und auch nicht in erster Linie von uns abhängt. Gott ist es vielmehr, der diese Universalität aufgrund seines Überall und Immer einlöst und uns verspricht, dass selbst das kleine Glück und die zufällig gelebte Wahrheit nicht verloren gehen. Das bedeutet dann auch, dass der universale Anspruch von Wahrheit wie auch von Heil nur von Gott ganz eingeholt wird und insofern nur von ihm ausgesagt werden kann.

Wann kann man dann sagen, dass eine Wahrheit nicht nur partikular und begrenzt gilt, sondern universal? Hier rückt als Kriterium die Liebe in den Vordergrund. Wo Heil und Wahrheit sich so ereignen, dass in ihnen die Liebe als Maß Gottes erkennbar wird, dort kann auch von universalem Heil und universaler

Wahrheit gesprochen werden. Von universaler Wahrheit zu sprechen, heißt also, von Menschen, Ereignissen und Inhalten zu reden, an denen ablesbar wird, dass Menschen nicht ausgeschlossen, sondern anerkannt und gewürdigt werden, dass Solidarität und Gerechtigkeit Einzug halten, dass Friede nicht nur ein tröstendes Wort, sondern gelebte Realität ist.

### 3.3 Christusglaube und Anerkennen der Wahrheitsansprüche der verschiedenen Religionen – Geht das?

Damit stellt sich eine weitere Frage, die in einem Wahrheitsmodell im Religionsdialog beantwortet werden muss und die wohl die schwierigste ist: Wie kann es sein, dass wir christlich verstanden davon sprechen, dass Jesus Christus die Wahrheit ist, ohne damit mitzusagen, dass die Wahrheitsansprüche anderer Religionen ausgehebelt werden?

Auch hier bietet das Ineinander von Partikularität und Universalität, das in der Liebe sein Maß findet, einen Verständigungsweg an, der allerdings voraussetzungsreich ist und von christlicher Seite aus nur als Denkangebot und nicht als zwingend logische Schlussfolgerung in den Diskurs eingebracht werden kann.

Die erste Prämisse lautet so: Die Liebe Gottes hat christlich verstanden ihren schönsten und dichtesten Ausdruck in Jesus Christus gefunden. Insofern wird christlich verstanden das Gefälle auf Gott hin als Gefälle auf Christus hin interpretiert. Je mehr wir also im Sinne Gottes leben und damit wahrhaftig leben, umso mehr leben wir das, was in Christus seinen tiefsten Ausdruck gefunden hat, nämlich die Liebe Gottes. Mit anderen Worten kann man also sagen, dass die Liebe christlich verstanden immer durch das Christusereignis gefärbt ist. Ob die Liebe von einem Christen/einer Christin oder einem Nicht-Glaubenden gelebt wird, ist zweitrangig. Auch sie ist interpretationsfähig auf Christus hin und von Christus her.

Dazu kommt eine zweite Prämisse: Die Liebe zu leben, kann vieles bedeuten. Oft wird als Liebe ausgegeben, was von den

Einzelnen aber als Unterdrückung und Einengung empfunden wird. Wie kommt man hier weiter? Christlich verstanden, findet die Liebe ihr Maß an Jesus, seinem Leben und seinem Schicksal. Damit wird deutlich: Nicht sich die besten und ersten Plätze zu sichern, ist Ausdruck von Liebe, sondern darauf zu vertrauen, dass auch dann, wenn es abwärts geht, nicht alles verloren sein muss, weil Gott sich um uns sorgt. Das Schicksal Jesu zeigt sogar, dass dort, wo Menschen nicht vor der Kenosis, also der Entäußerung davonlaufen, sondern sich ihr stellen, sie sich ganz nah am Weg Jesu wissen dürfen. Liebe heißt so, verschenken, nicht nur bei sich bleiben, ja sogar das Leid akzeptieren, wenn es nicht anders geht.

Gesteht man dieser Interpretation über die Liebe Plausibilität zu, wird auch deutlich, dass der universale Anspruch nochmals neu ausgedeutet wird: Weil es die Eigenschaft von Liebe ist, nicht nur bei sich zu bleiben, sondern sich zu verschenken, ist das immer ein universaler Akt. Er gestaltet sich aus in der Weise des universalen Heilswillens Gottes, der Universalität des Christusereignisses, der Universalität des Geistes Gottes und der Universalität der kirchlichen Heilsfunktion. Alle vier Konkretionen bzw. Ausdeutungen sollen im Folgenden kurz aufgezeigt werden, denn erst in ihrem Miteinander veranschaulichen sie, wie sich das universale Wahrheitsverständnis ausformuliert.[30]

### Gottes universaler Heilswille

Mit der Rede vom universalen Heilswillen Gottes ist gemeint, dass Gott von Ewigkeit her und auf Ewigkeit hin alle Menschen, alle Geschöpfe und die ganze Welt für das Gute geschaffen hat. Über der ganzen Schöpfung steht Gottes Zusage, dass alles gut geworden ist (vgl. Gen 1,31) und gut werden wird. Das ist die erste Ausdeutung. Auf dieser Grundlage fußen die Berechtigung, die Notwendigkeit und der Sinn einer Theologie der Religionen. So wie das Heil Gottes universal ist und keinen

[30] Vgl. zum Folgenden: Schambeck, Mirjam, Interreligiöse Kompetenz, 146–150.

übergeht, so ist auch die Wahrheit universal, das Heil, das Gutsein und das Aufgehobensein in der Liebe.

Das bedeutet dann auch, dass nirgendwo, wo Menschen im Namen der Wahrheit geknechtet, unterdrückt oder gar gefoltert oder ermordet werden, Wahrheit ist oder Heil oder das, was die Religionen bezeichnen, wenn sie von ihrem Schönsten reden.

Die Universalität des Heilswillens Gottes erfasst nicht nur alles abstrakt, sondern auch ganz konkret. Das heißt auch, dass er an ganz konkreten Praxen, Menschen, Zeiten und Ereignissen ablesbar sein muss. Es ist sogar so, dass die Rede von der Universalität des Heilswillens Gottes zynisch wirkte, wenn wir nicht im konkreten Leben erfahren könnten oder zumindest glauben dürften, dass vom Grund her und von Grund auf das Gute das letzte Wort hat. Jesus Christus ist christlich gesprochen die erste und dichteste Konkretion des universalen Heilswillens Gottes.

### Die Universalität des Christusereignisses

Weil das Gute und Wahre nicht nur für das Jetzt wichtig sind, sondern Auswirkungen darüber hinaus haben, ist die Geschichte Jesu nicht nur die des Nazareners vor ca. 2000 Jahren. Christlich gesprochen glauben wir, dass im Christusereignis die Grammatik und der Grund der Schöpfung genauso wie ihr Ziel anschaulich wurde. Also das, was die Welt von Gott her ausmachen soll, ist in Jesu Schicksal deutlicher lesbar geworden. Alle Situationen und Begegnungen, alle kleinen und großen Geschehnisse, in denen Menschen Gutes erfahren, sind deshalb Spuren und Samenkörner dieser zugesagten Fülle und zugleich deren Verwirklichung. Das ist die zweite Ausdeutung.

Das 2. Vatikanische Konzil, und hier vor allem die Erklärung »Nostra Aetate«, haben verdeutlicht, dass diese Beziehung zwar dort voll zum Zuge kommt, wo sie explizit wird, also wo der Mensch in eine ausdrückliche Beziehung zu Jesus Christus tritt. Die Wege Gottes sind zugleich aber viel größer und weiter.[31]

---

[31] Vgl. 2. Vatikanisches Konzil, Nostra Aetate, Nr. 2.

## Die Universalität des Geistes Gottes

Die Frage stellt sich damit, wie das konkret werden kann. Wie kann Jesus, der gelebt hat und gestorben ist, mehr sein als die Erinnerung an eine historische Figur? Und erst dann wäre ja die Rede von der Universalität des Christusereignisses gerechtfertigt. Hier kommt die Universalität des Geistes Gottes als dritte Ausdeutung ins Spiel.

Das NT stellt den Heiligen Geist als Parakleten, also als Fürsprecher vor, der das Wirken Jesu Christi weiterführt und vollendet (vgl. Joh 14,16.26; 15,2; 16,7.12; 1 Joh 2,1). Damit greifen die neutestamentlichen Schriften einen Duktus auf, der schon im AT grundgelegt ist. Dort erscheint der Geist Gottes als Lebendigmacher, als derjenige, der jedem Geschöpf Leben verleiht (vgl. Ps 104,29f; Ijob 34,14f). Der Geist Gottes ist es also, der die Universalität des Christusgeschehens konkretisiert. Das heißt, dass die gelebte Beziehung des Menschen zu Gott und dass Gottes Nähe zum Menschen im Geist Gottes erlebbar werden. Das bedeutet dann auch, dass überall, wo der Geist ist und wo sich die Früchte des Geistes einstellen, nämlich Liebe, Freude, Friede, Langmut, Freundlichkeit, Güte, Treue, Sanftmut und Selbstbeherrschung (Gal 5,22; 2 Kor 6,6; Eph 5,9), auch Heil und Wahrheit sind.

Mit dieser pneumatologischen Vertiefung erfährt der universale Heilswille, der im Christusereignis noch konkreter wird, eine wichtige Weitung und kritische Instanz. Zum einen ist der Geist Gottes überall, wo das Gute und Wahre sind, und nicht nur dort, wo jemand sagt, ich bin Christ:in. Zum anderen sind nicht wir Menschen Herr des Geistes. Wir können deshalb auch nicht sagen, da ist er und dort nicht. Damit müssen wir kritisch all denjenigen Mechanismen gegenüber sein, die autoritär auftreten und festmeißeln wollen, was oder wer auszuschließen sei von einer Zugehörigkeit zu Christus. Der Geist Gottes wird zur Instanz, sich immer wieder neu und ehrlich zu fragen, wo das eigene Handeln und Reden wirklich der Liebe als Maß von allem entspricht und wo es dahinter zurückbleibt.

Das bedeutet dann auch, die Orthopraxis, also das gut und recht gelebte Leben und die praktisch gewordene Liebe, als

Kriterium für die Frage, wo Wahrheit zu finden ist, deutlicher zu gewichten.

### 3.4 Und wie sieht es mit der Kirche aus?

Damit stellt sich natürlich die Frage, warum es dann noch die Kirche braucht und wofür. Wie im letzten Kapitel deutlich wurde, bestehen ja erhebliche Anfragen an die konkrete Gestalt, wie sich Kirche derzeit zeigt.

Um diesen Fragen auf den Grund zu gehen und die vierte Ausdeutung zu klären, müssen wir ein Stück tiefer ansetzen. Vom Grund her ist die Kirche als griech. Kyriake, also als dem Herrn Zugehörige, als Gemeinschaft gedacht, in der für alle erlebbar wird, was Jesus Christus in seinem Leben für andere gelebt hat. Theologisch formuliert heißt das, dass die Kirche Ort und Erweis ist, Christi Für-Sein (Proexistenz) zu leben.[32] Das heißt auch, dass die Kirche überall dort entsteht und sich aktualisiert, wo diese sich verschenkende Liebe Gottes Gestalt annimmt. Die Kirche wird damit sozusagen zum Instrument, das den Menschen hilft, dem Impuls der Liebe immer neu nachzugehen, den eigenen Egoismus immer mehr zu überwinden, sich auf den Anderen um des Anderen willen auszustrecken und sich immer mehr von der Liebe verwandeln zu lassen. Der Geist Gottes ist der Garant dafür, dass dies nie aufhört.

Damit ist mehreres gesagt: Zum einen ist die Kirche auch selbst an diesem Maß zu messen, inwieweit sich in ihr das Für-Sein für Andere verwirklicht, bzw. sie zu fragen, wo sie dahinter zurückbleibt. Damit wird zum anderen auch deutlich, dass die Kirche als Kyriake nicht nur dort ist, wo wir auf die institutionelle Kirche treffen. Man kann sogar sagen, dass die Kirche immer größer ist als das, was wir konkret als Kirche erleben, und dass dieses Innerste des Kircheseins Korrektiv ist für die Ausgestaltung von Kirche im Hier und Jetzt. Zur Kirche Jesu, die eine Kirche ist, die sich

[32] Vgl. 2. Vatikanisches Konzil, Lumen Gentium, Nr. 1; vgl. auch Ratzinger, Joseph, Das neue Volk Gottes, 173f.

über das Sein für andere vollzieht, gehören also mehr als die Getauften – zumindest sofern sie dies wollen. Die frühchristliche Theologie, die sich mit ähnlichen Fragen beschäftigte, ist deshalb z. B. davon ausgegangen, dass es auch andere Weisen der Zugehörigkeitsbeschreibung zur Kirche gibt als die Taufe.

Sie sah z. B. das Martyrium als Bluttaufe an, vertrat die Vorstellung der Ecclesia ab Abel, wie sie Augustinus erstmals ins Spiel gebracht hat, sprach von der »fides implicita«, dem impliziten Glauben, und vom »votum implicitum«, dem impliziten Wunsch, zur Kirche zu gehören. Allen ist der Gedanke gemeinsam, dass es auch außerhalb des Raumes ihrer »rechtlichen Sichtbarkeit«[33] eine Zugehörigkeit zur Kirche geben kann. Ebenso zeigt sich und »kann als theologisch sicher gelten«, »dass die Menschen die Rettung erlangen können, auch wenn sie nicht zur sichtbaren katholischen Kirche gehören«.[34] Damit wird deutlich, dass es eine Zugehörigkeit zur Kirche gibt, die sich mittels der erfahrenen und praktizierten Liebe ereignet, weil die Kirche selbst Ausdruck dafür ist, dass Gott nicht anders will, als sich selbst zu verschenken.

Damit stellt sich natürlich die Frage, ob dies nicht übergriffig und vereinnahmend gegenüber Menschen ist, die anderen Religionen angehören oder sich bewusst gegen eine Religionszugehörigkeit entschieden haben.

## 3.5 Ist das nicht eine Vereinnahmung der Nicht-Christ:innen?

Die Frage nach der Heilsfunktion der Kirche, der Zugehörigkeit zu ihr und ob und wie das Konzept von der universalen Heilsfunktion der Kirche und der Universalität des Christusereignis-

[33] Vgl. dazu Ratzinger, Joseph, Das neue Volk Gottes, 154–166.

[34] Internationale Theologenkommission (Hg.), Das Christentum und die Religionen, Nr. 62. Freilich ist auch anzumerken, dass das 2. Vatikanische Konzil sehr wohl daran festhält, dass die Zugehörigkeit zur Kirche für die Katholiken als heilsnotwendig zu verstehen ist, denn diese wissen darum und dürfen an diesem Wissen nicht vorbeileben. Vgl. 2. Vatikanisches Konzil, Lumen Gentium, Nr. 14.

ses nicht auch vereinnahmend sind, muss von zwei Seiten her angegangen werden.

Zum einen geht es um die Seite, die von der Kirche und vom Christentum aus denkt. Zum anderen um die Seite, die von den anderen Religionen und säkularen Weltdeutungen herkommt.

Beginnt man bei der Frage, wie von christlicher Seite aus die Bezogenheit zu nicht christlichen Religionen und Weltdeutungen zu denken ist, markieren die Konzilsdokumente »Nostra Aetate«, »Lumen Gentium« und »Gaudium et Spes« den Dreh- und Angelpunkt der Argumentation. Die Bezogenheit der Nicht-Christ:innen auf die Kirche wird dort als Hinordnung auf das Volk Gottes ausgedeutet.[35] Diese Hinordnung kennt unterschiedliche Intensitäten. Theologisch gesprochen kommt hier das Prinzip der Gradualität ins Spiel. Es gibt verschiedene Grade der Zugehörigkeit, aber insofern alle Menschen das Gute und Wahre wollen, sind sie alle auf den guten Gott zugeordnet, der in Jesus Christus Mensch geworden ist und in einer Kirche erfahrbar wird, die sich für die anderen verschenkt.

Das Konzil denkt also die universale Berufung aller zum Heil ineins mit der Berufung aller Menschen zur Einheit des Volkes Gottes. Interessant ist nun, dass in »Gaudium et Spes« ausgesagt wird, dass alle Menschen guten Willens – also nicht nur die Christ:innen – durch den Geist Gottes mit dem österlichen Geheimnis in Beziehung stehen.[36] Sind sie aber verbunden mit dem Paschamysterium Jesu Christi, impliziert das auch eine Verbundenheit mit der Kirche Jesu Christi. Auch wenn diese Verbundenheit nicht explizit wird, so rechtfertigt sie dennoch die Nicht-Christ:innen.[37] Das 2. Vatikanische Konzil wehrt damit die in der Kirchengeschichte ständig lauernde Gefahr ab, das Christusbekenntnis auf ein explizites Bekenntnis zu reduzieren, wie auch die Zugehörigkeit zur Kirche auf die Zugehörigkeit zur sichtbaren Kirche zu verkürzen.

---

[35] Vgl. 2. Vatikanisches Konzil, Lumen Gentium, Nr. 13.

[36] Vgl. 2. Vatikanisches Konzil, Gaudium et Spes, Nr. 22.

[37] Vgl. dazu Internationale Theologenkommission (Hg.), Das Christentum und die Religionen, Nr. 71f.

Von Seite des Christentums aus ist damit die Rede von einer Kirche als universalem Heilssakrament keine Frage mehr, die Mitglieder anderer Religionen ausschließt, die die Wahrheitsansprüche anderer Religionen abwertet oder als unüberwindliche Barriere im Religionsdialog stehen bleiben muss.

Wie aber sieht es von der anderen Seite her aus? Müssen sich Angehörige anderer Religionen und Weltanschauungen nicht ungebührlich vereinnahmt fühlen, wenn sie davon hören, dass sie in einer bestimmten Weise auch auf die Kirche Jesu hingeordnet seien?

Faktisch ist das so. Die Kritik, die Karl Rahner mit seiner Rede vom »anonymen Christen« erntete, gilt auch für diese Diskussion. Insofern sind in jedem konkreten Religionsdialog auf die Grenzen dieses Verständnisses zu achten und es ist deutlich zu machen, dass stets die Betroffenen diejenigen sind, die das Recht haben zu sagen, wo etwas ihr eigenes Verständnis verletzt.

Andererseits ist es nicht hoch genug zu schätzen, dass das 2. Vatikanische Konzil und die nachfolgenden lehramtlichen Äußerungen den Weg bahnten, das Christusereignis genauso wie die Kirche nicht mehr als unumgängliches Hindernis im Religionsdialog verstehen zu müssen. Sie werden als Verdichtungen lesbar, um nach dem zu suchen, was alle Religionen verbindet; nämlich was die Menschen heil und glücklich macht.

So komplex, weil reich an Aspekten der Ansatz eines universalen Wahrheitsverständnisses also ist, so gelingt es mit ihm bislang am besten, in einen offenen und lernbereiten Religionsdialog einzutreten und zugleich die brisante, weil entscheidende Frage nach den unterschiedlichen Wahrheitsansprüchen nicht ausblenden zu müssen.

Das mag einerseits wenig erscheinen, weil man nach wie vor nicht schwarz auf weiß nach Hause tragen kann, was nun wahr ist und als wahr zu gelten hat. Andererseits ist wohl kaum etwas so Zukunft und Perspektiven eröffnend wie das Bewusstsein, dass sich jede theologische Rede genauso wie jede religiöse Praxis oder institutionelle Form daraufhin befragen lassen muss, inwieweit sie der Liebe dient, also einem Leben, in dem es nicht gegeneinander, sondern miteinander um ein gutes Leben geht.

# 4 Ideen zu Lernwegen

So wenig die Wahrheitsfrage im Religionsdialog zu interessieren scheint, so deckt sie als Frage nach Verlässlichkeit und was jetzt gelten soll doch alltagsrelevante Brisanzen auf. In den folgenden Ideen soll einerseits der Kern des universalen Wahrheitsverständnisses, der in der Liebe ausgemacht wurde, in seiner Bedeutsamkeit illustriert und konkretisiert werden. Zum anderen wird mit dem Gedicht von Jehuda Amichai »Der Ort, an dem wir recht haben« ein Angebot gemacht, die Wahrheitsfrage und deren Missverständnisse nicht nur als intellektuelles Spiel abzutun, sondern zu merken, welche Konsequenzen sich daraus für das Leben und Schicksal von Menschen ergeben.

## 4.1 Ein Gedankenexperiment in klärender Absicht

Bei folgendem Gedankenexperiment geht es darum, genauer zu verstehen, warum es so wichtig ist, den Grundgedanken von eigener Überzeugung und der Überzeugung anderer nicht für beliebig zu halten; oder anders gesagt, wie anders es wird, wenn im Streit der Überzeugungen die Liebe als auf das Wohl des anderen bezogene Haltung den Dreh- und Angelpunkt des Gesprächs ausmacht.

Stellen Sie sich folgende Situation dazu vor, die wohl jede und jeder kennt. Die Küche ist nicht aufgeräumt. Ein WG-Mitbewohner will, dass Ordnung herrscht, während ein anderer das nicht so genau nimmt mit der Ordnung und eher Wert darauf legt, keine Zeit mit Aufräumen zu verschwenden, sondern gemeinsam etwas zu unternehmen. Darüber kommt es zum Konflikt, der am Küchentisch ausgetragen wird.

Überlegen Sie sich, welche Szenerien sich am Küchentisch abspielen, wenn

Gruppe 1: ... im Hintergrund der Gedanke steht, dass meine Überzeugung wichtiger ist als Deine. Weil Du ein Spießer bist, ist Dir eben auch Ordnung so wichtig.

Gruppe 2: ... im Hintergrund der Gedanke steht, dass ich der Stärkere und Mächtigere bin und der Andere nichts zu sagen hat.
Gruppe 3: ... im Hintergrund der Gedanke steht, dass Du mir eigentlich egal bist. Deshalb kannst Du machen, was Du willst, und ich kann machen, was ich will.
Gruppe 4: ... im Hintergrund der Gedanke steht, dass ich Dich mag und es mir von daher ein Anliegen ist, gemeinsam nach einer Lösung zu suchen.

Nachdem die Szenerien überlegt und einander präsentiert wurden, kann ein Gespräch darüber stattfinden, welche Konsequenzen die Gedanken auslösten, die den Szenerien zu Grunde liegen. Bei der Gruppe 1 ist es der Grundgedanke einer (moralischen) Abwertung des anderen, bei Gruppe 2 derjenige der Unterdrückung, bei Gruppe 3 derjenige, der ein berührungsloses Nebeneinander in Multi-Kulti-Manier akzeptiert, und bei Gruppe 4 derjenige der Liebe.

So wie schon alltägliche Kommunikationssituationen davon leben, die Motive offenzulegen, die unterschiedlichen Überzeugungen zugrunde liegen, so ist dies umso mehr der Fall bei den großen Fragen, die uns alle angehen.

## 4.2 »Der Ort, an dem wir recht haben« – Jehuda Amichai

Obwohl Jehuda Amichai (03.05.1924–22.09.2000) zu den bekanntesten und beliebtesten zeitgenössischen israelischen Lyrikern zählt, ist er im deutschen Sprachraum nach wie vor kaum bekannt. Dies verblüfft umso mehr, als Amichai als Ludwig Jehuda Pfeuffer 1924 in Würzburg geboren wurde und mit der deutschen Sprache aufgewachsen ist. Er kannte zwar die hebräischen religiösen Texte, lernte Ivrit aber erst, als er 1936 als 12-Jähriger zusammen mit seiner Familie wegen der anbrechenden Judenverfolgungen des Nazi-Regimes nach Israel auswandern musste. In einem bildungsbewussten Elternhaus aufgewachsen, hatte er schon früh die Klassiker wie Goethe, Schiller, Heine und Rilke gelesen. Aber erst durch einen Zufall entdeckte Amichai mitten in der ägyptischen Wüste die Lyrik für sich. In einem Sandsturm war ein Lastwagen voll mit Büchern umgekippt. Als Amichai mit den anderen Soldaten zur Bergung herbeigeeilt war, fand er eine Anthologie mit moderner englischer Lyrik, die für ihn den Anstoß gab für seinen ersten Lyrikband. »Nun und an anderen Tagen«, wie der Titel dieses Bandes lautet, revolutionierte sofort die hebräische Literatur. Amichai verstand es, in seinem lyrischen Werk die tiefe Melancholie der biblischen Bilder und Sprache mit dem alltäglichen, auch von Jargons durchsetzten Alltagshebräisch zu verbinden, und er traf damit einen Ton, der genau hineinpasste in die Erfahrungen des jungen Israels mit all den Schoa-Vertriebenen und ihren tiefen Verwundungen.[38]

Davon spricht auch das Gedicht »Der Ort, an dem wir recht haben«. Es drückt unmissverständlich aus, wohin wir kommen, wenn es beim Streit um Überzeugungen nur noch um das Rechthaben geht, Machtpositionen darüber entscheiden, was gilt, und keine Menschlichkeit mehr zählt.

Das Alltagsbild vom zertrampelten Hof, von Orten, die zementhart geworden sind vom Rechthaben, spricht von sich aus. Es wirkt genauso in Alltagssituationen zwischenmenschlicher Konflikte hinein wie in die großen ideologischen Streitigkeiten des 20. Jh., als die Nazis ihre Ideologie über alles setzten und dafür Millionen von Juden, Sinti, Roma und politisch Andersdenkenden ermordeten.

Amichai ist wacher Zeitgenosse genug, dass er das zerstörerische Rechthaben nicht nur auf die Vergangenheit der Schoa eingrenzt, sondern auf die schwierige politische Lage in Israel seit der Staatsgründung 1948 lenkt. Die vielen Kriege und Auseinandersetzungen, die Israel seitdem ausfechtet, zermürben die Menschen dort, egal welcher Religion und Herkunft sie sind. Amichai trägt mit seinem Gedicht die Frage nach dem Rechthaben und was hilft, gemeinsam einen Weg zu finden, mitten in die Alltagsfragen der Menschen hinein und schlägt den Zweifel und die Liebe als Weisen vor, nicht beim Rechthaben stehen zu bleiben.

---

[38] Vgl. Amichai, Jehuda, Gedichte, 9f.

Selbst die Orte der zerstörten Häuser, die jeder in Israel kennt und Amichai aus seinen Fluchtgeschichten nur zu gut in Erinnerung hat, müssen nicht mehr die tristen Ruinen alter Leben bleiben. Der Frühling zieht auch dort ein, wenn wir nur anfangen, der Liebe mehr Gewicht zu geben als dem Rechthaben.

Das Gedicht mag Anlass sein, über diese unterschiedlichen Aspekte ins Gespräch zu kommen und zugleich mit der Geschichte Amichais zu verknüpfen, der als Jude vor dem Nazi-Regime flüchten musste und dem modernen Israel mit seinen vielfältigen Geschichten eine Stimme zu geben vermochte.

Der Ort, an dem wir recht haben

An dem Ort, an dem wir recht haben,
werden niemals Blumen wachsen
im Frühjahr.
Der Ort, an dem wir recht haben,
ist zertrampelt und hart wie ein Hof.

Zweifel und Liebe aber
lockern die Welt auf
wie ein Maulwurf, wie ein Pflug.
Und ein Flüstern wird hörbar
an dem Ort, wo das Haus stand,
das zerstört wurde.[39]

[39] Amichai, Jehuda, Zeit. Gedichte, 21.

Schluss:

# Nach neuen Verortungen suchen

Ob Ihnen die Lektüre dieses Buches geholfen hat, besser entscheiden zu können, was man mit herumfliegenden Pausenbroten im Klassenzimmer tut, wage ich zu bezweifeln. Es war zwar auch von classroom management die Rede; aber herumfliegende Pausenbrote bleiben eine Herausforderung, für die es kein Rezept gibt – egal, ob sie im Mathe- oder Reliunterricht durch die Luft wirbeln.

Vielleicht und hoffentlich ist aber deutlicher geworden, dass die Bestimmung, was eine gute Religionslehrkraft und einen guten Religionsunterricht ausmacht, nicht in das Genre von Zauberformeln gehört. Es ist kein Geheim- oder Zufälligkeitswissen und -können, was gute Religionslehrer:innen kennzeichnet. Vielmehr gibt es ausweisbare Faktoren, die die Kompetenz von Religionslehrer:innen bestimmen und von daher auch identifizieren helfen, was der Fall sein muss, damit Unterricht gelingt.

Das Professionswissen von Religionslehrkräften spielt dazu eine ausschlaggebende Rolle. Religionslehrkräfte müssen über entsprechendes fachwissenschaftliches wie religionsdidaktisches Wissen verfügen, um Unterrichtsprozesse adressatenbezogen und sachbezogen modellieren zu können. So weit – so gut. Tricky wird es, wie so oft, wenn es um die konkreten Schüler:innen einer Lerngruppe und das konkrete Unterrichtsthema geht.

Klar – man hat Theologie studiert, und jung war man auch mal. Aber was treibt Kinder und Jugendliche heute um, und welchen theologischen Fortschritt hat es gegeben, so dass die alten Arbeitsblätter nicht mehr ausreichen?

Diese Herausforderung kennt wohl jede Religionslehrkraft. Um hier nicht verzweifelt stehen bleiben zu müssen, versuchte ich, Sie in diesem Buch zu etwas anzustiften, das als message auch das Coverbild transportiert. Das Graffito verarbeitet das weltberühmte Motiv Michelangelos aus der Sixtina, das jede und jeder kennt und von dem man weiß, dass es irgendetwas mit Religion zu tun hat, auch wenn man kein Kunstkenner ist. Michelangelo hat mit dem Fresko über die Erschaffung des Menschen nicht nur das Kunstschaffen revolutioniert, sondern auch feinsinnig die Theologie fortgeschrieben. In einer Zeit, in der das Machen und Herrschen dominierte, das Zeigen und Bestimmen, lässt er einen Freiraum zwischen dem schöpferischen Finger Gottes und dem werdenden Adam. Es ist ein kreativer Freiraum, in dem Neues und Anderes entsteht. Und auch Adam fasst nicht gierig nach der Hand Gottes und bemächtigt sich ihrer. So wie Gottes Finger nicht tyrannisch anweist, sondern mit innerer Autorität freisetzt, will auch Adams Hand genommen, nicht ergriffen werden.

Dies alles transportiert auch das Graffito auf der Titelseite. Wer an dem großen Garagentor vorbeigeht, auf das es gesprüht ist, erkennt es sofort; wenn nicht als Motiv aus der Sixtina, so doch als bekanntes Bild, das irgendetwas mit Religion zu tun hat. Das Graffito ist aber nicht einfach eine Kopie des genialen Meisterwerks aus dem frühen 16. Jh. Es übersetzt den Impuls Michelangelos zugleich und rückt ihn in unsere Alltagswelt hinein. Gesprayt an eine Alltagswand und inzwischen übersät mit weiteren Parolen verortet es das Schöpfungsmotiv neu. Religion ist nicht einfach das Tradierte, wofür dann auch historische Erkundungen ausreichten. Religion sucht sich neue Verortungen und wird dadurch anders. In einem guten Religionsunterricht passiert Ähnliches. Theologie bleibt nicht abstrakt, sondern wird hineingeholt in die eigenen Lebensfragen und dadurch neu. Sie wird daraufhin befragt, was sie austrägt, wenn wir nach Sinn und dem Warum tasten. Ihre unterschiedlichen Deutungen werden daraufhin abgeklopft, was sie hergeben für das, was uns heute umtreibt. Was die Alltagswelt der Schüler:innen ausmacht und was sie beschäftigt, ist nicht einfach Beiwerk, sondern Ausgangspunkt und Zielhorizont unterrichtlichen Handelns. Damit verändern sich Religionsunterricht und Theologie notwendigerweise. Und damit kann auch das Professionswissen von Religionslehrkräften nicht ein für alle Mal festgeschrieben werden. Es gibt aber so etwas wie Zeitaufnahmen – was jetzt und heute ertragreich ist.

Dieses Buch ist ein Versuch, Religionslehrkräfte zu unterstützen, nach neuen Verortungen theologischer Themen zu suchen, die um der Schüler:innen willen notwendig sind und von deren Konzepten und (Nicht-)Erfahrungen her verändert werden. Es versteht sich als Unternehmen, Schüler:innen positionierungsfähig zu machen in Bezug auf Religionsfragen und hier speziell in Bezug auf Gott, Jesus, die Religionen und so. Vielleicht ist es ein Impuls so wie das Graffito auch: Es lädt dazu ein, ergänzt und immer wieder neu aktualisiert zu werden.

# Abbildungsverzeichnis

# Abkürzungsverzeichnis

| | |
|---|---|
| BW-Studie I und II | Die von Friedrich Schweitzer, Reinhold Boschki und deren Teams durchgeführten Befragungen zu Jugend – Glaube – Religion |
| can. | Canon im Kirchlichen Gesetzbuch des CIC von 1983 (= Codex iuris canonici) |
| COACTIV | Cognitive Activation in the Classroom: The Orchestration of Learning Opportunities for the Enhancement of Insightful Learning in Mathematics, im Gefolge von PISA 2003. |
| DAuEW | Darstellungs- und Erklärungswissen |
| DH | Denzinger, Heinrich/Hünermann, Peter, Kompendium der Glaubensbekenntnisse und kirchlichen Lehrentscheidungen |
| FDW (pck) | Fachdidaktisches Wissen (pedagogical content knowledge) |
| FW (ck) | Fachwissenschaftliches Wissen (content knowledge) |
| Gy | Gymnasium, gymnasial |
| L | Lehrkraft/Lehrer:in |
| Nicht-Gy | Nicht-Gymnasium, nichtgymnasial |
| PW (pedagogical knowledge) | Pädagogisch-Psychologisches Wissen |
| Ref | Referendariat/Referendar:in |
| St | Student:in |

# Literaturverzeichnis


Albrecht, Michaela, Für uns gestorben. Die Heilsbedeutung des Kreuzestodes aus der Sicht Jugendlicher (= Arbeiten zur Religionspädagogik 33), Göttingen 2007.

–, Vom Kreuz reden im Religionsunterricht, Göttingen 2008.

Amichai, Jehuda, Gedichte, hg. und aus dem Hebräischen übersetzt von Hans D. Amadé Esperer, Würzburg 2018.

–, Zeit. Gedichte von Jehuda Amichai, aus dem Hebräischen übersetzt von Lydia Böhmer und Paulus Böhmer, Frankfurt a. M. 1998.

–, Zwischen Würzburg und Jerusalem. Gedichte von Jehuda Amichai, hg. und aus dem Hebräischen übersetzt von Hans D. Amadé Esperer, Würzburg 2018.

Arnold, Ursula/Hanisch, Helmut/Orth, Gottfried, Was Kinder glauben. 24 Gespräche über Gott und die Welt (= Calwer Taschenbibliothek 61), Stuttgart 1997.

Bachl, Gottfried, Gott bewegt, hg. von Halbmayr, Alois, Würzburg $2012^2$.

–, Mailuft und Eisgang.100 Gebete, Innsbruck 1998.

Baumert, Jürgen, Deutschland im internationalen Bildungsvergleich, in: Killius, Nelson/Kluge, Jürgen/Reisch, Linda (Hg.), Die Zukunft der Bildung, Frankfurt a. M. 2002, 100–150.

–/Kunter, Mareike, Das Kompetenzmodell von COACTIV, in: Dies./Blum, Werner u. a. (Hg.), Professionelle Kompetenz von Lehrkräften. Ergebnisse des Forschungsprogramms COACTIV, Münster/München/Berlin u. a. 2011, 29–53.

–, Das mathematikspezifische Wissen von Lehrkräften, kognitive Aktivierung im Unterricht und Lernfortschritte von Schülerinnen und Schülern, in: Dies./Blum, Werner u. a. (Hg.), Professionelle Kompetenz von Lehrkräften. Ergebnisse des Forschungsprogramms COACTIV, Münster/München/Berlin u. a. 2011, 163–192.

Bertelsmann-Stiftung (Hg.), Einwanderungsland Deutschland, in: https://www.bertelsmann-stiftung.de/fileadmin/files/Projekte/51_Religionsmonitor/BST_Factsheet_Einwanderungsland_Deutschland.pdf, Gütersloh 2016.

–, Religionsmonitor 2008. Überblick zu religiösen Einstellungen und Praktiken, Gütersloh 2007.

Bescherer, Steffi, »Nur nicht reinstressen!« Todes- und Jenseitsvorstellungen sowie Bewältigungsstrategien bei Jugendlichen (= Workshop Religionspädagogik 12), Münster 2010.

Betz, Andrea, Interreligiöse Bildung und Vorurteile. Eine empirische Studie über Einstellungen zu religiöser Differenz (= Empirische Theologie 30), Münster 2018.

Bibel: Einheitsübersetzung der Heiligen Schrift, Katholische Bibelanstalt, Stuttgart 1980. Sowie für den Gottesnamen: Einheitsübersetzung der Heiligen Schrift, Katholische Bibelanstalt, vollständig überarbeitete Auflage, Stuttgart 2016.

Blömeke, Sigrid/Gustafsson, Jan-Eric/Shavelson, Richard J., Beyond Dichotomies. Competence Viewed as a Contiunuum, in: Zeitschrift für Psychologie 223 (2015) H. 1, 3–13.

Böhnke, Michael/Schärtl, Thomas, Was der Tod uns zu denken gibt. Philosophisch-theologische Essays (= Pontes 30), Münster 2005.

Bonhoeffer, Dietrich, Widerstand und Ergebung. Briefe und Aufzeichnungen aus der Haft, hg. v. Bethge, Eberhard, Gütersloh 1985[13].

Boschki, Reinhold/Gronover, Matthias, Offenheit für andere Religionen und Kulturen versus Fremdenfeindlichkeit gegenüber Fremden, Juden und Muslimen?, in: Wissner, Golde/Nowack, Rebecca/Schweitzer, Friedrich u. a. (Hg.), Jugend – Glaube – Religion II. Neue Befunde, vertiefende Analysen, didaktische Konsequenzen, Münster/New York 2020, 271–278.

Borowick, Nancy, The Familiy Imprint. A Daughter's Portrait of Love and Loss, Berlin 2017.

Brecht, Bertolt, Die Gedichte von Bertolt Brecht in einem Band, Frankfurt a. M. 1981.

Bromme, Rainer, Kompetenzen, Funktionen und unterrichtliches Handeln des Lehrers, in: Weinert, Franz E. (Hg.), Enzyklopädie der Psychologie: Pädagogische Psychologie, Bd. 3: Psychologie des Unterrichts und der Schule, Göttingen 1997, 177–212.

Bruners, Wilhelm, Verabschiede die Nacht. Gedichte – Erzählungen – Meditationen – Biblisches, Düsseldorf 1999.

–, Niemandsland. Gott. Gedichte und Meditationen, Innsbruck 2015.

Bucher, Anton A., Alter Gott zu neuen Kindern? Neuer Gott von alten Kindern?, in: Merz, Vreni (Hg.), Alter Gott für neue Kinder? Das traditionelle Gottesbild und die nachwachsende Generation, Freiburg (Schweiz) 1994, 79–100.

Büchner, Georg, Dantons Tod. Ein Drama, hg. v. Diekhans, Johannes, erarb. und mit Anmerkungen und Materialien versehen v. Schläbitz, Norbert, Paderborn 2007.

Büttner, Gerhard, »Halb Mensch, halb nicht, das weiß man nicht so sehr, denn Jesus ist ja eigentlich Gottes Sohn!«. Kindliche Versuche, die Paradoxien der Christologie bildhaft auszudrücken, in: Frey, Jörg/Rohls, Jan/Zimmermann, Ruben (Hg.), Metaphorik und Christologie, Berlin 2003, 399–416.

–, Jesus hilft! Untersuchungen zur Christologie von Schülerinnen und Schülern, Stuttgart 2002.

Bundesinstitut für Bevölkerungsforschung (Hg.), Bevölkerung mit Migrationshintergrund, in: https://www.bib.bund.de/DE/Fakten/Bevoelkerungsentwicklung/Bevoelkerung-mit-Migrationshintergrund.html.

Burrichter, Rita/Grümme, Bernhard/Mendl, Hans u. a., Professionell Religion unterrichten. Ein Arbeitsbuch (= Religionspädagogik innovativ 2), Stuttgart 2012.

Butt, Christian, Kindertheologische Untersuchungen zu Auferstehungsvorstellungen von Grundschülerinnen und Grundschülern (= Arbeiten zur Religionspädagogik 41), Göttingen 2009.

Calmbach, Marc/Borgstedt, Silke/Borchard, Inga u. a., Wie ticken Jugendliche? 2016. Lebenswelten von Jugendlichen im Alter von 14 bis 17 Jahren in Deutschland (= Sinus-Jugendstudie 2016), Berlin 2016.

Calmbach, Marc/Flaig, Bodo/Edwards, James u. a., Wie ticken Jugendlich? 2020. Lebenswelten von Jugendlichen im Alter von 14 bis 17 Jahren in Deutschland (= Sinus-Jugendstudie 2020), Bonn 2020.

Caruso, Carina, Das Praxissemester von angehenden Lehrkräften. Ein Mixed-Methods-Ansatz zur Exploration ausgewählter Effekte, Wiesbaden 2019.

Cobb, Paul, Where is the mind? Constructivist and sociocultural perspectives on mathematical development, in: Educational Researcher Vol. 23 (1994) H. 7, 13–20.

Combe, Arno/Helsper, Werner (Hg.), Pädagogische Professionalität – Untersuchungen zum Typus pädagogischen Handelns, Frankfurt a. M. 1996.

Cyprian von Karthago, Epistularium: Epistualae 1–57 (CChr. SL 3 B, Diercks, G. F.) Turnhout 1994.

Demel, Sabine, Frauen und kirchliches Amt. Vom Ende eines Tabus in der katholischen Kirche, Freiburg i. Br./Basel/Wien 2004.

Denzinger, Heinrich/Hünermann, Peter (Hg.), Kompendium der Glaubensbekenntnisse und kirchlichen Lehrentscheidungen, Freiburg i. Br./Basel/Wien 2017.

Dewe, Bernd, Zur Relevanz der Professionstheorie für pädagogisches Handeln, in: Schulz, Wolfgang K. (Hg.), Expertenwissen. Soziologische, psychologische und pädagogische Perspektiven, Opladen 1998, 67–86.

Douglas Adams (Drehbuch)/Garth Jennings (Regie), Per Anhalter durch die Galaxis, touchdown pictures/spyglass entertainment, Hollywood 2005.

Drechsel, Barbara/Schindler, Ann-Kathrin, Unterrichtsqualität, in: Urhahne, Detlef/Dresel, Markus/Fischer, Franz (Hg.), Psychologie für den Lehrberuf, Berlin 2019, 353–372.

Ebner, Martin, Alles muss seine (römische) Ordnung haben? Aufgabenverteilung und Leitungsstrukturen in frühchristlichen Gemeinden, in: Welt und Umwelt der Bibel (2020) H. 3, 9–16.

–, Der Tod Jesu – ein Scheitern? Die Evangelien (neu) befragt, in: Bibel und Kirche 72 (2017) 193–202.

–, Jesus von Nazaret in seiner Zeit. Sozialgeschichtliche Zugänge, Stuttgart 2003.

Eckholt, Margit, Was spricht für die Priesterweihe für Frauen? Jesus Christus repräsentieren, in: HK (2021) H. 2, 49f.

EDEKA Weihnachtsclip-#heimkommen, https://www.youtube.com/watch?v=V6-0kYhqoRo.

Edelbrock, Anke/Schweitzer, Friedrich/Biesinger, Albert (Hg.), Wie viele Götter sind im Himmel? Religiöse Differenzwahrnehmung im Kindesalter (= Interreligiöse und interkulturelle Bildung im Kindesalter 1), Münster 2010.

Elling, Kurt, American Tune (Official Video), https://www.google.com/search?client=firefox-b-d&q=kurt+elling+american+tune.

Englert, Rudolf, Der Religionslehrer – Zeuge des Glaubens oder Experte für Religion?, in: RpB 68/2012, 77–88.

–, Religion gibt zu denken: Eine Religionsdidaktik in 19 Lehrstücken, München 2013.

–/Hennecke, Elisabeth/Kämmerling, Markus, Innenansichten des Religionsunterrichts. Fallbeispiele – Analysen – Konsequenzen, München 2014.

Englert, Rudolf/Porzelt, Burkard/Reese, Annegret u. a., Innenansichten des Referendariats. Wie erleben angehende Religionslehrer/innen an Grundschulen ihren Vorbereitungsdienst? Eine empirische Untersuchung zur Entwicklung (religions)pädagogischer Handlungskompetenz, Berlin 2006.

Erdmann, Peter, Jugend und Jenseits. Eine empirische Untersuchung zu den Vorstellungen von Schülerinnen und Schülern, Münster 2017.

Evangelische Kirche in Deutschland, Mitgliederentwicklung von 2017 bis 2060 – #Projektion2060, in: https://www.ekd.de/projektion2060-mitgliederzahlen-45532.html.

Feige, Andreas/Dressler, Bernhard/Lukatis, Wolfgang u. a., »Religion« bei ReligionslehrerInnen. Religionspädagogische Zielvorstellungen und religiöses Selbstverständnis in empirisch-soziologischen Zugängen. Berufsbiographische Fallanalysen und eine repräsentative Meinungserhebung unter evangelischen ReligionslehrerInnen in Niedersachsen, Münster/Berlin 2000.

Fetz, Reto L., Die Entwicklung der Himmelssymbolik. Ein Beispiel genetischer Semiologie, in: Biehl, Peter/Bizer, Christoph/Heimbrock, Hans-Günter u. a. (Hg.), Jahrbuch der Religionspädagogik 2, Neukirchen-Vluyn 1985, 206–215.

–, Die Himmelssymbolik in Menschheitsgeschichte und individueller Entwicklung. Ein Beitrag zu einer genetischen Semiologie, in: Zweig, Adam (Hg.), Zur Entstehung von Symbolen. Akten des 2. Symposions der Gesellschaft zur Symbolforschung, Frankfurt a. M./New York 1985, 111–150.

–/Reich, K. Helmut/Valentin, Peter, Weltbildentwicklung und Schöpfungsverständnis: eine strukturgenetische Untersuchung bei Kindern und Jugendlichen, Stuttgart/Berlin/Köln 2001.

Fischer, Erika, Todesvorstellungen von Jugendlichen, Eine empirische Untersuchung zu kognitiven Todesvorstellungen und emotionalem Todeserleben jugendlicher Hauptschüler (= Theorie und Forschung 2), Regensburg 1987.

Flick, Uwe, Qualitative Sozialforschung. Eine Einführung, 2. vollst. überarb. Aufl., Hamburg 2009.

Foucault, Michel, Archäologie des Wissens. Aus dem Französischen von Ulrich Köppen, Frankfurt a. M. 2020[19].

Fowid Forschungsgruppe Weltanschauungen in Deutschland (Hg.), Datenblatt Religionszugehörigkeiten bei Asylbewerbern Deutschland 2015, in: https://fowid.de/sites/default/files/download/religionszugehoerigkeiten_asylbewerber_2015.pdf, Berlin 2015.

Freudenberger-Lötz, Petra, Theologische Gespräche mit Kindern: Untersuchungen zur Professionalisierung Studierender und Anstöße zu forschendem Lernen im Religionsunterricht, Stuttgart 2007.

Fricke, Michael, FALKO-R: Professionswissen von Religionslehrkräften. Entwicklung eines Messinstruments zur fachspezifischen Lehrerkompetenz, in: Krauss, Stefan/Lindl, Alfred/Schilcher, Anita u. a. (Hg.), FALKO: Fachspezifische Lehrerkompetenzen: Konzeption von Professionswissenstests in den Fächern Deutsch, Englisch, Latein, Physik, Musik, Evangelische Religion und Pädagogik, Münster/New York 2017, 291–335.

–, Von Gott reden im Religionsunterricht, Göttingen 2007.

Friebertshäuser, Barbara/Langer, Antje, Interviewformen und Interviewpraxis, in: Dies./Prengel, Annedore (Hg.), Handbuch qualitative Forschungsmethoden in der Erziehungswissenschaft, Weinheim 2010[3], 437–456.

Friedrichs, Nils, Das Verhältnis von Christen zu Muslimen und Atheisten: Zur Bedeutung von sozialer Kategorisierung und Identifikation im interreligiösen Vergleich, in: Pollack, Detlev/Müller, Olaf/Rosta, Gergely u. a., Grenzen der Toleranz. Wahrnehmung und Akzeptanz religiöser Vielfalt in Europa, Wiesbaden 2014, 155–178.

Gerstenmaier, Jochen/Mandl, Heinz, Wissenserwerb unter konstruktivistischer Perspektive, in: Zeitschrift für Pädagogik 41 (1995) 867–888.

Glaser, Barney G./Strauss, Anselm L., Grounded Theory. Strategien qualitativer Forschung, Bern 2005[2].

Glaubenskongregation, Zur Antwort der Glaubenskongregation auf die im Apostolischen Schreiben »Ordinatio sacerdotalis« vorgelegte Lehre, in: Osservatore Romano (deutsch) vom 24. November 1995/Nr. 47, 4.

Greshake, Gisbert/Lohfink, Gerhard, Naherwartung – Auferstehung – Unsterblichkeit. Untersuchungen zur christlichen Eschatologie (= Quaestiones disputatae 71), Freiburg i. Br./Basel/Wien 1982[4].

Großbölting, Thomas, Der verlorene Himmel: Glaube in Deutschland seit 1945, Göttingen 2013.

Grümme, Bernhard, Heterogenität in der Religionspädagogik. Grundlagen und konkrete Bausteine, Freiburg i. Br. 2017.

–, Menschen bilden? Eine religionspädagogische Anthropologie, Freiburg i. Br. 2012.

–, Praxeologie. Eine religionspädagogische Selbstaufklärung, Freiburg i. Br. 2021.

–, Religionspädagogische Denkformen. Eine kritische Revision im Kontext von Heterogenität, Freiburg. i. Br. 2019.

Hanisch, Helmut, Die zeichnerische Entwicklung des Gottesbildes bei Kindern und Jugendlichen. Eine empirische Vergleichsuntersuchung mit religiös und nicht-religiös Erzogenen im Alter von 7–16 Jahren, Stuttgart 1996.

–/Hoppe-Graff, Siegfried, »Ganz normal und trotzdem König«. Jesus Christus im Religions- und Ethikunterricht, Stuttgart 2002.

Hattie, John, Lernen sichtbar machen, überarb. deutschsprachige Ausgabe von Visible Learning besorgt von Beywl, Wolfgang/Zierer, Klaus, Baltmannsweiler 2013.

Heger, Johannes, Lehrpersonen als Vertreterinnen und Vertreter der Kirche, in: Kropač, Ulrich/Riegel, Ulrich (Hg.), Handbuch Religionsdidaktik, Stuttgart 2021, 144–150.

Heil, Stefan, Strukturprinzipien religionspädagogischer Professionalität. Wie Religionslehrerinnen und Religionslehrer auf die Bedeutung von Schülerzeichen schließen – eine empirisch-fundierte Berufstheorie (= Empirische Theologie 15), Münster/Berlin 2006.

–/Riegger, Manfred, Der religionspädagogische Habitus. Professionalität und Kompetenzen entwickeln. Mit innovativen Konzepten für Studium, Seminar und Beruf, Würzburg 2017.

Helmke, Andreas, Unterrichtsqualität und Lehrerprofessionalität. Diagnose, Evaluation und Verbesserung des Unterrichts, Seelze-Velber 2010[3].

Helsper, Werner, Lehrerprofessionalität. Der strukturtheoretische Professionsansatz zum Lehrerberuf, in: Terhart, Ewald/Bennewitz, Hedda/Rothland, Martin (Hg.), Handbuch der Forschung zum Lehrerberuf, Münster 2014[2], 149–170.

Herzog, Werner/Makarova, Elena, Anforderungen an und Leitbilder für den Lehrerberuf, in: Terhart, Ewald/Bennewitz, Hedda/Rothland, Martin (Hg.), Handbuch der Forschung zum Lehrerberuf, Münster/New York/ München u. a. 2011, 63–78.

Höger, Christian, »Lehrkraft, gib uns passende Inhalte zur rechten Zeit!« Fußnoten für eine domänenbewusste Kairologie im Schnittfeld von Schöpfungstheologie und Astrophysik, in: Pemsel-Maier, Sabine/Schambeck, Mirjam (Hg.), Keine Angst vor Inhalten! Systematisch-theologische Themen religionsdidaktisch erschließen, Freiburg i. Br./Basel/Wien 2015, 171–190.

Hopf, Christel, Qualitative Interviews – ein Überblick, in: Flick, Uwe/Kardoff, Ernst von/Steinke, Ines (Hg.), Handbuch qualitative Sozialforschung. Grundlagen, Konzepte, Methoden und Anwendungen, 6. durchg. Aufl., Weinheim 2008, 349–360.

Hoping, Helmut, Einführung in die Christologie, 3. aktualisierte und korrg. Aufl., Darmstadt 2014.

Internationale Theologenkommission (Hg.), Das Christentum und die Religionen, Bonn 1996.

Kaléko, Mascha, Verse für Zeitgenossen, Reinbek bei Hamburg, 2009[24].

Kant, Immanuel, Kritik der reinen Vernunft (WW IV, Weischedel, Wilhelm), Frankfurt a. M. 1974.

Kasper, Walter, Der Gott Jesu Christi, Mainz 1983[2].

Katechismus der Katholischen Kirche, München/Wien/Leipzig u. a. 1993.

Kennedy, Mary M./Ahn, Soyeon/Choi, Jinyoung, The value added by teacher education, in: Chochran-Smith, Marilyn/Feiman-Nemser, Sharon/ McIntyre, John D. et al. (Eds.), Handbook of Research on Teacher Education. Enduring Questions in Changing Contexts, New York 2008[3], 1249–1273.

Kern, Christian, Ziemlich menschlich. Zum gesellschaftlichen und spirituellen Umgang mit Scheitern heute, in: Bibel und Kirche 72 (2017) 163–169.

Kessler, Hans, Sucht den Lebenden nicht bei den Toten. Die Auferstehung Jesu Christi in biblischer, fundamentaltheologischer und systematischer Sicht. Neuausgabe mit ausführlicher Erörterung der aktuellen Fragen, Würzburg 1995.

Keul, Hildegund, Verwundbarkeit, Sicherheit und Resilienz. Der Vulnerabilitätsdiskurs als Chance für eine gesellschaftsrelevante Theologie, in: StdZ 142 (2017) 589–598.

Kierkegaard, Sören, Reflexionen über Christentum und Naturwissenschaft, Anhang zu: Eine literarische Anzeige (= Gesammelte Werke 17) übersetzt von Hirsch, Emanuel, Düsseldorf 1954.

Klein, Stephanie, Gottesbilder von Mädchen als Zugang zu ihrer religiösen Vorstellungswelt. Methodische Überlegungen zum Erheben und Verstehen von Kinderbildern, in: Fischer, Dietlind/Schöll, Albrecht (Hg.), Religiöse Vorstellungen bilden. Erkundungen zur Religion von Kindern über Bilder, Münster 2000, 97–128.

Klieme, Eckhard, Unterrichtsqualität, in: Gläser-Zikuda, Michaela/Harring, Marius/Rohlfs, Carsten (Hg.), Handbuch Schulpädagogik, Münster/New York 2019, 393–408.

Knauth, Thorsten, Kontextbezogene Unterrichtsanalyse – Ansätze, Methoden und Ergebnisse, in: Schambeck, Mirjam/Riegel, Ulrich (Hg.), Was im Religionsunterricht so läuft. Wege und Ergebnisse religionspädagogischer Unterrichtsforschung, Freiburg i. Br./Basel/Wien 2018, 158–178.

Konrad, Klaus, Lautes Denken, in: Mey, Günter/Mruck, Katja (Hg.), Handbuch Qualitative Forschung in der Psychologie, Wiesbaden 2010, 476–490.

Kounin, Jacob, S., Discipline and group management in classrooms, New York 1970.

Kraus, Georg, Jesus Christus – Der Heilsmittler. Lehrbuch zur Christologie, Frankfurt a. M. 2005.

Krauss, Stefan/Baumert, Jürgen/Blum, Werner, Secondary mathematics Teachers' pedagogical content knowledge and content knowledge: Validation of the COACTIV constructs, in: The International Journal on Mathematics Education 40 (2008) H. 5, 873–892.

Krauss, Stefan/Blum, Werner/Brunner, Martin u. a., Konzeptualisierung und Testkonstruktion zum fachbezogenen Professionswissen von Mathematiklehrkräften, in: Kunter, Mareike/Baumert, Jürgen/Blum, Werner u. a., Professionelle Kompetenz von Lehrkräften. Ergebnisse des Forschungsprogramms COACTIV, Münster/München/Berlin u. a. 2011, 135–162.

Krauss, Stefan/Lindl, Alfred/Schilcher, Anita u. a., Das Forschungsprojekt FALKO – ein einleitender Überblick, in: Dies. u. a. (Hg.), FALKO: Fachspezifische Lehrerkompetenzen: Konzeption von Professionswissenstests in den Fächern Deutsch, Englisch, Latein, Physik, Musik, Evangelische Religion und Pädagogik, Münster/New York 2017, 9–65.

– (Hg.), FALKO: Fachspezifische Lehrerkompetenzen: Konzeption von Professionswissenstests in den Fächern Deutsch, Englisch, Latein, Physik, Musik, Evangelische Religion und Pädagogik, Münster/New York 2017.

Kreiner, Armin, Das wahre Antlitz Gottes oder was wir meinen, wenn wir Gott sagen, Freiburg i. Br./Basel/Wien 2006.

–, Die Relevanz der Wahrheitsfrage für die Theologie der Religionen, in: MThZ 41 (1990) 21–42.

–, Jesus, Ufos, Aliens. Außerirdische Intelligenz als Herausforderung für den christlichen Glauben, Freiburg i. Br./Basel/Wien 2011.

Kropač, Ulrich, Religiöse Bildung im Horizont zunehmender Konfessionslosigkeit, in: Schambeck, Mirjam/Simojoki, Henrik/Stogiannidis, Athanasios (Hg.), Auf dem Weg zu einer ökumenischen Religionsdidaktik. Grundlegungen im europäischen Kontext, Freiburg i. Br./Basel/Wien 2019, 268–283.

Kuld, Lothar/Rendle, Ludwig/Sauter, Ludwig, Tod – und was dann? Ergebnisse einer Umfrage unter Schülerinnen und Schülern im Bistum Augsburg, in: RpB 45/2000, 69–88.

Kunter, Mareike/Baumert, Jürgen/Blum, Werner u. a. (Hg.), Professionelle Kompetenz von Lehrkräften. Ergebnisse des Forschungsprogramms COACTIV, Münster/München/Berlin u. a. 2011.

Kunter, Mareike/Kleickmann, Thilo/Klausmann, Uta u. a., Die Entwicklung professioneller Kompetenz, in: Kunter, Mareike/Baumert, Jürgen/Blum, Werner u. a. (Hg.), Professionelle Kompetenz von Lehrkräften. Ergebnisse des Forschungsprogramms COACTIV, Münster/München/Berlin u. a. 2011, 55–68.

Kunter, Mareike/Voss, Thamar, Das Modell der Unterrichtsqualität in COACTIV: Eine multikriteriale Analyse, in: Kunter, Mareike/Baumert, Jürgen/Blum, Werner u. a. (Hg.), Professionelle Kompetenz von Lehrkräften. Ergebnisse des Forschungsprogramms COACTIV, Münster/München/Berlin u. a. 2011, 85–113.

Lamnek, Siegfried, Qualitative Sozialforschung. Lehrbuch, 4. vollst. überarb. Aufl., Basel 2005.

Leven, Eva-Maria, Professionalität von Religionslehrkräften. Eine explorative Studie zur Rekonstruktion fachspezifischen Professionswissens sowie handlungsbezogener und reflexiver Kompetenzen von Religionslehrkräften (= Empirische Theologie 33), Berlin 2019.

Leyh, Günter, Mit der Jugend von Gott sprechen. Gottesbilder kirchlich orientierter Jugendlicher im Horizont korrelativer Theologie (= Praktische Theologie heute 17), Stuttgart/Berlin/Köln 1994.

Lieberman, Ann/Miller, Lynne, Teachers. Their world and their work, New York 1992.

Lindemann, Bernd Wolfgang, Der Leichnam Christi im Grabe von Hans Holbein dem Jüngeren, in: Stefenelli, Norbert (Hg.), Körper ohne Leben. Begegnung und Umgang mit Toten, Wien/Köln/Weimar 1998, 461–473.

Lindmeier, Anke, Modeling and measuring knowledge and competencies of teachers. A threefold domain-specific structure model for mathematics, Münster 2011.

–/Heinze, Aiso/Dreher, Anika u. a., Akademisches versus schulbezogenes Fachwissen – ein differenzierteres Modell des fachspezifischen Professionswissens von angehenden Mathematiklehrkräften der Sekundarstufe, in: Zeitschrift für Erziehungswissenschaften 19 (2016) 329–349.

Lindmeier, Anke/Neumann, Knut, Unterrichtsqualität in der Mathematik und den Naturwissenschaften – Zentrale Befunde und aktuelle Diskussionsfelder, in: Schambeck, Mirjam/Riegel, Ulrich (Hg.), Was im Religionsunterricht so läuft. Wege und Ergebnisse religionspädagogischer Unterrichtsforschung, Freiburg i. Br./Basel/Wien 2018, 51–73.

Löwen, Katrin/Baumert, Jürgen/Kunter Mareike u. a., Methodische Grundlagen des Forschungsprogramms, in: Kunter, Mareike/Baumert, Jürgen/Blum, Werner u. a. (Hg.), Professionelle Kompetenz von Lehrkräften. Ergebnisse des Forschungsprogramms COACTIV, Münster/München/Berlin u. a. 2011, 69–84.

Lück, Christhard, Beruf Religionslehrer. Selbstverständnis – Kirchenbindung – Zielorientierung (= Arbeiten zur Praktischen Theologie 25), Leipzig 2003.

Lüke, Ulrich, Auferstehung am Jüngsten Tag als Auferstehung im Tod, in: StdZ 216 (1998) 45–54.

Maria 2.0, Thesenanschlag, https://www.mariazweipunktnull.de/thesenanschlag-2-0/.

Martel, Yann, Schiffbruch mit Tiger, Frankfurt a. M. 2003[4]. Verfilmt als Life of Pi. Schiffbruch mit Tiger, Regie: Ang Lee, 20th Century Fox 2012.

Mayring, Philipp, Einführung in die qualitative Sozialforschung. Eine Anleitung zu qualitativem Denken, 5. überarb. und neu ausgestattete Aufl., Weinheim/Basel 2002.

McCourt, Frank, Tag und Nacht und auch im Sommer. Erinnerungen (engl. Originaltitel »Teacher Man«), München 2008[6].

Mediendienst Integration, https://mediendienst-integration.de/integration/bildung.html.

Merklein, Helmut, Zur Stichhaltigkeit der exegetischen Begründungsverfahren in »Inter Insigniores« und »Ordinatio sacerdotalis« in: Dassmann, Ernst/Fürst, Walter/Gerhards, Albert u. a., Projekttag Frauenordination, Bonn 1997, 39–51.

Messmer, Roland, Stimulated Recall als fokussierter Zugang zu Handlungs- und Denkprozessen von Lehrpersonen, in: Forum Qualitative Sozialforschung/Forum Qualitative Social Research, 16 (2015) Vol. 1, Art. 3, http://nbn-resolving.de/urn:nbn:de:0114-fqs150130.

Mielitz, Nina/Fuchs, Anke, Was wisst ihr denn eigentlich schon davon? Ein Film über Vorurteile. Ein Film zum Nachdenken. Basierend auf dem Poetry Slam Text von Anke Fuchs. https://www.youtube.com/watch?v=1YahzpDXXkU.

Ministerium für Kultus, Jugend und Sport Baden-Württemberg (Hg.), Bildungsplan des Gymnasiums. Katholische Religionslehre, Stuttgart 2016.

–, Bildungsplan der Sekundarstufe I. Katholische Religionslehre, Stuttgart 2016.

Muir, Tracey, Using Video-Stimulated Recall as a Tool for Reflecting on the Teaching of Mathematics, in: Sparrow, Len/Kissane, Barry/Hurst, Chris (Eds.), Shaping the future of mathematics education. Proceedings of the Annual Conference of the Mathematics Education Research Group of Australasia, St. Lucia 2010, 438–445.

Neubrand, Michael/Jordan, Alexander/Krauss, Stefan u. a., Aufgaben im COACTIV-Projekt: Einblicke in das Potenzial für kognitive Aktivierung im Mathematikunterricht, in: Kunter, Mareike/Baumert, Jürgen/Blum, Werner u. a. (Hg.), Professionelle Kompetenz von Lehrkräften. Ergebnisse des Forschungsprogramms COACTIV, Münster/München/Berlin u. a. 2011, 115–132.

Neuweg, Georg H., Lehrerhandeln und Lehrerbildung im Lichte des Konzepts des impliziten Wissens, in: Zeitschrift für Pädagogik 48 (2002) 10–29.

Niehl, Franz W./Thömmes, Arthur, 212 Methoden für den Religionsunterricht, München 1998.

Nipkow, Karl Ernst, Erwachsenwerden ohne Gott? Gotteserfahrung im Lebenslauf (= Kaiser-Traktate 6), München 1987.

Nowack, Rebecca, Umgang mit Kritik an der Institution Kirche, in: Wissner, Golde/Nowack, Rebecca/Schweitzer, Friedrich u. a. (Hg.), Jugend – Glaube – Religion II. Neue Befunde, vertiefende Analysen, didaktische Konsequenzen, Münster/New York 2020, 264–270.

Oevermann, Ulrich, Theoretische Skizze einer revidierten Theorie professionalisierten Handelns, in: Combe, Arno/Helsper, Werner (Hg.), Pädagogische Professionalität – Untersuchungen zum Typus pädagogischen Handelns, Frankfurt a. M. 1996, 70–183.

Pascal, Blaise, Gedanken, nach der endgültigen Ausgabe aus dem Französischen übertragen und hg. v. Rüttenauer, Wolfgang. Mit einer Einführung von Romano Guardini, Köln 2007.

Pemsel-Maier, Sabine, Auferstehung Jesu, in: WiReLex https://doi.org/10.23768/wirelex.Auferstehung_Jesu.100283, 1–17.

–, Empirie trifft Christologie: Einblicke in christologische Aneignungsprozesse von Kindern und Jugendlichen, in: Dies./Schambeck, Mirjam (Hg.), Keine Angst vor Inhalten! Systematisch-theologische Themen religionsdidaktisch erschließen, Freiburg i. Br./Basel/Wien 2015, 211–231.

–, Gott und Jesus Christus. Orientierungswissen Christologie, Stuttgart 2016.

–, »Halb Mensch, halb Gott«? Warum Chalcedon nicht ausreicht: Ein Beitrag zur Christologiedidaktik, in: RpB 70/2013, 56–66.

Pirner, Manfred, Für uns gestorben – Theologisieren mit Kindern über die Bedeutung des Todes Jesu, in: Büttner, Gerhard/Schreiner, Martin (Hg.), »Manche Sachen glaube ich nicht«. Mit Kindern das Glaubensbekenntnis erschließen (Sonderband zum Jahrbuch für Kindertheologie), Stuttgart 2008, 71–85.

Pirner, Manfred/Wamser, Daniela, Religiosität und Lehrerprofessionalität. Zur Bedeutung von bildungstheologischen Überzeugungen und bildungstheologischer Reflexionskompetenz, in: Heimbrock, Hans-Günter (Hg.), Taking Position. Empirical studies and theoretical reflections on Religious Education and worldview, Münster 2017, 111–126.

Pohl-Patalong, Uta/Boll, Stefanie/Dittrich, Thorsten u. a., Konfessioneller Religionsunterricht in religiöser Vielfalt II. Perspektiven von Schülerinnen und Schülern, Stuttgart 2017.

Pohl-Patalong, Uta/Woyke, Johannes/Boll, Stefanie u. a., Konfessioneller Religionsunterricht in religiöser Vielfalt I. Eine empirische Studie zum evangelischen Religionsunterricht in Schleswig-Holstein, Stuttgart 2016.

Pollack, Detlev/Müller, Olaf/Rosta, Gergely u. a., Grenzen der Toleranz. Wahrnehmung und Akzeptanz religiöser Vielfalt in Europa, Wiesbaden 2014.

Pröpper, Thomas, Erlösungsglaube und Freiheitsgeschichte. Eine Skizze zur Soteriologie, München 1991[3].

Rahner, Hugo, Griechische Mythen in christlicher Deutung, Basel 1989[3].

Rahner, Johanna, Einführung in die christliche Eschatologie, Freiburg i. Br./Basel/Wien 2010.

Rahner, Karl, Die grundlegenden Imperative für den Selbstvollzug der Kirche in der gegenwärtigen Situation, in: HPTh Bd. 2/1, Freiburg i. Br. 1966, 256–271.

–, Grundkurs des Glaubens: Einführung in den Begriff des Christentums, Freiburg i. Br./Basel/Wien 1976.

Ratzinger, Joseph (Benedikt XVI.), Das neue Volk Gottes. Entwürfe zur Ekklesiologie, Düsseldorf 1969.

–, Eschatologie. Tod und ewiges Leben, Regensburg 2007.

Reich K. Helmut, »Es ist nicht logisch, aber doch wahr!«. Anleitung zur Entwicklung eines kontextbezogenen Denkens, in: KatBl 128 (2003) 8–13.

–, Kann Denken in Komplementarität die religiöse Entwicklung im Erwachsenenalter fördern? Überlegungen am Beispiel der Lehrformel von Chalkedon und weiteren theologischen ›Paradoxe‹, in: Böhnke, Michael/ Ders./Ridez, Louis (Hg.), Erwachsen im Glauben. Beiträge zum Verhältnis von Entwicklungspsychologie und religiöser Erwachsenenbildung, Stuttgart 1992, 127–154.

–/Schröder, Anke, Komplementäres Denken im Religionsunterricht. Ein Werkstattbericht über ein Unterrichtsprojekt zum Thema »Schöpfung« und »Jesus Christus« (= Loccumer Pelikan Sonderheft 3), Freiburg (Schweiz) 1995.

Riegel, Ulrich, Das Wunderverständnis von Kindern und Jugendlichen. Theoretische Klärungen – empirische Befunde – didaktische Konsequenzen (= Religionspädagogik innovativ 41), Stuttgart 2021.

–, Einleitung, in: Ders./Maacha, Klaas (Hg.), Videobasierte Kompetenzforschung in den Fachdidaktiken (= Fachdidaktische Forschungen 4), Münster 2013, 9–24.

–, Lehrpersonen als Professionelle, in: Kropač, Ulrich/Ders. (Hg.), Handbuch Religionsdidaktik, Stuttgart 2021, 134–143.

–/Leven, Eva-Maria, The structure of teacher knowledge in religious education: a qualitative reconstruction of the knowledge teachers refer to in planning religious education, in: RISTAL – Research in Subject-matter Teaching and Learning 1 (2018) 102–116.

Riegger, Manfred/Heil, Stefan (Hg.), Habitusbildung durch professionelle Simulation. Konzept – Diskurs – Praxis. Für Religionspädagogik und Katechetik, Würzburg 2018.

Ringelnatz, Joachim, Jeder summt sein Sümmchen. Gedichte, hg. von Pape, Walter, Ditzingen 2020.

Rothgangel, Martin, ReligionslehrerInnen im Horizont jüngerer empirischer Studien, in: ÖRF 23 (2015) 101–109.

–/Lück, Christhard/Klutz, Philipp, Praxis Religionsunterricht. Einstellungen, Wahrnehmungen und Präferenzen von ReligionslehrerInnen (= Religionspädagogik innovativ 10), Stuttgart 2017.

Rowling, Joanne K., Harry Potter und der Orden des Phönix, übersetzt von Klaus Fritz, Hamburg 2003.

Ruhstorfer, Karlheinz, Von der Geschichte der Christologie zur Christologie der Geschichte, in: Ders. (Hg.), Christologie, Paderborn 2018, 215–370.

Ruoff, Michael (Hg.), Foucault-Lexikon. Entwicklung – Kernbegriffe – Zusammenhänge, Paderborn 2018[4].

Sander, Jochen, Hans Holbein d. J.: Tafelmaler in Basel 1515–1532, München 2005.

Sattler, Dorothea, Erlösung? Lehrbuch der Soteriologie, Freiburg i. Br./Basel/Wien 2011.

Sautermeister, Jochen, Religionsunterricht an der berufsbildenden Schule. Eine exemplarische Studie zur Wahrnehmung und Einschätzung des Faches Religion durch Schülerinnen und Schüler (= Gott – Leben – Beruf 5), Norderstedt 2006.

Schambeck, Mirjam, Auferstehungs-(Nicht-)Glaube von Jugendlichen und christliche Auferstehungsbotschaft? Impulse für ein mögliches Gespräch in religionspädagogischer Absicht, in: Söding, Thomas (Hg.), Tod und Auferstehung Jesu. Theologische Antworten auf das Buch des Papstes, Freiburg i. Br./Basel/Wien 2011, 237–257.

–, Biblische Facetten. 20 Schlüsseltexte für Schule und Gemeinde, Ostfildern 2017.

–, Christus, mein Herr? Mystagogische Zugänge zu einem vielfach fremden Thema der Christologie, in: Englert, Rudolf/Schweitzer, Friedrich (Hg.), Jesus als Christus – im Religionsunterricht. Experimentelle Zugänge zu einer Didaktik der Christologie, Göttingen 2017, 179–192.

–, Das Kreuz zwischen theologischer Lehre und existentieller Irrelevanz. Religionsdidaktische Problematisierungen, in: Knop, Julia/Nothelle-Wildfeuer, Ursula (Hg.), Kreuz-Zeichen, Ostfildern 2013, 307–319.

–, Die Frage der Fragen – Auswirkungen eines erneuerten Theismus für eine religionspädagogisch verantwortete Gottrede, in: Dies./Verburg, Winfried (Hg.), Roadtrips zur Gottesfrage. Wenn es im Religionsunterricht um Gott geht, München 2019, 99–114.

–, Die Sinnfrage als Gewand der Gottesfrage bei Jugendlichen? Eine qualitativ-empirische Untersuchung zur Erforschung der Religiosität Jugendlicher, in: rhs 52 (2009) 362–375.

–, Ganz Gott und Mensch?! Chalkedon updated, in: Dies./Pemsel-Maier, Sabine (Hg.), Keine Angst vor Inhalten! Systematisch-theologische Themen religionsdidaktisch erschließen, Freiburg i. Br./Basel/Wien 2015, 232–254.

–, Interreligiöse Kompetenz. Basiswissen für Studium, Ausbildung und Beruf, Göttingen 2013.

–, Korrelation als religionsdidaktische Fundamentalkategorie, in: Kropač, Ulrich/Riegel, Ulrich (Hg.), Handbuch Religionsdidaktik, Stuttgart 2021, 221–231.

–, Korrelationskonturen. Von der Weite des Korrelationsgedankens, eingeschlichenen Missverständnissen und »Chiffren« als Brücke zwischen Lebensdeutungen und Glaubenstraditionen, in: Dies./Pemsel-Maier, Sabine (Hg.), Keine Angst vor Inhalten! Systematisch-theologische Themen religionsdidaktisch erschließen, Freiburg i. Br./Basel/Wien 2015, 40–66.

–, Migration und interreligiöses Lernen im Religionsunterricht – Die Schule als Labor und Lernfeld für ein neues gesellschaftliches Miteinander, in: Theo-Web. Zeitschrift für Religionspädagogik 16 (2017) H. 2, 121–138.

–, Mystagogie, in: Porzelt, Burkard/Schimmel, Alexander (Hg.), Strukturbegriffe der Religionspädagogik, Bad Heilbrunn 2015, 147–152.

–, Mystagogisches Lernen. Zu einer Perspektive religiöser Bildung (= Studien zur Theologie und Praxis der Seelsorge 62), Würzburg 2006.

–, Plädoyer für einen positionell-religionspluralen Religionsunterricht im Klassenverband. Auf der Suche nach neuen Passungsverhältnissen für den Religionsunterricht, in: RpB 80/2019, 33–44.

–, Religionspädagogische Unterrichtsforschung im Etablierungsprozess – Ein systematisierender Überblick, in: Dies./Riegel, Ulrich (Hg.), Was im Religionsunterricht so läuft. Wege und Ergebnisse religionspädagogischer Unterrichtsforschung, Freiburg i. Br./Basel/Wien 2018, 309–338.

–, Vom Containerbegriff »Korrelation« zum Planungsinstrument für Unterricht. Zu einer Operationalisierung von Korrelationsprozessen, in: Dies./Pemsel-Maier, Sabine (Hg.), Keine Angst vor Inhalten! Systematisch-theologische Themen religionsdidaktisch erschließen, Freiburg i. Br./Basel/Wien 2015, 67–89.

–, Vom »geschlossenen eschatologischen Bureau« zum »Wetterwinkel in der Theologie« und wieder zurück. Religionspädagogische Überlegungen, was die letzten Fragen zu lernen geben, in: Breitsameter, Christof (Hg.), Hoffnung auf Vollendung. Christliche Eschatologie im Kontext der Weltreligionen (= Theologie im Kontakt 19), Berlin/Münster 2012, 207–228.

–, Warum ein religiöses Wir-Gefühl nicht nur beruhigt. Religionspädagogische Orientierungen in der aktuellen Integrationsdebatte, in: ÖRF 24 (2016) H. 2, 51–60.

–, Was das Theologisieren mit Kindern über das Geschäft der (Praktischen) Theologie und das Verständnis des Religionsunterrichts verrät, in: Mette, Norbert/Sellmann, Matthias (Hg.), Religionsunterricht als Ort der Theologie (= Quaestiones disputatae 247), Freiburg i. Br./Basel/Wien 2012, 265–283.

–, Was Relilehrer/-innen können müssen: Religionsbezogene Korrelationskompetenz als Profilmerkmal professioneller (Handlungs-)Kompetenz von Religionslehrkräften – eine Konzeptualisierung in den Spuren der COACTIV-Studie, in: Theo-Web. Zeitschrift für Religionspädagogik 17 (2018) H. 1, 129–145.

–, Was (Religions-)Lehrkräfte können müssen, um Religion mit Geflüchteten zu thematisieren – Videobasierte Unterrichtsforschung zur Profilierung des Professionswissens, in: Dies./Riegel, Ulrich (Hg.), Was im Religionsunterricht so läuft. Wege und Ergebnisse religionspädagogischer Unterrichtsforschung, Freiburg i. Br./Basel/Wien 2018, 286–306.

–, Wie hältst Du's mit der Empirie? Themen und Trends empirischer Forschung in der Religionspädagogik und ihre wissenschaftstheoretischen Implikationen, in: Demantowsky, Marko/Zurstrassen, Bettina (Hg.), Forschungsmethoden und Forschungsstand in den Didaktiken der kulturwissenschaftlichen Fächer (= Bochumer Beiträge zur bildungswissenschaftlichen und fachdidaktischen Theorie und Forschung 2), Bochum/Freiburg i. Br. 2013, 71–112.

–, »Wir kennen das aus Zombifilmen oder so«. Eine unterrichtspraktisch inspirierte Kriteriologie gelingender Korrelationsprozesse, in: Büttner, Gerhard/Mendl, Hans/Reis, Oliver u. a. (Hg.), Religionsunterricht planen (= Jahrbuch für konstruktivistische Religionsdidaktik 5), Donauwörth 2014, 71–84.

Schärtl, Thomas, Was heißt »Auferstehung des Leibes«?, in: Kögerler, Reinhart/Gruber, Franz/Dürnberger, Martin (Hg.), »Homo animal materiale«. Die materielle Bestimmtheit des Menschen, Wien 2008, 105–149.

–, Was heißt Auferstehung des Leibes, in: Brüntrup, Godehard, Auferstehung des Leibes – Unsterblichkeit der Seele, Stuttgart 2018, 59–81.

Schilcher, Anita/Krauss, Stefan/Rincke, Karsten u. a., Ausblick – Aus FALKO wird FALKE. Fachspezifische Lehrerkompetenz im Erklären, in: Krauss, Stefan/Lindl, Alfred/Schilcher, Anita u. a. (Hg.), FALKO: Fachspezifische Lehrerkompetenzen: Konzeption von Professionswissenstests in den Fächern Deutsch, Englisch, Latein, Physik, Musik, Evangelische Religion und Pädagogik, Münster/New York 2017, 439–451.

Schilson, Arno, Theologie als Mystagogie, Der theologische Aufbruch nach der Jahrhundertwende, in: Ders. (Hg.), Gottes Weisheit im Mysterium. Vergessene Wege christlicher Spiritualität, Mainz 1989, 203–230.

Schöllgen, Georg, Divino sacerdotio honorati. Die Professionalisierung des Klerus und ihre Folgen, Weihnachtsbeilage 2016 zur ersten Ausgabe von hermes.bonn, o. O. 2016, 1–13.

Schwarzkopf, Theresa, »Ich glaube an das Ewige Leben!« – aber wie? Eine Einordnung in die Glaubenswelt von Jugendlichen heute in die Pluralität theologischer Auferstehungsmodelle und deren Bedeutung, Dortmund 2011.

–, Vielfältigkeit denken. Wie Schülerinnen und Schüler im Religionsunterricht argumentieren lernen (= Religionspädagogik innovativ 15), Stuttgart 2016.

–, Zur Argumentationsfähigkeit von Auferstehungsvorstellungen, in: Reis, Oliver/Dies. (Hg.), Diagnose im Religionsunterricht. Konzeptionelle Grundlagen und Praxiserprobungen (= Studienbücher zur Lehrerbildung 3), Berlin/Münster 2015, 285–294.

Schweitzer, Friedrich/Boschki, Reinhold/Gronover, Matthias u. a., (Religions-)Pädagogische Einordnung – didaktische Perspektiven, in: Wissner, Golde/Nowack, Rebecca/Schweitzer, Friedrich u. a. (Hg.), Jugend – Glaube – Religion II. Neue Befunde – vertiefende Analysen – didaktische Konsequenzen (= Glaube – Wertebildung – Interreligiosität 18), Münster/New York 2020, 11–39.

Schweitzer, Friedrich/Bräuer, Magda/Boschki, Reinhold (Hg.), Interreligiöses Lernen durch Perspektivenübernahme. Eine empirische Untersuchung religionsdidaktischer Ansätze (= Glaube – Wertebildung – Interreligiosität 10), Münster/New York 2017.

Schweitzer, Friedrich/Bucher, Ibtissame (Hg.), Judentum und Islam im Religionsunterricht. Theoretische Analysen und empirische Befunde im Horizont interreligiösen Lernens, Münster/New York 2020.

Schweitzer, Friedrich/Wissner, Golde/Bohner, Annette u. a., Jugend – Glaube – Religion. Eine Repräsentativstudie zu Jugendlichen im Religions- und Ethikunterricht (= Glaube – Wertebildung – Interreligiosität 13), Münster/New York 2018.

Schwillus, Harald, Religion in konfessionslosem Umfeld unterrichten. Überlegungen zu didaktischen Zugängen in regionaler Perspektive, in: RpB 81/2019, 78–86.

Seckler, Max, Die schiefen Wände des Lehrhauses. Katholizität als Herausforderung, Freiburg i. Br. 1988.

Seewald, Michael, Reform – Dieselbe Kirche anders denken, Freiburg i. Br./Basel/Wien 2019.

Sekretariat der Deutschen Bischofskonferenz (Hg.), Apostolisches Schreiben von Papst Johannes Paul II. über die nur Männern vorbehaltene Priesterweihe = Ordinatio sacerdotalis, 22. Mai 1994, Bonn 1994.

–, Erklärung der Kongregation für die Glaubenslehre zur Frage der Zulassung der Frauen zum Priesteramt »Inter Insigniores«, 15. Oktober 1976, Bonn 1994.

–, Katholische Kirche in Deutschland – Zahlen und Fakten 2018/2019, Bonn, 2019.

–, Kirchliche Anforderungen an die Religionslehrerbildung, Bonn 2011.

Sennett, Richard, Der flexible Mensch. Die Kultur des neuen Kapitalismus, Berlin 1998[3].

Shell, Deutschland Holding (Hg.), Jugend 2006. Eine pragmatische Generation unter Druck, Bonn 2006.

–, Jugend 2019 – 18. Shell Jugendstudie: Eine Generation meldet sich zu Wort, Frankfurt a. M. 2019.

Simojoki, Henrik/Schweitzer, Friedrich/Parker, Stephen u. a., Die Professionalisierung des Religionslehrerberufs als Aufgabe und Gegenstand religionspädagogischer Forschung. Historische und systematische Perspektiven, in: ZPT 68 (2016) 135–152.

Simojoki, Henrik/Schweitzer, Friedrich/Henningsen, Julia u. a., Professionalisierung des Religionslehrerberufs. Analysen im Schnittfeld von Lehrerbildung, Professionswissens und Professionspolitik, Paderborn 2021.

Simojoki, Henrik/Henningsen, Julia, Theologisch-religionspädagogische Professionalisierung in der Religionslehrerbildung. Historische und systematische Perspektiven, in: RpB 44 (2021) H. 1, 7–14.

Shulman, Lee S., Those Who Understand: Knowledge Growth in Teaching, in: Educational Researcher 15 (1986) No. 2, 4–14.

Skierka, Volker, Sterben und Leben in Kalkutta, in: https://www.spiegel.de/spiegel/spiegelspecial/d-7856177.html.

Spoor, Alexander/Harland, Sascha, Eine Bibel getarnt als Koran, in: https://www.youtube.com/watch?v=D4OAmIYY3R8, Niederlande 2015.

Stanton, Brandon, Humans, New York 2020.

Statistisches Bundesamt (Destatis) (Hg.), Bevölkerung und Erwerbstätigkeit. Bevölkerung mit Migrationshintergrund. Ergebnisse des Mikrozensus 2013 (= Fachserie 1 Reihe 2.2.), in: https://www.destatis.de/GPStatistik/servlets/MCRFileNodeServlet/DEHeft_derivate_00037312/2010220137004_korr21032017.pdf, Wiesbaden 2013.

–, Bevölkerung und Erwerbstätigkeit- Bevölkerung mit Migrationshintergrund. Ergebnisse des Mikrozensus 2015 (= Fachserie 1 Reihe 2.2.), in: https://www.destatis.de/GPStatistik/servlets/MCRFileNodeServlet/DEHeft_derivate_00037315/2010220157004_korr21032017.pdf, Wiesbaden 2015.

–, Bevölkerung und Erwerbstätigkeit- Bevölkerung mit Migrationshintergrund. Ergebnisse des Mikrozensus 2017 (= Fachserie 1 Reihe 2.2.), in: https://

www.destatis.de/GPStatistik/servlets/MCRFileNodeServlet/DEHeft_derivate_00051260/2010220177004_korr18112019.pdf, Wiesbaden 2017.

–, Bevölkerung und Erwerbstätigkeit- Bevölkerung mit Migrationshintergrund. Ergebnisse des Mikrozensus 2018 (= Fachserie 1 Reihe 2.2.), in: https://www.destatis.de/GPStatistik/servlets/MCRFileNodeServlet/DEHeft_derivate_00053019/2010220187004_erg %C3 %A4nzt.pdf, Wiesbaden 2018.

Ständige Konferenz der Kultusminister der Länder in der Bundesrepublik Deutschland, Standards für die Lehrerbildung: Bildungswissenschaften. Beschluss der Kultusministerkonferenz vom 16.12.2004 i. d. F. vom 12.06.2014, Berlin 2014, in: https://www.kmk.org/fileadmin/Dateien/veroeffentlichungen_beschluesse/2004/2004_12_16-Standards-Lehrerbildung-Bildungswissenschaften.pdf.

Stender, Anita, Unterrichtsplanung. Vom Wissen zum Handeln. Theoretische Entwicklung und empirische Überprüfung des Transformationsmodells der Unterrichtsplanung (= Studien zum Physik- und Chemielernen 170), Berlin 2014.

Stier, Friedolin, Vielleicht ist irgendwo Tag. Die Aufzeichnungen und Erfahrungen eines großen Denkers, Freiburg i. Br./Basel/Wien 1983[2].

Stögbauer, Eva, Die Frage nach Gott und dem Leid bei Jugendlichen wahrnehmen. Eine qualitativ-empirische Spurensuche (= Religionspädagogische Bildungsforschung 1), Kempten 2010.

Streib, Heinz/Gennerich, Carsten, Jugend und Religion. Bestandsaufnahmen, Analysen und Fallstudien zur Religiosität Jugendlicher, Weinheim/München 2011.

Szagun, Anna-Katharina, Dem Sprachlosen Sprache verleihen. Rostocker Langzeitstudie zu Gottesverständnis und Gottesbeziehung von Kindern, die in mehrheitlich konfessionslosem Kontext aufwachsen (= Kinder erleben Theologie 1), Jena 2006.

Tamminen, Kalevi, Religiöse Entwicklung in Kindheit und Jugend, Frankfurt a. M. 1993.

Tapp, Christian, Ewigkeit Gottes. Analytische Perspektiven, in: Gasser, Georg/Jaskolla, Ludwig/Schärtl, Thomas (Hg.), Handbuch für analytische Theologie (= Studien zur systematischen Theologie, Ethik und Philosophie 11), Münster 2017, 363–402.

Taylor, Charles, A Secular Age, Harvard 2007 [dt. Erstveröffentlichung 2009].

Tenorth, Heinz-Elmar, Professionalität im Lehrerberuf. Ratlosigkeit der Theorie, gelingende Praxis, in: Zeitschrift für Erziehungswissenschaft 9 (2006) 580–597.

Terhart, Ewald, Lehrer, in: Tenorth, Heinz-Elmar/Tippelt, Rudolf (Hg.), Beltz Lexikon Pädagogik, Weinheim 2007, 460.

–/Bennewitz, Hedda/Rothland, Martin (Hg.), Handbuch der Forschung zum Lehrerberuf, Münster/New York/München u. a. 2011.

Theißen, Gerd/Merz, Annette, Der historische Jesus. Ein Lehrbuch, Göttingen 2011[4].

Themenheft Scheitern. Ausgewählte Texte der Bibel, in: Bibel und Kirche 72 (2017) H. 3, 162.

Thiede, Werner, Auferstehung der Toten – Hoffnung ohne Attraktivität? Grundstrukturen christlicher Heilserwartung und ihre verkannte religionspädagogische Relevanz (= Forschungen zur systematischen und ökumenischen Theologie 65), Göttingen 1991.

Tillich, Paul, Systematische Theologie II, Stuttgart 1958[2].

Tribula, Christa, Interview, in: Pirner, Manfred/Rothgangel, Martin (Hg.), Empirisch forschen in der Religionspädagogik. Ein Studienbuch für Studierende und Lehrkräfte (= Religionspädagogik innovativ 21), Stuttgart 2018, 71–93.

Tück, Jan-Heiner, Den Bräutigam darstellen. Was spricht gegen die Priesterweihe von Frauen?, in: HK (2021) H. 1, 21–25.

–, Jesus Christus – Gottes Heil für uns. Eine dogmatische Skizze, in: Hotze, Gerhard/Nicklas, Tobias/Tomberg, Markus u. a., Jesus begegnen. Zugänge zur Christologie (= Theologische Module 3), Freiburg i. Br./Basel/Wien 2009, 119–176.

Voss, Thamar, Teachers' General Pedagogical/Psychological Knowledge: Conceptualization and Test Construction, in: http://www.oecd.org/education/ceri/Voss_OECD_Brussels_Symposium.pdf, Brüssel 2014, 1–28.

–, Unterrichtsforschung – empirische Befunde und Herausforderungen, in: Schambeck, Mirjam/Riegel, Ulrich (Hg.), Was im Religionsunterricht so läuft. Wege und Ergebnisse religionspädagogischer Unterrichtsforschung, Freiburg i. Br./Basel/Wien 2018, 31–50.

–/Kunter, Mareike, Pädagogisch-psychologisches Wissen von Lehrkräften, in: Kunter, Mareike/Baumert, Jürgen/Blum, Werner u. a. (Hg.), Professionelle Kompetenz von Lehrkräften. Ergebnisse des Forschungsprogramms COACTIV, Münster/München/Berlin u. a. 2011, 192–214.

–/Seiz, Johanna u. a., Die Bedeutung des pädagogisch-psychologischen Wissens von angehenden Lehrkräften für die Unterrichtsqualität, in: Zeitschrift für Pädagogik 60 (2014) 184–201.

Wahle, Stephan, Das Fest der Menschwerdung. Weihnachten in Glaube, Kultur und Gesellschaft, Freiburg i. Br./Basel/Wien 2015.

–, Die stillste Nacht. Das Fest der Geburt Jesu von den Anfängen bis heute, Freiburg i. Br./Basel/Wien 2018.

Wasmaier-Sailer, Margit, Die Allmacht Gottes – Erfahrungstheoretische Zugänge zu einem schwierigen Gottesprädikat, in: Schambeck, Mirjam/Verburg, Winfried (Hg.), Roadtrips zur Gottesfrage. Wenn es im Religionsunterricht um Gott geht, München 2019, 86–98.

Weckwerth, Andreas, Vom Presbyter zum Priester. Die Entwicklung des Presbyteramtes in der Alten Kirche, in: Welt und Umwelt der Bibel (2020) H. 3, 41–44.

Weinert, Franz E., Concept of competence. A conceptual clarification, in: Rychen, Dominique S./Saganik, Laura H. (Eds.), Defining and selecting key competencies, Seattle 2001, 45–65.

Willems, Joachim, Ökumenische Religionsdidaktik in säkular gestimmten Gesellschaften. Überlegungen im Anschluss an Charles Taylor, in: Schambeck, Mirjam/Simojoki, Henrik/Stogiannidis, Athanasios (Hg.), Auf dem Weg zu einer ökumenischen Religionsdidaktik. Grundlegungen im europäischen Kontext, Freiburg i. Br./Basel/Wien 2019, 84–97.

Wissner, Golde, Auswertungen zu besonderen Gruppen und Fragestellungen, in: Dies./Nowack, Rebecca/Schweitzer, Friedrich u. a. (Hg.), Jugend – Glaube – Religion II. Neue Befunde, vertiefende Analysen, didaktische Konsequenzen (= Glaube – Wertebildung – Interreligiosität18), Münster/New York 2020, 95–126.

–, Religion und Glaube in meinem Leben, in: Dies./Nowack, Rebecca/Schweitzer, Friedrich u. a. (Hg.), Jugend – Glaube – Religion II. Neue Befunde, vertiefende Analysen, didaktische Konsequenzen (= Glaube – Wertebildung – Interreligiosität 18), Münster/New York 2020, 285–291.

–/Nowack, Rebecca/Schweitzer, Friedrich u. a. (Hg.), Jugend – Glaube – Religion II. Neue Befunde, vertiefende Analysen, didaktische Konsequenzen (= Glaube – Wertebildung – Interreligiosität 18), Münster/New York 2020.

Witzel, Andreas, Das problemzentrierte Interview, in: Jüttemann, Gerd (Hg.), Qualitative Forschung in der Psychologie, Weinheim 1985, 227–256.

Wippermann, Carsten, Religion, Identität, Lebensführung. Typische Konfigurationen in der fortgeschrittenen Moderne. Mit einer empirischen Analyse zu Jugendlichen und jungen Erwachsenen, Opladen 1998.

Wolf, Hubert, Krypta. Unterdrückte Traditionen der Kirchengeschichte, München 2015.

–, Vollmacht durch Nachfolge. Ordensgeschichte als Quelle für Kirchenreformen, in: Schmitt, Hanspeter (Hg.), Kirche, reformiere dich! Anstöße aus den Orden, Freiburg i. Br./Basel/Wien 2019, 20–50.

Wüstner, Eva-Maria, Christologische Vorstellungen Jugendlicher, in: Faix, Tobias/Riegel, Ulrich/Künkler, Tobias (Hg.), Theologien von Jugendlichen. Empirische Erkundungen zu theologisch relevanten Konstruktionen Jugendlicher (= Empirische Theologie 27), Berlin 2015, 87–104.

–/Riegel, Ulrich, Theologisches und religionsdidaktisches Wissen von Religionslehrpersonen. Rekonstruktion zweier Kompetenzdimensionen anhand qualitativer Interviewdaten, in: Riegel, Ulrich/Schubert, Sigrid/Siebert-Ott, Gesa u. a. (Hg.), Kompetenzmodellierung und -messung in den Fachdidaktiken (= Fachdidaktische Forschungen 7), Münster/New York 2015, 95–110.

–, The structure of teacher knowledge in religious education: a qualitative reconstruction of the knowledge Teachers' refer to in planning religious education, in: RISTAL. Research in Subject-matter Teaching and Learning 1 (2018), 102–116

Ziebertz, Hans-Georg, Gibt es einen Tradierungsbruch? Befunde zur Religiosität der jungen Generation, in: Bertelsmann Stiftung (Hg.), Religionsmonitor 2008, Gütersloh 2007, 44–53.

–/Kalbheim, Boris/Riegel, Ulrich, Religiöse Signaturen heute. Ein religionspädagogischer Beitrag zur empirischen Jugendforschung (= Religionspädagogik in pluraler Gesellschaft 3), Gütersloh 2003.

Ziegler, Tobias, Abschied von Jesus, dem Gottessohn?, Christologische Fragen Jugendlicher als religionspädagogische Herausforderung, in: Büttner, Gerhard/Thierfelder, Jörg (Hg.), Trug Jesus Sandalen? Kinder und Jugendliche sehen Jesus Christus, Göttingen 2001, 106–139.

–, Jesus als »unnahbarer Übermensch« oder »bester Freund«? Elementare Zugänge Jugendlicher zur Christologie als Herausforderung für Religionspädagogik und Theologie, Neukirchen-Vluyn 2006.

Zimmermann, Mirjam, Kindertheologie als theologische Kompetenz von Kindern. Grundlagen, Methodik und Ziel kindertheologischer Forschung am Beispiel der Deutung des Todes Jesu, Neukirchen-Vluyn 2010.

Zweites Vatikanisches Konzil, in: Herders Theologischer Kommentar zum Zweiten Vatikanischen Konzil, 4 Bde. Sonderausgabe, Freiburg i. Br./Basel/Wien 2009.

*Alle Internetquellen wurden im September 2021 nochmals überprüft.*